幼教叢書

親職教育
——理論與實務

Parent Education: Theory and Practice

郭靜晃◎著

3rd Edition

序

　　自1976年接觸兒童福利觀念時，當時大專院校也正流行Thomas Gordon的父母效能訓練，不過當時對職親教育的感受卻沒有那麼深刻，1984年個人負笈至美唸Ohio State University的Family Relations and Human Development科系時，第一堂課湊巧也是主修兒童發展的名教授教導以Thomas Gordon為主的PET及Don Dinkmeyer和Gary McKay的父母效能系統訓練（Systematic Training for Effective Parenting, STEP），此課程強調民主管教及有效能的溝通，透過父母效能訓練以及有系統的效能訓練，以教導父母做好親子溝通，以及學習如何改善子女不適當行為之策略。

　　回國之後，個人即加入兒童福利的研究與教學，在90年代正是台灣發展親職教育的黃金期，不僅大專院校開辦親職教育課程，就連民間NPO團體也常為政府、社區及家長舉辦父母效能訓練，以及辦理兒童少年夏（冬）令營，一方面培訓兒童少年人際關係技巧，接觸各類的才藝課程訓練，最重要的還是聚集家長與專家們討論有效的親職教育。不僅如此，政府與民間團體也出版專業文章提供父母成為效能父母之參考，這也可算是我國推行親職教育之鼎盛期。

　　1993年，兒童福利法修訂，基於當時環境兒虐事件增多以及高危機家庭的形成，直接或間接造成兒童及少年之負向影響，因此，立法即著重父母應再教育之精神，並以社區之三級預防之觀點規定此類父母應參加地區性政府所舉辦之強制性親職教育輔導，以預防兒童及少年行為之惡化。

　　基於社會之變化，以及個人最近重拾親職教育題材之教科書及文章為研究所開授親職教育備課時，有感而發，加上揚智文化葉總經理的催促與鼓勵，才有本書之問世。本書最主要以兩類讀者為主要對象，一是修習大專院校「親職教育」課程之大學生和研究生，另一為托兒所、托育中心、幼稚園之托育人員及老師作為在職訓練的研習教材。本書兼顧理論與實務，輔以實例說明，也可以作為大專院校學生研習知識的題材，另一方面也可以幫助團體實務工作人員規劃親職教育活動之參考。

　　本書共十五章，分為理論篇及實務篇，前者包括第一章〈緒論〉、第二章〈他山之石——中西方親職教育之發展〉、第三章〈親職教育之理

論基礎〉、第四章〈父母效能訓練〉；後者則包括第五章〈親師合作〉、第六章〈親職教育之實施方式〉、第七章〈親職教育之實施內容〉、第八章〈甜X托兒所實施親職教育之經驗分享〉、第九章〈課後托育中心實施親職教育之經驗分享〉、第十章〈幼兒性教育之親職教育方案〉、第十一章〈單親家庭親職教育支持方案〉、第十二章〈問題行為幼兒之父母親職教育輔導方案〉、第十三章〈強制性親職教育輔導〉、第十四章〈幼兒園（所）運用親職教育與社區連結〉、第十五章〈親職教育與父母資源〉。本書第十三章〈強制性親職教育輔導〉之資料提供，要感謝中國文化大學兒童福利研究所許水鳳及廖素偵小姐的協助及提供相關寶貴之資料，才能順利完成本章之撰寫及內容規劃，謹此申致由衷感謝。最後，本人才疏學淺，本書恐有疏誤之處，尚祈先進不吝指正。

　　願將此書獻給愛孩子、以孩子發展為志向之專業工作者，可將此書資訊傳遞給父母，讓他們成為有效能的父母。

郭靜晃　謹識

於陽明山華岡

二〇一五春

目　錄

Part 2　實務篇　125

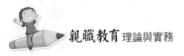

Part 1

理論篇

Chapter 1 緒　論

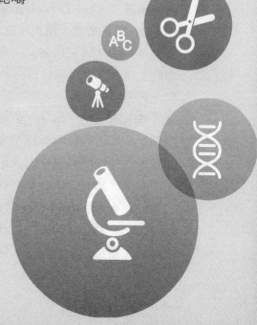

　　家庭一直是社會組織的基本單位，也是個體最早社會化的場所，舉凡個人的生存、種族的繁衍、國家的建立、文化的傳承，以及社會秩序的維持，莫不以家庭為依歸，儘管社會如何的變遷，家庭在過去一直是提供共同居住、保護、情感支持、經濟合作、教育功能、性與生殖的最主要社會團體。晚近，在資本主義高度發展與分化之下，家庭結構逐漸產生質的轉變，尤其在第二次世界大戰後，更產生空前的巨變。紐約「人口協會」（Population Council）在1995年所發布的研究報告便指出：「家庭不再是穩定且具有凝聚力的單位。日漸減少的傳統家庭，家戶人口數因為生育率降低而減少，更多人經歷不穩定的家庭生活與異質家庭，以及家庭內部的分工與經濟角色有了顯著的改變等（Wetzel, 1990）」。然而，日漸增加的未婚媽媽，逐漸攀升的離婚率，小家庭的盛行及女性日益貧窮的現象，才是當今世界的重要趨勢；全世界不管富裕或貧窮的國家，家庭結構都在進行影響深遠的改變，這些現象不只發生在美國，而是一種全球性的普遍現象（鄭清榮、諶悠文，1997）。在上述社會變遷中，不論是歐美或台灣，單親家庭是成長最快速的家庭類型。美國曾預估在1990年代出生的小孩在成年之前，將有一半的機會會處於單親家庭中（Bumpass, 1984），而且有較高機會處於經濟匱乏（McLanahan & Sandefur, 1994）；而英國及澳洲在1960年至1990年間，單親家庭也增加50%左右；法國及瑞士等國的單親家庭也增加20%（Kamerman & Kahn, 1989）。因此，就整個「經濟合作暨發展組織」（The Organization for Economic Co-operation and Development, OECD）國家來看，單親家庭增加的幅度也在30%～50%（張清富，1995；彭淑華、張英陣，1995）。相對於台灣單親家庭的發展，由1990年及2000年的人口普查資料來估算，約增加了21%（**表1-1**），其增加的速度實不下於上列開發中國家。

　　隨著國際化、全球化的腳步加速，以及兩岸之探親、文教、體育等交流頻繁，我國國民與外籍及大陸人士通婚之情形日漸增加，至2003年底，在我國的外籍及大陸配偶人數已達30萬餘人，其中女性配偶約占28萬餘人（內政部，2004）。外籍女性配偶來台的歷史脈絡演成後已有二十幾年，自1987年至2003年底外籍配偶或大陸配偶申請入境人數共301,414人（女279,920人，男21,494人），其中大陸配偶人數（含港澳）合計194,989人。不論是外籍女性配偶還是大陸籍女性配偶，其生育率一般都高過於本地婦

表1-1 台灣地區單親家庭及其子女推估比例

1990	單親家庭比例	1991	1992	1993	1994	1995	1996	1997	1998	2000
3.9	定義一	5.1	5.6	5.9	5.4	5.7	5.8	6.2	6.6	4.7
	定義二	6.1	6.6	6.9	6.5	6.6	6.6	7.3	7.6	
	定義三	6.5	7.0	7.4	7.0	7.0	7.3	8.0	8.1	
單親定義包括未婚、離婚及喪偶	定義一：包括未婚、離婚、分居及喪偶單親 定義二：定義一加上配偶爲戶外人口及同居單親 定義三：定義二再加上祖孫隔代單親及三代同堂次單親									單親定義包括未婚、離婚及喪偶
** 母數同爲戶中有18歲以下兒童之家戶										

資料來源：薛承泰（1996）。台灣地區單親戶的數量、分布與特性：以1990年普查爲例。
《台大人口研究中心人口學刊》，17，1-30。
薛承泰（2001）。台灣單親戶及其貧窮之趨勢分析。台灣單親家庭之現況與政策研討會國家政策研究基金會。
內政部戶政司（2001）。台灣地區人口調查。

女，就以2002年台灣地區每100個新生兒，平均爲12個是外籍與大陸配偶所生，其中有8個是外籍配偶所生，4個爲大陸配偶所生，相對的在1998年只占總生數之5.12%（內政部統計處，2003）；儼然「新台灣人」占社會成長人口中最高的現象。

國家基本上要將現有人口概況，以及這群「新台灣之子」將來所帶來的社會問題及隱憂，有必要以預防性的角度及早提出政策與方案介入。尤其東南亞外籍女性常以買賣婚姻的方式來台，此種異國婚姻內充斥商品化所成之情感基礎十分脆弱，加上文化背景的差異；因此，當外籍女性配偶處在台灣家族體系最低層的媳婦地位，緊接在新婚之後的生活調適，如果馬上又要擔任生育子女之大任，那將會是面對自我角色轉變最大的挑戰。外籍女性配偶在文化差異與語言溝通障礙的情況下，如何走過這一段子女教養的歷程，實在令人擔憂。而一般東南亞外籍女性配偶成為母親後，相對於大陸籍女性配偶，因為語言文化差異，擔任家中所有角色更為吃力；加上跨國婚姻家庭中，東南亞外籍女性配偶教養子女的權限較低，不單是操持家務、養兒育女，心情的起伏可能比一般母親更為強烈（劉美芳，2001），甚至有些家庭擬其與外傭地位視為相去不遠，外籍？外傭？「在孩子的世界，我是誰？」其在扮演母親的角色，及自我的認知上，對於自己所生的教養子女問題蘊藏的需求及困境，是否會因如此多重的角色混淆而有所疑惑？（**表1-2**）

表1-2　有關外籍配偶家庭之剪報

時間	出處	標題	影響
2002.2.20	中國時報	越文婦幼手冊，越南新娘新教材	以越南文編寫，提供越文新娘有關醫療保健、育兒知識，以及有關婚姻、勞務、居留、簽證等相關法令，不會因語言上的隔閡而無法融入台灣社會。
2002.11.13	中央日報	攜子陳情，哭紅雙眼 大陸新娘吶喊：愛台灣要身分	大陸配偶力爭在台之身分及權益，目前台灣對於大陸配偶居留採「雙軌制」，雖有人數限額的規定（每年3,600人），但若超過四年者仍可取得在台居留權。
2003.1	學前教育雜誌	彰縣頂庄外籍新娘落跑多，三成學童難解單親問題	外籍新娘的出走所產生的單親家庭數逐漸增多，造成孩童在生活及教育上乏人照顧，師長必須身兼母職，工作吃重，流動高。
2003.1.12	聯合報	幫助外籍新娘，幫助下一代	政府除了對於外籍新娘的種種問題應多加關懷，對於其下一代之教育更應有計畫地規劃，提供未來主人翁一個較優的成長環境。
2003.2.27	中央社	外籍新娘子女未來占人口相當比重應未雨綢繆	外籍新娘來台之比重相當高，對於其成人教育應特別加強，政府可整合各種社會資源，從教育及社政體系來進行，使外籍新娘具備教育下一代的能力。
2003.3.16	中央社	異國婚姻衍生問題多，值得重視	異國婚姻所衍生的問題在台灣成了極大的隱憂，大多數的背景爲經濟條件較差、社會地位較爲低落、自信心不足，而產生的一連串問題，可能會爲台灣社會帶來不少影響。
2003.3.28	中廣新聞網	外籍新娘不愛上課，政府擔心二代教育	政府所開辦之各種輔導進修課程，外籍新娘參與率低，抹煞政府一番美意，原因大多爲家庭或工作之因素，也有因先生禁止其對外參加進修活動，對於外籍新娘知能的提升實有困難，又如何教育下一代。
2003.4.20	聯合報	新台灣之子　新邊緣人	混血新生代教學困難，在校跟不上進度，母親又因語言及其他因素無法給予孩子健全的家庭及學校教育，而造成其行爲及認知上的偏差。
2003.5.8	蘋果日報	母疏忽男嬰摔下床死　外籍媽媽語言不通，延誤急救	一時的疏忽而造成的遺憾絕非樂見之事，由於外籍媽媽語言上的隔閡及未作即時正確的處理及判斷，導致失去了摯愛的小生命，如何輔導及教育外籍媽媽，例如強迫實施教育制度，以減少類似不幸事件的發生。

資料來源：作者整理。

　　除此之外，台灣近年來社會上出現各式各樣的家庭問題，從最基本家庭教養（管教）之問題到最隱晦的家庭暴力、性侵害問題，已經從「私領域」之家務事到媒體揭露以致於國家公權力介入，而逐漸形成公領域之顯著社會議題，也不得不令我們憂心及多關注之處。

第一節　社會變遷與家庭困境

　　原本「家庭」為社會中之基本單位，一方面連結個人與社會，同時也是傳承文化的場所；婚姻契約的建立以家庭命脈的延續最為重要。外國學者Reiss（1965）指出：「家庭制度是一種親屬團體，主要功能在培育新生嬰兒的社會化。」此其社會功能含括下面三個層面：第一，下一代（社會新份子）的生殖；第二，子女的撫育；第三，兒童對於社會的價值傳統與規範的社會化（白秀雄、李建興、黃維憲、吳森源，1978）。家庭是一個孩子成長並發展正面社會功能的背景，但也可能是讓一個孩子既得不到生、心理支持，也沒機會健全發展的背景，例如父母之安全依附的獲得與否是孩子日後發展各層面關係之基礎。雖然家庭要負起諸多任務，其中之一就是培養獨立自主的兒童，但家庭實際的結構與功能卻要受社會文化及狀況（如貧窮、吸毒、酗酒、種族歧視、離婚、失業壓力等）之影響（Parker, 1983）。但因時代所帶來的衝擊造成都市化，改變了以家庭為單位的基本功能，家庭的連結也就越來越鬆弛。建立家庭的要件「生育」，已不被視為「天職」；工業革命之後，改變了人類的傳統經濟活動方式。同時女性就業機會增加，逐漸走出家庭投入就業市場；尤其在第二次世界大戰後，除了生產方式的改變影響了家庭的功能和社會的流動，使得婚姻的意義與內涵也都受到衝擊，造成台灣外籍新娘已有二十幾年的歷史，在台灣社會已經潛在著諸多問題（呂美紅，2001；劉美芳，2001；鄭雅雯，2000；蕭昭娟，1999）。

　　隨著愈來愈多的外籍配偶家庭，也伴隨著愈來愈多的女性單親家庭或家庭暴力的出現，我們有必要問：究竟缺乏男性角色的狀況會如何影響兒童的發展與社會功能？外籍配偶家庭或女性單親家庭面臨的問題較可能源自於貧窮和壓力，而不是她們本身精神與功能失常的問題（Allen-Meares,

1995）。除此之外，父母親本身的不安或精神疾病，也可能使兒童及少年出現各種發展危機及不適應的行為（例如藥物濫用、憂鬱症或犯罪偏差行為）。所以社會工作實務人員如何在發現家庭產生失功能時，透過有計畫的、適度的干預來減低他們的壓力，並在孩子未產生適應不良之行為時給予預防性的干預。

根據薛承泰、林慧芬（2003）研究指出，從前述關於台灣地區婚姻變遷的趨勢觀之，對社會造成衝擊主要有三方面，首先，因為離婚率的上升而帶來許多單親家庭，女性再婚率明顯低於男性，也象徵女性單親數量的偏高。其次，因為年輕人口隨著生育率下降而將開始減少。最後，因為男性可婚人口多於女性而造成男性近年來與外籍女性通婚的現象逐年增加。而後所改變社會人口體質而形成的「新人口結構」與「新台灣人」現象等因素如下：離婚與單親家庭增加、新人口政策的整合，以及外籍女性配偶的增加。

台灣近來人口變遷主要因素在於人口老化與婚姻文化兩方面，前者主要是因為生育率的下降與壽命的延伸，後者其中人口結婚擇偶與生育的意願，有相互影響的交互作用，使得社會負擔不斷加重，這批女性新移民所面對的社會與家庭適應、調適問題，又遇到如果外籍配偶普遍教育水準差，語言能力不足（尤其是東南亞女性外籍配偶），使在買賣基礎的婚姻情況下，尤其面臨教育下一代時必然會產生障礙。外籍女性配偶的高生育率來改變「台灣人」所有人口結構，漠視新台灣人其後的文化背景認同的危機，將來問題的面貌也將大為不同。

誠如二千五百年前的希臘哲人Heraclitus所言：「世上沒有永恆之事，除了改變。」世界各國在社會變遷中，受到人口結構的改變、家庭組成型態的變化、男女性別角色的改變，以及社會病態行為的增加，也促使家庭成為社會變遷下的重要議題。例如，美國為順應聯合國在1994年明訂該年為國際家庭年，並將家庭成為公共政治議題；此外，家庭學者與參眾議員也促使政府要訂定政策因應社會變遷下之家庭危機。美國與台灣社會在社會巨輪牽引下，也帶動其結構因素的改變，而這些因素之變化也衝擊了賴以生存之家庭，茲分述如下：

◆人口結構的改變

世界各國面臨人口消長之壓力也衝擊了社會及政府之實體，並改變福

利服務之種類來滿足特定族群之需求。這些改變皆會影響個體所居住之家庭，例如：

1. 老人人口之激增：在美國65歲以上人口增加的比率快速是其他一般人口增加的二倍，目前已超過12%；而台灣在1993年底，老年人口突破7%，已正式邁入「人口高齡化」社會。至2000年9月底，65歲以上老年人口達190萬人，占總人口比例8.6%（行政院主計處，2001）。據估計，到2010年台灣老年人口之扶養比為16.89%，到2020年為23.82%，至2050年將達54.42%。換言之，到2050年，台灣不到兩個工作人口數就要扶養一個老人（王德睦，2001）。

2. 生育率的降低：美國婦女在1970年代生育子女數比率是1.8人，相對地，台灣在1960年代總生育率為6人，但到了1990年代則降為1.7人，至2000年實際生育人數為1.5人，而且比率又有逐年降低之趨勢（王德睦，2001）。

3. 女性勞動就業比率的提增：美國在1990年代約有60%之女性勞工進入就業市場，台灣相對地比率約在54.1%上下，已婚女性目前有工作之比率為49.7%（內政部統計處，2001），特別是家中育有年輕子女之女性，上班工作比例也相當高，此外，單親家庭族群其為子女家計生存，也必須進入就業市場。

4. 離婚率的上升：美國在1970年代離婚率上升至51%（U.S. Department of Commerce, 1980），時至今日也維持在40%左右，而且也有穩定性的成長，此種現象也造成單親家庭比例增加；而台灣目前約有4.73%的家庭戶口是單親家庭，其中離婚占52.3%（內政部戶政司，2001）。根據內政部1990年的統計，有173,209對登記結婚（粗結婚率為7.87‰，有49,003對登記離婚（粗離婚率為2.23‰），約為3.5：1。2000年時結婚對數為181,642對，離婚對數為52,670對，當年離婚人口約占15歲以上人口之4.2%，男女有偶離婚率達10.7‰，相對於1990年的6.3‰，十年間有偶離婚率增加七成，已是亞洲之冠。這也意味著家中18歲以下之子女在成年之前，至少有相當比例會在單親家庭中度過。

5. 遲婚現象：婚齡女性進入勞動市場比率上升，適合婚姻市場之男性

比例下降，甚至更有人選擇不結婚，諸此原因皆可能造成現代人遲婚，也造成婚後生子比例下降，或家庭形成老父（母）少子（女）之現象。

6.隔代教養：隨著經濟發達，單親家庭及外籍配偶家庭的增加，也造成台灣兒童由祖父母教養比例的增加，因此也形成新三代同堂家庭及隔代家庭的形式。隔代家庭雖然解決子女照顧的問題，但仍有教養代溝、親職替代、體力照顧、親子關係疏遠及影響家庭生活品質之問題應運而生。

◆理想與價值的改變

1.女性運動：由於平權觀念，再加上通貨膨脹的壓力，婦女走出家庭投入勞動市場不再受到社會輿論的壓抑，婦女工作機會的增加，造成家庭既有之男女角色分工面臨重新調整的挑戰，養兒育女不再是女性一個人的責任，為了使婦女能無後顧之憂地安心投身就業市場，政府部門相關福利措施與配合服務措施務必隨之配合，例如，2002年3月8日正式上路之兩性工作平等法，即破除男性獨大之歧視迷思，爭取女性之工作平等及有關家庭照顧假、女性生理假、育嬰彈性工時、企業提供托兒服務，以及相關性騷擾之防治措施，以落實男女兩性平等及平權。

2.生活型態：隨著社會的變遷，國民經濟所得的提升，使得人民生活水準也相對地提升。因此，在台灣過去五十餘年的發展經驗中，除了配合經濟政策的修正與轉向，主要是憑藉著廉價、勤奮與優異的勞動力，不但成功地將台灣社會由農業國家轉型為工業國家，同時也創造了舉世矚目的經濟奇蹟，而成為亞洲四小龍的發展典範（劉小蘭，1999；張瑞晃，1997）。而這些社會經濟的改變無形上也牽引了宗教傳統、道德及家庭制度的改變，甚至影響個人之價值及生活型態的改變。然而，家庭的形成變成多元的，有傳統的家庭、有單親家庭、有雙生涯家庭、有收養家庭、台商家庭等；甚至於家庭的組成是可變的，其組成更是動態而非靜態的，這些變化皆挑戰著新的家庭價值及新的家庭角色。

3.兩性角色：從美國過去的傳播媒體，從1950至1960年代之 *Leave It to*

*Beaver*的連續劇，媽媽在家烤餅乾，阿姨在家照顧小孩，至1980年代之《三人行》影集（*Three's Company*）演出一男兩女同居在一住處，共同過著顯著家庭的生活；《克拉瑪對克拉瑪》（*Kramer vs. Kramer*）敘述夫妻離婚爭取兒子的監護權，而《天才老爹》（*The Cosby Show*）的雙生涯家庭。這些戲劇描繪著兩性角色的變化，這也意味著社會男女性別角色再被重新定義。對女性而言，除了平常持家與養育孩子之眾多責任外，還要加增新的角色，例如工作，有時也帶給女性陷入「女強人」症候群和精疲力竭（burnout）之兩難及壓力困境中。而男性也同樣地面臨不穩定的新局面，不僅被要求在工作職場上與女性分享地位與權力、被要求與孩子一起玩、要與母親輪流帶孩子看醫生、煮晚餐、管理家務等。與他們上一代相較，今日的父親在家庭中被賦予更多的期待。

◆社會病態因素增加

改變是令人迷惑的，因為變動發生在社會中各個重要的組織（Gestwicki, 1992）。父母親在最近幾十年來比之前社會遭遇過更多的困難及快速的變遷，而這個社會也帶給父母及其家庭許多壓力。社會的變遷導致價值觀、法律和行為準則之改變，以致形成不同的生活方式。公民權力運動、婦女運動、藥物濫用、性行為開放等，使社會產生一些不健康或病態因素，分述如下：

1.家庭暴力：家庭應具有提供親密性及保護的功能，但是現今社會家庭卻是會傷人的。家庭中夫虐妻、妻虐夫、父母虐待子女或是子女虐待父母時有所聞，嚴重造成家人的受傷、甚至死亡，所以家庭暴力又可稱為親密的謀殺（intimacy murder）。台灣在1992年至1996年期間針對婚姻暴力所做相關研究發現：早期在1992年，台大馮燕副教授調查全國1,310位已婚婦女中，發現高達35%婦女答稱自己有被丈夫虐待的經驗；1994年台灣省政府社會處委託陳若璋教授也對國內已婚婦女從事「台灣婦女生活狀況調查」研究中發現，有17.8%婦女承認自己曾被丈夫虐待的經驗；1995年福爾摩沙文教基金會也做了一項「1995年台灣婦女動向調查」，亦有17.8%婦女承認遭丈夫毆打；同年，現代婦女基金會也針對全省的婦女做了一項大規模的調

查，在回收的七千份有效問卷中，有11.7%婦女填答自己在家中曾有被毆打的經驗；1996年，TVBS電視新聞台也做了一次電話訪查，受訪中有30%承認，他們的女性親友曾被先生施暴（潘維剛，2001：48）。我國政府為因應有關家庭暴力事件頻傳，特將兒童福利法、家庭暴力法，以及性侵害防治條例之立法，以遏阻家庭傷害的產生，並保障弱勢族群（兒童與婦女）之權益保障。

2.未婚懷孕：2002年台閩地區單親家庭調查發現，未婚生子人口45,938人，占台閩地區總戶數0.7%（內政部統計處，2002）。張明正（1999）指出1995年青少年未婚懷孕非婚生育個案有九千餘案，15～19歲未成年生育率為17%，超出日本四倍，為全亞洲之冠。而美國青少年未婚懷孕比例為10%，更為世界之冠。當青少年未婚懷孕，其面臨家人關係改變與同儕異樣眼光，甚至因懷孕而提早結束學業，謀求一技之長，影響其經濟能力及未來自主和自我照顧能力。

3.中輟學生：中途輟學比率居高不下，甚至有與日俱增的現象。1980年代，美洲地區的輟學率仍高達21%，亞洲地區則有9%。在1985～1986年經濟高度發展的美國，有200萬名學生有輟學經驗情形產生（Dupper, 1994）。根據我國教育部在1999年的統計，從1995～1997年，平均每年有9,000～10,000名的學生輟學。教育單位與父母應著重降低學生的輟學率，或協助其提早進入就業市場，以避免因謀職能力不足而流落低社經地位或走上歧途（郭靜晃，2001）。

4.犯罪率上升：根據法務部（1996）的資料顯示，台灣地區少年犯罪人口占少年人口的比率由1986年每萬人中215.14人增加至1995年的356.75人，增加六成之多；但自1997年少年事件處理法修訂之後，少年觸犯法律之情勢呈穩定的減緩，然而在質方面，近年來少年犯罪性質更有惡質化、低齡化、集體化、多樣化、預謀化及財產犯罪的趨勢，由此可見少年犯罪的嚴重性。

一、社會變遷對單親家庭之影響

　　家庭除了受到家庭內成員與成員間互動的微視面影響之外，也無可避免地受到整個鉅視面社會生態系統的波動而帶來一些衝擊與壓力。單親家庭的數目與比例也逐漸增加，而使社會大眾重視單親家庭的存在。此外，大眾傳播媒體也常將少年之社會病態行為歸因於單親家庭，所以無形上社會大眾也將單親家庭標記為「偏差」、「不穩定」、「破碎」、「問題」的家庭。持這些論點之學者大都認為單親家庭的子女在人格發展、社會行為與學業成就等表現較差。就親子社會化的觀點，父母之行為特徵常會模塑其子女之行為（Maccoby & Martin, 1983; Peterson & Rollins, 1987; Kuo, 1992），這個觀點也最常由心理分析及社會學習理論所倡導：單親家庭的子女其自我概念較低、對人缺乏信任感、性別角色未分化、內外控發展較差、有較高之焦慮、憂鬱、沮喪及恐懼情緒反應（張美麗，1992）。社會學者如Parsons則採取角色理論的觀點，認為單親家長在工作謀生以求生活無虞的同時，常會衍生子女照顧的問題，在乏人分憂解勞的無奈下，角色衝突與角色負擔過重的事情便會油然而生（劉淑娜，1984；林萬億、吳季芳，1993）。之後，Hill在1958年提出ABC-X之家庭壓力理論，主張家庭在面對壓力情境之初，壓力事件（因素A）與其家庭藉以調適壓力之內、外在資源（因素B），以及家庭對此壓力之認知（因素C），三種因素互動後才會產生壓力覺知或危機（因素X）。一個家庭是否產生危機，並非它沒有困境，但此家庭的特質是否遭逢困境能坦然面對，並運用有效資源因應，而成為有效的壓力管理的家庭（藍采風，1996）。至於單親是否對子女或父母形成影響，其影響是正向或負向以及如何影響也眾說紛紜，各有其研究支持，茲分述如下：

(一)對子女之影響

　　Herzog與Sudia（1971, 1973）辯稱並不是所有父或母缺位的單親家庭皆會造成對孩子的影響，而是家庭的氣氛與互動模式（family interactional pattern and environment）及家庭過程（family process）才是影響之關鍵因素。此議題之後也在Kagel、White與Coyne（1978）、Raschke與Raschke（1979）、Berg與Kelly（1979）、Marotz-Baden等人（1979）的研究獲得

支援。Kagel、White與Coyne（1978）的研究區分青少年日後行為偏差之因素是他們知覺其家庭環境是否為溫暖的、有回應性及具凝聚力等家庭互動因素有關，而與家庭結構無關；Raschke與Raschke（1979）指出公立小學學童認為其家庭氣氛不愉快且具衝突，他們的自我概念較低，而與家庭結構因素無關；Berg與Kelly（1979）指出：當學齡兒童被父母拒絕，其自我概念低，而與家庭結構無關；Marotz-Baden等人（1979）認為家庭是否正常不在於家庭結構（family form）是單親或雙親，重點是在家庭過程。家庭過程對子女的發展可以是負面的也可以是正面的影響，所以，真正影響子女發展的因素是：家庭內的氣氛（情緒）狀況、家庭成員間的關係是和諧或衝突、家庭經濟的穩定性、教導子女的方式與品質及角色典範（郭靜晃，2001）。

　　社會學家Steigman在1957年指出，婚姻失敗者之小孩，常遭受同伴嘲笑，心懷自卑，嚴重的心理後果會造成行為上之失常病態，故少年犯罪者有許多出身於破碎家庭（陳怡冰，1992）。Demo與Acock（1988）提出單親兒童的心理健康較雙親兒童為低，且雙親之一的缺位若是因分居、離婚或遺棄所形成，則特別對於青少年有更為不利的影響。雙親的缺位使得兒童不易學習到適當的性別角色行為，使得兒童的發展，特別是青少年的發展缺乏角色楷模，而對其認知發展、成就動機、道德學習及順從等行為產生影響。其次，青少年正處於Erikson所謂的「自我認同與角色混淆」，當父母其中一位角色缺位或角色負荷過重，是否造成個體本身的發展障礙？單親家庭的形成，對青少年子女有什麼影響？王美芬（1993）指出單親家庭與雙親健全的正常家庭比較起來，單親家庭意味著家庭破碎的結果，形成的原因就夾雜了哀傷、怨懟等不愉快情緒，若以親職功能的立場來看，在整天辛苦工作之餘，又需料理家務，實難有餘力再去處理子女的心理及情緒問題，以及與子女做更深的互動。

　　就家庭發展階段來說，當子女處於青少年階段時，正好是父母進入所謂中年危機的時期，許多父母重視自我實現的需求甚至放棄子女自我發展的機會，而這個階段正好是他們個人生涯突破或轉折的關鍵期。在這階段，青少年追求自主（autonomy）是一種普遍心理，在家中他們渴求「行為自主」與「情緒獨立」，甚至「價值自主」與「道德自主」，他們極期望獨立與自治，不過青少年是否能成為一位獨立、自主、自信與開放的

人，卻與其親子關係及父母教養方式密切關聯（胡正文，1999）。換言之，單親家庭需要更多拉力來幫助青少年處理問題，使青少年獲得更健全的生活環境，否則會引起認同或疏離危機，造成個體不適應行為發生。

2002年內政部統計處針對全國性單親生活狀況調查研究亦指出，單親家庭家長對其子女管教方面感到有嚴重之問題，其比例較高之項目依次為「子女行為有偏差」（19.1%）、「不知如何管教」（15.8%）及「無時間管教」（12.8%）。此外，單親家庭家長對其親子關係有近三成左右之家長表示感受關係很差。至於單親家庭對其子女的學業方面的表現，父母感到嚴重的問題，比例較高之項目依次為「無法輔導子女作功課」（23.3%）、「子女學業成績太差」（19.5%）、「子女不喜歡讀書」（16.9%）。而認為「父母無時間管教」及「子女行為有偏差」之父母者近28%。

至於，單親經驗對子女「稍有影響」之程度，單親父母認為是「心理健康」（52.7%）、「學業或成就」（44.6%）、「人際關係」（44.4%）、「行為常規」（46%）、「性格養成」（47.5%）、「人生態度」（46%）、「婚姻看法」（46%）等問題。單親經驗使單親子女自我概念形成造成影響，對其自我價值看法產生偏差或低落。然而，單親家庭並非全然負面影響，吳靜樺（1994）的研究即指出：父母離婚對青少年本身亦有正面影響，例如在性格方面趨於獨立、成熟；而在家庭氣氛方面，離婚結束了家庭成員長期的衝突或家庭成員重新建立新關係，家庭氣氛因而轉好。「單親家庭」名詞不至於對子女產生烙印與偏見看法，所以，媒體應給予單親家庭正面報導，去除「單親家庭等於偏差家庭」、「單親家庭等於弱勢家庭」等標籤，而減緩單親家庭飽受社會大眾歧視的眼光。

(二)對父母之影響

單親家庭由於結構上的限制，所以在面對社會壓力、工作及子女教養時，要比核心家庭更易缺乏資源來因應困境，因而導致問題的產生（張清富，1995），也因此在過去單親家庭常常被冠上「破碎家庭」或「偏差家庭」等標籤而飽受歧視。但經過實務界十餘年的研究，對單親家庭問題作更深入的瞭解後，已使得單親家庭逐漸擺脫問題家庭的刻板印象（薛承泰、劉美惠，1998）。彭淑華、張英陣於1995年曾就單親家庭的優勢觀點

來探討，單親家庭的成因不同，同質性亦不高，因此，呈現的問題內涵也就各有不同；不論形成原因為何，「單親」對每個家庭而言，都需經歷一連串的創傷經驗與一種不得已的抉擇。而家庭也會因單親事件產生一連串心理上、社會上和經濟上的改變，進而影響單親家庭成員生活經驗的改變，如經濟狀況的改變、身心適應問題、角色負荷加重、子女教養問題、活動參與問題、福利服務問題等。整體而言，其較常引起注意的不外乎心理社會、生理健康以及經濟安全等面向的問題，以下便就此三個層面，參照國內外發展現況，從優勢與劣勢觀點來闡述我國單親家庭的境遇。

◆心理社會層面

　　由於人類天性渴望愛與被愛，可是當夫妻離異、親人死亡等邊變使得單親家庭成員失去了情感的聯繫，導致孤立失落，因而造成了許多弊病叢生，如緊張、焦慮與挫折，當這種緊張關係在家庭中緊繃至一臨界點而致使家庭失能時，便有可能產生偏差行為或不幸事件。單親家長在經歷家庭邊變之後，由於生活週期斷裂，教養子女負荷繁重，使得他們在分離失落及角色衝突的雙重煎熬中承受著相當大的精神壓力，Weiss（1982）便指出單親者容易會有沮喪、焦慮、寂寞與不幸福等感受，甚至產生如酗酒等偏差行為（林萬億、吳季芳，1993）。若是其原有的人際關係與社會地位又因單親事件而有所變動，則將更會影響到單親家長的社會適應。由於我國社會文化仍傾向保守，因此在傳統價值觀的框限下，單親家長對自我覺知的歸因更易偏向於負面，因而對未來生涯的規劃躊躇不前，造成本身內在的壓力與衝突。張佩韻（1998）便指出社會對單親的負面印象等讓單親父親倍感壓力；劉雅惠（2001）更進一步指出衝突與生活滿意度有顯著負相關，尤以女性為著。

　　由於道德的偏見使得部分民眾對單親家庭投以異樣的眼光，造成社會烙印（social stigma）現象（Kerka, 1988），如果單親家庭無法承受這股壓力，而自原有社會人際網絡中逐漸撤離，便會形成社會孤立（social isolation），甚至發生社會連結（social bonds）不穩定的情形，無法與他人建立持久的關係（引自朱貽莊，1997），此時單親家庭不是自我孤立，便是遷居或轉換職業，這種現象在離婚和非婚姻型態的單親家庭又更為明顯（張英陣、彭淑華，1998）。

　　單親處境並非全然的弱勢，單親家庭在心理社會適應上亦有其優勢的一面：相對於情感疏離、名存實亡的空洞家庭。有研究指出，單親家長在跳脫遽變的漩渦之後，反而能自我解脫而有所成長，加上對子女的管教態度因單元化而無不一致之情形，因此親子關係也比以往更親密（彭淑華、張英陣，1995）；另外，基於「血濃於水」之傳統家庭價值觀的驅使，因此，我國單親家庭要比國外獲得更多來自於原生家庭的支援與資源。如親情連結、互惠協助、可近性、彈性與低成本等優點，均可以成為單親家庭的優勢助力（吳婉慧，1999）。

◆生理健康層面

　　由於單親家長既要身兼父母職又要養家活口，因此承受著很大的照顧負荷與工作壓力，而這些壓力往往在生理症狀中找到出口，以身心症來宣洩。最常見的症狀便是身體功能退化、難以入眠和健康狀況不佳（洪秀珍，2000）。生理健康對生活品質的影響，受到多重因素的左右，不過箭頭均指向負向關聯。王慧琦（1992）在針對離婚者生活適應的研究中便指出：支援系統與壓力認知會影響其健康情形，一般而言，壓力覺知越小，社會支援系統越多元，其自覺健康狀況越好。俗話也說：「留得青山在，不怕沒柴燒。」因此，生理健康對一個人的生活品質有決定性的影響。

◆經濟安全層面

　　國內外的研究均指出，在眾多單親問題當中，經濟安全是單親家庭最大的隱憂。物質條件不僅會對子女照護問題產生不良影響——子女所能獲得的物質資源減少，甚至直接牽動著家庭的生活品質。在所有單親類型當中，以女性單親最容易落入貧窮困境，形成「貧窮女性化」（feminization of poverty）的現象：在1992年美國有兒童的貧窮家庭中有將近60%是屬於無丈夫的女性為家長的家庭；在所有的全國家庭中，以單身女性為家長只占23%（Bureau of Census, 1993）；Garfinkel、McLanahan（1986）與Kerka（1988）便指出女性單親戶是全美最貧窮的家庭；張清富（1995）的研究也顯示我國約有一半以上的單親家庭收入低於三萬元，其中女性單親更因長期操持家務、無一技之長或需兼顧子女照顧而無法穩定工作，導致重返勞動市場上的弱勢，甚至因為男性較高的再婚比率而降低了贍養費的給付能力，因而比男性單親更易遭受經濟匱乏的威脅。尤有甚者，當經濟資源

短缺而間接影響單親子女低學業成就，乃至低職業成就時，勢必形成福利依賴的惡性循環，導致「貧窮代間移轉」的結果（林萬億，1995）。另外，Kerka（1988）也特別指出：由於美國有10%的青少年成為單親媽媽，因而更潛伏著「貧窮青少年化」（juvenilization of poverty）的危機。以上種種現象均警示單親家庭的經濟困境且與單親戶的普遍化有關（Bianchi, 1999；Popenoe, 1988）。而貧窮造成家庭的危機卻是與相關兒童福利實務（例如兒虐事件、兒童少年行為偏差）有很大的關聯。尤其身處於資本主義的社會，貧窮造成個人低自尊或視自己一無是處，更是公共社會服務的使用者，因此，兒童福利實務工作者更應正視貧窮（尤其是單親媽媽）所造成家庭的危機。在美國，貧窮造成國家百年所得損失、稅收損失，以及彌補貧窮造成之損害而設計的社會方案之經費也高達數十億美元；而有關針對貧困兒童的方案經費就占了國家總預算的7%（Allen-Meares, 1995）。

不過，也有研究指出單親家庭亦有其經濟優勢面，例如掌握經濟自主權，不用受制於人（彭淑華、張英陣，1995）。尤其是女性，其原本在家庭中的經濟弱勢地位也將易地而處。

2002年內政部統計處針對全國性單親生活狀況調查研究指出：近半數單親家庭最近一年每個月平均收入在二萬四千元之下，其中又有一半收入不及平均最低薪資，且調查過程中有60%受訪單親表示入不敷出，此現象已突顯單親家庭的經濟困境。尤有甚者，有近四成的單親家長除了自己的子女外，尚需扶養父母，而經濟來源有80%以上需靠單親家長本人之所得，其次為父母提供，獲政府補助之比例不到一成，此結果顯示單親家庭的經濟性支援相當脆弱。

單親家庭家長對其子女管教方面感到嚴重的問題，比例最高為「子女行為有偏差」（19.1%）、「不知如何管教」（15.8%）及「無時間管教」（12.8%）。此外，單親家庭成員感受到「對不起子女或父母」、「經濟維持的壓力」及「工作或經濟壓力」；其感情困擾嚴重度更依單親形成年數增多而遞減。

單親家庭托育與教育費用平均需五千至九千元為最高，且就讀托育及才藝班比例之提高，產生新的經濟支出項目（內政部統計處，2002）；針對子女照顧、管教、子女學業及工作、事業問題之困擾皆是單親父母所面臨的困境。

二、社會變遷對外籍配偶家庭之影響

　　根據內政部2003年統計，台灣外籍配偶數多達231,484人，換句話說4個台灣男人中就有1人選擇與外籍新娘結婚，分析2003年因結婚來台的外籍新娘學歷狀況，來自東南亞部分，16,746人中只有國小或國中畢業的比率就有38%之多；而大陸地區27,626位中，就有42%的外籍新娘是國中以下的教育程度，與台灣只有17%比率相較，外籍新娘的教育程度實為不高。劉淑婷（2003）對於「新台灣之子」這個新生代的教育族群報導指出：多數教育工作者覺得其教育問題還在「可」控制範圍內，但這些背景因素直接或間接地潛藏阻礙其子女未來的教育發展。其因素筆者歸納有五點，分別說明如下：

(一)低社經地位與語言隔閡

　　「新台灣之子」的家庭多數以勞力為主要收入方式，負責家中經濟的父親在外打拚居多，同時尋求異國婚姻的本國男子，常伴有身體殘障、心智障礙、家境貧困、缺少謀生能力等情形，加上彼此結合快速，以致婚後諸多層面落差太大，難以互相適應，衍生的家庭、社會、教育等問題不容忽視，最嚴重的是東南亞外籍配偶子女的發展常出現遲緩的現象，影響深遠（鍾重發，2003）。而來自他鄉的東南亞外籍女性配偶，多數學歷較低、語言不通、風俗文化迥異，生活適應已構成社會的一大問題，再加上生活物質條件較差，做妻子的不是打零工貼補家用，就是在家照料夫家一切生活起居，為生活奔波勞苦，在這種情況下，有一半養育責任落至母親身上，而其「新台灣之子」，上了小學後，不適應的情況馬上產生。

(二)低教育程度及親職參與度低

　　同時發現東南亞外籍女性配偶子女們的注音符號學習狀況不好，因為家中主要教育者通常沒有學過或是目不識丁，但最令學校老師困擾的是，東南亞外籍母親的中文程度不靈光，在與學生家長溝通時，總是一頭霧水有代溝，有些家長帶孩子上學時，看到老師拔腿就跑，拒絕溝通的例子屢見不鮮（劉淑婷，2003）。

(三)東南亞外籍母親教育專班成效不彰

台灣各縣（市）政府也做了許多努力，其中開設「外籍新娘識字班」是最普遍的做法，但是目前很多地方已經停辦，停辦的原因，主要是因為外籍配偶的本身學習意願太低，實際參與上課的人不多，來上課的外籍配偶，有的帶著小孩一同前往，嘰嘰喳喳的上課情況，讓班級經營不下去，只好停辦（劉淑婷，2003）。許多外籍配偶嫁到台灣時，年齡不到20歲，大多數的心力都放在照顧家庭上，「新台灣之子」家庭教養不足而產生的適應問題，似乎只有提升母親教育一途，但外籍母親教育執行上的困境將是教育局未來要面臨的一大挑戰。

(四)陌生與衝擊情境

對這群新移民面對所遷入社會環境歷程中視為必要經歷，然而，透過婚姻移民生活，其家庭又是另一衝擊的場域，可能使外籍新娘陷入困苦情緒之中。相反的是，家庭可以正向維持或允許這群新台灣人母親繼續接觸她們的原生文化，即可有效的緩衝其壓力；遷移後必須經過定居、適應及完全同化三個主要過程才算完成（廖正宏，1985）。

(五)未能融合主流文化、造成文化缺陷

在今日多元文化的趨勢下，如果出生於次流文化的家庭常因環境中的資源有限，而造成社會上及心理上受到剝奪與限制，就容易形成文化缺陷。文化缺陷的概念就是利用制度化來「修補」並協助某些少數族群「合於」社會主流的規範。由於少數族群的家庭和兒童有偏高的比例是貧窮家庭，出生於此類家庭的孩子常因環境資源有限，而在社會上及心理上產生影響，加上制度化的種族歧視及性別歧視，就限制了個人在社會發展中可享有的機會。因此，社會工作實務應充權增能這些少數族群的兒童及其家庭活絡於雙重的環境裡，包括他們的文化及主流社會的文化，以找到他們的自我認同，避免文化危機。

第二節　親職教育的意義與目的

　　親職教育是一種對父母的再教育，與家庭教育同樣重要，更是社會發展的基石。簡單來說，親職教育是對為人父母或準父母施以一種專業教育，藉以培養他們教養子女的專業知能，以充實其扮演稱職的現代父母的角色。在這急遽變遷的工業社會中，個人的經驗必須要調整與充實，尤其是初為人父母或一些不適任父母角色的個體更需外在資源來協助他們克盡與善盡為人父母的角色，而親職教育便是由此而衍生出來的產物。

一、親職教育的意義

　　「親職教育」（parent education）意涵著「父職教育」（fatherhood education）及「母職教育」（motherhood education），也就是教導父母如何成功扮演其父與母之職分（position）的角色行為；它也是一終身的成人教育，以父母為對象，藉用正式及非正式的課程施予專業教育，藉以培養教養子女的專業知能，以助於成為一位有效能的父母，故親職教育實包含下列三個要義：第一，改變不良父母的角色，指導父母扮演稱職的角色，以善盡為人父母的職責；第二，提供有效能父母的教養策略，以改善不當的教養態度以增進良好的親子關係；第三，指未婚父母及準父母，為日後成為一個成功父母作準備。最重要的親職教育就是教人如何為人父母的教育，也就是使個人明瞭如何善盡父母職責。質言之，親職教育是成人教育的一環，乃是利用社會資源有系統地協助父母認識自己、瞭解子女需求與發展、增進個人知識、改善親子關係，以及教人「如何成為有效父母」的終身教育歷程。

　　就上述之定義，親職教育實具備有預防及治療，前者乃因現代家庭結構的改變（例如單親家庭、外籍配偶家庭、台商家庭、隔代家庭、雙生涯家庭）造成父母與親職角色的分身乏術，或缺乏正確及有功效的管教策略而造成孩子行為產生不適應或偏差，故利用成年人尚未成為父母或已成為父母實施「先期親職教育」以收「未雨綢繆」與「預防勝於治療」之功效；後者因父母疏於或缺乏正確管教技能而造成孩子行為偏差，甚至成為

犯罪兒童及少年,依「少年事件處理法」及「兒童及少年福利與權益保障法」對父母施以強制性的親職教育課程,其課程屬於事後之治療性策略,所以親職教育可以納入學校教育及成人教育之系統。

親職教育具有自願性、實用性、即時性,以及連續性之特性(林家興,1997)。除了法院對父母施以強制性的親職教育課程之外,大部分的親職教育皆屬於自願參加的課程,父母可選擇參加或不參加。親職教育的課程非常重視實務及實用性,以讓父母能對課程得以瞭解並學以致用,理論的部分則較少涉及,此外,親職教育大都面臨父母此時此刻的管教子女的難題,需要有效策略加以解決,因此,親職教育強調即時性協助父母處理其當下的問題。加上親職教育是一終身教育(lifelong education),故是終身學習,所以其是一連續性的教育。

綜合上述,親職教育並不是天生即會的行為,是經由後天「教育」與「學習」的方式,而表現稱職父母的角色,並協助父母瞭解子女的身心發展及需求,幫助父母與子女建立「正向」之親子關係,這也是未來屬於家庭教育中的一環。

二、親職教育的目的

兒童及少年的問題始於家庭、顯現於學校、彰顯於社會。故親職教育即指導父母克盡於角色、發揮父母及家庭功能,以預防其日後不良行為的產生。所以,親職教育的重要性在強化家庭功能,預防兒童及少年產生不適應之行為,接合學校及社會資源,支持家庭發揮功能,消弭社會問題,去除不適合孩子成長的環境因素。故親職教育實施,包括有教育及治療家庭與父母之功能。

家庭的功能有七:生養育的功能、照顧保護的功能、教育的功能、情感與愛的功能、娛樂的功能、信仰的功能及經濟的功能(黃堅厚,1996),茲分述如下:

(一)生養育的功能

家庭主要功能乃在透過婚姻關係,傳宗接代,香火綿延,故家庭除了重視優生保健以提升下一代的品質,並要瞭解子女在不同階段的生、心理

需求與發展，提供安全、溫暖及適齡、適性的成長環境及教養方法，以協助其健全的成長與發展。

(二)照顧保護的功能

父母的責任要在子女成長過程中，給予合理（不放縱）的保護子女，使孩子免於恐懼與傷害，並時時給予關懷、支持及指導，以確保孩子的安全，提增其獨立性、適應能力及問題解決能力，以朝向獨立自主的成人作準備。然而現代家庭因社會變遷造成傳統照顧兒童功能式微，所以家庭之外的正式與非正式社會支持體系應運而生。

(三)教育的功能

家庭是孩子得到社會化的第一個機構，也是待最久的機構，家庭更是孩子人格、行為塑化學習的場合，尤其在早年經驗，隨著子女的年齡成長，父母除了照顧、養護子女之外，也應對子女的道德、行為、價值觀及心智發展負起責任，透過過濾、協助、示範、規範、講解、引導與鼓勵之下，逐漸社會化成為能適應社會之獨立個體，故家庭使孩子從「生物個體」成為「社會個體」。

兒童透過與家人一起生活、遊戲、工作，達到性別角色的認同與學習，行為由他律而自律，進而形成個人之道德、價值觀及良知的形塑，以及社會能力及技巧的習得，同時，家庭也具有獨特的文化及精神價值，所以家庭能形塑人，也可以傷害人。

現代家庭以核心家庭為主，但由於社會變遷，造成少子化、隔代家庭、單親家庭或外籍配偶家庭，此外，教養子女的功能也由其他專業化之機構，如托兒所、幼稚園或托育中心，以及電視和電腦取代教養子女的功能。

(四)情感與愛的功能

家庭是個人情感的避風港，家庭給人安全及歸屬感，同時也是提供愛與溫暖的場所，尤其在工業社會人際關係愈來愈冷漠，彼此間競爭激烈，疏離的社會更需要伴侶的分享及親子關係的情感交流。

家庭透過婚姻關係提供夫妻之間的親密關係，也是個人尋求情緒的滿

足與支持之所在,但是家庭也是最容易傷害人的場合,例如家庭暴力。因此,父母需對子女傳輸愛的訊息,對孩子合理之期望,讓孩子得到外在衝突及挫折的庇護,同時也傳輸如何以親密及正向情緒對待別人,以發揮家庭最重要的功能。

(五)娛樂的功能

傳統社會所有的活動均發生在家庭之中,娛樂休閒活動也不例外,如拜拜、過年、慶節等,而在現代的社會,此種功能漸漸為家庭之外的休閒娛樂行業所取代,如主題公園、電影院、KTV等。雖然如此,家中也隨著科技的進步,各種設置於家中的娛樂設備也較以往充足,如電視、VCD/DVD錄影機、卡拉OK、電腦等,也促使個人在家中娛樂,不過此種娛樂也造成個人之休閒娛樂。在現代化充滿壓力、緊張、時間緊縮的時代中,家庭休閒娛樂是不可或缺,它可提供在共同時間中,有共同興趣,共同目標,從事共同的活動,透過互助、溝通來凝聚家庭成員,形塑共同價值,也可以增加彼此瞭解及傳輸關愛與親密感。

(六)宗教信仰的功能

宗教信仰是家庭中共同價值及人生觀的表徵,同時也是一種家庭的凝聚力量,表達對天、地、人、事物的看法,它亦是凝聚家庭成員表達愛、分享、體恤別人或遵循社會規範的具體行為。傳統的中國社會重家庭,祭祠祖先,擴展家庭各種宗親、社會組織以確保家庭及社會之權威結構,及維繫家庭與社會的組織行為(謝高橋,1994)。

現代社會宗教信仰趨向多元化、個人化,因此,家庭宗教信仰功能日漸式微,甚至已消失此種功能。

(七)經濟的功能

往昔在農業社會時代,家庭是兼具生產與消費的場合,所以說來,家庭是一個自給自足的經濟組織。工業化之後,社會愈加分工,家庭的生產工作逐漸由另外的生產單位(如工廠、公司)所取代,但家庭仍在消費單位中扮演著主要的經濟功能(蘇雪玉,1998)。現代家庭也愈趨向雙工作及雙生涯的家庭,造成許多家務工作可能要找人幫忙,即使是專職的母職

角色，不出去工作也要處理家務工作，雖然不給薪，但是其仍是有經濟的活動，這也是「家務有給制」的觀念，只是家庭的經濟活動未如往昔農業社會那般明顯。

家庭的經濟功能是家庭成員相互之間的經濟活動，透過互助互持以保障家庭人員的生活。現代社會透過賦稅、保險，除了家庭的經濟自給自足之外，其餘可以配合社會的支持與福利，來維持個人的生活，因此說來，家庭不再是個獨立自給自足的經濟單位，必須要配合社會的支持。

三、台灣社會變遷下家庭功能的轉變

前美國總統夫人希拉蕊曾說：「就像時下許多家庭一樣，今日的美國父母只要一提到撫育孩子的問題，沒有一個人不是憂心忡忡的。」（天下編輯，2000）。不僅是美國父母有這樣的心聲，這同樣也是台灣現代父母心情的最佳寫照。由於人口結構的改變、家庭型態的重組、女性意識的抬頭，以及病態行為的增加，均致使家庭功能在社會變遷中面臨更大的衝擊與挑戰，家庭亦逐漸成為千禧年以後的公共政治議題。

晚近，台灣更在婚姻市場開放與兩岸三地頻繁的互動中，連帶影響家庭結構的改變，如外籍新娘、兩岸夫妻、瑪麗亞之子等現象均衝擊到賴以生存的子女，家庭對兒童的照顧功能逐漸式微，諸如單親兒童、鑰匙兒童與受虐兒童等議題，均已成為當今新興的「社會事實」而引起大眾的關注。郭靜晃（2001）便指出，隨著社會變遷，台灣家庭組織結構的多樣化反而造成家庭功能式微，甚至無法承擔子女保護與照顧之職責，而兒童照顧品質不夠，必然會造成日後的少年問題，甚至潛藏日後的社會危機。以下將逐一討論社會變遷下台灣家庭在功能上的變化。

(一)職業婦女增加，子女照顧責任轉移

由於社會結構的變遷，現代婦女必須扮演多重的角色，但在角色間壓力與角色內衝突之下，婦女極易產生兩難的失調現象。美國在1990年代約有60%之女性勞工進入就業市場，台灣比率約在54.1%上下，已婚女性目前有工作之比率為49.7%（內政部統計處，2001），特別是家中育有年幼子女之婦女，上班工作比例也很高。一般而言，東方傳統社會中，母親仍是

親職中的要角，因此，婦女投入職場後，家庭功能式微，子女照顧責任的轉移產生了很多怪象，諸如鑰匙兒童、網咖安親班、隔代教養、瑪麗亞之子等，均是當代台灣親職教育的新議題。

(二)分居家庭與台商家庭之單親事實所造成的教養困擾

Bumpass（1984）曾預估在二十世紀末將有一半以上的未成年人將生活在單親家庭中。今日的美國已有超過25%的家庭是為單親，甚至有10%以上的青少年是未婚媽媽，而台灣自1990年以來，有偶離婚率邊增加70%，已是亞洲之冠，且總家庭戶中約有5%是單親家庭，雖然台灣單親家庭比例較歐美為低，但是值得擔憂的是它的成長型態正逐漸步入西方社會的後塵：有越來越多的單親家庭源自於離婚與未婚生子，且居住型態也呈現多樣化面貌。根據薛承泰（2001）的研究報告中指出，分居單親在1998年的單親家庭類型比例中高達17%，甚至高出未婚許多。其原因除了傳統「勸和不勸離」和「為子女犧牲」下的怨偶之外，兩岸三地頻繁互動之後所造成的台商家庭，也造成許多假性單親家庭。據保守估計，台灣地區在2001年前往大陸之人已高達3,441,600人次（行政院陸委會，2003），台商於上海人數就有500,000萬人。而台商在離鄉背景的情況，家庭及子女之教養問題仍是其最關切之問題（汪仲、徐秀美、何曼卿，1998）。無論是名存實亡的分居準單親家庭，以及兩岸三地的假性單親家庭，時空因素均間接影響夫妻相處與親子互動品質，在我國傳統價值約束下亦會衍生不同的適應問題，值得關注。

(三)外籍新娘家庭衍生另類子女照顧危機

1990年代以來，地球村概念讓全球人口流動蔚為風潮，隨著台灣經濟的起飛與婚姻市場的重分布，外籍新娘與大陸新娘也成為這股人口遷徙之下的副產物。自1994～2000年間，泰緬新娘即有10,028人、印尼新娘20,425人、菲律賓新娘8,787人、越南新娘39,419人，而大陸新娘則已超過130,000萬人（韓嘉玲，2003）。由於這些「新台灣媳婦」大多扮演料理家務與傳宗接代的角色任務，因此生育率大多高於一般家庭，但她們大多來自中、低社經家庭，加上語言的隔閡，常有社會疏離的現象。加上缺乏教養子女新知，因此常因缺乏刺激造成子女發展上的延遲，衍生另類子女照

顧的危機。

(四)少子化現象突顯出獨生子女的適應問題

　　根據內政部台閩地區近十年育齡婦女生育率統計顯示，從1993年總生育率為1.76%，至2003年為1.24%，發現台灣近十年來生育率逐年降低的趨勢。雖然子女數的降低可以減輕家庭經濟負擔，提升家庭生活品質，但是獨生子女所衍生出來的社會適應與家庭教養問題，甚至肩負將來老年化社會的責任，都是當代重要的家庭議題。

(五)混合家庭社會支持網絡的利弊得失

　　台灣家庭類型中，混合家庭的比例日漸升高，以內政部2001年台閩地區兒童生活狀況調查報告為例，三代同堂家庭與混合家庭的比例達40%，較九年前增加了5.4%，反之，核心家庭占52%，較九年前減少7%。由於家庭居住型態的改變勢將影響家庭功能的發揮，混合家庭的高密度社會支持網絡雖然提供子女生活照顧上很大的助力，但是人多口雜的家庭組織往往也容易產生子女教養上的衝突，因此利弊得失需進一步審慎評估。

(六)社會病態因素讓家庭面臨更多挑戰

　　由於藥物濫用、性行為開放與家庭暴力等問題使社會產生一些不健康或病態因素，間接帶給現代父母親在教養子女時更多的困境與壓力。例如，1995年福爾摩沙文教基金會所作的「1995年台灣婦女動向調查」中即發現：有17.8%婦女曾遭丈夫毆打；此外，張明正（1999）亦指出我國15～19歲未成年生育率已超出日本四倍，為全亞洲之冠；更遑論當下層出不窮的兒童疏忽與虐待案件震驚社會。種種社會變態因素均使家庭面臨重大危機，讓父母在教養子女時，孤立無援，無所適從。

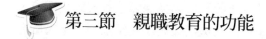

第三節　親職教育的功能

　　就教育之觀點，親職教育係在一有限的期限內針對有問題之家庭中之父母，施以非正式之課程，以提升父母管教子女的效能。就其功能，消

極方面可以幫助父母與子女改善有問題之親子關係或避免問題的惡化；在積極方面，可以幫助父母與子女預防親子問題的產生或者增進更好的親子關係（林家興，1997：3）。準此，親職教育之功能應包括：為人父母之基本認識、瞭解並應用管教子女的專業知識、父母對學校教育應有適當之態度、子女的家庭適應，以及為人父母之準備。質言之，親職教育的功能在於：預防兒童被虐待與疏忽、青少年濫用藥物、犯罪及心理偏差行為等產生，以及子女學習挫敗，進一步教導家庭有特殊兒童、失功能之家庭或語言與文化弱勢家庭，提供兒童及少年發展和教養子女知識以提升家庭功能，達到父母能獨立教養子女和健全家庭生活。

就法律層面，美國於1960年代就規定迎頭趕上之啟蒙方案（如Head Start）及公立學校，為貧窮及少數民族所設計的研究及發展課程中，要重視家長參與教育的重要性。同樣地，許多由聯邦政府資助的方案（如Head Start）也規定家長必須要參與整個方案。此種親職教育主要在幫助家長加深對兒童發展的瞭解，並教導家庭教育，養育他們子女的新做法。我國最早由教育部於1938年公布「中等學校推行家庭教育辦法」，復於1968年重頒「推行家庭教育辦法」，規定各級學校及社會教育機構應推行各級家庭教育工作，其內容部分則有涉及親職教育。1986年行政院訂頒「加強家庭教育，促進社會和諧五年計畫實施方案」，結合民間社團、大眾傳播、學校教育及專業輔導，透過親職教育的加強，倫理親情的闡揚等方式以促進家庭的融洽與社會整體的和諧（內政部，2000：774）。

由於每個家庭有其獨特性及個別化的需求，加上每個人先天要件本不同，加上與外在環境之互動而產生家庭失功能的狀況，因此，親職教育的功能也往往因人及因家庭而異。有的親職教育只是針對一般家庭管教子女的策略與技巧的改進；有的親職教育則要協助父母認識子女的特殊問題和需求，以及如何援引社會資源以取得適當的協助；有的親職教育則是執行法令所規定的強制性改變父母的效能。親職教育在兒童福利服務中被分類為支持性的服務，此外，在兒童及少年福利與權益保障法就規定直轄市、縣（市）政府應設立心理輔導及家庭諮詢機構並興辦兒童福利專業人員之訓練以協助兒童、少年及其家庭解決家庭之失功能問題及危機因應。

親職教育之教學目標不僅只是知識的傳授，更要讓父母感受父母效能的重要性，以及父母個人之情緒管理，以達到「知」、「情意」、「行」

之效能。因此，一個成功的親職教育課程應包括至少三種重要的學習內容：認知的學習、技能的學習，以及情感的學習（林家興，1997：5）。故親職教育之主要功能即在幫助父母辨識影響親職問題和惡化之原因、瞭解兒童及少年發展之特徵與任務、親子互動之重要性，以及管理父母之情緒，透過專業課程以達到父母自我反省和改變，使充權家庭具備因應危機之能力，進而強化父母親職之效能，達到有效幫助子女成長與發展。

第四節　親職教育的範疇

　　今日的父母被社會所責難，父母被認為未能善盡職責，所以造成今日的兒童與少年的問題，甚至被認為孩子之問題是種因於家庭，顯現於學校而惡化於社會。然而，又有誰能幫助父母呢？這也是親職教育的最主要功能，提升父母效能、改善親子關係、有效保護兒童及增進孩子之心理健康。然而，父母是人不是神，父母需要被教育、被鼓勵與被接納，故親職教育範疇有二，一是改善父母效能訓練（Parent Effective Training, PET），另一是鼓勵父母積極參與子女事物（Parental Involvement, PI）。前者是應用各種技術、策略教導父母要注重、關心孩子的心理感受，應用積極傾聽，有效溝通方式，給予行為增強策略，給予兒童替代的選擇，強化兒童有效之行為（將在第四章有專章介紹）；後者是在學校及托育機構暢通溝通管道，鼓勵父母參與子女的學習，並將父母再教育成為子女教育的社會支持來源，並建立社會支持網絡，以圍堵子女不良行為的發生（將在第五章有專章介紹）。

　　我國兒童及少年福利與權益保障法第23條規定：直轄市、縣（市）政府，應建立整合性服務機制，並鼓勵、輔導、委託民間或自行辦理兒童及少年福利措施，包括對兒童、少年及其家庭提供諮詢服務（第四款），以及對兒童、少年及其父母辦理親職教育（第五款）。

　　上列所述之兒童及少年福利係屬兒童及少年支持性服務，其目的在於支持、增進及強化家庭功能，滿足兒童需求之能力，使原生家庭成為兒童最佳之成長場所（郭靜晃，2004：366）。

　　親職教育的內容端視父母的需求而定（林家興，1997），應用社區之

三級預防觀點，將親職教育以多層次的方式來實施，茲分述如下：

◆ 初級預防

初級預防（primary prevention），係指在孩子尚未形成問題以及親子衝突尚未發生之前所作之預防工作，這也是兒童及少年福利與權益保障法所規範之家庭諮詢服務，其服務對象是所有家庭。至於研習之內容可以很廣，目的在於培養為人父母的知識與能力，例如，兩性關係、人際互動、夫妻相處、優生保健、兒童發展與保育、如何管教，以及家庭經營之道。上課之方式可適用團體或個人，可用演講、座談或讀書會方式來進行。

◆ 次級預防

次級預防（secondary prevention），係指在孩子問題與親子衝突已發生後所作的努力，目的在於早期發現、早期解決，以避免問題的惡化；這也是兒童及少年福利所規範之家庭輔導服務，並要提供親職教育的服務，其服務對象是子女與父母已產生情緒與行為問題，而其彼此的親子關係已日益緊張，其課程除了初級預防之課程外，還需包括改善與解決問題之心理健康之諮詢與輔導服務，故內容重點偏重於在親子溝通、問題解決、情緒控制，以及有效管教態度與方式等。

◆ 三級預防

三級預防（tertiary prevention），係指對家庭已有嚴重的親子問題或子女已有嚴重偏差行為的家庭，這也是兒童及少年福利與權益保障法為確保維存家庭功能，為家庭所作的輔導與治療，其目的在於減少家庭失去功能，並避免作家外安置，有必要時還要對父母作強制性的輔導。

需要三級預防親職教育的父母是屬於高危險群的家庭（families at high risks），其子女可能已產生嚴重的偏差行為而導致犯罪坐監，或因父母不當管教或暴力導致兒童虐待，甚至於被安置於寄養家庭或機構作安置輔導。為了讓女子能返回原生家庭，所以這些父母需要更多的協助與教育。

三級預防親職教育的實施方式，除了包含次級預防的研究課程，他們更需要個別化的服務計畫，如個別化家庭服務計畫（Individualized Family Service Plan, IFSP），包括個別諮詢、輔導甚至於家庭（族）治療。有關親職教育的三級預防與實施方式可參考**表1-3**。

表1-3　親職教育的三級預防與實施方式

實施方式	初級預防	次級預防	三級預防
正式的研習課程 如專題演講、座談、自修	✓	✓	✓
正式的研習課程 大團體上課 小團體研習	✓ ✓	✓ ✓	✓ ✓
個別指導 家庭訪問與指導		✓ ✓	✓ ✓
心理健康服務 兒童及少年福利服務 特殊教育服務		✓	✓ ✓ ✓

資料來源：林家興（1997）。《親職教育的原理與實務》（台北：心理出版社）。

 本章小結

　　親職教育是支持家庭功能，促使父母成為有效能的父母，它也是兒童福利服務之第一道防線，支持健全家庭能達到有效的管教子女，以及幫助父母改善與子女有問題之親子關係，以免造成問題的惡化。我國的家庭也面臨社會巨輪變遷下形成新的家庭形貌，例如，老人人口增加、少子化、單親家庭以及外籍配偶家庭提增，社會也因此形成新的理想與價值，加上社會病態因素的增加，諸此種種皆對家庭中的父母與子女及彼此互動關係產生了改變。甚至於今日的父母更被社會所責難，未能善盡父母職責而形成今日兒童及少年的問題。誰能幫助父母？這也是親職教育的理念應運而生。

　　本章共分四節：社會變遷與家庭困境、親職教育的意義與目的、親職教育的功能及親職教育的範疇。本章更以兒童福利之概念來架構親職教育，不僅為初級預防的兒童福利服務，更是保護兒童的第一道防線，而且也是兒童福利服務之最後一道防線——強制性親職教育。希望藉著親職教育的實施來提升父母之效能及有效改善親子之間的關係，以期讓兒童及少年有一健康及安全的家庭環境。

 參考書目

一、中文部分

內政部（2000）。《社會工作辭典》（第四版）。台北：內政部社區發展雜誌社。

內政部（2004）。中華民國九十二年社政年報。台北：內政部。

內政部戶政司（2001）。台灣地區人口調查。台北：內政部。

內政部統計處（2001）。八十九年台灣地區婦女婚育與就學調查結果指標。台北：內政部。

內政部統計處（2001）。台閩地區兒童生活狀況調查報告。台北：內政部。

內政部統計處（2002）。台閩地區單親家庭生活狀況調查。台北：內政部。

天下編輯（2000）。《從零歲開始》（第一版）。台北：天下雜誌。

王德睦（2001）。〈人口〉。輯於王振寰與瞿海源（主編），《社會學與台灣社會》（增訂版），537-562。台北：巨流圖書公司。

王慧琦（1992）。《離婚者生活適應之研究》。東海大學社會工作研究所碩士論文。

台灣省政府社會處（1994）。台灣省婦女生活狀況調查。南投：台灣省政府社會處。

白秀雄、李建興、黃維憲、吳森源（1978）。《現代社會學》。台北：五南圖書公司。

朱貽莊（1997）。〈單親家庭兒童福利需求之探究〉。《社會建設》，98，91-106。

行政院主計處（2001）。中華民國九十年台閩地區重要人口指標。台北：行政院。

吳婉慧（1999）。《三代情——以父母支持離婚女兒為例探究代間協助》。國立台灣大學社會學研究所碩士論文。

吳靜樺（1994）。《離婚家庭青少年期子女生活適應之分析研究》。東吳大學社會工作研究所碩士論文。

呂美紅（2001）。《外籍新娘生活適應與婚姻滿意及其相關因素之研究——以台灣地區東南亞新娘為例》。中國文化大學生活應用科學研究所碩士論文。

汪仲、徐秀美、何曼卿（1998年11月17日）。〈經營之外子女教育問題最令台商頭大〉。《工商時報》，9版。

林家興（1997）。《親職教育的原理與實務》。台北：心理出版社。

林萬億（1995）。〈從社會政策觀點談單親家庭〉。《單親家庭——福利需求與因應對策論文集》。

林萬億、吳季芳（1993）。〈男女單親家長生活適應之比較分析〉。《中國社會學刊》，17，127-162。

法務部（1996）。中華民國八十四年犯罪狀況及其分析。台北：法務部犯罪問題研究中心。

洪秀珍（2000）。《高雄縣單親婦女社會支持、社會參與與生活適應之關係》。高雄師範學院成人教育研究所碩士論文。

胡正文（1999）。〈青少年階段中的親子衝突、溝通與親密關係之探討〉。輯於實踐大學通識教育中心編印，《家庭教養與休閒文化》，121-164。台北：實踐大學通識教育中心。

張佩韻（1998）。《離婚單親父親父職角色與親子關係之研究》。中國文化大學兒童福利研究所碩士論文。

張明正（1999）。〈人口轉型與生育及婦幼衛生有關之研究課題〉。《國家衛生研究院簡訊》，4（5），17-20。

張美麗（1992）。〈父母離異對子女影響之探討〉。《幼兒教育年刊》，5，143-160。

張英陣、彭淑華（1998）。〈單親家庭的社會問題與社會政策探討〉。《社區發展季刊》，8，12-30。

張清富（1995）。單親家庭現況及其因應對策之探討。行政院研究發展委員會。

張清富（1998）。〈各國單親家庭福利政策比較〉。《社會福利》，136，51-57。

張瑞晃（1997）。《台灣地區產業結構變遷與生產力解析》。東吳大學經濟研究所博士論文。

郭靜晃（2001）。〈邁向二十一世紀兒童福利的願景——以兒童為中心、家庭為本位，落實整體兒童照顧政策〉。《華岡社科》，15，1-13。

郭靜晃（2001）。《中途輟學青少年之現況分析及輔導》。台北：洪葉文化。

郭靜晃（2004）。《兒童少年福利與服務》。台北：揚智文化。

彭淑華、張英陣（1995）。單親家庭的正面功能。行政院國家科學委員會專題
　　研究計畫成果報告。

黃堅厚（1996）。《我國家庭現代化的途徑》。台中：中華民國家庭幸福促進
　　協會。

廖正宏（1985）。《人口遷移》。台北：三民書局。

劉小蘭（1999）。《台灣產業結構變遷之研究──以要素稟賦的觀點分析》。
　　國立政治大學地政研究所碩士論文。

劉美芳（2001）。《跨國婚姻中菲籍女性生命述說》。高雄醫學大學護理學研
　　究所碩士論文。

劉淑娜（1984）。《寡婦家庭的支持系統與生活適應》。國立台灣大學社會學
　　研究所碩士論文。

劉雅惠（2001）。《中小學教師的工作──家庭衝突及其相關因素之研究》。
　　國立政治大學教育學研究所碩士論文。

潘維剛（2001）。〈社會福利團體角色與我國暴力防治政策──以「現代婦女
　　基金會」為例〉。《社區發展季刊》，94，48-59。

鄭清榮、諶悠文（1997）。《另類家庭──多樣的親情面貌》。台北：天下文
　　化。

鄭雅雯（2000）。《南洋到台灣：東南亞外籍新娘在台婚姻與生活探究──以
　　台南市為例》。國立東華大學族群關係與文化研究所碩士論文。

蕭昭娟（1999）。《國際遷移之調適研究：以彰化縣社頭鄉外籍新娘為例》。
　　國立台灣師範大學地理學系碩士論文。

薛承泰（1996）。〈台灣地區單親戶的數量、分布與特性：以1990年普查為
　　例〉。《台大人口研究中心人口學刊》，17，1-30。

薛承泰（2001）。台灣單親戶及其貧窮之趨勢分析。台灣單親家庭之現況與政
　　策研討會，國家政策研究基金會，1-18。

薛承泰、林慧芬（2003）。〈台灣家庭變遷──外籍新娘現象〉。《國政論
　　壇》，9，19。

薛承泰、劉美惠（1998）。〈單親家庭研究在台灣〉。《社區發展季刊》，
　　84，31-38。

謝高橋（1994）。〈家庭組織與型態的變遷〉。《婚姻與家庭》，8（3），
　　1-30。

謝高橋（1994）。《家庭組織的現代化》。台北：三民書局。

鍾重發（2003）。〈支援協助涉入外籍新娘家庭子女學齡前之兒童發展〉。
《兒童福利》，4，251-257。

藍采風（1996）。《婚姻與家庭》。台北：幼獅文化事業。

蘇雪玉（1998）。〈家庭功能〉（修訂再版）。輯於黃迺毓、黃馨慧、蘇雪
玉、唐先梅、李淑娟等著，《家庭概論》。台北：國立空中大學。

二、英文部分

Allen-Meares, P. (1995). *Social Work with Children and Adolescents*. New York: Longman Publishers USA.

Berg, B., & Kelly, R. (1979). The measured self-esteem of children from broken, rejected and accepted families. *Journal of Divorce, 2*, 263-369.

Bianchi, S. M. (1999). Feminization and juvenilization of poverty: Trends, relative risks, causes, and consequences. *Annual Review of Sociology, 25*, 307-333.

Bumpass, L. L. (1984). Children and marital disruption: A replication and update. *Demography, 21*, 71-82.

Bureau of Census (1993). Poverty in the U. S.: 1992. *Current Population Reports*, p. 60, No. 185.Washington D. C.: Department of Commerce.

Demo, D. H., & Acock, A. C. (1988). The impact of divorce on children. *Journal of Marriage and Family, 50*, 619-648.

Dupper, D. R. (1994). Reducing out-of-school suspension: A survey of attitudes and barriers. *Social Work in Education, 16*(2), 115-123.

Garfinkel, I., & McLanahan, S. S. (1986). *Single Mothers and Their Children: A New American Dilemma*. Washington D. C.: The Urban Institute Press.

Gestwicki, C. (1992). *Home, School and Community Relations* (2nd ed.). New York: Delmar Publishers Inc.

Herzog, R., & Sudia, C. (1971). *Boys in Fatherless Families*. Washington D. C.: U. S. DHEW Office of Child Development.

Herzog, R., & Sudia, C. (1973). Children in fatherless families. In B. Caldwell & H. Ricciuti (Eds.), *Review of Child Development Research* (Vol. 3), Chicago IL: University of Chicago Press.

Kagel, S., White, R., & Coyne, J. (1978). Father-absent and father-present families of disturbed and nondisturbed adolescents. *American Journal of Orthopsychiatry*,

48, 342-352.

Kamerman, S. B., & Kahn, A. J. (1989) Single-parent, female-headed families in Western Europe: Social change and response. *International Social Security Review, 1*, 3-34.

Kerka, S. (1988). *Single Parents: Career-Related Issues and Needs.* Columbus: ERIC Clearinghouse.

Kuo, J. H. (1992). The relationship among moral judgment development, quality of parent-adolescent communication and well-being in families with adolescents: An interim report. 《華岡理科學報》，9，93-163。

Maccoby, E. E., & Martin, J. A. (1983). Socialization in the context of the family: Parent-child interaction. In M. Hetherington (Ed.), *Handbook of Child Psychology* (Vol. 4, 4th ed.). New York: Wiley.

Marotz-Baden, R., et al. (1979). Family form or family process? Reconsidering the deficit family model approach. *The Family Coordinator, 28*, 5-14.

McLanahan, S., & Sandefur, G. (1994). *Growing Up with a Single Parent: What Hurts, What Helps.* Cambridge: Harvard University Press.

Parker, G. (1983). Father, peers, and other family influences on the socialization of the child. *Australian Journal of Sex, Marriage, and Family, 4*, 5-13.

Peterson, G. W., & Rollins, B. C. (1987). Parent-child socialization. In M. B. Sussman & S. K. Steinmetz (Eds.), *Handbook of Marriage and the Family.* New York: Plenum Press.

Popenoe, D. (1988). *Disturbing the Nest: Family Change and Decline in Modern Societies.* New York: Aldine De Gruyter.

Raschke, H., & Raschke, V. (1979). Family conflict and children's self concepts: A comparison of intact and single-parent families. *Journal of Marriage and the Family, 41*, 367-374.

Reiss, I. L. (1965). The universality of the family: A conceptual analysis. *Journal of Marriage and the Family, 27*, 443-453.

Weiss, R. S. (1982). Attachment in adult life. In C. M. Parkes & J. Stevenson-Hinde (Eds.), *The Place of Attachment in Human Behavior.* New York: Basic Books.

Wetzel, J. R. (1990). American families: 75 years of change. *Monthly Labor Review,* March, 4-13.

三、網站部分

行政院陸委會（2003）。兩岸經貿交流速報。1993年9月9日，取自http://www.
　　mac. gov.tw/big5/statistics/ass-em/9205s.gif.

劉淑婷（2003年10月20日）。新台灣之子教育二三事。2003年12月23日，取自
　　http:// news.yam.com/power/news。

韓嘉玲（2003）。促進弱勢群體享受平等的教育機會（節選）。2003年7月8
　　日，取自：http://202.130.245.40/chinese/zhuanti/264833.htm

（公告事項）：內政部（2003）。外籍配偶家庭及其子女教育輔導辦理情形。
　　2004年3月18日，取自http://www.moi.gov.tw/moi/spring.asp

Chapter 2

他山之石——中西方親職教育之發展

他山之石，可以攻錯，世界各國對兒童的關心及父母的教育不遺餘力，也隨著歷史及時代的變遷各有不同的起源及發展過程，但皆有一共通的發展歷程——從早期宗教與哲學的論述到有系統的科學教育；從父母獨力教養到提供支持，形成政策，倡導親職教育理念，親職教育遂成為父母必備的課程與專業。

親職教育思潮並不是在當代才有的觀念，溯自最早古希臘時期的蘇格拉底、柏拉圖，以及亞里斯多德時期，到中古時期的笛卡兒（Descartes）、洛克（John Locke）及自十六到十九世紀法國的盧梭（Jean-Jacques Rousseau），瑞士的斐斯塔洛齊（Johann H. Pestalozzi），德國的福祿貝爾（Friedrich W. Froebel）和二十世紀的蒙特梭利（Maria Montessori）及皮亞傑（Jean Piaget）的哲學和教育學說皆強調遊戲在幼兒教育及父母角色的重要性（Glickman, 1984）。

在美國自「父母效能訓練」創所人高登（Thomas Gordon）於1970年在加州Pasadena從最早的17個人的社區團體開始至1975年，這五年期間已在美國五十州成立數以千計的社區父母團體，提供一些合理及有效的方法來教育父母，以取代一味的責難父母。之後，隨著社會福利及國家介入主義思潮湧起及發展，各國無不訂定政策，制頒法規，設立行政機關及鼓勵民間參與，而使得親職教育變成公領域之事務，有關兒童及親職教育和社會福利思潮演進及其影響，可參考表2-1。

本章將介紹歐美及台灣的親職教育概念及方案發展，以一窺英美國家與我國對於兒童之教育及照顧之歷史沿革。

第一節　西方國家的親職教育

歐美之親職教育思潮始於古希臘文化和古羅馬文化，認為父母及家庭扮演子女教育的重要角色，並提倡優生學論點。到了西元100年左右，普魯塔克（Moralis Plutarch）在其著作《兒童的教育》（*The Education of Children*），更強調最好的兒童教養始於父母之手，因此，為人父母者應學習如何教養子女，以奠定子女良好的基礎（張素貞，1989）。一直到了西元十六世紀左右，馬丁路德（Martin Luther）及蒙田（Michel de

表2-1　有關兒童教育與福利上之重要事件及其影響

年代	社會背景	家庭背景	哲學與心理學影響	兒童照顧之角色	歐洲的機構	美國的機構	專業組織	政府的政策與角色
1000BC~500AD	古希臘文化 古羅馬文化		柏拉圖（Plato）蘇格拉底（Socrates）亞里斯多德（Aristotle）普魯塔克（Moralis Plutarch）	優生論 家庭為照顧兒童之主要功能				
1400~1600	中古世紀封建主義	兒童是成人的縮影	馬丁路德（Martin Luther）蒙田（Michel de Montaigne）	學校與家庭之角色				
1600~1700	封建主義	兒童是成人的縮影	柯美紐斯（Johann Amos Comenius）	家庭之角色	英國的濟貧法案規定之貧童收容所（1601）			對貧窮兒童的救濟 濟貧法（英）
1700s	封建主義		宗教哲學及啟蒙心理學，例如：笛卡兒、洛克、阿奎那	家庭之角色	編織學校（1767）			
1800s	工業化（革命）	傳統核心家庭的擴展	理性主義，例如：康德、盧梭、斐斯塔洛齊、福祿貝爾、成熟主義，例如：G. S. Hall	家庭之角色	幼稚園（1837）國際幼稚園組織（IKA）後改為國際兒童照顧會 母觀協會（1816）	幼稚園 托兒所 父母觀協會 全國母親協會	美國福祿貝爾組織 家長教育協會	基本教育法案（英）健康道德法（英）推行視聽教育（1870）
1900~1910	都市化	家庭之角色	實驗心理學，例如：馮德（Wundt）、杜威（Dewey）、蒙特梭利（Montessori）	家庭之角色	以兒為研究的心理實驗室：蒙特梭利兒童之家	托兒所（Day-care centers）		白宮兒童會議（美）（1909）
1910~1920	一次世界大戰		兒童行為研究學派進步主義教育（progressive education）	家庭之角色	保育學校（Nursery school）	保育學校 革新學校		兒童局（美）兒童福利聯盟（美）
1930s	經濟大蕭條	孤立的核心家庭	成熟論，例如：葛塞爾（Arnold Gesell）	家庭之角色		WPA保育所（Work Project Administration）		社會安全法案（美）羅斯福新政中奶法案（英）
1940s	二次世界大戰失業問題		心理分析學派，例如：Freud、Erikson、Fromm、Adler、Sullivan	家庭之角色		企業托兒	學前教育的世界組織（OMPE）	貝佛里奇報告學（英）國民健康法（英）家庭補助法（英）托兒所及保母條例（英）

(續) 表2-1 有關兒童教育與福利上之重要事件及其影響

年代	社會背景	家庭背景	哲學與心理學影響	兒童照顧者之角色	歐洲的機構	美國的機構	專業組織	政府的政策與角色
1950s	韓戰		認知發展學派，例如，Piaget、Inhelder	家庭之角色	英國幼兒學校	啟蒙計畫（Head Start）：0～5歲家庭支持計畫		收養法案（英）衛生、政府福利及福利合併成衛人群衛（美國）
1960s	越戰 社會抗議示威運動 女性主義 蘇俄發射第一顆人造衛星（Sputnik）	分歧與獨立 離婚 單親父母 頂客族（DINK） 雙生涯家庭	人文主義學派，例如，Bloom、Rogers、Maslow、道家哲學 存在主義 瑜珈	家庭之角色		補償計畫（Follow Through）延至小學二年級之家庭支持計畫（Aid to Families with Dependent Children; AFDC）	幼兒教育學會（NAEYC）	兒童發展局（美）向貧窮作戰 貧民健康保險法 經濟機會法案（美）
1970s	婦女運動 少年犯罪 藥物濫用 中產階級 國家親權主義		科學主義 完形心理學 訊息處理論	雙親及國家介入		回歸主流學校（Main-stream School）親職教育（Parent-Education）全國啟蒙方案（National Head Start Program）父母效能訓練（Parent Effective Training, PET）	兒童家庭協會（CDA）兒童福利聯盟（CWLA）	PL94-142（美）通過支持 特殊教育（美） 印第安兒童福利法案（美） 兒童虐待及預防法案（美）
1980s	經濟衰退 都市貧窮 住宅問題 兩性角色改變 人口與健康	多元文化 家庭暴力 外遇 青少年未婚懷孕 家庭人口降低	後皮亞傑主義，例如Flavell的後設認知、Vygotsky的近似家庭（ZPD）及鷹架理論 建構主義 生態理論 本土心理學	雙親及國家介入		回歸基本之教育（Back to Basic School）幼兒教育化 幼稚園光榮班（Pre-kindergarten）親師合作（Parental Involvement）適齡教育（DAP）系統父母技能訓練（Systematic Training for Effective Parenting）	光明點基金會 少年犯兔之社區處理	創減成長教育預算 NPO的成長及近收如涵額 增加幼兒照顧預算 家庭支持法案（美）農家生活支持法案（美）自主生活的新法案（美）社會安全法案（英）

(續) 表2-1 有關兒童教育與福利上之重要事件及其影響

年代	社會背景	家庭背景	哲學與心理學影響	兒童照顧之角色	歐洲的機構	美國的機構	專業組織	政府的政策與角色
1990s	教育補助計畫、學齡前教育所之教育計畫、托教合一	不同之家庭型態，例如、同性戀家庭、外籍配偶家庭、志願單身家庭維存服務（Intensive Family Preservation Service, IFPS）	轉換理論（play as transformation）、後設溝通理論（meta-communication）、表現理論（play as performance）、腳本理論（play as script）	雙親及國家介入	英國的穩健開始方案（Sure Start）、羅吉歐（Rogio）之方案教學			增加兒童照顧時數、親職假、企業托兒
2000s	投資未來幼兒教育改革、強調3歲前之教育	支持性的兒童福利——強化家庭功能	幼兒腦力開發——閱讀遊戲	強調動手做之教育（DIY）教育改革提升科技與人力素質				需要家庭之暫時補助（Temporary Assistance for Needy Families, TANF）

資料來源：作者整理。

Montaigne）皆強調家庭與學校對兒童教育皆扮演重要之角色，所以父母與學校老師必須充分合作。

　　到了十七世紀，近代哲學思潮啟蒙，柯美紐斯（Johann Amos Comenius）於1628年發表《嬰兒學校》（*The School of Infancy*）一書，其中便涵蓋了「母親膝下的學校」（School of the Mother's Lap）的理念；在這個學校裡，由出生至6歲的幼兒，用適齡教材教導幼兒，學習所有的基本常識，例如，實物教學、身體名稱與功能、辨別光線（黑暗與色彩）、房間、街道及田園的地理位置、常規訓練及唸祈禱文（Osborn, 1991），而母親即是幼兒的教師。

　　一世紀之後，英人洛克強調父母親要以身教教導子女，父母要與子女成為好朋友之關係以取代管教者來幫助子女成長。法人盧梭於1762年撰寫一本探討有關幼兒教育之經典著作《愛彌兒》（*Emile*），書中提出兒童不是成人的縮影，而是一個獨立成長的個體，有自己的思想、性格和情感。盧梭認為教育應由人出生之時，並持續至成人25歲時。孩子最好的老師是父母，尤其是父親，母親則負責養育及照顧的工作。盧梭特別強調兒童的自然發展（成熟主義之論點），而不贊成利用後天教養來使得幼兒社會化以及為了其未來的人生而做準備。教育的目的乃是培養一個完整的孩童（徐宗林，1991）。盧梭的自然論視個體感官知覺為人類知識的基礎，更是日後英人歐文（Robert Owen）的幼兒學校和義大利蒙特梭利的兒童文學及當今幼兒教育課程之重要理念之一。

　　之後，瑞士教育學家及改革者——斐斯塔洛齊發展一套與兒童身體器官發展有關的教育系統，並將教育取向建立在人本原則以及孩童第一手經驗上，此兩者為幼兒學習的基礎（Silber, 1965）。其也主張父母在子女教育中應扮演最重要的角色，因此被譽為「親職教育之父」（Berger, 1990）。

　　在十九世紀的後半期，德國教育學家赫爾巴特（Johann Friedrich Herbart）的哲學思潮（如課程之五個步驟：準備→呈現→關聯→概化→應用）也影響日後美國的小學教育。福祿貝爾以神祕的宗教哲學，結合自然、神（上帝）及人三者合一的整體，針對3～6歲幼兒提供一系列的活動以象徵的整體關係，並運用恩物（gifts）、手工藝（crafts），以及媽媽的手指謠和遊戲（mother's songs and plays）來教育幼兒，並協助幼兒學習照

料自然中的動植物。福祿貝爾被譽為「幼稚園教育之父」，他也認定母親對幼兒發展影響深遠，並視母親為幼兒的第一位教師。福祿貝爾為母親撰寫一本有關親子手指謠與遊戲的圖畫書，以幫助母親在家中與幼兒互動，其課程已有父母參與（parental involvement）的概念（Berger, 1990）。

隨著十九世紀中葉德國的移民潮中，將福祿貝爾幼稚園的擴大教育運動及有受訓過的幼稚園教師來到美國，也使美國的幼稚園教育生根發芽，尤其對因應快速崛起的都市化、歐洲移民潮及大型都市中的貧民家庭，許多慈善性質的幼稚園便紛紛在美設立，是教育並兼有福利性質的兒童照顧。教師便由一些具有慈祥母愛的年輕婦女來擔任，照顧兒童日常生活常規並帶來歡樂，而當兒童受到妥善照顧，其母親則可外出投入就業市場，以賺取薪資改善家庭生活。

相對於幼稚園，英國Rachel McMillan和Margaret McMillan從她們在英國衛生診所為貧窮兒童提供照顧經驗外，也提供包括學習生活自理、照顧自然事物、加強感官、閱讀、查字，以及算術與科學的活動課程，藉以作為貧民區兒童流行疾病的防治，並應用父母協助課程的教導。之後，托兒所促使在美國的教師學院（Teachers College）、哥倫比亞大學（Columbia University）、帕爾默（Merrill Palmer）的母職和家事訓練學院和其他家政學院紛紛創立，日後也成為家政學院的家庭關係與兒童發展科系（Family Relations and Child Studies）。

另一可與英國托兒所發展相提並論的是義大利「兒童之家」（Casa dei Bambini）的發展，此機構是由瑪麗亞·蒙特梭利博士所創辦，她試圖突破義大利傳統教育，如同McMillan打破英國小學的形式主義一般。蒙特梭利教育一直是獨立托兒所與幼稚園之外而發展出來的，但三者之間有其相似性，理念也彼此互通與互應。蒙特梭利主張和杜威（John Dewey）以「做中學」（learning by doing）來教育兒童，注重感官教育，並要求孩童父母除了負責孩童之衛生與清潔之外，每週要與老師聯繫，以便交換孩子教養之相關訊息（張素貞，1989）。

歐洲是最早建立法規與制度的，尤其對兒童及發展的支持，例如，英國在1601年的「濟貧法案」、1918年「產婦與兒童福利法案」、1946年「家庭補助法案」及1989年的「兒童法案」。美國因早期移民風潮，採取較開放的人道主義關懷，加上對兒童心理學和兒童發展理論的創立與研

究，也增強社會對兒童的關心與研究。美國的家庭一直被期望能持續享有富裕，習慣於社會所提供抉擇之自由，故養兒育女常被視為是父母天生之責任，直到社會變遷，造成社會不利兒童成長因子增加，加上兒童被虐待事件頻傳，所以才有國家立法以保障兒童之權利，這也是國家親權主義的由來（日後也衍生成為強制性的親職教育輔導政策）。

在早期，美國對家庭的服務，源起於慈善組織（charity organization），係在1880年左右逐漸形成，1930年代，因「經濟大蕭條」（Great Depression），除了對受助者提供經濟支持之外，後因服務方式的演進，加上社會工作方法的引入，社會工作者協助案主運用具體資源以達到家庭自助，服務功能也從賑濟定位至解決人際關係的困擾、情緒問題、家人關係問題、親子問題，以及婚姻適應問題等。直到1950年代，此服務重點的轉變才為社會大眾所接受，日後也成立美國家庭服務協會（The Family Service Association），其宗旨為：「增進家人和諧關係，強化家庭生活的正面價值，促進健康的人格發展及家庭成員滿足的社會功能」（鄭瑞隆，1997）。

之後，家庭服務應用到社區預防觀點，納入心理輔導人員在社區提供兒童少年諮詢服務，此服務最早源於對青少年犯罪問題的研究以及採取社區的復健模式處遇方法。大致從四個層面來瞭解兒童及青少年：(1)以精神會談來評估兒童的態度與心理狀況；(2)探討兒童生命發展史及社會環境；(3)以心理測驗評量兒童智慧能力；(4)從生理、心理及社會來探討兒童問題行為之原因（這也是今日兒童諮商輔導的主要診斷方法）（鄭瑞隆，1997）。

歐美親職教育除了1885年在美國成立第一家幼稚園，並成立「全國母親協會」，1916年在芝加哥（Chicago）成立第一家家長合作式的托兒所（Parent Nursery School），到了1940年代，各州成立無數的家長合作式托兒所。1970年代之後，幼稚教育非常重視適性發展教育（Developmentally Appropriate Practice, DAP），並立法規定父母要參與子女的教育（例如Head Start）。1970年由高登在加州Pasadena創立17位父母團體，之後五年又擴大五十州，衍生數以千計的社區組成父母團體，以取代責難或要求父母的教養方法，取而代之是提供機會訓練父母成為一有效能的父母。

此外，在德國，強調親職教育是家庭教育的延伸。中央聯邦政府有

「家庭、老人、婦女和青少年部」，縣市政府則有「青少年局」，掌管親職教育事宜。而英國也是以社區為取向，普遍設有「家庭中心」（Family Centers），類似日本的相談所或我國兒童及少年福利與權益保障法所規範之心理輔導或家庭諮詢機構，提供父母照顧幼兒的方法。此外，空中大學（Open University）提供家庭教育課程，提供學前教育之家庭訪視方案，協助父母瞭解子女在學校的發展。

歐美親職教育者多由個人或學術、宗教及社區之非營利團體所提展，所以這些方案也較具未來性及吸引性。舉行之方式有專家演講式，大、小團體座談式，也有以函授及遠距教學方式。在美加地區，較有成效的親職教育課程也是由私人及團體興辦的，較具有成效的有高登的「父母效能訓練」；Dinkmeyer和McKay的「父母效能系統訓練」（Systematic Training for Effective Parenting, STEP）；Michael Popkin的「積極親職」（Active Parenting, AP）；「改善育兒中心」的「自信親職」（Confident Parenting）；美國紅十字會（Red Cross）的幼兒親職教育課程；父母匿名團體（Parents Anonymous, PA）；青少年酗酒匿名團體（Alcohol Anonymous Teens, AAT）；在加拿大則有Charles Cunningham的社區父母教育方案（Community Parent Education Program）。

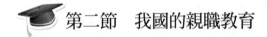 第二節　我國的親職教育

我國親職教育思潮早在商周時代的史書就有記載家庭教育的重要，分別敘述如下（**表2-2**及**表2-3**）（張斯寧等著，1998；郭靜晃，2004）：

1.《中庸》第十二章：「君子之道，造端乎夫婦；及其至也，察乎天地。」此書明白指出夫妻共生共存，負起維持及延續生命之責任；家庭關係之建立始於夫妻關係。

2.《詩經‧小雅》：「妻子好合，如鼓瑟琴。兄弟既翕，和樂且湛。」強調夫婦間的和諧幸福為家庭成員幸福和樂的根本。

3.《尚書‧堯典》：「克明俊德，以親九族，九族既睦，平章百姓。百姓昭明，協和萬邦。」意謂家庭教育為國家安全、社會祥和的根本。

表2-2 我國親職教育概念發展

代表性	家庭關係	親職角色
中庸第12章	「君子之道，造端乎夫婦。」夫妻必須共生共存。	夫妻關係為家庭之基石。
詩經小雅	「妻子好合，如鼓瑟琴。兄弟既翕，和樂且湛。」夫妻和諧幸福、家庭幸福美滿。	夫婦之間之關係為家庭和樂之基石。
尚書散文集	「克明俊德，以親九族，九族既睦，平章百姓，百姓昭明，協和萬邦，黎民於變時雍。」	家庭教育為社會安全與國家協和之基本。
大學	「格物、致知、誠意、正心、修身、齊家、治國、平天下。」	身修、正心、意誠、知致、格物為親職教育之內容與方法。
東周春秋孔子論語	「孝弟也者，其為仁之本與。」父母慈愛、子女孝順、兄弟友愛說明家庭和諧美滿。	身教言教同時並重。
東周戰國孟子離婁	「……夫子教我以正，夫子未出於正也。則是父子相夷也。父子相夷，則惡矣。」生活教育之重要性。	著重身教（親身示範）並非言教。
賈誼新書	良好的家庭環境，可以培養子女的正確觀念。重視胎教。	父母親為主要教養者。
南北朝顏氏家訓	「當及嬰稚、識人顏色、知人喜怒、近朱者赤、近墨者黑。」亦說明學習環境及家庭環境是重要的。	父母威嚴，可使子女畏慎而生孝，說明言教之重要性。
南宋朱熹	生活作息規律可以培養子女自律的良好習慣。	身教言教同時並重。
明朝王陽明	沒有家就沒有社會及國家，所以家是一切的根本。	著重身教的重要性。
清末梁啓超	父慈母愛，是維繫家庭幸福和諧重要指標。	女子需有才，才能教育子女，同時主張愛的教育與子女同時成長。
民國初期	五善政策——善種、善生、善養、善教、善保。	重視家庭及親職教育。
1968年（民國57）	推行家庭教育辦法。	
1971年（民國60）	推動「父母教育」。	
1982年（民國71）	推動「親職教育活動」及「國民中小學推展親職教育實施要點」。	
1983（民國72）	頒布台灣省各縣市強化社區媽媽教室活動方案。 托兒所工作人員訓練實施要點。	全文15條條文。

（續）表2-2　我國親職教育概念發展

代表性	家庭關係	親職角色
	托兒所工作人員訓練課程。 兒童寄養辦法。	
1984（民國73）	訂定發展家庭教育施政計畫。 加強兒童青少年福利服務實施要點。 特殊教育法。	
1985（民國74）	訂定台北市青少年社會工作及親職教育六年計畫（於1986年1月實施，高雄亦跟進）。	
1986（民國75）	頒布加強家庭教育促進社會和諧方案。	以社會運動方式協助父母親角色的扮演。
1987（民國76）	家庭教育與媽媽教室合併社區媽媽教室。 各縣市成立親職教育諮詢中心（1990年更名為家庭教育服務中心）。	親職教育。 辦理親職教育講座。 舉辦父母效能訓練。 提供兒童發展成長之教養資訊。 編印《快樂的家庭》書籍，推行親職教育。
1991（民國80）	研訂加強家庭教育強化親職教育功能計畫。 教育部頒布輔導工作六年計畫。	鼓勵各級學校、社教機構協辦各類親職講座。
1992（民國81）	教育部頒布補助親職教育活動要點。	適應因難學生家庭。
1993（民國82）	親職教育列為六年國建計畫。	張老師出版：《家庭暴力輔導手冊》、《家庭言談工作手冊》、《親職教育活動手冊》。
	兒童福利法第一次修訂。	共有6章，54條條文，重視家庭責任，從消極性的兒童保護到積極性的兒童扶助。
1994（民國83）	兒童福利法施行細則修訂。 訂為國際家庭年，宣導家庭與親職教育。	內政部透過相關組織活動極力宣導家庭與親職教育。 幸福家庭促進協會透過各機構與學校舉辦家庭及親職教材講座。
1995（民國84）	政府補助民間團體印製親子手冊。	千代基金會發行各系列家庭教育叢書：《家庭現代化的途徑》、《愛家手冊》、《現代親子觀》、《夫妻關係手冊》、《親子關係手冊》等。

（續）表2-2　我國親職教育概念發展

代表性	家庭關係	親職角色
1998（民國87）	制定家庭暴力防治法。	
1999（民國88）	家庭暴力防治法施行細則。	
1999～2003（民國88～92）	推動家庭教育計畫，推展學習型教育方案。	協助家庭建立學習文化。
2003.5.28（民國92）	兒童福利法及少年福利法合併並頒布兒童及少年福利法。	共有7章75條條文。訂有強制性親職教育。

資料來源：整理自張斯寧等編著（1998）。《親職教育與實務》（台北：永大書局）。
　　　　　郭靜晃（2004）。《兒童福利》（台北：揚智文化）。

表2-3　我國親職教育實施之法令依據及內容重點

年代	政策法令	實施內容
1938（民國27）	推行家庭教育辦法	先以中等以下學校推行。
1945（民國34）	頒訂推行教育辦法 另歷經1968（民國57年）及1978（民國67年）兩次修訂	
1955（民國44）	農忙托兒所推行辦法	為農村兒童辦理托育服務。
1959（民國48）	托兒所設置辦法	收托對象普及至6歲以下之幼兒。
1962（民國51）	設立台灣省兒童福利工作人員研習中心	提供兒童福利工作人員專業之訓練。
1970（民國59）	全國兒童青少年發展研討會	研討會分衛生保健、教育訓練、社會福利及司法保護四組，並通過中華民國兒童青少年發展綱要，組成中華民國兒童少年發展策進委員會
1973（民國62）	頒訂台灣省各社區媽媽教育 頒布兒童福利法及兒童福利法施行細則	提升媽媽處理家務與管教子女的能力，共有5章，30條條文。
1975（民國64）	全國兒童福利業務研討會	親職教育亦是重點議題。
1979（民國68）	全國兒童福利研討會 頒訂防治青少年犯罪方案	強化親職教育為首要工作。
1980（民國69）	頒訂學校青年輔導工作方案 工廠青年服務方案 農村青年輔導工作方案	強化親職教育功能。
1981（民國70）	行政院青輔會頒訂未升學未就業青少年輔導工作方案	強化親職教育功能。

資料來源：整理自張斯寧等編著（1998）。《親職教育與實務》（台北：永大書局）。
　　　　　郭靜晃（2004）。《兒童福利》（台北：揚智文化）。

4.《大學》：「格物、致知、誠意、正心、修身、齊家、治國、平天下。」強調由內到外，個人到國家，依循漸近的修治哲理，與《尚書》之〈堯典〉皆強調家庭和諧一致，為親職教育之目標也是內容與方法。

5.《論語‧學而篇》：「孝弟也者，其為仁之本與。」家庭教育之重要，父母慈愛、子女孝順、與兄弟友愛是家庭教育最大的體現。

6.《孟子‧離婁篇》：「……夫子教我以正，夫子未出於正也。則是父子相夷也。父子相夷，則惡矣。」強調父職角色對子女之生活教育，首重身教而非言教。

7.賈誼《新書》：「故太子初生而見正事，聞正言，行正道，左右前後皆正人也。習與正人居之不能無正也，猶生長於齊之不能不齊言也；習與不正人居之不能無不正也，猶生長於楚之不能不楚言也。」強調個人在學齡前教育與學習教育、對象的重要性，也是一種身教及家教之影響。

8.《顏氏家訓》之〈教子篇〉：「當及嬰稚，識人顏色，知人喜怒，便加教誨，使為則為，使止則止。」〈慕賢篇〉：「人在年少，神情未定，所與款狎，熏漬陶染，言笑舉動，無心於學，潛移暗化，自然似之。」皆說明家教的影響及環境選擇的重要性。

9.宋朝朱熹之《訓學齋規》：教導父母對兒童施以訓練及日常生活教育、強調家庭教育。

10.明朝王陽明之〈親民堂記〉：「……是故親吾之父以及人之父，而天下之父莫不親矣。親吾之兄以及人之兄，而天下之兄莫不親矣。」強調家庭教育是國家與社會教育之根本。

11.清朝梁啟超強調以科學及人本精神來善教及善養兒童。

12.民國之五善政策──善種、善生、善養、善教及善保也是最早兒童福利政策及理念之揭櫫。

13.1938年（民國27年）：教育部公布中等以下學校推行家庭教育辦法。

14.1945年（民國34年）：頒訂推行家庭教育辦法，歷經二次修訂（民國57年及民國67年），並推行迄今。

15.1955年（民國44年）：頒訂農村托兒所推行辦法。

16. 1959年（民國48年）：頒布托兒所設置辦法，以6歲以下幼兒為收托對象，並施行親職教育。

17. 1962年（民國51年）：設立台灣省兒童福利工作人員研習中心，提倡兒童福利工作人員未來之訓練，並施行親職教育訓練。

18. 1968年（民國57年）：教育部頒訂推行家庭教育辦法。

19. 1970年（民國59年）：召開全國兒童青少年發展研討會，其中也涵蓋親職教育之訓練組。

20. 1971年（民國60年）：教育部推動「父母教育」。

21. 1973年（民國62年）：制頒兒童福利法（共分5章30條），也規定政府要實施親職教育；頒訂台灣省各社區媽媽教育，提升媽媽處理家務與管教子女之能力。

22. 1975年（民國64年）：舉辦全國兒童福利學務研討會。親職教育也是重點討論議題之一。

23. 1979年（民國68年）：舉辦全國兒童福利研討會，頒訂防治青少年犯罪方案，其中以強化親職教育為首要工作。

24. 1980年（民國69年）：頒訂學術青年輔導工作方案，強化親職教育功能。

25. 1981年（民國70年）：青輔會頒訂未升學、未就學青少年輔導工作方案，其中內容仍以強化親職教育功能為首要工作。

26. 1982年（民國71年）：教育部推動「親職教育活動」及「國民中小學推展親職教育實施要點」。

27. 1983年（民國72年）：頒布台灣省各縣市強化社區媽媽教室活動實施方案，由政府單位統籌，會同教育單位加強辦理。

28. 1984年（民國73年）：教育部訂定發展家庭教育施政計畫，視家庭教育為一項社會運動。

29. 1985年（民國74年）：訂定台北市青少年社會工作及親職教育六年計畫，1986年實施，隨之高雄市也跟進。

30. 1986年（民國75年）：行政院頒布加強家庭教育促進和諧五年計畫實施方案，由教育部主辦，內政部、法務部、新聞局協辦，以社會運動方式協助父母扮演良好親職角色。

31. 1987年（民國76年）：各縣市成立親職教育諮詢中心，教育部編印

《快樂的家庭》一書，舉辦父母效能訓練，推廣親職教育。

32.1991年（民國80年）：教育部頒布輔導工作六年計畫，鼓勵各級學校、社教機構，公、民營機構或協會、基金會等協辦各類親職講座。

33.1992年（民國81年）：教育部頒布補助親職教育活動實施要點。

34.1993年（民國82年）：行政院將親職教育納入六年國建計畫，每年編列預算八千萬元。此外，兒童福利法第一次修訂，其中第48條規定父母如果有違兒福法所規定讓兒童從事不正當或危險工作，……或虐待遺棄，主管機關可令父母接受4小時以上之親職教育輔導。

35.1994年（民國83年）：明令為國際家庭年，在內政部主導下，政府與民間組織極力宣導家庭與親職教育。

36.1995年（民國84年）：政府補助千代基金會出版系列家庭教育叢書。

37.1998年至1999年（民國87年至88年）：制定家庭暴力防治及施行細則。

38.1999年至2003年（民國88年至92年）：社教司積極推動家庭計畫，推展學習型教育方案實施要點白皮書之各項行動方案；並且要求民間團體辦理外籍配偶親職教育課程。

39.2003年（民國92年）：兒童及少年福利法合併立法，共7章75條條文，其中更訂有強制性親職教育條文。

　　由上觀之，我國親職教育早至數千年前的《中庸》即有明文記載，隨著社會變遷，親職教育也付諸於法規化，也顯現政府對親職教育的重視與倡導，主管機關與民間組織團體之推動也愈趨積極與關心，然而推動親職教育之機構也呈現多頭馬車，如內政部、社會司、教育部社教司、青輔會等，諸此種種更顯現我國缺乏一個預籌、規劃、協調與督導的主導機構；此外，因缺乏一完整、連貫與周全的親職教育政策，也使得親職教育之辦理流於形式，不能呼應家長需求之多元性，未能吸引與方便各類父母的參與，以奏親職教育之效用。

第三節　兒童少年與家庭諮詢輔導服務

我國兒童及少年福利與權益保障法第23條規定：直轄市、縣（市）政府，應建立整合性服務機制，並鼓勵、輔導、委託民間或自行辦理兒童及少年福利措施，包括對兒童、少年及其家庭提供諮詢服務（第四款），以及對兒童、少年及其父母辦理親職教育（第五款）。

根據馮燕（1994）所做「兒童福利需求初步評估之研究」發現：由於家庭照顧與保護功能受損、衰退或喪失之後，導致兒童福利需求日趨殷切，故維護家庭功能是最能預防兒童遭遇不幸之基本計策，又投資預防防線之1元經費可節省事後矯治、安置的3～7元治療費用。此外，王麗容（1992）所做之「台北市婦女就業與兒童福利需求之研究」發現：台北市兒童之家長對於支持性兒童福利之需求順位相當高，包括：親職教育、諮詢服務、兒童問題諮詢服務、婚姻問題諮詢服務、家人關係諮詢服務，以及家庭諮詢服務等需求，占了50%以上。

此外，內政部統計處（1997）在1995年所做的「兒童生活狀況調查」資料中也發現：台灣地區家長之育兒知識來源絕大多數是來自「傳統育兒經驗（長輩親友傳授）」、「同輩親友討論」為居多，絕少是來自「參與婦女、親子、育女有關座談、演講活動」或「參與保育方面的訓練課程」。而《天下雜誌》在1999年11月特針對0～6歲學齡前教育為主題做了一系列的專刊報導，其中更以1999年10月間針對台灣學齡前兒童之家長進行「兒童養育與親子關係調查」，調查發現：現代父母都希望當個好父母，有69%之父母認為孩子是3歲看大、6歲看老，0～6歲是一生最重要的發展關鍵期。有31.6%認為培養孩子健全人格發展是首要責任，但是他們卻也表示不知如何教養兒童，可以顯現現今家長在養育子女之認知與行為是存有一段落差。

環顧今日台灣社會的家庭，面臨各種變遷，衍生各種問題，如壓力日增、離婚率不斷提升，而使得破碎家庭數目漸增，單親家庭、再婚家庭問題也隨之而來，此種情形造成兒童及少年產生問題行為甚至造成犯罪事件。

兒童家庭福利服務在實行方面大至可分為兩類：一為家庭服務機構，其功能在解決個人與家庭的問題，舉凡父母管教子女的問題、家中手足關

係緊張、夫妻婚姻關係失調、失業、住屋、工作壓力使得父母扮演親職角色的困難，都可以藉由家庭諮商服務獲得改善；另一為兒童輔導中心，亦為兒童諮詢輔導，主要在於解決兒童適應及行為問題，舉凡兒童發展的問題、人格問題、反社會行為、精神病變問題、心身症、兒童在家庭或學校中與同儕團體關係不佳、學業表現低落、學習困難、情緒困擾等，都可藉由對兒童本身進行輔導諮商來改善兒童的適應問題。兒童家庭福利服務，即為針對兒童本身及其所處的家庭環境兩方面，提供適當諮詢，雙管齊下，直接及間接促進兒童福祉。

家庭服務，源起於慈善組織，在第一節中已做說明，而兒童諮詢服務則最早源於對青少年犯罪問題的研究。從四個方面來瞭解兒童及青少年，包括：以醫學檢查兒童生理特質與能力、以心理測驗評量兒童智慧能力、以精神科面談來評估兒童的態度與心理狀況、探討兒童生命發展史及社會環境。從生理、心理及社會來探討兒童問題行為之原因，為今日兒童諮商輔導的主要診斷方法（鄭瑞隆，1997）。

我國目前的兒童家庭福利服務在家庭諮詢服務部分多由社政單位配合教育單位以及部分民間團體，如「救國團張老師」、社會福利機構實施。依據行政院1986年3月核定「加強家庭教育促進社會和諧五年計畫實施方案暨修正計畫」所成立之「家庭教育服務中心」，在全省共有23個縣市提供家庭諮詢服務工作服務，加強家庭倫理觀念，強化親職教育功能，協助父母扮演正確角色，引導青少年身心之健全發展，協助全省民眾建立幸福家庭，促進社會整體和諧。家庭教育服務中心是我國專責推廣家庭教育機構，兒童及家庭諮詢為其工作項目之一。此外，省政府社會處指示台北、台中及高雄等3所省立育幼院（2000年後配合廢省已改為北、中、南部兒童之家），設置兒童諮詢中心，截至1990年7月止，3所累計接案次數達4,216件，且彙編個案資料編印成書，拓展兒童福利宣導。台北市政府社會局亦於1975年10月即成立兒童福利諮詢中心，提供有關兒童福利措施之解答。民間一般社會機構（如信誼基金會、家扶中心、友緣基金會）及諮商輔導機構（如救國團張老師）亦常附設「家庭諮詢專線」提供民眾有關子女教育、管教問題、親子關係失調的電話諮詢，或是定期舉行開放式的親職教育座談、演講，或是透過與廣電基金合作製播探討及解決家庭問題（如《愛的進行式》）之戲劇節目以推廣家庭服務。

　　兒童問題輔導方面，則以台大兒童心理衛生中心，北區心理衛生中心，以及各醫院提供的兒童心理健康門診，提供有關兒童精神疾病、問題行為、身心障礙等復健及治療服務。一般兒童福利機構亦提供家長及兒童有關學業輔導、人際問題、問題行為，以及發展特質等諮詢服務。

　　前面所述，我國目前部分機構所提供兒童與家庭諮詢服務，但就王麗容（1992）的研究推估顯示，僅台北市一處便有10萬名以上的家長需要支持性兒童福利服務。「1992年及1995年台灣地區兒童生活狀況調查」亦顯示，家長認為在面對養育子女時所面臨的困難有，兒童休閒場地及規劃化活動不夠、父母時間不夠、不知如何培養孩子的才能或如何帶孩子、課後托育及送托的問題等，且在管教子女的過程中亦曾遭遇子女愛吵鬧、脾氣壞、說謊、對子女學業表現不滿意、情緒不穩、打架、父母間或父母與祖父母間意見不一致，甚至不知如何管教子女等難題，而處理這些難題的方式，通常是家長採取自己的方法解決，或者是向學校老師、親朋好友求教，而向專業的政府機構或是民間機構求教者未達3%（內政部統計處，1997）。

　　除此之外，家長對於政府所辦理的兒童福利機構或措施的利用及瞭解情形，除了公立托兒所、兒童教育及休閒設施等福利機構較為知道且利用外，其餘的兒童福利服務措施包括有：兒童生活補助、親職教育活動、個案輔導、寄養家庭、醫療補助、低收入兒童在宅服務、保護專線、兒童養護機構均顯示不知道而未利用。王麗容（1992）的調查研究中亦有結果顯示，家長認為目前政府應加強辦理的兒童福利措施包括有：兒童健康保險、增設公立托兒（嬰）所及課後托育中心、增設兒童專科醫療所、醫療補助、籌設兒童福利服務中心、推廣親職教育、增加兒童心理衛生服務等項目，每一項目均有超過9%以上（最高的有50%以上）的兒童家長人口表示應加強該項福利服務措施。若以1992年及1995年台灣地區兒童生活狀況調查結果來推算，因應上述需求的綜合性家庭福利服務機構在我國實為數不多，甚至缺乏，相對地，我國從事兒童及家庭諮詢的專業人員目前亦缺乏整合（內政部統計處，1997）。

　　反觀國外，以日本與美國為例。在日本，兒童相談所（即兒童諮商所）為一根據日本兒童福利法所設置主要專門的行政機關，兼具兒童福利服務機關以及行政機關的雙重角色。兒童諮商所的設置，乃斟酌該區域兒童人口及其他社會環境以決定管轄區域之範圍，切實提供日本家長與兒童諮商服務。

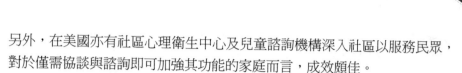

另外,在美國亦有社區心理衛生中心及兒童諮詢機構深入社區以服務民眾,對於僅需協談與諮詢即可加強其功能的家庭而言,成效頗佳。

兒童福利服務的提供有三道防線,家庭與兒童諮商服務乃屬第一道防線,若能在兒童與家庭出現問題時,立即提供輔導與支持,防微杜漸,或許可預防因為發現問題而使兒童遭受不可磨滅的傷害。

因此,我國未來制訂兒童與家庭諮詢福利服務之家庭照顧政策時,或許可參考的因素如下:

1. 人口因素:不同發展年齡之兒童人口數量。
2. 行政機構:規定設立一定比例之兒童與家庭福利服務之行政專責機關,並提供綜合服務。
3. 研發工作:鼓勵相關研究,包括:兒童發展、社會個案工作、家族治療、調查兒童生活狀況等研究工作。
4. 專業社工:專業人員的養成教育及訓練工作。
5. 行政配合落實社區:社政單位應與教育部門配合,以社區為中心,以家庭為單位實施,如於各級學校內增設家長與學生輔導室或於衛生所區公所設立家庭諮詢中心以及社區內設立兒童心理衛生中心。
6. 立法明令:界定兒童心理衛生中心以及兒童與家庭諮詢服務中心的設立範圍與標準。

 本章小結

家庭之由來已久,而有了家庭即有兒童及少年的問題,有關親職教育及兒童教育更不是晚進人類文明的產物,不論西方及東方皆有其理想與價值。西方國家遠在古希臘和古羅馬文化,中國也遠在西周時代即有家庭教育之哲學思潮。但到了最近才有立法規範並漸漸發展到社區服務。

本章主要著重介紹台灣與西方國家親職教育的沿革與變遷,並在第三節特別介紹我國在2003年5月28日公布兒童少年福利特別規範的親職教育內涵及因應家庭功能式微之下,所設立兒童少年與家庭諮詢輔導服務,希望以福利社區化之概念提供支持社區內父母親職角色功能及發揮社區自助的兒童照顧方案。

參考書目

一、中文部分

內政部統計處（1997）。中華民國八十五年台灣地區兒童生活狀況調查報告。
　　台北：內政部。

王麗容（1992）。台北市婦女就業與兒童福利需求之研究。內政部社會司委託
　　研究計畫。

吳幸玲、郭靜晃譯（2005）。《兒童遊戲──兒童發展的理論與實務》。台
　　北：揚智文化。

徐宗林（1991）。《西洋教育史》。台北：五南圖書。

郭靜晃（2004）。《兒童福利》。台北：揚智文化。

張斯寧、高慧芬、黃倩儀、廖信達（編著）（1998）。《親職教育與實務》。
　　台北：永大書局。

張素貞（1989）。《台北縣國民小學推廣親職教育現況及改進之研究》。中國
　　文化大學兒童福利研究所未出版之碩士論文。

馮燕（1994）。兒童福利需求初步評估之研究。內政部社會司委託研究計畫。

鄭瑞隆（1997）。〈兒童家庭福利服務〉。輯於周震歐（主編），《兒童福
　　利》。台北：巨流圖書公司。

二、英文部分

Berger, E. H. (1990). *Parents as Partners in Education: The School and Home Working Together* (3rd ed.). New York: Macmillan.

Glickman, C. D. (1984). Play in public school settings: A philosophical question. In T. D. Yawkey & A. D. Pellegrini (Eds.), *Child's Play: Developmental and Applied* (pp. 225-271). Hillsdale, NJ: Erlbaum.

Silber, K. (1965). *Pestalozzi: The Man and His Work*. New York: Schocken.

Osborn, D. K. (1991). *Early Childhood Education in Historical Perspective* (3rd ed.). Athens, GA: Educational Associates.

Chapter

3 親職教育之理論基礎

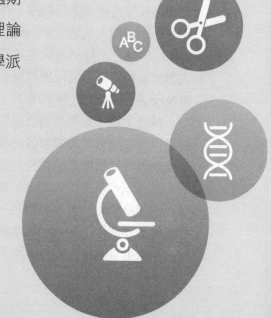

個體發展為全人發展（life-span development）的一環，更是人類行為的詮釋。在探索千變萬化的人類行為之前，應去瞭解「發展」（development）這個名詞。發展的基本概念是行為改變（behavior change），不過並非所有的行為改變都具有發展性，諸如中了樂透，或車禍，對人類而言，這是一種意外事件，更是一種周遭環境的改變而影響過去固定的生活模式（life pattern）。

每個人帶著個人獨特的遺傳結構來到這個世界，並隨之在特定的社會文化與歷史背景展露（upholding）個人的特質，而形成個體的敘事（narrative）及生活形態。就如同Loren Eiseley所主張：「人類行為是在於歷史的特定時間內與他人傳說之互動中逐漸模塑成形的。它受個體之生理、心理及所處環境之社會結構和文化力之相互作用中逐漸形成其人生歷程（life course）。」從社會學的觀點來看，人生歷程是穿越時間而進展，也就是說，隨著時間的推移而產生行為的改變。因此，個體除了生物性的成長改變，他也必須隨著社會變遷而改變，以迎合更穩定的社會結構、規範和角色。生命只有兩種選擇，改變或保持現狀。誠如二千五百年前的希臘哲人Heraclitus所言：「世界無永恆之物，除了改變。」社會學家Durkheim也以社會變遷與整合來分析社會的自殺行為，他說：「一個人越能與其社會結構相整合，他越不可能選擇自殺。」

從心理社會的觀點（psychosocial perspective）來看，人生歷程指的是工作以及家庭生活階段順序之排列的概念。這個概念可用於個體生活史的內容，因為個人生活史體現於社會和歷史的時間概念之中（Atchley, 1975; Elder, 1975）。每個人的生活過程皆可喻為是一種人生適應模式，是每個人對於在特定時間階段所體驗到的文化期望，所衍生的人生發展任務、資源及所遭受障礙的一種適應。

綜合上述，人類的發展是終其一生連續性的變化，每個人的成長及變化是持續並隱含於每個發展階段之中，全人發展意指人類在有生之年，內在成長與外在環境之動態交互作用中產生行為的變化，而變化最能代表發展之涵義。本章是以人類生命週期（發展階段）與全人發展的觀點，呈現個人的成長變化、發展與行為。基於兒童之定義為12歲以下之個體，廣義可延伸至18歲以下之人，故本章將著重於18歲以下之兒童（少年）及其家庭之不同生命歷程對其個人及家庭產生的衝擊及衍生的需求。

　　有關人生歷程與發展之意涵，Atchley（1975）提出一種在職業和家庭生活歷程中，與年齡聯繫在一起所產生變化的觀點（**圖3-1**）。由**圖3-1**中可看到生命歷程中工作與家庭生活之間的可能結合形式。例如，某一女性青年結婚前曾在工作職場待過，在結婚生子之後，因要撫養子女而退出就業市場，待孩子長大又重返勞動市場，她必須重新受訓。對她而言，職業生涯可能會產生很大變化，例如，從全職工作退居到兼差，或從在大企業工作轉到小企業，甚至到個人工作室。對於那些結婚、生育子女、再結婚、再生育子女的人而言，家庭生活在其個人之觀點及體驗是有所不同的。這也可解釋為何許多婦女在工作職業生涯之變化與其是否有孩子、孩子數目及孩子年齡層有關。而有關本章親職教育（親子關係）更要保持兩個層面，一是父母在其發展階段所面臨之環境與角色和社會對其的期望；另一層面是父母及其家庭對兒童所產生的影響。

　　生命歷程模式受歷史時代的影響。生活於1900年至1975年的人，其

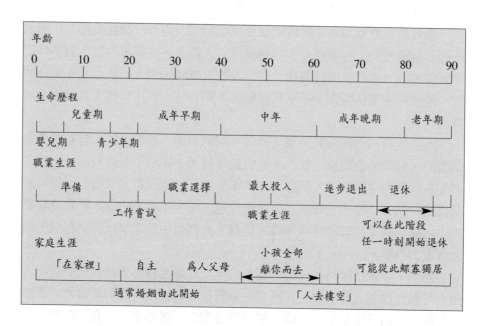

圖3-1　年齡、生命歷程、職業生涯和家庭生涯之間的關係

資料來源：Atchley R. C. (1975). The life course, age grading, an age-linked demands for decision making, In N. Datan & L. H. Ginsberg (eds.), *Life-Span Developmental Psychology: Normative Life Crises* (p.264). New York: Academic Press.

生命歷程可能就不同於生活在1925年至2000年的人。人們可能在不同人生階段，面對著不同的機遇，期望和挑戰而經歷那同樣的歷史年代。職業機遇、教育條件和同族群人數的差異，是可能影響生活經歷模式的三個族群因素（Elder, 1981）。最近，日本學者將1955年之前出生者歸之為舊人類，在1955年之後出生者稱之為新人類。而這些新人類在1965年之後出生者稱之為X世代（X generation），1975年之後出生者為Y世代，及1985年之後出生者謂之為Z世代。這些世代歷經了社會變遷、教育模式及不同境遇也衍生了不同價值觀，甚至形成了特定的次文化（subculture）。換言之，處於不同世代的父母，因受社會變動因素之影響，而有不同之機遇及別人對其角色的期望，而產生此世代的個別經驗及知覺。應用於兒童福利（尤其是親子互動），此世代之父母對於養育子女的觀念及需求也會異於不同世代之父母，加上父母因需求之滿足或個人境遇之變化（例如，離婚家庭、隔代家庭、台商家庭或外籍配偶家庭）而產生對子女管教與保育之差異，進而對子女發展產生不同之影響。

儘管生命歷程與事件的時間順序密切相關，但有一種觀點認為，處於不同年齡階段的人對事件有不同的看法。人們並不是簡單地在各個事件之中埋頭忙碌，他們會進行選擇。有的人在選擇時比別人更為小心、更為明智；他們接受某些職責，拒絕其他職責；而有些人則比其他人承擔更多的責任。

人們對角色的興趣或重要性有著不同的看法。他們認為，有些角色是重要的，有些角色則是次要的。他們從某種過去經驗中吸取教訓，增加他們在某些角色中的效果。例如，在成年早期，有關母親和父親的回憶可能關係到一個人結婚或生育子女方面的決定。在中年期，隨著人們在社會組織中接觸到職業生涯管理或領導的任務，人們對手足或學校同儕經歷的懷念會更加明顯（Livson, 1981）。

然而，不管什麼時候，每一個人的早期經驗都將影響其當前的選擇，個人特點也將由此而形成。在研究生命歷程時，我們不僅對經驗的時間順序感興趣，而且還很關注在成人努力於適應中不斷變化，且有時此變化是相互衝突的角色要求時所出現的心理成長。

在生命歷程中，適應模式的整體面貌應包括：年齡增長的生理過程及其他生物歷程的概觀，這其中又包括：生育子女、更年期停經、荷爾蒙分

泌的減少、慢性疾病，以及死亡（Katchadourian, 1976）。適應模式的總體概觀還應包括各種因素，例如，發展任務、心理社會危機及種種經歷，包括：職業、婚姻、養育子女等生活的各個方面（Feldman & Feldman, 1975）。它應包括規範性的、針對各個年齡的期望、發展期望和角色期望方面的背景，也應包括一個廣泛的涉及經濟危機、戰爭、饑荒、政治變革和社會運動等的社會歷史背景。對於一個特定的年齡群體來說，這些方面都會改變某些行為的涵義（Erikson, 1975; Miernyk, 1975）。事實上，大多數有關生命歷程的研究並沒有做到如此全面。這些研究往往只是單獨涉及對心理社會事件的適應，或只是注重與年齡相關聯之期望的背景（Brim, 1976）。

人的全人發展的起點是從個體受孕開始，一直到終老死亡為止。發展改變（change）的過程是有順序的、前後連貫的、漸進的及緩慢的，其內容包含有生理和心理的改變，此種改變受遺傳、環境、學習和成熟相關。而人類行為是由內在與外在因素之總和塑造而成，藉著社會規範所給予個人的方向與指引，因此有些人類行為是可預期的且規律的。例如，在社會當中，依時間前後排序的年齡，時常會隨著地位和角色轉換而產生改變，文化上也相對地規範在「適當的」時間中上托兒所、學才藝、上學、約會、開車、允許喝酒、結婚、工作或退休。當在這些特殊生活事件中存在相當的變異性時，個人將「社會時鐘」（social clock）內化並時常依照生命歷程的進行來測量他們的發展進程，例如，某些父母會（因他們2歲的小孩尚未開始說話，或是一近30歲的已成年子女並未表現出職業發展方向，或一近35歲結婚女性尚未生育子女等行為）開始擔心他們子女是否有問題。問題是與「在某段時間之內」有關，會因此受內在情緒強度所掌握，此種社會規範的影響是與特定生活事件所發生的時間有關。

社會規範界定社會規則，而社會規則界定個體之社會角色。若社會角色遭受破壞，那他可能會產生社會排斥。例如，過去的傳統社會規範「女子無才便是德」，女性被期待在她們青少年晚期或20歲初結婚，再來相夫教子並維持家務。至於選擇婚姻及家庭之外的事業，常被視為「女強人」，並被社會帶著懷疑的眼光，而且有時還會視為「老處女」，或「嫁不出去的老女人」。或現代之父母育兒觀：「望子成龍，望女成鳳」，孩子在小時候被期望學習各種智能及才藝，甚至要成為超級兒童（super kids）。除此之外，社會價值也隨著社會變遷與發展產生了變化，原有的傳統家庭價值受到挑戰與衝擊，進而形成各種家庭形態（如單親家庭、隔代家庭、外籍配偶家庭），這些改變也相對地影響兒童的發展，所以現代之家庭與兒童需要外在之支持以幫助其適應社會。

人生全人發展常令人著迷，有著個別之謎樣色彩，相對地，也是少人問津的領域。想去理解它，我們就必須弄清楚在發展各個階段上，人們是怎樣將他們的觀念與經歷統合，以期讓他們的生命具有意義，而這個生命歷程就如每個人皆有其生活敘事，各有各的特色。

由人類發展的涵義來看，它包括有四個重要觀念：第一，從受孕到老年，生命的每一時期各個層面都在成長。第二，在發展的連續變化時程裡，個體的生活表現出連續性和變化性；要瞭解人類發展，必須要瞭解何種因素導致連續性和變化性的過程。第三，發展的範疇包含身心各方面的功能，例如，身體、社會、情緒和認知能力的發展，以及它們相互的關係。我們要瞭解人類，必須要瞭解整個人的各層面發展，因為個人是以整體方式來生存。第四，人的任何一種行為必須在其相對的環境和人際關係的脈絡中予以分析，因為人的行為是與其所處的脈絡情境有關，也就是說，人的行為是從其社會脈絡情境中呈現（human behavior nested in the social environment），故一種特定的行為模式或改變的涵義，必須根據它所發生的物理及社會環境加以解釋。

人生歷程將生命視為一系列的轉變、事件和過程，發生在人生歷程中任何一階段，皆與其年齡、所處的社會結構和歷史變革有關。然而，Rindfuss、Swicegood及Rosenfeld等人（1987）卻指出：人生事件並非總是依照預期中的順序發生，破壞和失序在穿越生命歷程中均隨時可能會發生。例如，不在計畫中、不想要的懷孕、突然發生的疾病、天災（九二一地震、風災或SARS）、經濟不景氣被裁員等，都會造成生命中的那段時間的失序和破壞，甚至衍生了壓力，此種壓力的感受性通常是依個人與家庭所擁有的資源及其對事件詮釋而定。

持平而論，個人的人生歷程是本身的資源、文化與次文化的期待，社會資源和社會暨個人歷史事件的綜合體，深受年齡階段、歷史階段和非規範性所影響（**圖3-2**），茲分述如下：

第一，年齡階段的影響（age-graded influences）：人類行為受年齡階

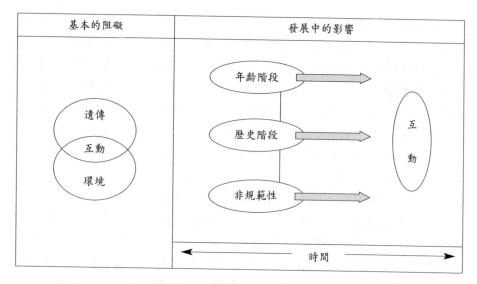

圖3-2　人生歷程中之影響因素

資料來源：陳怡潔譯（1998）。《人類行為與社會環境》（台北：揚智文化），頁173。

段之影響，是那些有關於依照時間進程的年齡（例如，出生、青春期），以及特定的年齡期待（例如，學業、結婚生子、退休）。在發展心理學的Freud的心理分析論、Erikson的心理社會論、Piaget的認知發展論及Kohlberg的道德發展論，皆指明人類行為根植於生命歷程中各年齡階段的行為改變。

　　人類行為會因個體的成熟機能而表現出不同的行為結構，加上這些事件上許多文化期待的規範性和預期性的形態，而產生預期社會化的行為。預期的社會化過程規範個人在文化中所假定的扮演角色行為。例如，在某些文化，要求青少年獨立自主，並會安排家務或其他雜務給子女，並視此種獨立及幫忙家務是為日後職業生涯之價值及工作取向做準備。

　　年齡階段之影響是由文化性與歷史性所定義，例如，在二十世紀初期，童工在貧窮與中等階級的家庭中是必要的人力資源；但至二十世紀初通過童工法和補習教育，兒童被期望接受教育並為日後提升經濟生活做準備。將此觀點應用於兒童福利實務，應給予父母親職教育，倡導尊重孩子的權利及適齡發展的托育，以及避免給予過度學習壓力的快樂童年。

　　第二，歷史階段的影響（history-graded influences）：意指由歷史事件

帶來的各項社會變遷，例如，人口統計學上的更動、能力技巧的改變和就業率。「族群」（cohort）受其出生年代和分享歷史背景經驗所影響，如前面所述的舊人類和新人類的X、Y、Z世代。族群的概念在解釋人生歷程中不同時間點上所受之歷史階段影響，它會受歷史階段或同儕的相互影響而形成一種特殊的行為模式。例如，最近台灣的經濟不景氣即是一歷史事件，此事對失業的青壯年及其家庭的生活造成衝擊。幾十萬人無法找到工作，且承受著經濟不景氣及通貨膨脹的痛苦。結果，造成他們在工作、節約和經濟消費行為的信念改變。工作不再是事求人、唾手可得的，因此，經濟上的節約變得相當重要。對那些原本就是貧窮的人而言，他們會經歷到「比原本更困苦」的沮喪；而對那些富有的人而言，這只是一段困苦的時間，並非原本就必須要承受的災難，或許暫時咬緊牙關，忍耐一陣就會否極泰來。將此觀點應用於兒童福利實務，除了給予急難救助的社會支持及服務方案外，也要運作各種資源增加個人因應壓力的能力，增加個人生活的堅毅力及增強正性的自我信念與價值。

第三，非規範性的影響（non-normative event influences）：係指在行為上的各種事件是無法預測及始料未及的事件，例如，天災（火災、地震、風災、水災、SARS）或失業，突然喪偶或爆發疾病。這些事件與歷史上的推移關聯甚少，而且時常比預期中的生命事件具有更大的壓力及影響。「天有不測風雲，人有旦夕禍福」，兒童福利應提供社會支持，整合社會可利用之資源，增強及充權增能兒童及家庭能有再適應社會之功能。

親職教育在發展上有兩層意義，一是父母的發展，二是兒童的發展，發展有其心理學之背景及理論基礎。親職教育之實施與運用，基本上可以源自於六種心理及社會學之理論：心理動力理論、行為學習理論、家庭系統理論、家庭生命週期理論、家庭壓力理論，以及溝通分析理論。上述之理論可以用於探討親子關係、父母管教方式、行為修正策略、家庭互動與溝通等層面，例如，強調早期經驗對個人人格之影響的心理動力論；行為模塑及管教子女技術的行為學習論；強調家庭為一系統及區位和親子溝通方法的家庭系統學派和溝通分析學派；根據家庭發展觀點的家庭生命週期強調人生歷程改變，以及如何影響孩子雙向互動關係，以下則分別進一步說明各理論基礎。

第一節　心理動力學派

　　心理動力論（psychodynamic theory）如同認知論學者Piaget與Kohlberg，對兒童發展及兒童教育領域有廣泛、深遠之影響，他們皆認為兒童隨年齡成長，機體成熟有其不同階段的發展特徵及任務（**表3-1**），個體要達到機體成熟，其學習才能達到事半功倍。

一、心理分析論

　　Sigmund Freud（1856-1939）的心理分析理論集中於個人之情緒與社會生活的人格發展，他更創立性心理發展。雖然該理論大部分已被修正、駁倒或扼殺，但許多Freud的最初假設仍存留於現代之人格理論中。Freud集中研究性慾和攻擊驅力對個體心理活動之影響，他認為強而有力的潛意識生物性驅力（drive）促成了人的行為（尤其是性與攻擊驅力）。Freud的第一個假定：人有兩種基本的心理動機——性慾和攻擊，他認為人的每一行為都源自個體之性慾和攻擊衝動的表現。其第二個假定是：人具有一種叫作潛意識的精神領域。它是無法被察覺到，且是強大的、原始的動機儲存庫。無意識動機和有意識動機會同時激發行為。Freud將此種假定應用到個人之心理治療，而個人之精神問題源自於童年（尤其前五年），影響個人行為和情緒的潛意識衝突。Freud認為活動個人之意識和潛意識需要心理能量，稱為原慾（libido），其集中於性慾或攻擊衝動的滿足，個體基本上的行為是追求快樂，避免失敗與痛苦，故心理能量激發個體兩種行為本能：生的本能（eros）及死的本能（thanatos）。而隨著個體生理的成熟，性本能透過身體上不同的區域來獲得滿足，他稱之為個體之性心理發展階段（stage of psychosexual development）（**表3-1**）。Freud發展獨特的心理治療模式，他稱之為精神分析（psychoanalysis），讓患者主述其過去的歷史以及目前的狀況，其利用夢的解析（dream interpretation）及自由聯想（free association）等技術，協助患者面對其潛意識的害怕與矛盾，其心理分析論廣泛影響了心理學家、精神病醫師與精神分析師的思想，甚至也影響了日後的遊戲療法。

表3-1　各理論的發展階段對照表

生理年齡及分期	性心理階段 （S. Freud）	心理社會階段 （E. Erikson）	認知階段 （J. Piaget）	道德發展階段 （L. Kohlberg）
0歲　乳兒期	口腔期	信任←→不信任	感覺動作期	
1歲　嬰兒期				避免懲罰
2歲	肛門期	活潑自動←→羞愧懷疑		服從權威
3歲　嬰幼兒期			前運思期	
4歲	性器期	積極主動←→退縮內疚		
5歲　幼兒期				
6歲				現實的個人取向
7歲　學齡兒童期	潛伏期	勤奮進取←→自貶自卑		
8歲			具體運思期	
9歲				
10歲				
11歲				和諧人際的取向
12歲			形式運思期	
13歲　青少年前期	兩性期	自我認同←→角色混淆		
14歲				
15歲				
16歲				
17歲				社會體制與 制度取向
青少年後期 （18歲~22歲）	※		※	
成年早期 （22歲~34歲）	※	親密←→孤獨疏離	※	基本人權和 社會契約取向
成年中期 （34歲~60歲）	※	創生←→頹廢遲滯	※	
成年晚期 （60歲~70歲）	※		※	
老年期 （70歲~死亡）	※	自我統合←→悲觀絕望	※	普遍正義原則

　　此外，Freud將人的人格結構分為三種成分：本我（id）、自我（ego）及超我（superego）。本我是本能和衝動的源泉，是心理能量的主要來源，其更是與生俱來。本我依據唯樂原則（pleasure principle）表現其生物性之基本需要，此種思維稱作原始過程思維（primary process thought），其特點是不關心現實的制約。自我是個人與環境有關的所有心

理機能，包括：知覺、學習、記憶、判斷、自我察覺和語言技能。其負責協調本我與超我之間的衝突。自我對來自環境的要求做出反應，並幫助個人在環境中有效地發揮作用。自我依據現實原則（reality principle）來操作個體與環境互動及協調個人生物性之需求，在自我中，原始過程思維（即本我）要配合現實環境之要求，以更現實的取向來滿足個人的本我衝動，所以此思維為次級過程思維（secondary process thought）。次級過程思維即是我們在與人談論中所用的一般邏輯、序列思維，其必須要透過現實來體驗。超我包括一個人心中的道德格言——良心（conscience）以及個人成為道德高尚者的潛在自我理想（ego ideal）。超我為一個人的觀念，如哪些行為是適當的、可接受的、需要追求的，以及哪些是不適當的、不可接受的，提供一個良好的衡量，它也規定一個人要成為一個「好」人的志向和目標。兒童則是透過認同（identification）與父母和社會互動，在愛、親情和教養的驅使下，兒童積極地模仿他們的重要他人，並將社會準則內化，成為他們日後的價值體系及理想的志向。

二、心理社會發展論

Eric Erikson是出生於德國的心理分析家，他擴展了Freud的精神分析論，並修正Freud的性心理發展，是社會化之概念解釋一般人（不限於病態人格）並擴及人的一生的生命歷程發展的心理社會發展理論（psychosocial developmental theory）。Erikson主張個體在其一生的發展乃透過與社會環境互動所造成，成長是經由一連串的階段進化而成的（Erikson, 1968）（表3-1）。在人的一生發展中，由於個人身心發展特徵與社會文化要求不同，每一階段有其獨特的發展任務與所面臨的轉捩點（即心理危機），雖然這個衝突危機在整個人生中多少會經歷到，但此一時期特別重要，需要透過核心過程（central process），例如幼兒期的模仿或認同，學齡兒童期之教育來化解心理社會發展危機，進而形成轉機，以幫助個體的因應能力，那麼個體行為則能獲得積極性地適應社會環境的變化，以促進個體的成長，更能順利地發展至下一個階段。Erikson之心理社會發展強調解決社會之衝突所帶來的心理社會危機，而非如Freud強調性與攻擊的衝突，因此，個體必須能掌控一連串的社會衝突，方能達到個體成熟（Erikson,

1982），衝突則是由於個體在文化上以及個體在社會所經歷的處境所致。

　　心理動力論強調人際需要與內在需要，在塑造人的人格發展中的重要性。Freud強調個人的性和攻擊衝動的滿足，而Erikson則強調個人與社會互動中的人生發展，前者較著重童年期對成人行為之影響，而後者則強調個人一生中的各階段的成長。心理動力論認為兒童期的發展非常重要，同時也體察到如果我們冀望幼兒能成長為一健全的成人，則在幼兒階段便須幫助他們解決發展上的衝突，而且成人與社會應扮演著重要的角色，此理論也深深影響兒童心理、教育（家庭、親職及學校）及福利工作之實務者，尤其是對親子關係、兒童發展，以及瞭解兒童內心世界也會有所幫助。

第二節　行為學習學派

　　行為理論（behavior theory）影響心理學的理論發展已超過一世紀之久，行為理論基本上是一種學習理論，同時也一直被當作是一種發展理論，其提出了解釋由經驗而引起的相對持久的行為變化的機轉（mechanism）。它與成熟學派持有不同看法，此學派認為除了生理上的成熟之外，個體的發展絕大部分是受外在環境的影響。人類之所以具有巨大的適應環境變化的能力，其原因就在於他們做好了學習的充分準備，學習理論之論點有四：古典制約、操作制約、社會學習，以及認知行為主義，茲分述如下：

一、古典制約

　　古典制約（classical conditioning）的原則是由Ivan Pavlov（1849-1936）所創立的，有時又稱Pavlov制約。Pavlov的古典制約原則探究了反應是由一種刺激轉移到另一種刺激的控制方法，他運用唾液之反射作用作為反應系統。

　　古典制約模型由**圖3-3**可見，在制約之前，鈴聲是一中性刺激（Neutral Stimulus, NS），它僅能誘發一個好奇或注意而已，並不會產生任何制約化之行為反應。食物的呈現和食物的氣味自動地誘發唾液分泌（是一反射作

用），即非制約反應（Unconditioned Response, UR）（流口水）的非制約刺激（Unconditioned Stimulus, US）（食物）。在制約試驗期間，鈴聲之後立即呈現食物。當狗在呈現食物之前已對鈴聲產生制約而分泌唾液，我

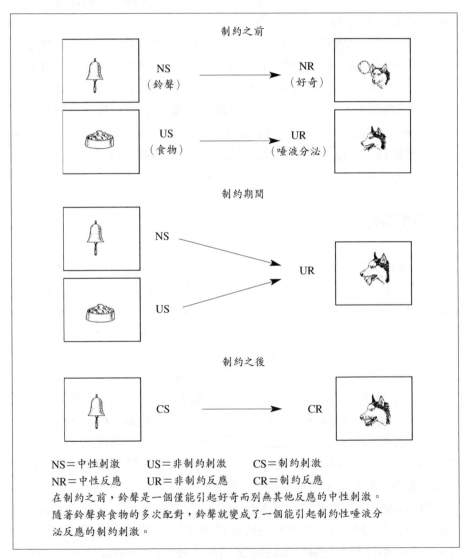

制約之前

NS
（鈴聲）　　　　　　　　　　　　NR
（好奇）

US
（食物）　　　　　　　　　　　　UR
（唾液分泌）

制約期間

NS

US　　　　　　　　　　　UR

制約之後

CS　　　　　　　　　　　CR

NS＝中性刺激　　　US＝非制約刺激　　　CS＝制約刺激
NR＝中性反應　　　UR＝非制約反應　　　CR＝制約反應
在制約之前，鈴聲是一個僅能引起好奇而別無其他反應的中性刺激。隨著鈴聲與食物的多次配對，鈴聲就變成了一個能引起制約性唾液分泌反應的制約刺激。

圖3-3　古典制約

資料來源：郭靜晃、吳幸玲譯（1993）。《發展心理學：心理社會理論與實務》（台北：揚智文化），頁114。

們則說狗已被制約化。於是，鈴聲便開始控制唾液分泌反應。僅在鈴響時才出現的唾液分泌反應稱作制約反應（Conditioned Response, CR）。此一原則先對動物實驗，再由John B. Watson（1878-1959）應用到Albert的小男孩，將新的刺激與原先的刺激連結在一起，對新刺激所產生的反應方式相類似於其對原先刺激所做出的反應。

古典制約可以說明人一生中出現的大量的聯想學習。當一個特殊信號與某個表象、情緒反應或物體相互匹配之後，該信號便獲得了新的意義。在嬰兒期和幼兒童，隨著兒童依戀的發展，各種正性和負性的情緒反應便與人物和環境建立了制約作用，同樣地，恐懼也不能成為古典制約的作用，許多人可能回憶出一次恐怖經驗，如被蛇咬、溺水、挨打等，此恐懼反應可能與特定目標相連結，而造成此人一生會逃避那目標，正如俗語所言，一朝被蛇咬，十年怕草繩。

二、操作制約

Edward L. Thorndike（1874-1949）採用科學方法來研究學習，他嘗試由連結刺激與反應的過程來解釋學習，又稱為操作制約（operant conditioning）學習，強調學習中重複的作用和行為的結果。Thorndike利用貓逃出迷籠的行為，他觀察貓是利用嘗試錯誤（trial and error）的學習過程，在學習過程中，貓的盲目活動越來越少，行為越來越接近正確解決之方法。他發展出一組定律來說明制約過程，其中最主要為效果率（law of effect）：說明假如一個刺激所引起的反應是愉快、滿足的結果，這個反應將會被強化，反之，這個反應會被削弱。另一定律為練習率（law of exercise），主張：個體經歷刺激與反應鍵之連結次數越頻繁，則連結將會越持久。第三個定律為準備率（law of readiness），則說明：當個體的神經系統對於行動容易產生反應的話，則學習將更有效果。

Thorndike之效果率實為增強概念及操作制約概念之先驅，亦是B. F. Skinner之行為主義取向之基礎。Skinner對學習心理學與發展理論的貢獻，在於其巧妙地將學習理論應用到教育、個人適應以及社會問題上。Skinner相信欲瞭解學習必須直接觀察兒童在環境改變的因素下所產生的行為改變。其認為兒童表現出來的大部分行為，都是透過工具制約學習歷程所建

立的。換言之，行為的建立端賴於行為的後果是增強或處罰而定，是受制於環境中的刺激因素。增強與處罰正是行為建立或解除的關鍵，增強被用於建立好的行為塑化（shaping good behavior），而處罰被用於移除不好的行為連結（removal of bad behavior）。

增強物（reinforcement）有兩種，分為正增強或負增強。對兒童而言，係食物、微笑、讚美、擁抱可令其產生愉悅的心情，當它們出現時，正向之行為反應連續增加，稱之為正增強物。反之，負增強物，如電擊、剝奪兒童心愛的玩物，當它們被解除時，其正向行為反應便增加。另一個觀點是處罰，是個體透過某種嫌惡事件來抑制某種行為的出現，而透過剝奪愉快的事物以減少負向行為的出現則稱之為消弱。有關正增強、負增強及處罰之區別請參考**表3-2**。

三、社會學習

社會學習論（social learning theory）認為學習是由觀察和模仿別人（楷模）的行為而學習（Bandura & Walters, 1963），尤其在幼兒期的階段，模仿（imitation）是其解決心理社會危機的核心，此外，青少年也深受同儕及媒體文化所影響，漸漸將其觀察的行為深入其價值系統，進而學習其行為，這也就是兒童在生活周遭中，透過觀察和模仿他人來習得他們大部分的知識，而成人及社會也提供兒童生活中的榜樣（model），換言之，也是一種身教，如此一來，兒童便習得了適應家庭和社會的生活方式。

表3-2　正增強、負增強和處罰的區別

	愉快的事物	嫌惡的事物
增加	**正增強** 小明上課專心給予記點，並給予玩具玩	**處罰** 小明上課不專心，給予罰站
剝奪	**消弱** 小明上課不專心，而不讓他玩所喜歡的玩具	**負增強** 小明取消罰站的禁令，因而增加上課的專心

Bandura（1971, 1977, 1986）利用實驗研究方法，進行楷模示範對兒童學習之影響，結果表現兒童喜歡模仿攻擊、利他、助人和吝嗇的榜樣，這些研究也支持了Bandura之論點：學習本身不必透過增強作用而習得。社會學習的概念強調榜樣的作用，也就是身教的影響，榜樣可以是父母、兄弟姊妹、老師、媒體人物（卡通）、運動健將，甚至是政治人物。當然，學習過程也不只是觀察模仿這般簡單而已，一個人必須先有動機，並注意到模仿行為，然後個體對行為模式有所記憶，儲存他所觀察到的動作訊息，之後再將動作基模（訊息）轉換成具體的模仿行為而表現出來（郭靜晃等，2001）。換言之，行為動作之模仿學習是透過注意（attention）、取得訊息的記憶（retention）、行為產出（reproduction）、增強（reinforcement）的四種過程。

四、認知行為主義

過去的行為主義以操作與古典制約強調環境事件和個體反應之間的連結關係，而卻忽略個體對事件的動機、期望等的認知能力。Edward Tolman（1948）提出個體之認知地圖（cognitive map）作為刺激與反應連結中的學習中介反應的概念，此概念解釋個體在學習環境中的內部心理表徵。Walter Mischel（1973）認為要解釋一個人的內部心理活動，至少要考量六種認知因素：認知能力、自我編碼、期望、價值、目標與計畫，以及自我控制策略（圖3-4）。認知能力（cognitive competency）是由知識、技巧和能力所組成。自我編碼（self-encoding）是對自我訊息的評價和概念化。期望（expectancy）是一個人的操作能力、行為結果和環境事件的意義和預期。價值（value）是由一個人賦予環境中行為結果的相對重要性。目標和計畫（goal and plan）是個人的行為標準和達到標準的策略。自我控制策略（self-control strategy）是個體調節其自我行為的技術。

所有這四種學習理論都對洞察人類行為有所貢獻（表3-3），也說明人類行為習得的過程。古典制約能夠說明信號與刺激之間形成的廣泛的聯想脈絡、對環境的持久的情緒反應，以及與反射類型相聯繫的學習的組織。操作制約強調以行為結果為基礎的行為模式的習得。社會學習理論增

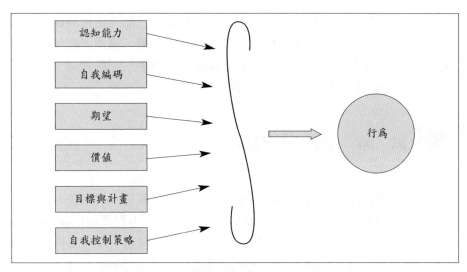

圖3-4　影響行為的六個認知向度

資料來源：郭靜晃、吳幸玲譯（1993）。《發展心理學：心理社會理論與實務》（台北：揚智文化），頁114。

表3-3　四種學習過程

古典制約	操作制約	社會學習	認知行為主義
當兩個事件在非常接近的時間內一起出現時，它們就習得了相同的意義並產生相同的反應。	隨意控制的反應既可以加強，也可以消除，這取決於和它們相聯繫的結果。	新的反應可以透過對榜樣的觀察和模仿而習得。	除了新的反應以外，學習者還習得了關於情境的心理表徵，它包括對獎賞和懲罰的期望、適當的反應類型的期望以及反應出現的自然和社會環境的期望。

資料來源：郭靜晃、吳幸玲譯（1993）。《發展心理學：心理社會理論與實務》（台北：揚智文化），頁125。

加了重要的模仿成分，人們可以透過觀察他人學習新的行為。最後，認知行為主義認為，一組複雜的期望、目標和價值可以看作是行為，它們能夠影響操作。訊息或技能在被習得之時並不能在行為上表現出來，除非關於自我和環境的期望允許它們表現。這種觀點強調了個人指導新的學習方向的能力。此理論提供行為管理及學校教育具有實用之價值，尤其對親職教育課程規劃設計與實施，以及子女行為管教與行為改變技術，此理論更提

供很多寶貴的做法。此理論應用到親職教育乃強調立即運用行為修正原則改變孩子的不良行為，強調立即修正事後輔導、改變、矯治，而父母為教導孩子的主責社會化代理人（socialized agent），唯有父母能控制子女行為的後果，才能達到改變孩子行為之目標。

 第三節　家庭系統理論

　　家庭系統理論（family system theory）主張家庭是一個系統，涉及父母、子女及家庭三方面之因素，最早是由奧地利的生物學家Ludwig Von Bertalanffy於1950年提出系統理論，提倡一般系統理論來作為整合不同領域的基礎（楊文雄，1987），將此理論應用於一個複雜的整合體之家庭，為解讀外籍配偶家庭中的個人或互動關係，則必須對整個家庭內相互影響關係進行通盤的理解。系統理論強調家庭具有幾個特性：整體性、關係、次系統、界域、回饋及家庭規則及三角關係，之後由Virginia Satir、Murray Bowen、Carl Whitaker，以及Salvador Minuchin等人提倡家庭系統理論，主張家庭是一個系統，要瞭解與幫助個人，應從整個家庭系統著手。親職教育的介入方案則是援引外在資源介入家庭，改變舊有家庭系統關係，進而改變家庭的關係與互動，以求成員間的改變。茲分述如下：

1.整體性（wholeness）：成員與成員間的互動系統是彼此相關且互賴的，任何一部分發生改變都會影響至全體及個人。有的家庭系統是開放的，有的是封閉的，所以親職教育的實施則是引用外在資源造成個體改變，進而影響整個家庭系統的改變。

2.關係（relationships）：家庭內的每個成員都有其獨立的功能存在，但成員間又會產生相互的關係。

3.次系統（subsystems）：家庭中比家庭小的系統稱為次系統。而家庭中包含了許多共存的次系統，可以由輩分、由性別、由興趣或由功能形成，而成員在每個次系統中行使不同層次的權力，以及分派不同的責任。一般而言，家庭中最持久的次系統為夫妻、親子及手足三種次系統，在功能良好的家庭中，此三種次系統的運作是整合

的。家庭中的次系統彼此關聯、互動，互動的結果不僅是影響該次系統，而且也可能影響到未介入互動的次系統。如夫妻吵架不只是夫妻系統會出現問題，進而會影響親子關係、手足關係等。當然，家庭離不開社會，所以當家庭被視為一個系統，而夫妻、親子、手足被界定為次系統時，則社會就被視為超系統（supra system）（圖3-5）。

4. 界域（boundaries）：家庭中次系統間「界定清楚的界限」維持分離性及歸屬間的平衡，太過鬆散會造成家庭成員間的過度緊密，太僵化會導致內部的家庭成員間過於疏離、糾結。

5. 回饋（feedback）：而所謂的正、負並不涉及價值判斷，完全是以輸入是否造成改變來決定。正向回饋是指打破家庭系統中的僵化現象，使原來的系統狀態產生改變。而負向回饋意味著儘管有外來的輸入，系統仍保持原本的狀態而未造成改變。

6. 家庭規則（family rules）：家庭是一個規則管理的系統，透過所有家庭成員關係之中，長期的模式而做出推論，建立基礎而且決定成員彼此相對的期望，因此，家庭的規則顯示家庭的價值。家庭系統理論以家庭的動力歷程來面對種種的難題，以維持家庭的平衡（彭懷真，1994）。

7. 三角關係（interlocking triangle）：每個家庭是由許多不同的三角關

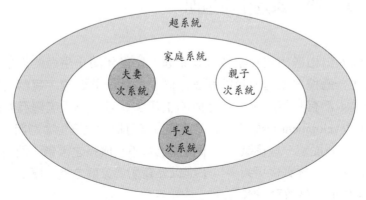

圖3-5　家庭系統圖

資料來源：周麗端等（1999）。《婚姻與家人關係》（台北：國立空中大學），頁34。

係所構成，這些三角關係是維持家庭系統持續穩定的力量。當家庭中兩個成員之間的關係產生改變（更親密或更疏遠）時，第三個家庭成員往往就會介入去維持家庭系統的平衡。親職教育的運用與實施則是瞭解及分析家庭中之三角關係，將有助於家庭關係的改善或改變其成員的關係。

將家庭系統理論運用於外籍配偶家庭時，需知外籍女性嫁來台灣初為人母是不同於自己原生國家的體驗，所以，不單是從個人生活變成雙人到三人世界的表面改變，而是一個動態歷程的改變，唯有透過「系統」的觀點，才能捕捉此一「動態」轉變過程所牽動之環環相扣的微妙動力運作（楊文雄，1987）。此外，家庭也是因血緣、領養和婚姻關係而結合的初級團體，成員共享居所，對彼此有應盡的權利和義務，並承擔子女社會化的職責。而家庭也具有生殖、教養、保護、經濟、社會地位及娛樂等多樣之功能，不僅提供個人生理、心理及情感和安全的滿足，並透過教養過程模塑行為規範，以達社會控制之目的。因此，家庭系統理論是可以大致描繪外籍女性配偶初為人母家庭生活經驗及家庭地位之動態歷程的輔證。家庭系統理論作為親職教育的理論運用，在於說明個人不能自外於家庭、子女不能自外於父母。故在幫助父母或子女時，不能不關心整個家庭系統如何地影響家庭個別成員（林家興，1997）。

 第四節　家庭生命週期

二個人由相遇相知到結婚組成家庭，之後伴隨小生命的誕生，成長到離家此一過程，家庭成員將面臨不同家庭狀況的個體，每個人在不同的階段中，都有其待解決、待完成的工作，又可稱為「家庭發展職責」（family development tasks）。而這些階段又可稱為家庭生命週期。個人在這些週期中將面臨一些挑戰，如果再加上有不利成長之因素（例如單親或外籍配偶），其挑戰會更大。以下則以外籍配偶家庭為例，闡明其在家庭生命週期中的親職教育需求。

針對維持家庭發展階段與職責，外籍女性在家庭的角色定位會隨著

家庭既有特定的功能更動而改變，個體必須要保持適應的角色，以維持家庭的系統穩定（homeostasis）（也就是維持個人的自主性及團體的共同性、需求性及親密性）；但個人的需求及家庭系統的需求又常常具相互衝突性。外籍女性配偶家庭系統的功能，也需要解決這種衝突，才能有助於維持家庭系統健康。一個健康的家庭系統應包括五個要素：第一，共同瞭解，明確的權力結構；第二，整合個人經驗並融合成家庭功能；第三，具有協調及問題解決能力；第四，自我肯定，追求個人自由；第五，充分表達個人情感並同理他人情感（連惠君，1999），這些因素將有助連結外籍女性配偶的家庭內外功能。然而外籍配偶來台結婚後，將接著面臨在家庭生命週期中，不同階段、不同家庭狀況的個體，而每一個階段都有其待解決、待完成的工作，稱為「家庭發展職責」。藍采風（1982）將家庭生命週期分為八個分期，其各階段及發展職責參考**表**3-4。

　　將上述家庭階段之發展職責應用於外籍女性配偶家庭中，他們目前可能所面臨到的問題及其困境，如第一階段而言未有小孩的已婚夫妻階段來看，因應新婚的適應及對於育子的準備過程，對於此外籍女性配偶是否有期待成人妻及母職心理準備？另外，家族成員是否充足將養育責任計畫完全，還是僅是把外籍配偶當成生殖工具，卻無節育及優生規劃，這也是此家庭將來可能面臨經濟與養育隱憂。

　　第二階段將迎接新生子女學習為人父母之各種技能，及夫妻與父母角色之協商各種適應，外籍女性配偶對於家庭的地位及權利，可否能有權利涉及於家庭的擔任角色時，發聲權和自己生育子女的想法，可能遇到所處地位是買賣而成婚姻地位為下風，再加上語言運用及家庭階層的阻礙，外籍女性配偶是否可獲得協商與討論的空間實難想像有多大。同時，加上國內政策對於外籍女性配偶工作權的種種限制，外籍配偶發展自己的潛能空間更顯艱困。

　　第三階段針對繼續生育的問題及教養問題，外籍女性配偶對於身體自主權有無權利決定繼續生育，或是教養困境是否有充分的把握去準備，而其配偶能否尊重外籍配偶的自主權利，皆是推動協助外籍女性配偶政策順利的重要關鍵。而後第四及第五階段，外籍女性配偶所處地位若視尊為人妻要職是為幸運，但是所屬夫家若以外傭或是僅以雇主性質對待，將來其子女會用何種心態看待自己的母親，在與親職的養上將來又逢其子女成長

表3-4　家庭生命週期各階段及其家庭發展職責

階段	每階段大約年數	階段說明	家庭發展職責
一	2	未有小孩的已婚夫妻階段	1.配偶二人每日日常生活（事業上和休閒時間）上之互相適應。 2.建立新的認同——成人配偶。 3.對新的親戚關係的適應。可能開始期待第一個孩子的來臨，對懷孕的適應。
二	2.5	養育幼兒階段（第一個孩子未滿30個月）	1.對新的父母角色之適應。 2.學習為人父母之各種技能。 3.夫妻與父母角色之協商。 4.對事業、前途等工作上之各種適應。
三	3.5	有學齡前兒童之階段（第一個孩子年齡在2.5～5歲之間）	1.教導撫育兒童新的技能。 2.對因孩子們之成長而失去隱私之適應。 3.對事業與生涯之適應。 4.對可能有第二個小孩降臨之準備。
四	7	有學齡兒童的階段（第一個孩子年齡在6～12歲之間）	1.鼓勵每位子女身心之成長。 2.對學校需求之適應。 3.妻子或丈夫可能重返學校或工作崗位。 4.逐漸增加參與和子女有關之社區活動。
五	7	有青少年子女在家之階段	1.對子女日增自主權之適應。 2.計畫夫妻之各種活動並做子女離家之準備。 3.事業可能在此階段達高峰。 4.家庭經濟在此階段多達最高峰。
六	8	步入突飛之階段（自第一個孩子離家到幼兒離家）	1.促使成年子女之獨立機會（上大學、工作、結婚等）。 2.繼續給予子女支持與協助但注意不過分控制他們。 3.鞏固父母之婚姻生活。 4.對可能失去配偶（死亡）之適應。
七	15±	中年父母階段（空巢階段）	1.享受老伴之恩情。 2.對健康狀況之適應。 3.對祖父母角色之適應（若有孫子女時）。 4.增加社區活動或其他休閒活動。 5.親戚關係。
八	10～15±	老年階段或鰥寡階段（自退休到死亡）	1.對邁入老年及健康衰微之適應。 2.對「老人」之認同。 3.退休及失去社會或工作地位之適應。 4.健康情況許可之範圍內參與有意義之活動。 5.可能失去配偶而需獨居之適應。

資料來源：藍采風（1982）。《婚姻關係與適應》（台北：張老師出版社），頁33-34。

至青少年的叛逆時期和對子女日增自主權之適應，所遇孩子在學校學習問題及阻礙可想而知；再者如能順利度過前五階段，在後期生涯規劃也可樂見其文化及語言已建立克服的順境，最後在家庭中所遇到也僅是夫妻彼此婚姻的經營上的技巧。

所以，健康家庭系統所概括的五個要素若能配套至家庭週期八大階段之發展任務，將會有助外籍女性配偶的家庭功能連結；若共同及明確權力結構能加以整合成家庭功能，將會有助於外籍配偶家庭具有協調及問題解決能力；若能賦予自我肯定、追求個人空間及家庭其他成員的同理情感，再遷移各個階段發展任務，將有助於外籍配偶角色扮演與職責擔任，以及跨國婚姻在家庭各週期階段順利成長，以期有良好適應功能。

將家庭生命週期理論應用到親職教育實務，親職教育工作者必須要瞭解家庭是一系統之外，還要瞭解個人及家庭在不同生命歷程（階段）中有其獨特的發展職責與任務，若能整合家庭各成員之資源，並滿足個人之發展任務或需求，將有助於家庭成員間的協調及共同解決問題的能力，以期有助於家庭產生良好的適應功能。

第五節　家庭壓力理論

家庭的外在因素（例如，戰爭、地震、水災、失業等）及家庭內在因素（例如，疾病、婚姻衝突與解組等），皆會影響家庭本身的內在平衡，進而帶給家庭內的成員產生身心影響之壓力。解釋家庭壓力之歷程最早是由Reuben Hill於1958年提出ABC-X的家庭壓力理論，之後再由McCubbin和Patterson於1982年再提出double ABC-X model解釋家庭的連續及累積壓力的影響歷程，接下來本節將介紹此二理論的主要論述。

一、ABC-X模式（ABC-X model）

Reuben Hill於1958年所提出之ABC-X模式之家庭壓力理論，其理論模式包括：壓力事件（A因素）、家庭擁有的資源（B因素）、家庭對壓力事件的界定（C因素），以及壓力的高低程度或危機（X因素），分別說明如

下：

(一)壓力事件（A因素）

凡會對家庭系統中界域、結構、目標、角色、過程、價值等的改變都稱為壓力事件。所謂家庭系統的改變可能為正向的改變，也可能為負向的改變，或兼具正負向影響。家庭的壓力事件可分成可預期（predictable）與不可預期（unpredictable）兩種（McKenry & Price, 1994）。

可預期的壓力事件是日常生活的一部分，如子女結婚、生命的死亡等。這些可預期的壓力事件，雖然常在期待中到來，但仍會給靜止的家庭系統帶來正面或負面的衝擊，而使得家庭系統失去原有的平衡。例如，家庭中新生命的誕生，雖給家庭帶來無限的喜悅，但也常造成家人的手忙腳亂與摩擦。

不可預期的壓力事件包括自然的災害、失業等，這些不可預期的壓力事件常給家庭造成比可預期的壓力事件更大的衝擊，而使得家庭系統失去平衡狀態。例如，家人失業，立即造成家庭生活困難，甚至不得不搬離家園；但也可能因失業而更積極自我充實，找到更滿意的工作。

(二)家庭擁有的資源（B因素）

在家庭中當壓力事件產生時，若家庭成員有足夠、適當的資源去面對壓力，則壓力事件就較不會困擾這個家庭系統；反之，則家庭系統容易失去平衡而陷入混亂。家庭資源又分成三種：

1. 個人資源（personal resources）：如個人的財務狀況、經濟能力；影響問題解決能力的教育背景、健康狀況、心理資源，如自尊等。
2. 家庭系統資源（family system resources）：指家庭系統在應付壓力源的內在特質，如家庭凝聚力、調適及溝通。愈是健康的家庭系統，愈有能力應付家庭壓力（Burr, 1982）。
3. 社會支持體系資源（social support）：指提供家庭或家庭成員、情緒上的支持、自尊上的支持、其他支持網絡。社會資源的支持網絡，可提供家庭對抗壓力或協助家庭從壓力危機中復原。

(三)家庭對壓力事件的界定（C因素）

家庭對壓力事件的處理，除上述兩個因素以外，也受到家庭及家庭成員對壓力事件界定的影響。壓力事件發生時，家庭若以樂觀處之，則可以澄清問題、困境與任務，可更容易面對壓力源；另外可減少面對壓力源事件的心理負擔與焦慮的強度；以及可激勵家庭成員完成個人任務，以提升成員的社會及情緒的發展，因此，可以把事件處理得當，將壓力降到最低。

家庭壓力是一個中立的概念，它不一定是正向也不一定是負向。家庭壓力對家庭產生壓迫，給家庭帶來的結果是有益的還是有害的，多半依賴家庭對此情境的認定和評價。簡言之，家庭壓力的意義是改變對家庭系統平衡狀態帶來波折與改變。

(四)壓力的高低程度或危機（X因素）

Boss（1988）對危機的界定有三：一為一個平衡狀態的嚴重失序；二為非常嚴重（severe）的壓力；三為非常劇烈的改變，以致家庭系統面臨障礙、喪失機動性且失去能力。

當一個家庭處於危機狀態時，至少會有一段時間內失去功能、家庭界域無法維持、家庭角色和職責不再完成、家庭成員也無法處於最佳的身心狀況。

壓力事件是否形成危機要看前三個因素（ABC三項）互動的結果，如果家庭成員認知到問題的嚴重性已威脅到家庭系統成功的運作，家庭系統無法因應時危機就會產生。

二、雙ABC-X模式

McCubbin與Patterson（1982）將Hill（1958）的ABC-X模式增加了「時間系列」，即家庭面對壓力或危機後的因應措施，以解釋家庭危機處理之後的調適情形，而成為雙ABC-X模式（double ABC-X model）。

雙ABC-X模式可以用來說明生活中「一波未平，一波又起」的連續壓力，俗云：「屋漏偏逢連夜雨」，就是累積壓力的最佳寫照。

(一)累積性壓力事件（aA因素）

事實上，單一的壓力事件，往往不會對家庭產生致命性傷害，而是第一次發生的壓力事件未妥善處理，加上現行的困難，形成累積重疊，較容易使家庭系統失去平衡。

(二)現存及新開發的資源（bB因素）

家庭中現存及新開發可資利用的資源。

(三)對上次事件危機、累積性壓力事件、現存及新開發的資源的界定（X＋aA＋bB）（cC因素）

cC因素不僅是指限於個人對壓力的主觀認定，也包括家庭體系面對困難時的凝聚力。

(四)調適（adaptation）（xX因素）

家庭面對累積壓力，處理的結果就產生適應。適應不單指良好的適應，也可能產生不良的適應，端看家庭如何去因應。

因此生活當中遇見壓力事件，必須儘快因應處理，以免累積太多壓力而無法處理時而產生危機。

第六節　溝通分析學派

溝通分析學派（Transaction Analysis, TA）是由受過佛洛伊德精神分析訓練的美國醫師Eric Berne所創，此理論偏向認知與行為面的省思，目的在幫助人們評估過去的決定，重新評量哪些決定對現在的適合性（appropriateness）。其在親職教育之應用乃是用於解釋父母與子女互動中之行為及其背後隱含的情緒反應，藉此提供專家、父母改善親子互動與溝通的方式，並幫助子女本身在環境中建立良好的自我狀態。

溝通分析築基於反決定論（antideterministic）的哲學，認為人們有能力超越舊有的習慣模式，並選擇新的目標為行為。人們是受到生活中重要

他人的期望與要求之影響，尤其是在人生中最依賴他人的兒童時期所作的早期決定，但是這些決定成為個體的自我狀態，可以重新加以檢查與挑戰的，如果早期的決定並不適當，就應再作新的決定（李茂興譯，1995：352）。

Eric Berne認為個人所表現之行為源自於自我狀態（ego states），其可分為三種型態：兒童（children）、成人（adults）及父母（parents），而此三種自我狀態亦是個人的人格結構組成，茲分述如下：

一、兒童自我狀態

兒童自我狀態（C）總是充滿人類基本的生活需求與情感，如同Freud所述之本我狀態，其特色為對於狀況出現時的情緒反應，反映出一個沒有價值束縛及理性思考的天真孩子對周遭環境情況所做的回應。兒童的自我狀態是憑自然直覺、感覺衝動或自發性的行動。

從功能分析的角度來看，原始自我狀態可再細分為「自然兒童」（natural child）、「小教授」（little professor）與「適應兒童」（adapted child）。自然兒童是隨性而行的，行為是受個人的衝動、未受訓練、自然性和幼稚的表現，常是追求個人內在的欲望與需求的滿足，較具創造性。小教授則是指兒童未受學校教育前所表現出的智慧，它是直觀的、碰運氣的，亦是支配性、自我中心及具創造性的。而適應兒童則是經過調整的，順應外在要求；亦是自然兒童的修正，此種修正是經歷創傷、要求、訓練，以及決定如何引起注意等經驗的結果，適應兒童會發牢騷、不順從或反抗（李茂興譯，1995）。

二、成人自我狀態

成人的自我狀態（A）所代表的是思考和理性行為，其是注重現實的，如同Freud的自我（ego）。成人自我狀態是資料處理者，能蒐集相關狀況的資訊，像電腦一樣，去除情感因素，不見情緒化或批判性的，能對訊息加以客觀分析、預測，再作出決定。從功能角度分析，成人自我狀態被視為一個整體，只有有效地運用完整的成人自我狀態，才能兼顧兒童自

我狀態及父母自我狀態的需求以解決任何衝突。

三、父母自我狀態

父母自我狀態（P）如同Freud所述的超我，將父母或社會行為規範加以內化。父母自我狀態所展現出來的包括有身體上與情緒上的關懷與照顧、生活中知識與技巧的傳導，以及家庭與社會中各種規範、價值觀、應有的態度與行為等的教導，此種狀態常包括應該（should）和必須（ought）。從功能分析角度來看，父母自我狀態可區分為兩部分，一是「養育的父母」（nurturing parent），提供撫育照顧與保護；另一是「批判的父母」（critical parent）為孩子行為設限。唯有此兩部分的狀態共存，才能避免出現過度保護或過度嚴苛的父母自我狀態（黃倩儀，1998）。

溝通分析之概念如同心理分析論，將人格依其結構（包括本我、自我及超我）外，仍需具有心理能量——原慾。溝通分析論不管個體心理能量如何在不同自我狀態（P-A-C）之間流動，個體全部的心理能量是要維持恆能的。在理想的情況下，能量應是視情況自由地、快速地穿梭在各個自我狀態之間。當人處於工作狀態時，他的心理能量大都集中於成人自我狀態；而當他與孩子遊戲時，許多心理狀態會流到兒童自我狀態；但當他必須制止孩子或員工時，他的心理能量可能由兒童自我狀態流至父母自我狀態。

能量的流動與狀態之間的界限（boundary）有關，有時界限的穿透性太大時，能量會變得不穩定，到處充斥；而當界限的穿透性太小時，能量則被鎖在某特定之自我狀態，導致個體無法動彈及流動。人格之自我狀態的流動可能產生下列三種問題：

1.排斥作用（exclusion）：係指個體未能運用完整的三種自我狀態，而將其中的一種，甚至於二種的功能完全切斷不用時，心理能量的流通因而受到限制，此即為排除現象（圖3-6）。

2.汙染作用（contamination）：係指自我狀態間的界限設有劃分清楚，彼此有部分重疊，導致各自的運作產生彼此干擾，而非完全獨立，個體即產生自我狀態的混淆（圖3-7）。

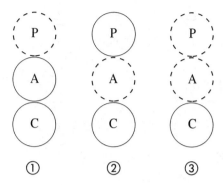

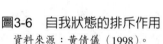

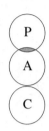

圖3-6　自我狀態的排斥作用
資料來源：黃倩儀（1998）。

圖3-7　自我狀態的汙染作用
資料來源：黃倩儀（1998）。

3.交流溝通：在人際交流溝通中，人與人間的互動即是撫慰（strokes）的交換。基本上可以分為三種基本的交流溝通型態——互補溝通、交叉溝通，以及曖昧溝通，分述如下：

(1)互補溝通：在兩人互動之情境中，甲方在送出刺激後仍維持原有的自我狀態來面對乙方回傳回來的反應，而乙方則是維持運用他接受甲方所傳出的刺激時的自我狀態來傳給甲方他的反應（黃倩儀，1998）。從圖3-8來看，就是彼此一來一往的交流中，所呈現的相互平行，共有九種平行型態。

(2)交叉溝通：是一種較複雜的交流方式，在這種溝通交流中，會牽涉到三、四種自我狀態，因此，此互動是有交叉，不是平行的（圖3-9）。例如，老師對學生甲說：「期中考快到了，要收心唸點書哦。按你們平時不唸書的狀態可能會被當掉……」。學生甲反應：「老師，不要這麼無情嗎，人家會看書啊，你就寬宏大量，發發慈悲心，讓我們all pass吧！」

在這兩人的溝通中，老師是以成人自我狀態在和學生甲溝通，傳達訊息，但學生甲的反應則是以兒童自我狀態對待父母自我狀態的方式進行，使得兩人之溝通互動交流不對稱，而產生問題。

(3)曖昧溝通：是最複雜的交流溝通方式，也就是在溝通交流中，個人隱藏所意圖要表達的資訊內容，以及口語上卻傳遞另一類的外顯訊

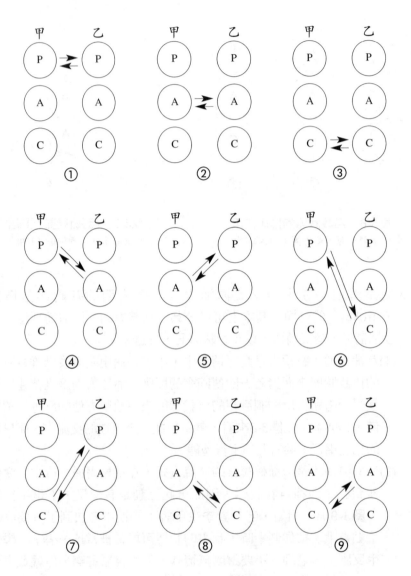

圖3-8 互補溝通

資料來源：黃倩儀（1998）。

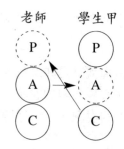

圖3-9　交叉溝通
資料來源：黃倩儀（1998）。

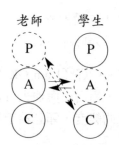

圖3-10　曖昧溝通
資料來源：黃倩儀（1998）。

息，而兩者並不一致。通常此類溝通至少包含四種不同的自我狀態，此類的交流溝通最容易產生問題。舉**圖3-10**為例來加以說明，當上課時，學生亂哄哄只顧個人講話，不顧老師在課堂上說明，老師頓而不語問學生：「還有幾天要期中考？」學生回答：「下星期」（A←→A）。以上是表面溝通的情形，然而實質上的溝通卻是：老師：「你們根本都不看書，只知臨時抱佛腳，還不專心聽課，考試怎麼會寫。」而學生則是：「考、考、考，煩死了，聖誕節快到了，真想去參加party，煩死了，白天都用考試威脅我們！」這種表裡不一致的溝通常使得雙方之間的不滿漸漸累積，同時也影響到以後的溝通。這種溝通互動，久而久之，兩者之行為反應也是在猜測對方隱藏的意義，而不管外顯訊息為何，這也造成大家刻意玩遊戲，喜用一些暗語來傳遞訊息，而不直接表達。這將使得溝通過程中雙方建立一些障礙物，造成溝通互動不健全且也不真誠，變成有實無名的互動，不會產生實質效果。

溝通分析理論如同心理動力般，認為個人之自我，環境及與別人的關係是在生命中的前五年所決定的，進而影響日後生活觀的基礎，進而形成日後生活的腳本（scripts）。一般說來，一旦一個人選定了一種生活觀，就會有一種維持固定不變的傾向，除非受到一些干擾或處遇，例如，教育或治療來改變其潛在的種種決定。在溝通分析中，個人會用遊戲來支持和維護生活觀，並排演個人的生活腳本。換言之，個人透過他們所熟悉的東西（互動）來尋求個人之安全感，即使這種所熟悉的內容可能令人感到不

快的。基本上在溝通分析中，個體對自己對別人的看法（或稱為基本人本態度），可分為四種方式：

1. 我好—你好（I am OK-You are OK）：這種觀點是非遊戲式的，基本上，對自己與他人皆是滿意的。對事採取較樂觀的看法、信任和坦誠的態度，願意給予和接受、接納別人的現況，是一種雙贏的狀態。
2. 我好—你不好（I am OK-You are not OK）：這是一種「妄想」的人生態度，個人將自己的問題投射到別人身上，並指責別人、批評別人。此種人之人生態度為：視自己是受害者，每當有問題產生，總是認定是別人的錯，別人應該負責任的。個人會以歸因方式將責任推給別人，這也是個人認為可以用以保護自己免於受傷害的作法。
3. 我不好—你好（I am not OK-You are OK）：此種可稱之為「抑鬱」的人生態度，個人覺得與別人相較之下自己很無能。通常這種人在滿足別人的需要，而不是自己的需求，往往感到個體是犧牲者。個體常當作「自責」和「殉難者」的遊戲，以用在支持別人、否定自己。
4. 我不好—你不好（I am not OK-You are not OK）：此種可稱之為「放棄型」的人生態度，持有這種人格及人生態度的人，基本上是不信任任何人，不管自己或他人皆是一無是處的。他們放棄所有的希望，對生活失去了興趣，常以自我毀滅的態度（可能是暴力）來自我傷害及傷害別人。

基本上，以上之四種人生態度，基本與個人所得到或所給予的撫慰之質與量有關，這些是他們個人的生活腳本（或稱為生活規劃）。這些腳本與個人生活早期父母教養，以及早期為人處事之互動結果而建立起來的，這也是個人在生命歷程中所扮演的戲劇角色。因此，瞭解個人行為之背後特定觀點，明白個人行為背後之背景，將有助於從事親職教育工作者瞭解父母需要哪些協助，以及他們行為背後的動機及隱含意圖。

 本章小結

　　親職教育在發展上有兩層意義，一是父母的發展，另一是孩子的發展；而發展意謂著行為的改變，深受個人內在成長與外在環境之互動作用而產生了行為變化。親職教育之目的乃是透過教育父母之功能以達到健全父母之角色並能維持家庭的功能。本章所引用之相關理論有心理動力論、行為學習論、家庭系統論、家庭生命週期論、家庭壓力論及溝通分析論。心理分析論強調家庭之互動如何影響日後孩子之人格發展；家庭系統視家庭為一整體如何影響家庭之間的各個成員；家庭生命週期強調父母與子女皆來自分別之發展也有各個任務要達成；家庭壓力理論強調社會支持及個人信念（能力）如何化解生命歷程的壓力事件；行為改變模式強調父母的理念為提升父母對子女行為的控制能力，父母可透過訓練和學習來增加親職能力；而溝通分析則應用到父母效能訓練（PET）教導父母學習一套照料、教養、溝通、輔導與解決問題及衝突等有關的親職技巧（例如，積極溝通、I-message等）。根據以上理論模式可以運用到親職方案之規劃與設計，除了將親職教育技巧運用於日常生活，也可改變父母之認知，學習正確互動模式，以增進親子關係。

 參考書目

一、中文部分

李茂興譯（1995）。《諮商與心理治療的理論與實務》（Gerald Corey著）。台北：揚智文化。

周麗端（1999）。〈家庭理論與應用〉。輯於周麗端、吳明燁、唐先梅、李淑娟編著，《婚姻與家人關係》。台北：國立空中大學。

林家興（1997）。《親職教育的理論與實務》。台北：心理出版社。

連惠君（1999）。《不同家庭發展階段父母對長子女教養方式之研究——以嘉義縣市為例》。國立嘉義師範學院家庭教育研究所碩士論文。

郭靜晃、黃志成、陳淑琦、陳銀螢（2001）。《兒童發展與保育》。台北：國立空中大學。

彭懷真（1994）。〈運用家庭系統強化專業服務〉。《社會福利雙月刊》，113，11-13。

黃倩儀（1998）。〈親職教育的主要訓練模式〉。輯於張斯寧、高慧芬、黃倩儀、廖信達等（編著），《親職教育與實務》。台北：永大書局。

楊文雄（1987）。〈系統理論和系統方法的概念分析及其在教育行政上的應用〉。《教育學刊》，7，32-70。

藍采風（1982）。《婚姻關係與適應》。台北：張老師出版社。

二、英文部分

Atchley, R. C. (1975). The life course, age grading, and age-linked demands for decision making. In N. Datan & L. H. Ginsberg (Eds.), *Life-Span Developmental Psychology: Normative Life Crises*. New York: Academic Press.

Bandura, A., & Walters, R. H. (1963). *Social Learning and Personality Development*. New York: Holt, Rinehart & Winton.

Bandura, A. (1977). *Social Learning Theory*. Englewood Cliffs, NJ: Prentice-Hall.

Bandura, A. (ed.) (1971). *Psychological Modeling*. Chicago: Aldine-Atherton.

Bandura, A. (1986). *Social Foundations of Thought and Action: A Social Cognitive Theory*. Englewood Cliffs, NJ: Prentice-Hall.

Boss, P. G. (1988). *Family Stress Management*. Newbury Park, CA: Sage Publications.

Brim, O. G., Jr. (1976). Theories and the male mid-life crisis. *Counseling Adults*, 6, 2-9.

Burr, W. R. (1982). Families under stress. In H. I. McCubbin, A. E. Cauble & J. M. Patterson (Eds.), *Family Stress, Coping, and Social Support* (pp. 5-25). Springfield, IL: Charles C. Thomas.

Elder, G. H. (1975). Age differentiation and life course. *Annual Review of Sociology, 1*, 165-190.

Elder, G. H. (1981). Social history and life experience. In D. H. Eichorn, J. A. Clausen, N. Haan, M. P. Honzik & P. H. Mussen (Eds.), *Present and Past in Middle Life* (pp. 3-31). New York: Academic Press.

Erikson, E. H. (1968). *Identity: Youth and Crisis*. New York: Norton.

Erikson, E. H. (1975). *Life History and the Historical Moment*. New York: Norton.

Erikson, E. H. (1982). *The Life Cycle Completed: A Review*. New York: Norton.

Feldman, H., & Feldman, M. (1975). The family life cycle: Some suggestions for recycling. *Journal of Marriage and the Family, 37*, 277-284.

Hill, R. (1958). Generic features of families under stress. *Social Casework, 49*, 139-150.

Katchadourian, H. A. (1976). Medical Perspectives on a Adulthood. *Deadalus, 150*(2) Spring.

Livson, F. B. (1981). Paths to psychological health in the middle years: Sex differences. In D. H. Eichorn, J. A. Clausen, N. Haan, M. P. Honzik & P. H. Mussen (Eds.), *Present and Past in Middle Life* (pp. 195-221). New York: Academic Press.

McCubbin, H. I., & Patterson, J. M. (1985). Adolescent stress, coping, and adaptation: A normative family perspective. In G. K. Leigh & G. W. Peterson (Eds.), *Adolescents in Families* (pp. 156-176). Cincinnati, OH: Southwestern.

McKenry, P. C., & Price, S. J. (1994). Families coping with problems and change: A conceptual overview. In P. C. McKenry & S. J. Price (Eds.), *Families and Change: Coping with Stressful Events* (pp. 1-20). Thousand Oasks, CA: Sage Publications.

Miernyk, W. H. (1975). The changing life cycle of work. In N. Datan & L. H. Ginsberg (Eds.), *Life-Span Developmental Psychology: Normative Life Crises*. New York: Academic Press.

Mischel,W. (1973). On the interface of cognition and personality: Beyond the person-situation debate. *Psychological Review, 80*, 5-11.

Rindfuss, F., Swicegood, C., & Rosenfeld, R. (1987). Disorders in the life course: How common and does it matter? *American Sociological Review, 52*, 785-801.

Tolman, E. C. (1948). Cognitive maps in rats and men. *Psychological Review, 55*, 189-208.

Chapter

4 父母效能訓練

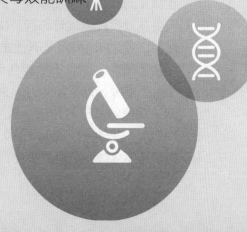

父母是人，非神也！父母最常被責難而非被教育與訓練。

——Thomas Gordon（1975）

　　在1930年代的佛洛伊德精神分析論提出家庭互動如何影響兒童日後之人格，行為主義強調用行為修正的方法改變孩子的不良與偏差行為。1960年代之後，親職教育也受到人文主義理論（humanistic approach）之影響，而漸漸發展出不同之親職教育模式，之後也漸漸在美國與加拿大流行。本章介紹幾個在美加地區深受人歡迎，而且具有不錯成效的親職教育課程——Thomas Gordon的「父母效能訓練」、Don Dinkmeyer和Gary McKay的「父母效能系統訓練」（STEP）、Michael Popkin的「積極親職」（AP），以及「改善育兒中心」（Center for the Improvement of Child Caring）所編訂的《自信親職》（*Confident Parenting*），茲分別說明如下：

第一節　父母效能訓練

　　父母效能訓練根由於Thomes Gordon博士與William Glasser的現實治療，主要應用於父母的溝通技巧。

　　在1975年3月14日《紐約雜誌》（*New York Times*）的標題將父母效能訓練（PET）描繪為國家運動（National Movement）。內容描述父母效能訓練最早在加州的Pasadena於1970年出版《父母效能訓練》書籍並以一個17人的父母團體開始，短短十二年期間已成長至25萬團體，在全國五十州並擴及到外國，如加拿大，甚至到全世界，在1975年已有近7,000位專業人員在教授親職教育課程（Gordon, 1975）。父母效能訓練主要是教導父母要注重、關心孩子心理上的感受，而不是凡事只看其行為結果，視行為而給予獎賞，完全不考慮任何動機或想法。Gordon認為父母並不需要運用太多威權，以強勢的方式來影響子女，而只要試著瞭解子女的想法，也讓子女瞭解父母的想法、感受，就會有助於親子之間的互動（黃倩儀，1998）。此外，Gordon（1975）更認為父母常因為子女的不良行為而受到指導和要求，但是他們並沒有足夠的機會去接受教養子女方法的訓練。

一、基本概念

　　Gordon的立論源於羅吉斯（Carl Rogers）個人中心諮商理論的哲學，在尊重與信任的前提下，相信每個人皆是有能力，能自我引導，且能過著美好的生活。此理論最重要有兩大原則為彈性原則以及問題歸屬原則。茲分述如下：

(一)彈性原則

　　彈性原則即是運用非一致性之原則。Gordon認為大多數父母太過於強調一致性的重要，沒有給自己視情況而變通的餘地，反而造成許多困擾。父母為了達到一致性而訂下了規則，如要求孩子每天九點準時上床睡覺，但碰到特殊情形（如有客人來、出遠門等）而無法照常執行時，往往沒有設法讓孩子瞭解整個狀況、好好處理，反而讓孩子覺得原來規則其實是很容易加以改變的。如此一來，「一致性原則」的理念因執行不當而效果適得其反。另外，父母雙方彼此的一致性也是常被強調的。然而Gordon則認為父母堅持必須站在聯合陣線上，有時反而會限制了父母兩者各自發揮所長後加起來所能得到的效能。最重要的還是在於要視狀況而變通。雙方對於孩子在大方向上的期許若能取得共識是最理想的；但在執行過程中實際該如何運作，則是視當時之情況及個人之所長來決定，無需訂下兩人皆非遵守不可的死規則，反而破壞了原有能相輔相成的父母效能。

(二)問題歸屬原則

　　Gordon認為當親子之間有問題產生時，宜先確認問題歸屬於誰。父母與孩子間的衝突，很多都是需求未能獲得滿足，需求的不滿足，將導致情緒的產生，衝突因而形成。Gordon以行為四角形（**表4-1**），來協助父母

表4-1　行為四角形

小孩擁有問題	可接納區
無問題區	
父母擁有問題	不可接納區

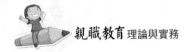
辨別問題的歸屬，並配合有效的技巧來解決問題。

根據**表4-1**顯示，可得知對於問題的歸屬可以分為「可接納區」與「不可接納區」，茲說明如下：

◆可接納區

當父母沒有情緒時，也就是可以接受的部分即為可接納區，在這個區域內，可能是孩子的需求未獲得滿足而產生情緒。可用口語、非口語的接納及傾聽，表達對孩子同理的瞭解或者使用預防性、表白性、肯定性我訊息。當孩子的情緒得到支持、紓解後，再鼓勵孩子以問題解決步驟練習自行解決問題。也有可能是父母與子女皆沒有需求，或需求被滿足。在父母效能訓練中期望在問題解決後，擴大無問題區的範圍。

◆不可接納區

當父母被孩子不當行為困擾而有情緒時，無法接納孩子之行為，即處於不可接納區；此時，父母可使用面質性我訊息及問題解決之第三法來化解衝突。

二、活動設計重點

本活動方案是根據Gordon「父母效能訓練理論」及羅吉斯之「溝通理論」發展而來，茲從「可接納區」及「不可接納區」等兩方面，分別說明如下：

(一)可接納區

在子女有問題或親子雙方皆沒有情緒問題或需求時，一者可以避免用絆腳石阻礙溝通，再者可以用「傾聽」、「我訊息」以作為溝通的橋樑。

◆絆腳石

當孩子有困難的時候，父母最常使用下列十二種方式，來協助孩子。但通常會得到相反的結果，並且會成為「絆腳石」，不僅無法解決孩子的憂傷和煩惱，且可能會使事情變得更糟。唯在無問題區的時候，「絆腳石」不會形成障礙，有時還可能增進親子間的情誼。茲將十二個絆腳石說

明如下：

1. 命令：給孩子一個指示、一個命令，規定他該怎麼做。例如，「不要再怨天尤人了！」

2. 威脅：警告孩子，如果敢做某事的話，將會招致什麼不良後果。例如，「如果你再不努力，你就永遠找不到工作。」

3. 說教：告訴孩子應該怎麼做才是對的。例如，「一個乖孩子不應該有這種想法的。」

4. 建議：提供孩子建議或忠告，告訴他解決問題的方法。例如，「如果是我，我就不會這麼不聽話。」

5. 爭論：試著用一些事實、見聞或個人的意見，影響孩子。例如，「這就是你為什麼會犯錯的原因……」

6. 責任：否定孩子。例如，「你就是偷懶……」

7. 讚美：肯定孩子，並加以讚許。例如，「對，我認為你是對的，你的朋友真的很棒！」

8. 侮辱：讓孩子覺得自己非常愚蠢。例如，「你真是膽小！」

9. 分析：分析孩子的動機。例如，「你之所以會累，就是打電動的時間太久。」

10. 使安心：同情、支持孩子，企圖使孩子心情好些，不再沮喪、難過。例如，「快樂一點嘛，有什麼好擔心的呢？」

11. 詢問：詢問孩子一些問題，企圖找出原因，以解決問題。例如，「是誰？」、「你到底做了什麼？」、「為什麼？」

12. 轉移：把問題引開，以分散孩子的注意力，不再為問題煩惱。例如，「我們先談談別件事吧！」

◆傾聽

傾聽可以讓孩子有被接納、同理的感覺，且有降低抗拒的效果。茲分三方面說明如下：

1. 專注的行為：
   (1)眼睛保持注視。
   (2)身體姿勢保持開放並向前傾。
2. 消極傾聽：

(1)靜靜的接受並表示關心。

(2)用語言或聲音表示接受。

(3)使用敲門磚（開放式問句）邀請他繼續講下去。

3.積極傾聽：

(1)針對內容或情感給予回饋。

(2)使用富感情的語調及注意面部的表情。

◆我訊息

　　何謂「我訊息」？簡單的說，自我揭露的訊息即是「我訊息」。「我訊息」是可信、誠實、一致的表達出關於自我真實想法和感覺。「我訊息」是一種清楚、容易瞭解且切中要點的訊息，而不是偽裝或模糊的訊息。「我訊息」可以分成好幾種型式：

1.表白性我訊息：對他人表露自我的信念、觀點、喜好、感覺、想法。例如，「我喜歡在安靜的環境下看書。」

2.預防性我訊息：讓他人知道你想達成的某些需求或你希望做到或完成的事。例如，「我希望在辛苦做完晚餐後得到大家的鼓勵。」

3.肯定性我訊息：表達讚賞、愛、高興等正向的訊息。例如，「小寶貝，我真的為你感到驕傲。」

4.面質性我訊息：我訊息之另一種方式，唯其乃屬於不可接納區。將詳述於下。

(二)不可接納區

　　父母的情緒為小孩所干擾時，即在不可接納區，可使用我訊息中的面質性我訊息及沒有輸贏的第三法。

◆面質性我訊息（具體行為＋影響＋感受）

　　對於改變孩子的行為有影響力。其包含三個要素：

1.不加批評地描述孩子所作行為及為父母帶來的困擾。

2.孩子的行為替父母帶來特定的、具體的，且不希望有的影響。

3.父母對孩子的感覺。

例如，「你沒有打電話告訴我，你會超過晚上十二點回家（具體的行為），我在床上翻來翻去，我很擔心你的安全，睡得很不安穩（影響）。在你打開門的那一剎那，我真是大大的鬆了一口氣（感受）。」

◆第三法

當困擾無法透過我訊息、傾聽等方式解決時，可用沒有輸贏的討論，尋求雙方都能滿意的方法以解決問題，此方法稱為第三法，為一種問題解決的方法。第三法可分為六個步驟，步驟如下：

1.用需求的觀點來界定問題。
2.提出可能的解決方法。
3.評估解決的方法。
4.決定雙方都能接受的解決法。
5.採取行動。
6.評估結果。

◆價值觀

如從親子關係的危機程度來說，其危機程度由高到低，依序為：

1.使用權威。
2.威脅。
3.共同解決問題。
4.諮詢。
5.面質與積極傾聽。
6.仿效。
7.調整自己。

在父母效能訓練中，父母可以選擇其中一項作為與孩子價值對立的方法，但較不鼓勵用前兩項。從小到大我們有許許多多的價值觀，可能來自家庭、學校或社會，我們的孩子也是。其中有共同的，當然也有不同的價值觀產生。此時，如果認為孩子的價值觀對他自己會有不好的影響時，對他傳送我訊息，解除價值對立的衝突情境。

◆調整環境

我們會在意外事件或不幸事件發生前，先行採取步驟，以使我們的家保持安全免於災難。同樣地，在無法接受孩子的行為時，不必等到問題產生後再去處理，試著調整家中的環境，將危險或困擾發生的機率降到最低。調整環境可分為三個方向：

1.增加某些環境：
  (1)豐富化（enrichment）。例如，增設音響設備、影音設備、電動玩具等。
  (2)擴大化（enlargement）。例如，到公園、球場、遊樂場等。
2.從環境中去除某些東西：
  (1)去除。例如，在小孩作功課時把電視關掉。
  (2)限制。例如，設定計時器、外出時間的限制。
3.改變環境：
  (1)簡化。例如，書桌上不放置任何雜物。
  (2)重新安排。例如，在插頭加一保護套、決定一週的節目表等。

 第二節　父母效能系統訓練

父母需要訓練才能夠成為有效能的父母。過去父母只要迎合孩子生理條件，但在快速社會變遷的現代社會，人們拒絕接受不平等的待遇，所以父母與小孩皆要學習平等與民主。

父母效能系統訓練來自於阿德勒學派（Alfred Adler, 1870-1937）的影響（有關阿德勒的親職教育之觀點請參考**專欄4-1**）。阿德勒學派所倡導的個體心理學（individual psychology）認為人類的基本需求是歸屬感，人類所有行為皆是目標導向或是未來導向的（Dreikurs & Soltz, 1964）。崔克斯將阿德勒學派的這些主要概念運用到親職教育上，而後鄧克麥爾與麥凱等人（Dinkmeyer & McKay, 1976; Dinkmeyer, D., McKay, & Dinkmeyer, J., 1989; Dinkmeyer et al., 1987）則發揮崔克斯的想法更進一步設計了一套完整的親職教育模式，即「效能親職系統化訓練」。

專欄4-1　阿德勒的親職教育觀

　　心理學家阿德勒（Alfred Adler）主張社會為個人行為的決定因素。他認為心理學、精神醫療、輔導等的目標在於教育全體群眾趨於更有效的社會生活。阿德勒是第一位將家庭諮商運用到社區教育的人，他在1919年設立兒童輔導中心後，便聯合父母、教師和有關的工作人員，共同處理兒童的問題，而發展出阿德勒親職研習團體的革新諮商方式。

　　阿德勒學說與親職教育有關的主要觀點有三：

　　第一，生命的主要力量就是追求優越或自我肯定。因為嬰兒時期確實柔弱無助，並接受父母全能的權威，而產生「自卑感」，需藉補償作用來隱藏或克服此種自卑感，而萌生向上意志來爭取權利。這種驅力與現實相適應，並與社會驅力相整合，經由成就而導致滿足。

　　第二，一個個體的生活型態是在家庭環境下，個人因感到脆弱和不安全，為抵抗自卑情結，所產生的補償方法而逐漸發展出來，形成於生命最初四、五年，且能長久保持。因此，家庭氣氛與價值觀、父母的教養方式、性別角色、個人的出生序，兄弟姊妹間或其他同居親屬的關係，以及鄰里和社會的影響，都是生活型態的決定因素。

　　第三，精神官能症的病患是因為個人驅力與社會驅力間缺乏適當平衡的生活方式而產生的阻礙，換句話說，他認為此症候是源於個體在嬰幼兒期與父母的衝突之表徵。

　　阿德勒的學說經由美國一些精神醫師和心理學者，如Dinkmeyer和McKay（1976）、Dinkmeyer等人（1987），以及Dreikurs和Soltz（1964）等人的開發拓展，使其理論更為清晰。這些學者認為人是一個能自主的社會性動物，一生中的主要目標就是在尋找歸屬感。在尋找的過程中，我們選擇為什麼兒童會表現一些不適當的行為呢？許多研究發現，實際上在不當行為的背後常存有許多的目的；表現出不當行為的兒童常覺得灰心、沮喪，他們不相信自己可以用良好的行為方式得到歸屬感，但是又希望獲得父母的注意和接納，為了爭取自己在家中的獨特地位，他們只有以不當的行為來追求自己的歸屬感。

　　因此，阿德勒學派學者反對家庭中權力的操縱與控制，強調民主與合作的家庭氣氛對子女人格的模塑有深遠的影響。

資料來源：鍾思嘉（2004）。《親職教育》（台北：桂冠圖書），頁8-9。

一、基本概念

民主化的父母學習如何與小孩溝通和鼓勵他們，溝通和鼓勵是尊重孩子是一個需要得到愛和尊重的個體；但是父母不只是一個自然而然之民主化的父母，而是要刻意的學習並達到行為目標。因此，父母效能系統訓練課程的目的是幫助父母丟棄過時之教養小孩的方法，來面對民主社會教養小孩的挑戰。

父母效能系統訓練有兩個基本理念——影響子女本身態度與信念形成之因素及兒童不當行為之目的，茲分述如下：

(一)影響子女本身態度與信念形成之因素

家庭中許多因素（例如，家庭氣氛、家庭星宿、父母教養方式）會對子女產生影響。所以說來，父母效能系統訓練十分重視個人與其環境的互動以及造成彼此之間的影響。早期較強調父母的特質影響子女之行為或子女的特質影響父母的行為（如溝通）。1980年代之後Belsky則強調父母與子女雙方之間皆會彼此相互影響。以下就針對家庭的一些影響因素分別說明如下：

◆ 遺傳

遺傳如環境的特徵會對個人之生活型態產生影響，有些人天生麗質，有些人則身體帶有缺陷。雖然遺傳不易造成改變，但是可以輔以對兒童的瞭解，接受孩子及享受孩子，鼓勵孩子自我接納或強調孩子的優點與特長，也可以激發孩子的潛能。

◆ 家庭氣氛與價值觀

家庭氣氛是指父母與孩子彼此間的互動關係，教養家庭中孩子的一種人際關係模式（鍾思嘉，2004：44）。

家庭氣氛可能是僵硬或彈性的、混亂或規律的、競爭或合作的、不和諧或和諧的。

家庭成員間的關係、互動相處的方式、品質的好壞等，多半都會受到父母親的影響。父母彼此互動若是較具競爭性，則家庭中其他互動也會偏向競爭性。家庭價值為何，亦會對成員互動的方式造成影響，間接造成不

同的家庭氣氛。

父母認為重要的事務或稱為家庭價值觀，對子女生活型態帶來極深的影響。家庭價值觀可分為家庭成員清楚知道的及家庭成員無法明確知道的兩類價值觀。子女在其成長的歷程中便要開始遵循、探索、接受（或拒絕或放棄）一些價值觀，此時父母子女間便可能產生認同或衝突。所以親子之間利用雙向來相互表達己見，父母要傾聽子女的意見，給予子女表示瞭解他們的價值，皆有助於幫助子女決定行為的後果。因此，為人父母應要清楚表達理念，而非以命令方式強迫子女接受你的價值觀，更不要攻擊子女的價值觀與人格。

鍾思嘉（2004）建議父母應與子女建立開放的親子關係，以助子女樂於親近父母，可用的方法有：

1.清楚表達價值觀，並與子女做清楚的溝通。
2.言行一致。
3.承認並接受子女會自行決定價值觀的事實。

◆ 家庭星宿

家庭星宿（family constellation）就是將家庭中的每一個成員所構成的家庭結構比喻成銀河系的星座般，每一個家庭被視為一個特殊的星座。家庭的形成即是家庭星座的形成，家中每一個人的地位都是獨特的，因此影響家庭中的相處方式（鍾思嘉，2004）。

以排行為例，子女在家中的排行（有時也受年紀差別大小的影響）也會影響他們生活上的基本態度，以及與人互動的方式。通常排行老大者較保守、遵從規則、權威，且較有責任感。老二則往往與老大個性不同，較無信心、喜求改變。至於排行於居中者，較敏感、對事物的公平性相當注重。身為老么者，多半喜歡讓別人提供服務，可從家中其他成員得到生理或心理上的支持，較有安全感，知道如何與人建立關係。

◆ 父母教養方式

父母對子女的教養方式及管教風格對子女會產生很大的影響，尤其對子女的人格發展及生活型態。父母對子女的管教呈現三個不同的向度：以權服人（power assertion）、愛的消除（love withdrawal），以及誘導

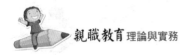

（induction）（**表**4-2）。

　　如果父母以民主的方式教導子女，子女就會較重視人與人之間的彼此尊重與合作。如果父母是以專制的方式教導子女，子女可能習慣於在人與人的相處中，去區分誰手中握有權力，必須屈服於有權者，而非平等相待。如果父母是以冷酷無情或充滿敵意的方式教導子女，子女就受到威脅，更對子女的道德常規之服從有所影響（**表**4-3）。

　　除了以上四因素，生活中重要的成人及被子女當作是自己的模範者的行為，也都會影響孩子的態度與信念。

表4-2　紀律訓練技巧及其對人格和道德發展的影響

紀律訓練技術	相關的人格	道德行為
以權服人	攻擊行為和幻想	道德條律較少內化
愛的消除	焦慮和依賴	與道德行為無明顯關係
誘導	自主和對他人的關心	道德高度發展

資料來源：郭靜晃、吳幸玲譯（1993）。《兒童發展》（台北：揚智文化）。

表4-3　以權服人之紀律訓練對家庭及子女之影響

	民主型	權威型	放任型
家庭決策方式	與子女分享、共同討論形成共識	父母獨享，不允許子女有任何意見	父母放棄決策權，讓子女自行決定
對子女的引導	透過對談、溝通方式適時引導子女，如果子女有疑慮，則儘量給予多方向的啟發，讓子女瞭解問題的解決有多種可能性	以命令、強迫的方式一定要子女接受，解決問題的方法永遠只有父母認為的方式	不主動教導子女，子女有要求時也是隨便敷衍一下
對子女的獎懲	根據客觀事實給予公平的獎懲	根據父母的主觀好惡隨意為之	例行公事的加以獎懲
與子女的關係	非常密切（夥伴關係）	非常疏遠（侍從關係）	與子女間情感薄弱（陌生人關係）
子女態度	合作、主動、負責、進取	被動、服從、消極	自由、我行我素
家庭表現	積極、主動、合作	消極、無生氣	散漫
家庭氣氛	溫暖	緊張	無中心思想

資料來源：郭靜晃、吳幸玲譯（1993）。《兒童發展》（台北：揚智文化）。

(二)兒童不當行為之目的

Adler認為人的行為皆是有目標的，Dreikurs為小孩的不當行為列出其四大「錯誤的」目標，包括：引起注意、爭取權力、報復及自我放棄。會有這些目標是因孩子誤以為如此可以獲得他所渴求的「歸屬感」。

◆引起注意

通常父母在生活中會鼓勵孩子自己獨立去完成某些事，不管是個人的成就、還是對家庭或其他人的貢獻，都能幫助孩子肯定自我存在的價值，而擁有歸屬感。如果孩子並未擁有這樣的機會，他就會尋求其他管道以達到類似的效果。例如，當父母親在看電視時，孩子若想引起母親的注意，可能會一邊玩積木，一邊隔一陣子就叫媽媽看一下他剛完成的作品；或是到房間去拿一本書要媽媽唸給他聽；或是告訴媽媽他口渴，要媽媽倒水給他喝。如果母親非常專注於自己的電視，沒有對孩子的行動做出反應，孩子可能為了引起注意而進一步出擊，且可能就會採用較具破壞性的方式。例如，他可能會把堆好的積木弄倒、製造出吵人的聲音，或者翻書翻得很大聲，甚至於自己去倒水、把地上弄得溼答答的，或打破杯子。這時母親可能會很生氣地停止她正在看的電視，過來罵孩子，然後做一些收拾殘局的工作，順便倒水給孩子喝；如此的狀況若是不只一次發生，孩子就學會了將來若要引起注意，必須採用較激烈、有點破壞性的方式較有效。雖然也許會挨罵，卻可以達到目的。如此一來，孩子也就常會做出一些父母親所感到受不了的行為，而親子互動的模式就會一而再、再而三的以相似的情況出現了。其實這就是有了想「引起注意」這樣的目標，行為方式失當所造成的（黃倩儀，1998）。

◆爭取權力

「小均，一個小時前，我就叫你將電腦關掉，你為什麼還不關掉？」爸爸很不高興的質問著兒子為何不關電腦做功課。「好啦！好啦！等我把這個game打玩，我就去。」兒子回答。「我不要再聽到任何理由，你現在立刻給我關掉電腦，馬上做功課！」、「好啦！再等一下啦！我馬上就好。」十分鐘過後，電腦還是開著，game仍然on著，爸爸這時很生氣的將門推開：「我叫你關掉電腦，你聽到沒有？你如果再不關電腦，下次你別

想再碰電腦了！」

　　在這個例子中，很顯然地，這個父親並不知道他的兒子為什麼不關電腦的原因，而只是為了要與他爭權力遊戲。他並不一定要贏，他只要能逼使父親強迫孩子去做一些事的時候，那麼他的目的就達成了。

　　孩子若未能在引起父母注意的策略上成功，會更加覺得父母真的是擁有能控制事情的大權力，自己才無法獲得想要得到的東西，因此，自己也必須想辦法爭得一些權力才行。於是在許多親子互動中，孩子開始與父母有所爭執，孩子想要藉由反對父母的話，照自己的意思去做，以向父母奪取部分的權力。

　　孩子的爭取權力，常會在一些破壞性行為中顯現。主動型的孩子是以反抗的方式來反應，總做些與父母所說相反的事。而消極型的則是採固執的態度，不輕易服從父母所說必須要做的事，會一再地拒絕去做，要父母久而久之就放棄，自己就占上風了。無論是主動型或消極型，都無非是要從父母手中奪取可用來指揮別人，使別人屈服的「權力」（黃倩儀，1998）。

◆報復

　　如果一個孩子以正面或負面的行為想引起父母注意，或以爭取權力的方式得到關懷，卻都失敗了，他可能會進一步採取報復的行動。此時的孩子，因在權力遊戲中失敗，自知自己手上的權不如人，因而不再在乎行動的結果是否得到什麼，而只是想造成對別人的傷害（就像別人運用權力來傷害了我一樣），讓別人也嚐嚐這種受傷害的滋味，這也就是報復了。例如，孩子在與父親的互動中，未能「贏得」權力的話，他可能會以肢體的方式來表達，例如打破爸爸心愛的藝術品、破壞桌面，或以言語方式來表達，或破壞電腦等。而父母遇到上述情形時，一定會很氣憤臭罵孩子一頓或給他一巴掌，那孩子就成為贏者，孩子會因在權力無法勝過父母，又被迫接受一些行為，在權力戰爭中，孩子是失敗者，所以他們才以報復的手段來平衡自己的心情。

　　總之，孩子想用報復的方式，讓父母傷心、生氣，體會一下孩子在親子互動的角力戰中，內心所受到的傷害及相伴隨的感受。這樣的孩子，感覺報復對他而言，似乎也是另一種得到權力的感受。

◆ 自我放棄

如果根據以上三者為目標所採取的策略都失敗的話，孩子自己感到極端失望、無助，他們認為自己乾脆什麼也不用做了，就面對失敗的結果好了。孩子所感覺到的是，做什麼都不對、都不成功，因而無需再做任何努力了。因為他完全得不到他所想得到的注意、關愛或歸屬感。這樣的孩子可能會變成極端孤僻，只想獨處。不管父母如何給予鼓勵，似乎都沒有效果，無法重拾孩子的信心。如此也容易造成父母非常生氣與不解，無法接受這個孩子這樣的行為，長期而言，很容易變成一天到晚懲罰孩子，甚至打心底就排斥這個孩子，使得親子關係似乎陷入無底深淵中。

二、活動設計重點

父母效能系統訓練的課程實施有下列兩個重點：第一，與孩子溝通；第二，對孩子不當行為的處理。

(一)與孩子溝通

Dinkmeyer等人（1989）指出，與孩子溝通時，應要對孩子尊重，才會產生平等及有效的溝通。而溝通應注重反映式傾聽及「我」的訊息（相關溝通訊息可參閱第七章第三節）。

◆ 反映式傾聽

反映式傾聽（active listening）之進行過程如下：

1. 注視孩子，不要讓孩子感覺你在敷衍了事。
2. 聽聽孩子的感覺，並試著客觀地界定孩子所要表達的感受。
3. 將你所瞭解且界定的孩子的感覺，以口語的方式表達出來，以進一步確認孩子的感受。

◆ 「我——」的訊息

與Thomas Gordon相同的，STEP也主張在進行親子溝通時，多運用「我——」的訊息，因為「我——」的訊息是較具尊重性的溝通方式。父母除了要瞭解孩子的感受外，也同時讓孩子能真正瞭解父母的感受，瞭解

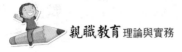
自己的行為所可能造成的不良後果。如此也就使孩子較願意和父母討論出解決問題的方法。

(二)對孩子不當行為的處理

STEP對於如何處理孩子的不當行為有兩方面的建議（Dreikurs & Soltz, 1964），分別說明如下：

◆ 多多鼓勵孩子，以減少不當行為的發生

鼓勵孩子時，應注意到以下四點原則：

1. 鼓勵的重點要放在孩子本身：不要讓孩子以為表現好主要是為了要得到父母的讚許，因而事事迎合父母的喜好。鼓勵的重點在於使孩子建立起對自我的肯定，因此避免常以父母的角度來做評價，例如，父母要少對孩子說：「我很高興你這麼做」或是「你的表現讓我感到驕傲、很光榮」等，而是以孩子為主，例如，「你做得好棒」或「這麼漂亮的作品，你一定是深深引以為傲吧！」這就是協助孩子去體會自己付出努力之後所獲得的成果。讓孩子自己為此而高興，並能更進一步對自己有更高的期許，一步一步往前努力，而不是看別人給他的評語或指示來決定自己下一步要做什麼。

2. 避免負面說教，強調正面叮嚀：孩子需要鼓勵以便能朝積極面去努力，負面的批評或說教則會讓他對自己沒有信心而裹足不前，或是因聽了太多這樣的說教，習慣充耳不聞，照樣可能犯錯。反過來說，如果父母帶著尊重孩子的態度，提示孩子一些積極正面的訊息，自然可以幫助孩子有確切的目標可以努力。例如，帶孩子逛百貨公司，可先告訴他：「到百貨公司要遵守和媽媽的協議，不能吵要買東西哦！」。而不是告訴他：「到了百貨公司，不准看玩具，也不准買玩具。如果再像上次那樣在百貨公司哭，回家我就處罰你不能玩玩具。」同樣是希望孩子在別人面前有好的表現，兩種不同的表達方式卻會有完全不同的效果。很多時候父母說教說得口沫橫飛，叫孩子不能做這個不能做那個，以為這是最好的激勵方式，卻往往適得其反。給予孩子正面的鼓勵，讓孩子有起碼的自信心能面對問題，才是最好協助孩子進步的方式。

3.給孩子機會表達自己的感受：要鼓勵孩子有他自己的想法，因此不單是在孩子完成作品或成就一件事時鼓勵、讚美他，也要讓孩子說說自己的感受，表達自己的看法。讓孩子能有機會學著去評論自己的作品，評量自己做事的能力。應培養孩子除了能說出自己的好與進步之處外，更能檢討出可改進加強之處。如此可以避免孩子，並訓練孩子不要總是為了迎合別人的意見而刻意做表現。

4.鼓勵時要誠懇：要針對孩子個別的、好的行為或成就來提出衷心的讚美與鼓勵。例如，「你的樂高搭的很牢固，很像飛機。」如果只是十分籠統的、隨便敷衍的一句稱讚，如「你搭得好棒」，可能就不會有好的效果，甚至也許比都不說話更糟，因孩子更能感受到你的不關心。這樣的狀況，因表現的態度不夠誠懇，就很難稱得上是真正的鼓勵了。

◆ 運用自然與合乎邏輯的結果

當孩子有任何行為需要改進時，若運用自然結果，指的是違反自然法則所造成的後果，父母並沒有任何干預。例如，下雨孩子不穿雨衣，因而被雨淋溼，或是天氣冷不願意帶外套，在學校下課時因太冷而只好留在教室內，無法到戶外去玩，否則就會感冒等。有些事情似乎是沒有立即可見的自然結果，或是有自然結果；但是有危險性的（如小孩子在馬路上玩的後果可能是被車撞倒受傷）就不能任其發生，此時可以採用合乎邏輯的結果。合乎邏輯的結果，在運用時最重要的是要合乎當時事情發生時的情境（黃倩儀，1998）。

1.合乎邏輯結果的特點：Dinkmeyer等人（1989）指出，合乎邏輯的結果應有列下幾個特點：

(1)顯示出社會生活的規則：如孩子霸占玩具不願與人分享，若別人也要玩，他就大哭大鬧。此時母親告訴他：「玩具不是你一個人的、要大家一起玩，共同分享。你可以選擇分一些玩具給別的小朋友，大家同時都能有玩具玩；或是你可以把玩具全部都給別的小朋友玩，等他們玩了五分鐘後，再輪到你玩。」這就是表現了社會中分享、輪流的規則，讓有限的資源得以給許多人共同運用。如果小朋友不能接受這些生活規則，就有人必須面臨玩具完

全被剝奪，沒有機會玩的狀況。

(2)與不當行為本身有相關：如果孩子玩具玩得一地都是，也不整理就要跑去看電視，父母應要求孩子先把玩具收拾好，否則不能看電視，而不是告訴孩子如果沒有收拾好玩具，今天就沒有點心吃。

(3)對事不對人：所有的後果是針對事件或行為本身而來，並非針對孩子個人，絕對不能表現出主觀認定他是個壞孩子，還做出這樣的事，必須接受處罰。主要的用意只是要讓孩子明白什麼行為會帶來什麼後果，讓他做事時格外小心，如此而已。並非父母針對他個人，故意運用權力來處罰他。

(4)最重要的是「現在」發生的行為：讓孩子瞭解他現在若做了某些行為，將會有什麼結果（行為未發生前，就先說明可能的後果），而不是針對孩子過去犯過的錯，一再拿出來加以責難。

(5)以溫和的方式呈現：父母要運用合乎邏輯的結果時，應採溫和而堅定的態度，讓孩子感到受尊重，但又明白這是必然的後果，並非父母在運用威權刁難他。

(6)給孩子選擇的空間：讓孩子面對狀況時能有選擇的機會，才能訓練他對自己負責。如告訴孩子：「因為路上危險，你可以選擇在院子裡玩、或在房間玩，不要跑到馬路上去。」如果孩子做了選擇，卻又未遵守，跑到馬路上去，便是違反了當初他選擇時的約定，也就必須面對合乎邏輯的結果（例如不能再玩了）。

2.合乎邏輯結果使用時應注意的原則：Allred（1968）由以上所述的特點，再更進一步提出真正施行時父母所應注意的幾項原則如下：

(1)「結果」相對於孩子的不當行為必須是合情合理的，而不是一種報復或父母用來洩憤的機會。

(2)所採用的結果必須是合乎邏輯，且是孩子所能理解的。因而同樣一件事或同一個行為，針對不同年齡的孩子，必須視情況而採用不同的方式來應對。如果所採用的結果是孩子所無法理解的，他也就無法將結果與行為聯想在一起（不瞭解這兩者之間到底有什麼關係），那麼這個方法就會失去它原來可發揮的功效了。

(3)對於孩子所必須面對的「合乎邏輯的結果」，父母應有同理心，不要讓孩子覺得父母是站在高處的局外人，樂於看到這樣的結果

產生，如此孩子較不會有強烈的無助感而造成不好的影響。但另一方面，父母也不能因同情孩子，而改變心意，讓孩子有機可乘，不用去面對該不當行為所帶來的後果。在這其中的平衡與拿捏（具同理心，但又不違反應有的原則）是父母在運用「合乎邏輯的結果」時所應特別注意的。

STEP是一種團體的學習課程，作者發現這是一種最有效親職教育方法。在團體裡面，父母互相給予鼓勵，他們互相分享，接著知道他們的問題常常是大家都會遇到的。透過一起討論，他們瞭解了自己的反應和態度可能就是影響那些他們認為無法接受的小孩行為，或是小孩不良行為的根源。不只如此，STEP幫助父母學習如何能夠有效的與小孩相處。透過澄清小孩行為的目的，STEP幫助父母學習如何才不會增強小孩的不良行為，並如何鼓勵合作的行為。透過STEP，父母發現更大的價值——他們不一定就是小孩問題行為的源頭。當他們的罪惡感得到釋放之後，他們就更加的自由做更有效的運作。

三、教材

有關STEP的教材很多，並且根據父母的情境和子女的年齡，分為一般父母所使用的教材，青少年父母使用的教材（STEP/Teen），嬰幼兒父母使用的教材，以及繼父母使用的教材。除了書面教材，如教師手冊、父母手冊，有的教材並包括錄影或錄音帶。此外，Dinkmeyer和McKay也鼓勵閱讀*STEP*一書的父母去參加全美各地舉行的父母支持團體（STEP Support Group），會中也會分送研習資料，有興趣的人可以寫信向American Guidance Services、Circle Pines、Minnesota詢問最方便參加的地點（林家興，1997）。

 第三節　積極親職

Michael Popkin是一位兒童輔導與親職專家，曾留學奧地利與英國，是「積極親職」中心的創辦人兼主任。此課程在1989年問世，課程內容主要

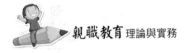
包括許多困擾青少年父母的管教問題，如性行為、藥物濫用（非常合乎台灣現在父母的需求）。美國在1970年及1980年面對快速的社會變遷，使得家庭產生一些「不確定感」的影響。而台灣近十年來，同樣的面臨這樣的問題，父母急切地需要一些新的、有用的資訊來告訴他們如何教養孩子以適應新時代的需求。美國因有這樣的需求，促使許多專業人士開始提供給父母親職教育的課程，如諮商人員、社工人員、心理學家、老師、心理顧問等。而台灣親職教育的實行，仍以校園裡的老師或校方請專家作演講，也對父母較為方便，因而也比較有較多的參與（雖然常是該來的父母沒有來，全是一些來捧場的父母到場）；另外則有一些民間機構（如基金會或社會福利機構）所辦的一些親職講座或相關活動，這些活動所吸引的對象多半是一些對於教養子女知識較積極的父母而辦的，因而就整個社會層面而言，其所發揮的影響力仍是有限（黃倩儀，1998）。

一、活動設計重點

Popkin的「積極親職」訓練課程所運用的教材可分為六部分——指導者指南、錄影帶內容、父母親手冊、父母親行動指南、實戰備忘錄及錄影帶實況模擬，茲分述如下：

(一)指導者指南

積極親職之方案所附「指導者指南」提供給負責親職教育訓練者一個清楚的架構。這份指南依照課程內容分為六個單元，每個單元內都提供了指導員有關單元所要討論的話題，所要做的訓練，以及配合使用的錄影帶內容表（**表4-4**）。

(二)錄影帶內容

「積極親職」之課程，全期共六週，每週上課一次，每次兩小時，每個單元皆放映有關青少年問題的錄影帶，錄影帶總長九十五分鐘，然後再進行討論。整個課程包括有三十個錄影帶片段（每個片段約十六分鐘），由專業演員扮演各種家庭衝突。先讓學員看了較負面的情景或衝突之後，可以相互討論其中問題之所在，並進一步研商什麼才是較恰當的教導或處

表4-4　「積極親職」指導者指南

討論主題	學員練習	錄影帶觀賞
演演說說		
何謂責任感		
逃避責任	做得到／做不到	
責任與問題的處理	這是誰的問題	一到底這是誰的問題？ 一誰該負責解決這個問題？
「我——」的訊息		「我——」的訊息
後果	合乎邏輯的結果	一自然後果 一合乎邏輯結果／處罰
摘要		
概述		
充實家庭生活之活動	還記得當我們……	相互尊重
家庭作業		

資料來源：黃倩儀（1998）。〈親職教育的主要訓練模式〉，輯於《親職教育與實務》（台北：永大），頁193。

理方式，並實際作練習。最後再由親職教育專家作評論，說明一些他所看到的資訊，以幫助學員整合他們所看到的、所聽到的，以及所討論及所練習的結果。

(三)父母親手冊

父母親手冊配合錄影帶傳達Popkin之「積極親職」的主要內容。這本手冊提供了父母親首次接觸此課程所應瞭解的基本概念。為了達到最大功效，手冊中提供許多不同的資訊、相關的實例、精美插圖，一方面吸引父母，另一方面希望讓父母在閱讀時能一目瞭然，以獲得配合錄影帶中的情形，發揮提供各種知識之功效。

(四)父母親行動指南

「父母親行動指南」提供父母在看完了父母親手冊內容後可作為自我檢視作用的一些反省問題，配合錄影帶相關練習的資訊，協助父母完成家庭作業的說明單，以及可供進行團體練習活動的表格。

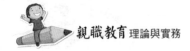
(五)實戰備忘錄

為了使父母在訓練中所學的技能運用到日常生活中的真實狀況時能進行順利,「積極親職」方案的設計特別將實作時的重點以簡單及吸引目光的圖表形式,列在一張海報上,以作為父母積極扮演良好親職的實戰備忘錄。

(六)錄影帶實況模擬

「積極親職」訓練方案除了拍攝親子互動過程的情節以提供參加的學員一些可基本運用的概念之外,也利用錄影帶來拍攝模擬狀況題,來考驗父母的反應能力,並要求當場的父母作角色扮演呈現及練習如何應對及處理。之後,再將角色扮演及討論後的情境實際應用到自己家中的孩子身上,待下一次訓練課程,再與大家分享心得。

綜合上述「積極親職」訓練方案之活動設計之有效性並不僅止於提供生動、視覺影響的錄影帶,而是在整個方案設計中把錄影帶的運用整合到八個步驟的訓練時序(**圖4-1**),而使得參加的父母在整個訓練過程中,對於任何的特定主題皆能反覆數次不同形式的討論與互動的機會,以提升學習的效果。

 **第四節　自信親職**

「自信親職」之訓練方案由「改善育兒中心」所編訂,是由著名的親職教育專家Kerby T. Alvy所創辦。該中心每年在加州主辦「加州親職教育領袖會議」(California Parent Training Leadership Conference),該中心並設有「全國親職教育協會」(The National Parenting Instructors Association),同時也是親職教育推廣的重要機構之一(林家興,1997)。

一、活動設計要點

「自信親職」之訓練課程是根據行為改變和社會學習理論而設計之課

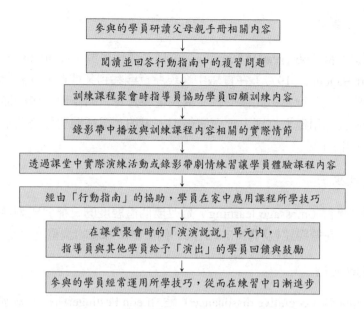

圖4-1　「積極親職」學習系統流程圖

資料來源：Popkin, M. H. (1991). Active parenting: Avideo-based program, In M. J. Fine(ed.). *The Second Handbook on Parent Education: Contemporary Perspectives*(pp. 77-98). NewYork: Academic Press.

程（相關行為修正概念可參考第三章第二節）。此課程主要是藉著課程影響父母的觀念，再由父母去影響兒童的態度進而影響其行為。此課程之概念有四：制約學習、觀察學習、訊息學習及認知失調，茲分述如下：

(一)制約學習

制約學習（conditioning learning）分為古典制約和工具制約兩種。古典制約是一種中性刺激伴隨而來的刺激，如幼兒怕看到白色，因為在醫院醫師身穿白袍會給他們打針、吃藥，因此，他們便將白色和不舒服聯想在一起，也產生對白色的害怕態度。工具制約是在兒童有好行為給予獎賞以增強此種行為。例如孩子自動將球鞋擺好，父母親稱讚他；或父母因孩子減少不注意、分心的行為而給予他打半小時電動玩具，以消弱不注意等負向行為。

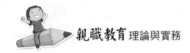
(二)觀察學習

觀察學習（observation learning）又稱為替代學習（vicarious learning）是Albert Bandura（1977）在實驗中發現兒童觀察到某種行為受到獎賞時，他們便學著做此行為。此種學習又稱為境教及身教的作用。例如從電視上看到卡通人物用武力打別人，而使得別人害怕，這種觀察促使孩子學會攻擊是有效用的。

(三)訊息學習

訊息學習（message learning）是改變個體態度的一種促成因素，藉著提供資訊，在透過比較利弊和優劣後，個體會做態度的調整。

(四)認知失調

認知失調（cognitive dissonance）是由Leon Festinger所提。當個體認知不協調且引起個體不愉快時，個體的認知與態度即會隨之改變。

二、教材

「自信親職」，上課時間為時一天半，通常為星期五晚上七點到十點，星期六從上午九點到下午五點。上課內容包括：如何口頭稱讚孩子的良好行為，如何訂定家庭規則，如何瞭解孩子的行為，如何使用暫停方法來管教孩子的不適當行為，以及如何獎勵孩子等。上課方式以教師的示範和團體討論為主。

「自信親職」課程教材包括：教師手冊、父母手冊、宣傳單、結業證書、教學用透明膠片、錄影帶以及家庭規則卡等。

第五節　葛雷塞現實治療模式親職教育

葛雷塞現實治療模式親職教育是由William Glasser基於家庭之統整，唯有健全父母才能教養出心理健康孩子之基本概念，強調親師合作之方案

（Parent Involvement Program, PIP）為課程設計原則，以滿足心理需求、大腦控制及行為學習之方法以達到健全父母。

一、理論基礎

1.心理需求：個體有歸屬感、權力感及自由和追求樂趣等需求。
2.控制：大腦是個體的控制系統，用於操控或修正外在世界，滿足內在心理需求。
3.心理需求與行為關係：個體如能學會正確、自我行為負責且合乎現實原則，那個體便能發揮自我功能，滿足心理需求。

二、實施方式

William Glasser之PIP方案主要採以家長研討會、小團體與個案諮商方式來進行團體訓練。課程教導父母之主要角色任務、教養原則及選擇適當合乎現實之親子溝通技巧，以幫助父母能有效掌握親職技巧。最重要的是Thomas Gordon應用Glasser之PIP，後來發展PET的訓練，風靡全世界。

 第六節 薩提爾家族治療模式親職教育

薩提爾（Virginia Satir）之家族治療模式之親職教育方案乃基於「家庭系統」理論，認為家庭中個體有問題，乃是因其整個家庭系統「生病」或造成系統中之互動產生問題，所以，治療的對象是整個家族關係（系統），而家庭之系統又牽涉整個系統、規則、溝通型態。家族治療之親職教育方案採取研討會、結構式團體等方式來實施。主要在處理家族中之問題：

1.親子溝通類型：最常見為口語與非口語之不一致的束縛，而親職方案是教導父母正確使用一致型之溝通型態。
2.家庭系統觀：家庭成員之間的互動儘量達到「穩定」和「連鎖互

動」的關係特質。

3.家庭規則：訂定家庭中賴以維繫互動的不成文規則，藉著適當的「管教態度」及合適的「家庭氣氛」來達成成員之間的良好互動。

薩提爾模式的本質是全像與全人的，無偏向某一治療取向。薩提爾模式有時稱為薩提爾歷程，因為它列出一個導向改變的學習與成長歷程。一般而言，該模式認為所有的行為都是來自新的學習，以及製造新的學習，這可以詮釋為所有的行為都算是介入行為，也就是調適或適應。更進一步說，雖然薩提爾模式是以學習為基礎，它依然承認由直覺驅動的行為，因此它融合了天性與教養，普遍主義與相對主義。在心理學上，薩提爾模式最主要是人本主義和存在主義，模式中的要素也包含了認知與心理動力的觀點。

薩提爾模式不僅於是一個全人的治療取向，其還包容了一切當代治療理念與技術，如認知行為學派、人本心理治療、精神動力取向、經驗性心理劇過程、完形概念與技術、後現代主義治療精神等，更使此模式接納人性，貼近人內在的心理歷程，治療師能以此自助助人，以達增權自己也療癒他人。

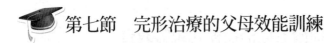# 第七節　完形治療的父母效能訓練

完形治療法的親職觀是藉由邀請當事人（父母）積極的投入，藉著對人生抱持著實驗的態度去學習認識自己在各方面的表現，當然包括親職方面的考量，並在治療的團體活動中嘗試新的行為，以及注意自己發生了哪些改變。

應用於父母效能理念，完形治療法的覺察觀點及完形概念呼應父母效能訓練的傾聽孩子內在的心聲，直探人們困擾的根源，在許許多多的未竟事及覺察歷程中，提供父母的一扇窗，促使父母更多的覺醒與除去未竟事件的困頓、喚醒父母的當下，此時此刻的察覺，提供與孩子互動的人際關係及溫馨的感受（陳怡君，2001）。

一、完形團體的目標

完形團體的目標是擴展成員滿足其需求的能力，以及負責的能力，故在團體中採以下目標（高明薇，2001）：

1. 增進團體對自身的覺察，以及團體成員的覺察能力。
2. 增進團體及其成員的選擇。
3. 增進團體與環境接觸的能力，經由發展基本的界線——整合的、能穿透的、有彈性的，已達成目標。

二、完形治療的主要概念

完形治療對於人性的看法是基於存在哲學與現象學，特別強調知覺的擴展（Expanding Awareness）、責任的擔負（Accepting Personal Responsibility）及全人的統整（Unify of the Person）等觀念。該派認為人人皆有能力如一統整全人般地生活，且肩負自己的責任。其對人性的看法，可概括為如下幾個要點：

1. 人是一整體的組織，由許多互相關聯的部分組成，例如：思想、感覺、知覺、情緒等，其中任何一部分皆無法獨立於整體之外而獲得瞭解，換言之，強調人的統整性。
2. 人本身屬於其周遭環境的一部分，離卻環境則無法瞭解。
3. 人的本性是非善非惡的，導之向善，則善；導之向惡，則惡。
4. 反對決定論、宿命論。心理分析論者以為人的人格智力等奠基於早期生活，決定於嬰幼兒期，然完形論者認為只要能促進其自我知覺「改變」不是不可能的。
5. 人是主動的行為者而非被動的反應者。完形論主張諮商員立於協助立場來幫助當事人，接受了刺激，當事人應自行決定反應的形式，而不單是機械反應。
6. 人具有潛能和自我知覺的能力。一般而言，普通人最多僅能發揮5～15%的潛能，但若在統整的情況下，則能發揮更多的潛能，且僅有在統整的狀態下，人才能自困擾中解脫。人經由自覺（self-

awareness）來選擇反應的形式，並對自己的行為負責，故完形論強調「自我知覺」及「責任擔負」。

7.人所能經驗的只有「現在」，對於過去和未來只能藉著回憶和期望，在現在經驗到。

8.此時此刻：Perls認為逝者已矣，來者未可知，唯有「現在」才是最真確、最重要。諮商員須經由與當事人的談話中來引導當事人去經驗「現在」，引發當事人對現在的知覺；諮商員不問「為什麼」（Why？）而問「如何」（How？）和「是什麼」（What？），然完形治恥，引以為懼的祕密，然後試想將此祕密對團體成員表白後，成員可能的反應。

9.扮演投射的自我（Playing the projection）：當事人將自己的特質投射於某乙，並扮演某乙一角，例如：某甲老愛批評某乙，就由某甲來扮演某乙——被他批評的角色，並體會其被批評的滋味。

10.相反遊戲（The reversal game）：大部分的人將自己內在的衝突做相反的行為表現，所以我們要當事人做出有違平常習慣的行為，讓當事人發現被自己隱藏、否定的部分，漸由接觸、欣賞而接受，進而將它統整於人格中。例如：讓一位行為獨斷的女人表現溫柔友善的樣子。

11.預演遊戲（The rehearsal）：此目的在於強化當事人的信心。使當事人不斷地複誦或多次預演，可增強其自信心。例如：預演一個求職的會談。

12.誇張遊戲（The exaggeration game）：這個方法是要當事人清楚地知覺自己肢體語言發出來的訊息。要求當事人誇大其動作，並問該動作所代表的涵義，使當事人能對自己的非語言行為反省思索。

13.停留在這個感覺裡（Staying with the feeling）：若當事人有不愉快的感覺或情緒而想逃避時，諮商員會要求他停留在這感覺裡，並鼓勵面對其感覺和深入體會，逐漸地會對這感覺適然。

14.重歷夢境法（The dream work）：夢代表未完成、未被同化的情境，是我們現金存在的濃縮反映圖，如果夢中的內容能獲得瞭解與同化，問題與困擾即可迎刃而解。諮商員將不解釋或分析夢的內容，只要當事人透過扮演，重歷夢境。

三、完形治療法的親職教育方案

由完形治療模式的親職教育方案，可以掌握的要點如下：

1.父母親的自我覺察訓練，應促使父母習得自我覺察的能力。
2.親職教育中的父母覺察應包括有：
   (1)覺察家人情緒的能力並尋求有效自我情緒控制能力。
   (2)覺察家人的情緒狀況並尋求有效解決問題的能力。
   (3)覺察家人的情緒狀況並尋求雙贏局面的價值。
   (4)覺察未竟事的困擾魔力，並尋求從繁複的日常行事中，把握現在，拋棄拖延的惡性循環夢魘。
   (5)覺察未竟事的困擾魔力，並尋求從繁複的日常行事中，安排優先順序，輕重緩急，紓解未竟事所帶來的壓力及衝突。
3.提升完形治療模式原本的領導者對個體的個別治療，以及團體中成員對當事者的回饋爭辯，應開放性地促使每一個成員對成員的互動。

 **本章小結**

　　自1930年代Sigmund Freud創立了精神分析學派，強調家庭之間的互動將影響兒童日後的人格，尤其是早期前五年的家庭關係，1950年代行為主義強調用增強與處罰之行為修正方法來模塑兒童之不良與偏差行為。1960年代由Abraham Maslow所創立的人文學派也深深影響家庭之互動。自1970年代由Thomas Gordon在美國加州出版《父母效能訓練》一書，並逐漸發展成為社區的親職教育課程，教導有效之親職教育模式，也引起美加兩國社會上的流行。本節介紹幾個成效不錯之親職教育課程，如Thomas Gordon之「父母效能訓練」，Michael Popkin的「積極親職」，Don Dinkmeyer和Gary McKay的「父母效能系統訓練」，以及Center for Improvement of Child Caring所編訂的《自信親職》、William Glasser的現實治療模式親職教育、Virginia Satir家族治療模式之親職教育及完形治療的父母效能訓練。

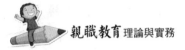
 參考書目

一、中文部分

林家興（1997）。《親職教育的原理與實務》。台北：心理出版社。

高明薇（2001）。〈完形團體的過程與介入技巧〉。《諮商與輔導》，183，
　　9-11。

陳怡君（2001）。〈察覺在完形諮商中的角色、地位及其應用〉。《諮商與輔
　　導》，183，6-8。

黃倩儀（1998）。〈親職教育的主要訓練模式〉。輯於張斯寧、高慧芬、黃倩
　　儀及廖信達（編著），《親職教育與實務》。台北：永大書局。

鍾思嘉（2004）。《親職教育》。台北：桂冠圖書。

郭靜晃、吳幸玲（2001）。《親子話題》。台北：揚智文化。

郭靜晃、吳幸玲譯（1993）。《兒童發展》。台北：揚智文化。

二、英文部分

Allred, H. G. (1968). *Mission for Mothers Guiding the Child*. Salt Lake City, UT:
　　Brookcraft.

Bandura, A. (1977). *Social Learning Theory*. Englewood Cliffs, NJ: Prentice-Hall.

Dinkmeyer, D., & McKay, G. (1976). *The Parent's Handbook: Systematic Training
　　for Effective Parenting*. Circle Pines, MN: American Guidance Service.

Dinkmeyer, D., McKay, G. & Dinkmeyer, J. (1989). *Parenting Young Children*. Circle
　　Pines, MN: American Guidance Service.

Dinkmeyer, D., McKay, G., Dinkmeyer, D. (Jr.), Dinkmeyer J., & McKay, J. (1987).
　　The Effective Parent. Circle Pines, MN: American Guidance Service.

Dreikurs, R., & Soltz, V. (1964). *Children: The Challenge*. New York: Meredith Press.

Gordon, T. (1975). *P.E.T.-The Tested New Way to Raise Responsible Children*. New
　　York: A Plume Book.

Popkin, M. H. (1991). Active parenting: A video-based program. In M. J. Fine (ed.),
　　The Second Handbook on Parent Education: Contemporary Perspectives (pp. 77-
　　98). New York: Academic Press.

Part 2

實務篇

Chapter 5 親師合作

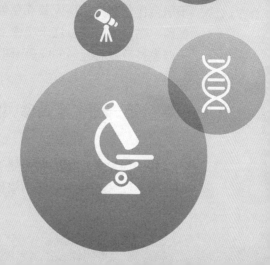

親師合作（Parental Involvement, PI）是教育者利用父母投入學校的互動將學校的課程延續至家庭中，更反映出對家長及孩子之間緊密相繫關係的瞭解。換言之，學校將課程計畫的實施擴展至家庭中，鼓勵父母積極投入參與學校的課程計畫，以獲得更多的教學資源，並利用專業幫助父母影響孩子的成長與學習。

柯美紐斯和斐斯塔洛齊以及福祿貝爾全都相信在幼兒教育中，母親角色的重要性。當幼稚園在美國建立時，也同時針對母親設計課程以實現福祿貝爾的哲學。在一些幼稚園中，媽媽社團關心兒童學習的教學及幼稚教育的理論與實務，在其他幼稚園中，關心兒童的家庭投入學校的趨勢也很明顯。

幼兒教育學者將母親角色的重要性融入於兒童教育理論之中，明顯地影響了美國的教育。在1890年代，由全國母親聯合會（The National Congress of Mothers）所召開的全國女性會議，將這些幼稚園的媽媽課程加以結合，這個團體最後成為全國家長與教師聯合會（The National Congress of Parents and Teachers），這個組織在今日校園中已廣為人知。

托兒所亦被視為擴充及增進親子關係重要的一環。麥克米蘭姊妹（Margaret及Rachel McMillan）強調應將托兒所設置於其家庭附近，並允許父母親觀察托兒所的活動，以及在父母和老師之間建立良好的合作關係，幼兒教育的提倡者希望家長本身能為托兒所中的幼兒教育負起最終的責任。

當托兒所從歐洲移植到美國後，學校與家庭之間的密切關係也得以繼續。在美國成立的第一所托兒所是在1916年由芝加哥大學的12名職員的妻子所合作創辦。這些家長希望能確保孩子的社會教育、自己的親職教育及保留一點自由時間為紅十字會工作（Taylor, 1981: 294），至今托兒所仍由一群家長及關心社區的成員所組成。

第一節　家長參與的概念

學校與家長之間的關係隨著現今學校的種類及學校學區所擁有的人口而有所不同。托兒中心與由家長合作的托兒所兩者在面對家庭與學校的關

係時顯著不同；同樣地，公立小學和私立學校的低年級在學校與家庭方面的關係也不相同。每一種幼兒教育課程及每一所特殊學校均具有它們自己的家長參與方式，及選擇它們自己所關注的活動。

　　家長的參與應廣泛地視為一種選擇，而判斷什麼是最合宜的最好也留給家長斟酌。Peterson（1987: 434-435）為家長參與提供了一個實用的定義：

　　家長的融入或參與可視為帶領家長接觸下述各項的過程：一、以教育性介入為目的，並有責任為幼兒和家長提供服務之教職員。二、參與和兒童有關課程活動，此一活動之目的在於提供父母資訊及協助父母扮演自身的角色。參與意謂著因課程而變的多樣化選擇性的活動，可供選擇的活動之間的差異性受到每個課程的獨特性、硬體設施、學區中家長與兒童人口數，以及可得資源等方面的影響（pp. 434-435）。

　　家長的參與含括某些可能的服務及活動，可廣義地區分為以下四類：

1. 專業人員為父母做的或是提供給父母的事物：服務、資訊、情感支持及建議。
2. 家長為該計畫或為專業人員所做的事：籌募基金、宣傳、提倡或是蒐集資訊。
3. 家長與老師合作可被視為課程延伸的事物：在家中或在學校中教導或個別指導兒童。
4. 家長與教職員共同執行與課程有關的一般性活動：聯合活動的計畫、評估與執行、以訓練者和受訓者的身分合作、討論兒童共同興趣的活動主題，或是作為兒童的協同治療師（Peterson, 1987）。

　　這四種廣義的家長參與類型，從父母親完全被動到積極主動的角色不等，因為家長的需求各不相同，所以學校必須評估、判斷何種參與是其課程最需要的。

　　建立這種參與歷程的基本要素應包含：

1. 允許隨時改變家長參與的層次及型態。
2. 個人化的風格以及參與的次數應符合父母、兒童、家庭及課程的所需。

3.為了達成有建設性及有意義的結果，提供父母可選擇的活動及選擇的權利。

提供家長參與的活動，一般而言，應將焦點放在以下所述的一個或多個目標之上：

1.「個別的接觸及互動」：這是提供一個達成家長和教職員之間、家長之間及家長與正在進行的服務活動之間溝通的方法。
2.「訊息分享及交換」：此乃提供正在進行的活動訊息與分享傳達訊息的媒介，建構親師關係、友誼及相互的瞭解。
3.「社會、情感、個人的支持」：目的係建構教職員與家長、家長與家長之間一種相互合作的系統，並設立家長們可以尋求鼓勵、瞭解、諮商及單純友誼的支援系統。
4.「協同關係」：是為教職員和家長創造可以攜手合作朝向同一目標的方法，如此一來，在教育及訓練幼兒的持續性可被家長及教職員所維持。協同關係增進有效團隊工作的機會，並避免家長和教職員最後相互對抗的結局。
5.「強化家長角色」：是使家長增強他們角色的服務、提供兒童直接的服務、並以強化一般家庭系統的方式來協助。
6.「教育及訓練」：是提供家長資訊、特別的訓練或是兩者兼具，來幫助家長獲得對他們孩子的瞭解，以及使父母習得在家中如何管教孩子的技巧，並提供合宜照顧及支持孩子的方法，以及作為他們自己孩子的優良教師。

在設計一個家長參與的計畫時，教師必須確定可以擁有來自學校及行政方面的支持，以及確定學校中有其他人樂意幫忙。當然教師也必須確定他們擁有或是可以設計出實踐這個計畫所必須的技巧，並能找到該計畫所需，且樂於參與並從參與中學習的家長。

近來，對於家長參與計畫的重視，已經由將他們視為教育機構的委託人轉移成視他們為決策的參與者。家長對於社區學校的關切，以及家長要求在所有層級的教育政策制定時，家長的意見應被充分瞭解，這可視為父母親擔負教育其子女責任的延伸。

　　家長參與孩子的教育含括有教育上、道德上及法律上的理由。既然孩子是父母親的主要責任，家長應參與教育方面的決定。任何教育課程的成功與否，家長參與是關鍵的因素，特別是設計給有特殊教育需求兒童的課程（Brofenbrenner, 1974），當家長與學校成為合作的關係之後，和兒童一起合作可以超越教室這個空間，在校學習及在家學習可以變得互相支持。

　　教師對於家長參與他們孩子教育的觀點有廣大的差異性，有些教師認為教育兒童時，其家庭背景是不重要的，將家庭排除於學校生活之外。其他人的觀點則認為兒童完全是由其父母親所塑造出來，而將家長與兒童視為一體，在這中間，教師相信關於家庭背景的資訊幫助他們更有效地與兒童溝通並教育他們（Lightfoot, 1978）。大部分的幼教教師相信要瞭解兒童就必須去瞭解兒童的家庭背景，同時家長參與兒童的教育也是必須的。除此之外，研究顯示家長創造養育的環境，而且家長的教育行為也影響著兒童的功能作用。Schaefer（1985）及Swick（1987a, 1988）也發現有效能的家長比缺乏自信的家長參與更多的活動。根據White（1988）的研究，家長的品性及行為與建設性的參與模式具有關聯性，例如，高度教養的行為、支持性的語言活動、明確而一致的紀律、支持性的家長態度、設計家庭學習的技巧，以及運用社區支援的豐富資源。研究同時也顯示家長的參與會影響兒童人格特質的品質，例如，正向的自我形象、樂觀的態度、建設性的社會關係取向（Swick, 1987b）及語言的獲得、動作技能的學習、概念的獲取，以及問題解決的能力等（Pittman, 1987; Schaefer, 1985; Swick, 1987b）。

一、家長的權利

　　表面上，不僅是在美國文化中，台灣文化亦然，父母親有權利以任何他們覺得合適的方式來養育他們的孩子，然而事實上，家長的權利很明顯是被剝奪的。沒有任何家長有權利對他們的孩子施以身體上或情感上的傷害，家長必須送他們的孩子上學一段時間或是提供一個合理的選擇，這種要求多來自於維持社會秩序的文化需求及兒童和家長的個人需求。

　　如此一來，家長對於孩子的擁有關係絕非我們這個社會所能允許，然而在許多學校中，教師覺得他們決定提供何種經驗的權利是不可侵犯的，

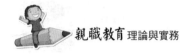

是社會重視他們的特殊知識所賦予的權利。直到最近，人們才開始認清兒童的權利，並成立倡導兒童權利的團體或立法來保護兒童被父母或社會機構侵犯的權利。

現今教育所面臨的主要問題是，家長希望及要求在某種程度上應該擬定出一套合法約束教師行為的條文。傳統上，學校在做決策時，家長是被排除在外的，會至學校會見老師的家長都是來接受通知、聽訴、接受安撫及接受諮商的，教師的確很少將家長視為有關班級課程決定時的來源之一。

另外，與失能兒童的家長一起合作重要性益增，自從美國公法第94-142號條款，也就是殘障兒童教育法案通過之後，這些兒童在接受評鑑前必須先得到家長同意，此外，他們有權檢視有關安置他們孩子的所有紀錄，也有權參與同意他們孩子的個別教育計畫（IEP）的發展。除此之外，他們有權依據他們孩子的教育提出意見。這條法案的要求範圍經由公法第99-457號條款，即上述法案之修正案而擴延至幼兒。

二、親師之間的關係

衝突常常成為「學校和家庭」、「學校和社區」之間關係的特色，尤其是在較貧窮或少數民族的社區之中。這種衝突可視為對學校的一種回應，藉以傳達壓抑及表達自由解放與互動的工具（Lightfoot, 1978）。無論觀點如何，學校必須找出方法來超越各種既存的衝突，並且依兒童的最佳利益加以運用。

許多家長相信學校在提供兒童合宜的教育這方面是失敗的，他們是根據學生在學業領域缺乏成就及高輟學率來證明此一信念。遺憾的是，此一態度是依據美國學生教育成就日漸低落的事實而來，然而，我們也該比較美國國內及比較美國和其他國家之間的差異。許多標準化測驗分數都受到所謂的Lake Wobegon效應，也就是說大多數兒童的測驗分數都超越平均數。此外，以相同方式得自於不同國家的測驗分數不能證明其人口類型都是相同的。

就如同家長可能會對教師和學校有錯誤的概念，教師對家長和家庭可能也會有錯誤的概念。教師也許會低估家長的技巧，他們也可能低估了家

長生活中各種不同的壓力。家庭生活可能是壓力的來源，除此之外，家長的壓力可能來自於：

1. 工作時數：家長工作的時數愈多，他們遭遇到的問題也愈多。
2. 缺乏工作自主權：無法控制他們工作時數的家長們，會經歷到工作和家庭責任平衡的衝突。
3. 工作需求：有工作需求及工作狂熱的家長通常比有較少工作需求的家長有更多的壓力。
4. 與上級的關係：家長和其上級的關係有助於決定他們的福利（Galinsky, 1988）。

Galinsky（1988）提出以下幾點建議供教師與家長更有效地合作（邱書璇譯，1995）。

1. 瞭解你自己的期望：當教師與家長關係產生衝突時，教師應該捫心自問：自己的期望為何？這些期望是否可行？
2. 瞭解家長的觀點：當教師不瞭解家長的行為時，他們應該問自己：如果這個發生在我身上，我會有什麼感覺？
3. 瞭解家長的發展：就如同兒童一樣，家長也會成長、發展，而教師必須瞭解這種成長。
4. 思考自己的態度：教師需要評估自己對家長的感覺，並且嘗試將觸角延伸到最難溝通的家長身上。
5. 接受對立性：家長因為文化不同，可能在某些事情上和教師有不同的意見。教師必須找到接納不同家長的方法。
6. 獲取支持：在遇到衝突時，教師必須有可以傾訴的對象。他們必須尋求自己的支持來源，例如，在同一課程中的教師或其他的教師。
7. 為自己的角色設定合宜的限制：在和家長合作時，教師必須確立自己的角色，例如，提供：
   (1)養育兒童的資訊及建議。
   (2)情感上的支持。
   (3)供模仿效法的角色。
   (4)最重要的是：接受委託。

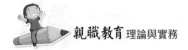
8. 思考自己所用的語彙：語言代表了訊息，教師必須確定他們運用合宜的語言來傳達正確的訊息。

9. 提供不同的專門知識：教師必須建立增強家長專門知識的聯繫，例如，有位教師描述了此種策略。教師可告訴家長們在學校注意到的事並且說：「讓我們一起來討論。」教師可瞭解家長在家做了哪些工作，如此一來教師則可以在學校中嘗試，反之亦然。在教師和家長的關係之中包含了施與受（Galinsky, 1988: 11）。

親師關係的內容可以有很大的差異，教師應對家長的需求感覺敏銳並盡可能提供各式各樣不同的課程。教師可能擔心要和家長溝通兒童的學習歷程、分享資訊、參與解決問題、組織家長會、發展親職教育課程、督導班級的參與、提供專門的諮詢給決策團體等。親職課程中的每一部分都需要來自教師不同的技巧和策略，雖然教師並非是家長的諮商輔導員，通常也缺乏教育家長的準備，然而教師的地位允許他們以一種特殊的方法來為家長提供服務，在教師本職學能和角色的範圍之內，他們應該接受各方面的挑戰。

第二節　家長參與的程度

家長參與（parent participation）係指希望家長主動參與學校或班級的運作，此模式在美國存在著很大的差異。舉例來說，有些家長涉入整個課程，而有些則關心教師陣容；有些家長在團體討論中有相當多的貢獻，有些家長相當配合觀念及活動，而有些在討論中則居於被動的狀態（Powell, 1986）。

家長參與班級活動是托兒學校與啟蒙方案統整的一部分。家長們可以被邀請到班上讀故事給兒童聽、擔任一對一的指導工作、幫助教學團體、幫忙教室中的例行活動，運用他們特別的知識和技巧來豐富這個課程，他們也可以擔任助教。

在任何教育計畫中，資訊應由教師及家長分享。家長可以學習他們孩子的課程及個別的歷程，家長也可以獲取兒童成長、發展的理論，學習一

些可以用來幫忙孩子的相關事物。同樣地，教師也需要兒童背景和在家行為的資訊來增進他們對兒童在校行為的認識，這種資訊可以用來為每一個兒童設計更好的教育課程。

在幫助親子互動方面，有許多方法可以應用。有些課程是以有系統、有組織的方法來教導家長與孩子合作（Becker, 1974; Linde & Kopp, 1973），而有些設計則是用來幫助家長發展他們的洞察力，以瞭解兒童行為的原因（Ginott, 1971; Gordon, 1970）。同時也有些課程提供經驗以協助親子之間的最佳互動（Gordon, Guinagh & Jester, 1972; Sparling & Lewis, 1979）。另外一種家長參與的方法為家長可以加入諮詢團體、在教室中幫忙或參與製做該課程的教具。

家長的積極參與無疑地會產生一些幫助及利益。家長可以為班上提供一些才藝，而這些才藝通常是未被開發的。許多家長擁有與其職業、嗜好、特殊背景及興趣有關的特殊技巧或知識，家長也可以藉由提供如包裝紙、廢衣物、蛋盒、紙管及其他在家中可找得到的物品，來增強學校所提供的教學資源，這些東西可以應用在許多不同的班級活動中。

家長可以在班級中擔任助手，不管是固定或是為了某些特別的課程或是戶外教學時，每個孩子會受到更多個別的注意。在教室中，家長可以協助課程、打掃清理、觀察及一對一指導有特殊需要的兒童。另外，家長的參與可提供需要發展人際關係技巧的兒童更多和成人相處的機會是很重要的，特別是對那些失能兒童。

家長參與課程的第一步應讓他們參與決策。在決策的過程中，他們可以從教職員處獲得更多對於一般兒童的資訊及建議，尤其是針對他們自己的孩子。

在主動及積極地參與一段時間以後，有些家長會提出參與課程時的困難，例如，突然從活動中被孤立，或抱怨一些瑣碎的事（例如，他們的孩子衣服上沾染太多的顏料）。當學校教職員因家長認為每件事都不對勁而有挫折感時，家長可能會向教師抱怨或表現出疏遠及敵意。為了要幫助家長建立對他們自己、他們的孩子及課程相關人員有合理可行的期望，教師必須不斷地指出孩子的長處及家長們的技巧。

一旦家長認識這個課程並且覺得它不錯時，他們可以成為很好的公關資源，提供給社區大眾知道學校中的孩子們在做些什麼事，他們也可以

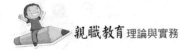

成為學校課程的有效宣導者。在許多個案中，家長常負起修改與兒童有關的政策或法令的直接責任，尤其是關於殘障兒童的政策或法令。他們經由和學校委員會、諮詢委員會及州政府、聯邦政府的立法機構來達成此目的（Lillie, 1974）。

當家長參與班級活動時，教師應提供仔細的督導或為參與家長舉辦說明會也可以減少可能的誤解。家長必須知道在教室和學校的不同區域中，每天的活動流程與規則以及兒童被期望的行為模式，同時也必須告知家長參與課程活動的特定責任。如果有多數的家長參與此一課程時，則印製一本包含這些訊息的家長手冊會是有幫助的。

教師應該督導參與此課程的家長們，追蹤他們的行為或是儘量地做紀錄，以供後來的評鑑會議使用。家長和教師每隔一段時間就該回顧他們所做過的工作，教師應不吝給予讚美及支持，同時也須針對改進實務工作提供小心仔細的評論及忠告。當家長持續和教師合作時，他們的責任領域及自由的範疇也會漸漸增加。

第三節　發展與家長合作的技巧

與家長合作時，教師需要具備長期的計畫、面談及課程指導的技巧，以及與小團體或大團體一起活動的能力。同時，教師也必須在與家長合作時，能發展出正確評估及記錄其結果的技巧。以下將介紹有關如何與家長合作之技巧，分述如下：

一、計畫

教師必須清楚地瞭解與家長接觸的目的及可用的資源，並且能夠經由家長活動的結果去思考，最重要的是要能把家長活動及其特定目的兩者結合在一起。

譬如教師希望能委派一名家長去社會機構請求協助，則教師必須在不脅迫的狀況下傳達出此項需求，他們必須清楚社會機構的名稱及住址，並且知道該如何申請。如果教師希望將家長列入幫助班上某位兒童的行為問

題的名單之中，則他們必須擁有該名兒童的行為觀察紀錄。

計畫一個全年性的家長參與活動（可參考第九章之案例說明），可讓教師平衡地與各種家長接觸，會議也可在不打擾學校行政與家庭傳統（如節慶）的情況下事先排定時間，此外，教師也可以對家長參與活動的需要預做準備。若即將舉行會議，則應事先蒐集兒童課程活動的作品及與學校表現相關的行為紀錄。

在計畫團體會議時，教師應考慮到該活動的內容、安排所需的演講者或是影片，並且安排人員負責某些特定的事務，例如，接待或清掃，以確保整個會議進行順利。

舉辦會議需要提供合宜的場地，一個大型會議也許需要學校的禮堂或是多功能的教室；班上的家長會／母姐會則可以在放學之後，於教室中布置一些桌椅即可舉行；而與單一家長會談時最好選在免於受到打擾的安靜地方，至於工作會議，如木工、縫紉等則需要特別的設備及場所。另外，教師有必要設計一個放置家長布告欄的空間或展示書籍的地方。

二、資訊分享

與家長分享關於兒童資訊的方法有許多種，但是沒有一種分享訊息的方式是令人完全滿意的。愈是特別、描述愈詳盡的報告，相對地需要更多的時間來完成，而教師常在採用的方式上陷於兩難的情況。結合各種形式的個別報告也許能提供一個最佳平衡。

教學評鑑表或成績單的一部分是向家長報告其孩子在學校中的進步歷程。對於聯絡簿、信函及個別會談有更詳盡的討論。在報告時，教師必須確定家長瞭解該課程的目標及評量其孩子進步歷程所使用的方法。逃避負面的報告可能無益處，應定期而誠實地告知家長。

描述性的信件是和家長分享兒童訊息的一種方法。信件比聯絡簿或檢核表更能提供兒童成就上質方面的溝通，因為它們能夠完整地描述兒童的活動。因此，在給家長的信件中，可以仔細描述兒童的學習態度、與其他兒童互對的模式、兒童所閱讀的書籍及兒童所使用的教材，信中亦可包含特殊事件的描述。

聯絡簿和個別信件是和家長分享特定個體的訊息，而簡訊則可用來分

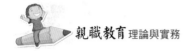
享一些所有家長都感興趣的資訊，它們可以描述一些家長們有興趣的偶發事件或班級活動。

簡訊也許可以在每學期末、每一季末或每個月底寄到家中，次數的多寡可依教師足以花在這上面的時間及他們所能獲得的幫助而定。簡訊也可以描述特殊事件（例如，戶外教學或專業人士來訪）、現在正在進行的特殊活動（例如，在營養單元中的烹飪經驗，也可以是某位教職員的人物特寫、描述其學術背景、專業經驗，也可以是與家庭、興趣或旅行有關的個人資訊等）。描述某位兒童的作品或活動的小插圖或小品文亦可放於簡訊之中，而這些小插圖或小品文的作者，應在一年的某段時間中含括每一個孩子。社區中發生的事、學校中的活動、關於文章或書籍的報告可能都會引起家長的興趣，關於社區資源的訊息、需要教材支援或需要家長到班上幫忙的訊息也可以作為簡訊中的內容。

報告學童的進步歷程通常只是一種單向溝通，藉由會議面對面向家長傳達或書面描述兒童的表現，家長和教師都可交換有關於兒童的訊息，而這些訊息不一定是要和兒童的進步歷程有關，例如，兒童參與活動的程度或是兒童社會互動的範圍。教師常由許多托兒所、幼稚園在入學前所要求填寫的申請表中，得到許多關於兒童的有用資訊，在此表中，兒童的健康資料及發展背景也是必須的（本書第九章及第十一章中有實例可供參考）。

三、親師座談

在幼兒教育課程中，與家長溝通是必須的。家長們需要並且想要從學校的觀點來瞭解他們的孩子，同時學校亦因家長的付出而有收穫，座談會讓教師更加瞭解兒童，並且做出更多啟發性的決定。親師座談會是溝通過程中必備的要素，一個成功的會議為高品質的幼教課程建立了基礎（**專欄**5-1）。

在開學時及學年之中的個別會談，讓家長和教師分享關於他們孩子的訊息，並且能夠協助家長解答關於兒童行為的特定問題，因為對一個兒童而言是具有意義的事情，但對另外一個兒童也許是不相關的。

教師利用座談會向家長們報告他們孩子的進步狀況，如同**表**5-1所呈現出的報告即可作為會議的良好基礎，他們也可以在表的右欄記下簡短的

專欄5-1　親師座談會指導方針

一、事前準備

熟悉與兒童及其家庭有關的資訊並蒐集兒童具代表性的作品。

二、邀請家長

寄發關於會議訊息的通知給家長，說明會議的目的以及建議家長在會前應先思考的事項。這項事前準備可降低家長對於會議的不安程度。

三、創造一個合宜的會議環境

布置使家長覺得舒適的室內環境，舉例來說，為家長布置一些成人尺寸的桌椅會比坐在兒童桌椅後面面對老師的感覺要舒服得多。在會議中，教師應該試著：

1.讓家長感到舒適、放鬆及被需要。
2.運用家長的語言而不要用教育的專門術語和家長溝通。
3.強調兒童正面的特質。
4.關於如何在家中幫助他們的孩子，應給家長正確的建議。

四、在會後能夠追蹤並貫徹到底

在家長離開之後，立即仔細地做會議紀錄，包含雙方所做的建議及所提出的問題。教師應立即追蹤待答的問題或是他們對家長所做的承諾，例如，知會有關的機構、排定另一場會議、打電話、家庭訪問、書面報告或是寫給家長的非正式信函。

五、分發評量表

徵求關於會議形式及與家長非正式日常對談的建議（Allen, 1990; Bjorklund & Burger, 1987）。

資料來源：郭靜晃、陳正乾譯（1998）。《幼兒教育》（台北：揚智文化）。

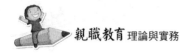

紀錄以供座談時使用。

　　當教師對某位兒童抱持疑問時，分享性的座談特別有用，由家長提供的資訊也許可以幫忙解釋兒童行為的改變。同樣地，家長也可從教師提供的資訊中修正他們在家中照料兒童的方法。如果家長及教師兩者皆關注兒童的福利，則訊息分享座談可以提供一個互惠關係的開始，這樣的會議很容易就演變成解決問題的集會。

四、共同解決問題的會議

　　在許多家庭中，兒童在上學以前並沒有太多和其他同齡兒童接觸的機會，有時候父母對他們的孩子會有某些要求，但並沒有機會將他們與其同處於類似發展階段的兒童們做一比較。

　　兒童隨著上學及面對一連串的要求，可能會突然帶來一連串的行為問題。當新的壓力加諸於兒童身上時，聽力喪失、視力不佳或其他問題都有可能出現，偶爾家庭情況的改變，如離婚、新生兒的到來或搬到另一個新社區都有可能導致問題發生。資訊分享、提出應付問題的方法、在家中和

表5-1　給家長的兒童發展進程報告

發展目標	進程	備註
◎社會情緒方面 　兒童自立觀念、自發性及信心的發展是在學齡前階段一項非常重要的工作。這些特徵使兒童對自己感到滿意且影響他們和其他兒童、成人的相處能力。兒童也必須發展應付恐懼及挫折的能力並表現出欲完成工作的毅力。		
◎認知方面 　在學齡前階段兒童的思考歷程發展中，包含了出現有趣的點子、探索問題，串聯想法或物品間的關係，以及利用各種不同方法表達想法。兒童經由主動和環境互動而學習。		
◎動作技能方面 　動作技能方面的發展讓兒童注意到他們處於空間裡的身體，他們的身體如何運動及這些動作對於環境的影響。兒童也需要發展大、小肌肉協調的機會。		

資料來源：Bjorklund, G., & Burger, C. (1987). Marking conferences work for parents, teachers, and children. *Young Children, 42*(2), 26-31.

在學校中對待兒童的一致態度等，對於解決困難問題大有助益。在幫助父母應付這些問題時，教師可以扮演一個決定性的角色，因為教師是家長最常接觸的專業人士。

教師並非心理學家、社工人員或諮詢專家，從最廣泛的角度來說，教師是兒童發展專家，然而教師必須找到方法來協助家長察覺問題並加以處理。有時候，喝杯咖啡時的閒聊就足夠，而有時候則需要與相關機構做一連串的諮詢。教師必須謹慎地不要超越教育人員角色的界線，有時他們必須把問題交給更專業的人。教師應熟悉社區中為兒童和為家庭服務的機構及尋求他們幫助時的程序，許多學校都有附屬的人員，如輔導人員、家庭協調者等專家能幫助家長和教師應付及解決問題。

雖然委託是教師能做的一項顯著貢獻，然而他們所能提供的個人支持之重要性也不該被低估。如何進行順利的會議可參考**專欄5-2**。

專欄5-2　順利進行會議的計畫

1.心胸開放（不要預設立場或下結論）。
2.傾聽家長訴說。
3.表現出你的關心及喜悅。
4.準備隨手可得的、實際的紀錄（如測驗、作業範本、趣聞軼事等）。
5.討論合理的期望。
6.確認問題（如果有的話）。
7.協議包含每個人的行動計畫，例如，我們如何才能滿足這個兒童的需求？
8.追蹤該計畫：何時？何地？如何做？
9.如果你告知家長測驗的成績，記得告訴他們這只是教育中的一環而已，測驗是用來比較該名兒童和其他同齡兒童學習歷程的分數，情緒發展、學習態度、動機、同儕關係、特殊才藝及自我印象也是很重要的。讓家長看測驗卷的影印本。
10.記得運用能夠支援你的人員（如果你需要他們的話）。
11.告知家長其子女的優點、缺點及遊戲方式。

資料來源：郭靜晃、陳正乾譯（1998）。《幼兒教育》（台北：揚智文化）。

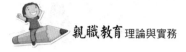
五、會談

與家長會談得以讓教師蒐集及提供資訊。教師在晤談的過程中應讓家長感到自在，例如，可以供應一些咖啡或先談談學校一般的事項以建立融洽的關係，但是要注意不該花太多時間在準備階段。

為了獲得想要的訊息及含括所有的重點，教師可以利用摘要式晤談的方法。此一方法的使用應保持彈性，以確保會談目的得以達成。

教師必須學習如何傾聽家長訴說、對他們的感覺及他們所欲溝通的訊息能夠敏銳察覺：教師應該仔細地傾聽家長所傳達的訊息，並在合宜的時間作出立即的回應，以幫助家長針對自身孩子的問題找出符合實際需求的解決之道。

雖然有時候提供建議是件容易的事，但教師的忠告必須對特定的狀況具有特別的意義及關聯性。如果一個孩子在家中應該有人閱讀給他聽，教師應協助家長尋找書籍來源或幫他們取得書籍，教師也應幫助家長學習一些閱讀時的技巧，使孩子能從中受益。

六、家庭訪問

家庭訪問有許多優點，在家中的會面會比在學校中的會議讓家長更能自在地談話，除此之外，教師可以藉此瞭解兒童的家庭環境，甚至更進一步瞭解該名兒童。家庭訪問對無法在上學時間內來到學校的家長們也比較方便。

如果要使家庭訪問具有影響力，強迫性的家庭訪問可能會招致敵意。教師也許可以提出一些日期及時間使得家庭訪問能在雙方皆方便的時間進行，教師在沒有事先告知的狀況下便做家庭訪問是不當的行為，這樣的行為會破壞建立合作關係的希望。

家庭訪問的目的與舉行座談會的目的是一樣的，目的皆在於分享資訊及解決問題，當教師嘗試建立友善的社會關係時應小心地達成這些目的。

七、非正式接觸

與家長們非正式接觸的機會有很多：兒童們到校及離校的時候、家長聯誼會上及邀請家長參與戶外教學時，在這些場合中，教師應傳達給家長友善的感覺及對兒童的關心。與家長保持距離或是鄙視他們的言語都會破壞在其他家長活動中所欲建立的關係。

教師也可於上述場合舉行小型會談——在這種簡短而非正式的時段中，可以應付較小的問題或是可以很容易地獲取資訊。教師應鼓勵家長進行意見交換，但要小心不要太過投入與家長的談話，而忽略他們應該與兒童在一起的時間。

八、家長會議

通常教師必須面對一群家長，而非單一個家長。教師常被要求主導計畫、引導家長會，或是被視為由家長自行舉辦的會議中所邀請的專業人員。

教師與家長首度接觸通常是在兒童上學以前學校所舉行的說明會，這個說明會的目的是向家長和兒童傳達學校教學的方向及目的等訊息。如果家長沒有送小孩上學的經驗，這種資訊是相當重要的，這樣的說明會可以用來提供家長資訊，使他們和他們的孩子瞭解學校的期望。

教師必須仔細而小心地向家長及兒童傳達學校是個歡迎他們的友善地方，教師應利用時間和家長非正式地閒聊，並使家長們有機會熟識彼此。如果資訊能夠印在簡單的小冊子或傳單上，可以減少說明時間，而有更多的會議時間用來建立與家長間的和諧關係，在會議時間誦讀一些家長們可以輕易自行閱讀的資料是一種浪費時間的行為。

在學年之中，教師也許需要召開其他的會議來討論課程、發表展示兒童們的作品，並回答家長們關於兒童所正在進行相關課程的問題。正因這些會議和他們的孩子直接相關，所以家長們很願意參與，在安排時間時應注意到以多數家長皆能參加會議的時間為宜，教師也許需要提供非正式的托兒服務安排，以使得兒童能跟隨家長來參加會議並確保出席率。

大多數的學校都有正式的家長會或親師座談會以整合全校的家長，它

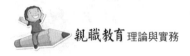
規劃著整學年的定期會議及社會性活動。雖然這種會議的責任通常操之於家長委員們的手中，教師也可能應邀於會議中演講或擔任諮詢人員。

教師參與此種會議對於與家庭建立親密的聯繫關係而言是重要的，在這種場合中的簡短談話通常比在冗長會議中的演講更能建立良好的關係。

第四節　如何建立以家庭為本位的親師合作方案

教師與家長之間的溝通與合作必須是雙向的，他們彼此之間分享資訊並相互學習對孩子最有利的事物（Siperstein & Bak, 1988）。Orville Brim（1965）提出了傑出家長教育課程的幾個主要目標：讓家長更能意識到他們的功能、讓家長更具自主性及創造性、促進家長獨立的判斷力及增進其身為家長的理性表現。這些目標對於幼兒教育而言也是合宜的，就如同教師希望兒童們能變得更有自主性、更具創造力、更有自我意識、對於他們的判斷及表現能更理性；同樣地，教師也期待家長們能夠如此。兒童和成人發展階段的差異在於他們需要以不同的方式及不同的社會角色突顯這些目標。為了協助家長的自主性、理性、創造力及能力，教師和家長之間不該是指示命令的關係，而應是互助的關係。

通常教師認為透過家長課程可以為家長做某些事而改變他們的機會，相對地，在一個優良的家長課程之中，家長也可以影響教師及可能讓學校改變的機會。家長課程可以打開許多新的溝通管道；不見得一定是交換資訊，有時也可以有一些建設性的批評；當家長擁有更多關於學校的知識時，他們會提供更多富建設性的批評。

事實上，家長的評斷可作為課程效能的另一項資訊來源。在做關於學校的決策時，家長的反應應該與其他資料共同被列入考慮，而教師對於家長的意見及批評也應採納。改變不應只是用來作為安撫家長的手段，教師在其專業角色中應有足夠的能力去判斷在學校中的行為，及堅持他們認為是專業運作的課程。

計畫未來家長課程的人員其主要任務是使課程內容及建構能符合家長的需求及特質，除此之外，家長態度的改變也應被瞭解。舉例來說，教師必須知道當家長對於孩子的發展期望與他們所接收到的資訊相衝突時，家

長如何應對，如此他們才可以協助家長改變其信念及做法並增強他們對新觀念的接受能力。

家長教育及支援課程是幼兒教育領域中日漸突出的部分，並且深深吸引美國及我國社會的興趣。日益增加的課程數量應含括廣泛的興趣，及追求高品質的課程內容（Powell, 1986）。

一般而言，強化家庭、以家庭為本位的親職教育方案有以下的一些做法，茲說明如下：

一、家長教育課程

自1960年代以來，為貧窮及少數民族所設計的研究及發展的課程中，已經相當重視家長參與幼兒教育的重要性。同樣地，許多其他由聯邦政府資助的方案也指示家長參與為方案中的必要條件。此種參與通常以家長教育的形式存在，意即幫助家長加深對兒童發展的瞭解，並教導家長教育、養育他們孩子的新做法。家長們也在班級中幫忙，亦可經由家長委員會和其他機構來參與決策的過程，並在決定他們孩子的教育課程及選擇師資時表達他們的意見。

許多學校提供正式或非正式的家長教育課程，這些課程從高度計畫的課程（如教授關於兒童的成長與發展、育兒實務、理家技巧），到由家長們自行決定活動內容的非正式社團活動都有，而更有其他的課程將焦點放在團體學習歷程及家長互動，而非其他實質上的內容。近來，在企圖幫助家長有效負起育兒責任方面的課程有急遽增加的趨勢，課程進行的技巧從團體討論、歡迎隨時參加的非正式社交聚會，到以家庭為根本的介入活動都有（Powell, 1986）。

Honig（1982: 427）指出家長的「權利法案」可提供作為家長教育課程的基礎，其包含以下的權利：

1.關於兒童發展的知識——在情感方面和認知方面兼具。
2.更有效的觀察技巧。
3.預防問題及建立紀律的選擇性策略。
4.如何運用使家庭成為兒童學習經驗場所的知識。

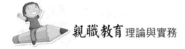

5.運用語言工具及閱讀故事的技巧。

6.對擔任他們孩子最重要的童年教師的瞭解。

　　有些由家長合辦的托兒所，要求家長上家長教育課程以作為他們孩子註冊上學的先決條件。在社會福利制度上興辦托兒所、為瀕臨危險中家庭所興辦的托兒所、親子中心及「啟蒙方案」等都包含有許多的家長參與課程，而有時候家長們也會在班上花費數小時的時間，且對這些課程而言，家長圖書館可以是一個強而有力的補助。

　　家長的教育及支援課程會隨著每一個幼兒課程而改變。舉例來說，Powell（1986）比較了這些課程的差異，而這些差異如**專欄5-3**所示：差異亦存在於專家、助手及義工等角色以及課程長度（一週或一年）和情境之間（教學中心或家庭式的）。

　　許多家長教育課程教導家長特殊的方法，以協助他們孩子在校學習智力及語言。課程可以建立家長行為的模式，例如，讓兒童參與討論、向兒童傳達家長行動的意義、大聲地閱讀簡單的故事、在家中提供教學活動及教具等。這些特定的方法通常是直接教給家長，在教師監督之下，讓家長

專欄5-3　選擇性的家長課程

A：課程之目標

1.重視家庭與社區。

2.指定與兒童有關的特定技巧及做法。

3.向家長宣導兒童發展的資料。

4.提供課程結構。

5.視教職員為兒童發展專家。

B：課程之目標

1.教導家長激發他們孩子正向發展的方法。

2.幫助家長決定對兒童最有益的事。

3.助長課程參與者之間的支援關係。

4.允許家長選擇他們想要參加的活動。

5.在教師非導引式的從旁協助中堅持自助的模式。

資料來源：郭靜晃、陳正乾譯（1998）。《幼兒教育》（台北：揚智文化）。

練習使用。有時候一些成套的教具也租借給家長，使家長能在家中和孩子一起使用。教養嬰兒與教養幼兒所承受的壓力是一樣的，最後家中所有的孩子都會被家長所學影響。

許多家長教育課程都是以家為根本，家長教育專家在家中直接與他們的當事者合作。這些課程通常為教育專家的職前訓練和指導家長做準備，教育專家提供家長特定的指引，並且常示範與兒童在一起時的活動給家長看。另外，提供給低收入家長的課程通常相當依賴擔任訓練角色的專業人員的助手，而為失能兒童家長所提供的課程則主要利用專業人員的協助。家長教育專家通常要負責評鑑兒童的進步歷程並為兒童活動做諮詢（Levitt & Cohen, 1976）。

二、家長支援系統

在連接家庭和學校之間，給家長的社會性支持是很重要的。所謂社會網絡乃意指個體與親密同儕的生活圈或對個體而言具有意義的一群朋友、家人或工作夥伴（Hall & Wellman, 1985）。來自於網絡的支援依照其大小而有直接的不同，較大的網絡具有較佳的支援（Hall & Wellman, 1985; Vaux, 1988）。網絡的密度也影響到個體運用網絡支援的效率，通常密度較高、結合更緊密的網絡比密度較低的網絡更具有影響力（Gottlieb & Pancer, 1988）。同質性較少的網絡使得複雜的問題解決（如職業研究等）變得更容易處理（Granovetter, 1974）。

社會支援的型態與家長行為之間的關係顯示，情感方面的支持可提升家長接受他們的孩子及對他們孩子有所回應的能力，與他們現今的生活情形無關。當家長遭遇壓力，例如，升格當父母親、面臨有發展危機的兒童或是目前有問題的嬰兒等，直接與壓力來源有關的支援體系可以提升家長表現、處理及解決問題的能力（Stevens, 1991）。

社會支援系統經由資訊支援、情感支持的交換或有形的援助而影響家長教育子女的做法。網絡的成員經由示範、增強及直接教導而影響家長的育兒信念及策略，這些機制更影響了年輕父母的行為（Stevens, 1988; Stevens & Bakeman, 1990）。在示範上，不管是否為刻意的，照顧者表現出與幼兒相處的各種方式；增強為給予讚美，它可以是口頭或非口頭式

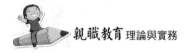
的，或是其他的報酬，例如，食物、一趟旅行或一個活動；在直接教導方面，照顧者告訴被照顧者一些事、指出某個行為、事件或現象並告訴他們其重要性。

訓練、解釋及評鑑是另外三種用來教導他人的方法（Stevens, 1991）。訓練是直接而具有入侵性的，通常是傳達成人的行為、促使其他成人去做某件事或以特定的方式來做。解釋通常是非直接的，較不具入侵性但同樣具有積極指導性，並且常以評論兒童的行為呈現。評鑑也是非直接的，但常評論物質環境的因素而較少評論成人或兒童的行為。這些策略皆能傳遞關於理解兒童的知識及如何管教的知識。

三、以家庭為中心的幼兒課程

近來，已經出現由家庭支援的課程及以家庭為中心的幼兒課程，他們最初的委託者是成人及幼兒的家長們（Kagan, Powell, Weissbourd & Zigler, 1987; Galinsky & Weissbourd, 1992）。這些以社區為基礎的課程，不斷教育及支援家長，使他們成為一個對社會有用及對兒童提供照護的人。這些課程賦予家長能力並提升他們之間的依存關係，而非增進他們的無助感與依賴心（Weissbourd & Kagan, 1989）。上述這些課程目的是經由下列方式來達成：家長教育及支援團體、家庭訪問、參與服務、電話熱線及語音服務（不是立即回應的）、資訊及參考資料、圖書借閱、健康營養服務及於家長去中心參與時提供托兒服務。在明尼蘇達、密蘇里、南卡羅萊納、肯塔基、馬里蘭、康乃迪克及奧克拉荷馬等州，這種由家庭支援的課程已經成為由州輔助的幼兒課程中重要的組成元素（Weiss, 1990）。

Weissbourd和Kagan（1989）提到成為幼兒課程中服務基礎的四個準則：

1.課程的長期目標是以預防取代治療。
2.家庭，包含家長與兒童，是主要的服務對象。
3.服務要考慮到每個家長的發展特徵。
4.社會支援被認為是對個體具有普遍的益處，特別是在生活的轉變中，例如，升格為父母親、兒童上學的轉變、家長回歸職場的轉變。

四、家庭集會

增進彼此的知識及瞭解的方法之一是舉行家庭集會，它包含各種不同的形式，如大型的團體報告、小型的研習會等（Kerr & Darling, 1988）。特殊的大型團體報告可用以提供家長們特別感興趣的主題資訊，主題可從應付家庭中的壓力、促進家庭溝通到提供校外活動給兒童以協助他們成功活用學校經驗。

家庭集會的核心在於依據家庭興趣所舉辦的展覽及活動，多樣的活動中心使家庭可選擇他們想要參與的活動，而促使家庭中更多的成員加入及參與。家長及祖父母參與木屐舞、方塊舞、抄寫編輯、編織或雕刻，他們也可參與活動中心的經營，以提供與其他家庭之間的基本溝通管道。活動中心亦可展覽與其主題有關的兒童作品。

家庭集會式的研習營可以整合不同的興趣領域、提供活動與示範，以及家長和兒童感興趣的訊息。利用活動中心的目的是強調製造家庭歡樂、共同參與及教育性。每個中心都會提供家庭參與活動時的建議，以增進家庭或成員間的親密關係，而利用活動中心的次數可依據建築物的大小及可運用的資源多寡而定，以下提供一些建議：

1.「家庭娛樂中心」：提供家庭享用各式器材的機會，如各種大小及功能不同的球、跳繩、可供翻滾的地板墊、步行板、呼拉圈、棒球手套、降落傘及障礙賽場地等。

2.「閱讀中心」：包括適合各個不同年齡層的圖書、雜誌，由該中心兒童所寫的書、故事、詩也可以展示出來。負責閱讀中心的人員可安排一些說故事的時段，讓參與者在實際狀況下吸取經驗。

3.「玩具工廠中心」：可提供家人一個機會共同建構玩具，例如，做布偶或風箏。該中心可以展示玩具樣本及提供製造玩具的材料。

4.「家庭支援服務中心」：可為當地的社教組織傳達它們為家庭服務的目的及宗旨，例如：

(1)紅十字會可以向家庭成員示範基本的急救流程，例如，口對口人工呼吸、輕微燙傷處理等。

(2)社區心理健康機構及YMCA可以展示並宣導關於其家庭服務及所

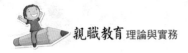

提供課程的資料。

(3)可利用活動，例如利用當地現有的藥物及酒類課程討論及執行來自當局的協助、醫療機會等的資訊，並且可在課程中呈現各種藥物及酒精濫用的情形。

其他的中心可包含書展，以較便宜的價格賣書給家長、關心家人健康的營養中心、遊戲室等。有創意的方法可以使這個活動成為家庭中一個獨特經驗。Bergstrom和Burbon（1981）建議在支持家長教育其子女時能運用不同情境、以社區為根本的學習中心。學習中心可以設於博物館、圖書館、當地的學校或商店之中，可考慮的教學方法包含向租書店租借書本、玩具或遊戲教具；由家長從回收、不貴及易取得材質製作教育性玩具和遊戲；資訊、諮詢服務及研討會、課程及演講等。在澳洲的墨爾本、雪梨、坎培拉及阿德雷德已經設有回收資源中心，個人或組織只要付少許錢即可成為會員，並可以買到許多由工商業廢棄物所製造的玩具、拼貼作品、汽車等。教育專家們必須提倡經過整合的家庭教育課程，因為家庭是最具動力的學習中心，在家庭生活中，教育專家和相關團體應攜手合作來加強並支持長遠的課程計畫。

五、家長政策委員會

隨著在啟蒙方案及社區學校中家長顧問委員會（parent advisory committees）的成立，目的在於讓家長協助課程政策的決定，在許多社區中家長和教師的關係正逐漸改變，在和學校政策、班級運作等有關的決策方面，家長及社區成員在重要領域中參與的更多。

當這種改變發生後，教師必須以不同的角度來看待和家長、社區成員之間的關係，並且要學習和家長合作的技巧以及瞭解如何組成可維持長久的親師關係。

傳統上，教師、家長及社區的權限取決於他們所做的決定。家長及（或）社區代表們負責決定政策，而教師及行政者則負責有關政策執行的決定，然而這些界線常混淆不清，因為執行會大大地影響政策，而政策的決定通常需要可行性方面的專業知識。

教師與家長關係中最困難的部分可能在於為學校設計發展教育及行政政策。有時候教師們覺得比家長們更適於做政策決定，因為教師擁有大量的專業知識。除此之外，教師對關於學校運作的決定也被賦予權利。

家長和教師在委員會會議中都有其難處，有些家長不信任教師，同樣地，教師在與無法和他們分享個人及專業詞彙的家長溝通時也會產生問題。

教師對於委員會的效能根基於相互信任之上，這種信任隨著教師所遭遇到一連串事件中對委員會所表現出來的信任而增加，它是藉由能力的表現及對兒童的關心而助長。保持溝通管道暢通、家長傾聽及維持政策決定的公開性都有助於教師獲得信任。

總之，教師的角色是協助家長做決定，教師應該指導家長，視其是否擁有適合的資訊來協助他們做決定。更進一步地，教師必須幫助家長預期政策決定後可能導致的結果。

六、團體合作

在討論及互動時，大團體並不如小團體有用。小團體會議需要教師運用領導團體的技巧，身為領導者，教師召集團體並舉行討論、敏銳地察覺團體的需要並讓成員為團體的行動負責。教師不應強迫團體接受他的意願，也不該使討論流於冗長且漫無目的。教師必須成為一位民主的領導者，在維持權威時也應能負責且有彈性空間，並能運用最佳的方式進行團體的討論歷程。

有時候，實地參與的方式在和家長團體合作時是有用的。家長們參與研習營的活動有利於非語言形式的學習和語言式學習。教師可引導家長進入和學童活動類似的活動中，來幫助他們瞭解活動的學習潛力。「開放式科學學習」或是「實地操練的教學」，通常在家長體驗過這種形式的學習之後才能瞭解。同樣地，家長們也許會認為遊戲或勞作是無用的活動，直到家長能認清這些活動的結果對兒童而言是一種有價值的學習，才會改變想法。Sylvia Newman（1971）設計一套關於學校課程的研習營活動及輔導活動，來幫助家長瞭解學校課程的內涵及尋求將兒童的在校學習延伸到家中的方式。

一個由教師召集的親師團體通常會發展出其自己獨立的型態，家長也許要負責教育該團體成員的計畫或是為學校服務。團體本質的改變所需的時間也許比單獨一個教師所能付出的還要多，在這種情況下，不管是從團體中或從外面再找一位領導者也許會有幫助，如此一來，教師可以顧問的身分繼續和家長團體合作。當家長團體由於有他們的領導而開始變得自主時，教師會感到十分驕傲。

團體的進步歷程是一項有力的驅策，團體可以是有助益且具支持性的，也可以是侵略性及壓迫性的，教師應善於利用團體的進步歷程，並留意和團體成員一同工作時技巧上的限度。

七、運用公關技巧

許多和家長合作的方式係指面對面的關係，然而也必須建立與家庭及社區其他型態的關係。一個好的學校應該有一套好的公關計畫，因為學校屬於家長及社區，所以它必須傳達學校發生的事。一個好的公關計畫確保了家長及社區中的其他人感覺到在學校中是受歡迎的，而這種計畫應遠遠超過每年一次的「學校開放週」。

展覽有助於告訴社區的人兒童在學校做些什麼。藝術作品、課程成果或是兒歌、故事的錄音帶可以製做成精美的展覽品，並用來敘說兒童在校的經驗。當地的商家可提供場地及其他各式各樣的協助，而當地的新聞媒體可以將學校的事告知大眾，例如，有關戶外教學、慶祝節日及其他特別的事件，對當地媒體而言皆頗具新聞價值。

教師可以透過簡訊、寄到家中的通知單及邀請家長參加特別活動的邀請函來進行他們自己的公關活動。

雖然良好的公共關係對學校而言很重要，但教師必須小心不要使家長課程全然變成公關活動。當家長被邀請到學校以顧問委員會成員的身分發表意見或建議時，家長會期望他們的意見能被認為是有價值的、他們的貢獻能被重視、他們能夠被傾聽及回應，然而有時候學校成立家長委員會及顧問委員會只是為了能符合聯邦及州政府的要求，而沒有利用這些團體。在這些情況之下，家長也許會覺得雖然有參與學校的活動，但卻有無力感，他們也許會認為家長參與活動是公關活動的替代品，這樣的公關活動

可能會導致反效果及部分家長的挫折感及憤怒。

綜合上述，一個良好的方案要迎合不同家長的需求，並適機找出家庭的興趣及能力，將家庭視為一種支援，並應用多元系統（例如，核心家庭、延伸家庭、社區及政府等資源）來充實及延伸學校課程。最重要的是要維持家長與活動的熱忱及興趣。

找出方法來維持家長參與教育性及支援性課程是很重要的，Powell（1986）認為提供各種不同服務的課程是最有效的。Fredericks（1988: 33）為增進家長對班級的參與提供以下的建議：

1.讓家長知道你期望兒童擁有最好的一年。
2.向家長傳達你希望他們全年都能積極參與課程計畫。
3.讓家長瞭解你會和他們合作，使他們的孩子擁有最佳的學業成就。
4.告訴家長這一年將充滿著許多新的發現及新的可能性，而且他們在這些歷程中有著相當主動的地位。

 第五節　親職教育之新趨勢：落實父母參與

一、親職教育概念緣由

在2歲以前，母親（或其他的主要照顧者）一直是孩子最主要的守護神、養育者及照顧者。到了2歲以後，孩子的社會化擴大了，父母親亦成為孩子社會化中主要代理人之一。相關研究指出親子互動品質好，可以促進孩子性別角色認同，傳遞社會文化所認同的道德觀，增加彼此親密的依戀品質，促進孩子玩性（playfulness）發展，亦有助於日後同儕互動的基礎。環視國內社會，有關兒童的問題（例如，意外傷害、精神、身體的虐待）層出不窮，青少年問題（例如，自殺、犯罪、學業挫敗、逃學等）日趨嚴重，探究其因素，大多為家庭結構及互動品質不良，其中更有因親子關係不良、父母管教不當所造成，也誠如國內知名教育及心理學家張春興博士就曾談過，「青少年問題種因於家庭，顯現於學校，惡化於社會。」所以，家庭遂成為造成社會問題的隱形因子。國外心理及家庭治療大師

Virginia Satir也提出：「家庭是製造人（people making）的工廠」，家庭是提供孩子社會化及教育的場合，它能造就孩子的成長與發展，但不良的家庭互動也會傷害孩子（郭靜晃、吳幸玲，2001）。

不到三、四十年，台灣逐漸脫離「以農立國」的農業時代，躋身於工業發展國家之林，家庭型態亦隨之有了重大的改變，以往身兼教育功能的大家庭已不再盛行，取而代之是獨立、疏離於社會的小家庭型態。

現代的家庭伴隨太多的不穩定性，如婚姻失調（平均每5對結婚就有1對離婚，而離婚率增加勢必也會增加單親家庭）、貧窮、壓力、加上社會支持不夠，終至衍生了許多問題。此外，社會變遷，如人口結構改變、家庭人口數減少、家庭結構以核心家庭為主；教育水準提升、個人主義的抬頭導致婦女前往就業市場；兩性平等造成家庭夫妻關係及權利義務分配日趨均權；社會經濟結構的改變，使得需要大量勞力工作機會降低，取而代之是服務及不需太多勞力的工作機會提增，也刺激婦女就業意願；及經濟所得的提增及通貨膨脹，使得婦女為求家庭經濟生活的充裕，也必須外出工作，以提升家庭的物質生活品質，也造就了婦女成為就業市場的主力，甚至衍生了雙生涯家庭（目前約有48.6%的婦女勞動參與率）。

家庭本身並無生命，是家庭組織成員賦予其生命。在家庭中，家人關係是互動的動態系統，不是固定不變，它隨時都是在改變與調整。家庭更是人類精神與物質所寄託的重心，雖然家庭功能會隨時代變遷而改變，但有些基本的功能則是不會因時代和社會之不同而改變。Burgess和Locke（1970）將家庭功能分為固有的功能和歷史的功能。固有的功能包括：愛情、生殖和教養；歷史的功能包括：教育、保護、娛樂、經濟和宗教。不過因時代變遷，原有屬於家庭的功能也逐漸地被政府及民間等組織制度所取代，例如，托兒所、幼稚園的托育機構或學校之教育機構。

由於父母的親職角色功能不足，加上父母的錯誤認知；認為托（教）育機構不但要成為「訓練機器」，而且也是代管「孩子」的場所，孩子應「及早」且「待愈久愈好」的主要社會化的機構。如果托（教）育人員與父母的教養方式不同，孩子會增加其適應的不安與焦慮，更使得孩子在父母及托（教）育機構的雙重忽略下，延滯其發展的重要時機。

以往老師是罕見的，家長與老師的關係並不密切。雖然往昔孩子在生活上過得相當困苦，但孩子至少有一定簡單、安定及嚴格的限制（教

養），生活方式彈性較小，親職教育就不太需要；而今日的世界，家庭和社會形貌和往昔大不相同，老師和家長更處於一個複雜、快速變遷的世界，他們有許多的立場及責任要分工與協調，甚至更要合作，才能共同積極幫助孩子謀取最佳福祉，這也是親職教育概念的緣由。

二、親職教育與其方案

目前，國內親職教育的推廣除了透過教育部的家庭教育司，並能配合社政單位或社會服務團體（例如，托教機構、基金會等）實施一系列的親職教育。所謂親職教育，筆者簡單給予一直接的定義：有系統、有理論基礎的方案，主要目的及用意是喚醒家長對於教育子女的關心與注意，從中協助獲得社會資源或幫助家長擔負為人父母的職責，配合學校、社會及家庭提供兒童最佳的成長環境，以幫助孩子的成長與發展。

孩子的成長，家庭是其成為社會人、感染社會化歷程的最主要及重要的環境。在家庭中，除了父母在受孕期間所提供的遺傳訊息外，其餘都是由其成長所接觸的自然與社會環境所影響。在孩子的成長過程中，當孩子漸漸脫離家庭，而接觸其他的社會環境（例如，家庭、托育機構），於是這些環境遂成為孩子社會化的第二重要環境。總括而論，這些環境變成孩子成長的生態系統的環境。而這些環境對孩子的社會化有親子教育（父母對孩子）及幼兒（學校）教育（老師對孩子），而家庭與學校之合作則為親職教育（**圖5-1**）。

親職教育最早源於美國1910年代，由中產階層的父母來參與學校的活動以瞭解孩子的需求，直到1960年代，由於美國政府基於經濟機會法案（The Economic Opportunity Act）提出啟蒙計畫，尤其針對低收入戶（主要是單親的女性家長）來進行父母參與學前教育及老師積極涉入家庭教育，而使得家庭與學校的環境配合以及相互作用來促進幼兒的學習，之後，教育學者（如Gordon）發展一些父母效能及老師效能的方案（PET及TET）來教育父母及老師相互合作，參與親職計畫，以藉著刺激孩子早期學習環境關鍵因素的改變，來改善孩子的學習機會，進而發揮智能及學習潛能。總括來說，親職教育是成人透過「再教育」，走入孩子內心世界，捕捉其生活經驗，為孩子追求優質的成長與發展的機會。親職教育適用範

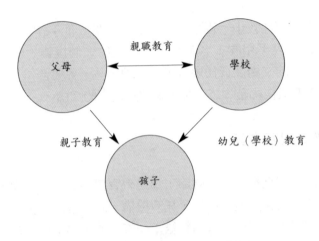

圖5-1　兒童與其社會化系統之關係

圍是孩子及其相關的家人，而且親職教育也應往下紮根，擴及到未結婚及
已結婚並即將為人父母者之教育，包括婚前、產前之兩性及親職訓練，預
先為日後之角色提早做好準備及規劃，以期日後扮演好夫妻及父母的角
色。

　　相關親職教育的研究亦明白顯示：親職教育方案對於母親在改善教養
子女的態度與行為有大幅改善，對其親子關係有明顯的幫助。馬里蘭大學
幼兒教育及發展系（The Department of Early Childhood and Development,
Univ. of Maryland）Dr. Fein專門針對父親作親職教育，有系統地設計父親
參與孩子活動，參加八至十二週的成長團體之後，結果發現：父親表示更
加瞭解孩子，也增加與孩子的親子關係，媽媽們更有閒暇時間（以作為母
職角色的喘息），夫婦關係更加親密，更重要的是孩子的情緒與智力發展
有明顯的進步，遊戲的層次也提增很多。而其他研究也指出：父母積極參
與孩子的活動可增加孩子認知能力、學業成就、考試分數及自我概念皆有
長期的效果；相對地，也增加父母對孩子的瞭解及對教育感到有興趣及發
展自我效能感（sense of self-efficacy）。

　　究竟何種親職教育方案對父母或子女而言是有效的？為何有關親職教
育的施行中，也常聽見老師抱怨：「該來的都不來，每次都是不該來的人
來」；家長抱怨：「是不是孩子又做錯事？不然老師找我做什麼？」諸如

此類的抱怨。親職教育早期出席率不高，也未能激發父母的參與。今日普遍實施親職教育的方式大概可分為動態與靜態兩種方式，前者主要是以親職教育座談、親子旅遊活動、媽媽教室活動、影片欣賞活動、玩具／教學觀摩、家長會、個別親職諮商服務與輔導、親職教育研習會、演講、節慶慶祝活動；後者有家庭聯絡簿、社會資源手冊的應用、父母之親職手冊、公布欄或雜誌書刊提供、平面海報及宣傳品流通等方式。綜合上述之親職教育的方式是屬於較低層次的父母參與，只允許父母參與一些不會挑戰到老師專業見解或是學校政策權力的活動，目的是要家長參與設計好的活動，而這些活動也傾向於使父母保持距離，並從第二手資料得知孩子在學校的生活情形。

三、親師合作與父母參與

親師合作是親職教育的最高境界，換言之，親師合作最重要在於鼓勵父母的積極參與（parental active involvement or participation），並藉著共同參與學校有關政策的訂定、幫助父母如何教育、籌募基金、安排義工父母時間及提供資料，並與老師交換育兒與教育兒童的資訊，使兒童在不同的社會化及受到連續性的一般照顧的目標之下，以獲得最好的親職或較好的托育的照顧。Peterson（1987）為家長參與提供了一個實用的定義：第一，以教育性介入為目的，並有責任為幼兒和家長提供服務；第二，參與和兒童有關的課程活動，此一活動之目的在於提供父母資訊及協助父母扮演自身的角色。從此定義來看，家長參與包括某些可能的服務和活動，可廣義地區分為下列四種：

1.專業人員為父母做的或是提供給父母的事物：服務、資訊、情感支持和建議。
2.家長為該親職計畫或專業人員所做的事：籌募基金、宣傳、倡導方案或蒐集資訊。
3.家長與老師合作以作為課程延伸的事物：在家中或學校中教導或個別指導兒童。
4.家長與親職計畫專業人員共同執行與課程有關的一般性活動：聯合

活動的計畫、評估與執行,以訓練者和受訓者的身分合作,討論兒童共同興趣的活動主題,或是作為兒童的協同治療師(Peterson, 1987)。

這四種廣義的家長參與類型,從父母被動到積極主動的角色不等,因為家長的需要是多元的,所以學校必須判斷哪一種參與是教師課程所最需要。而為了更能鼓勵家長的參與,基本上,學校的課程應包括:允許隨時改變家長參與的層次及型態、個人化的風格及參與的次數應符合父母、兒童、家庭及課程所需、為了達成有建設性及有意義的結果,提供父母可選擇的活動及選擇的權利。所以,父母的參與並不是只允許父母參與一些不會挑戰到老師的專業見解或學校決策權力活動的低層次父母參與(low-level parental participation);相對地,而是要提供父母自我決策機會,並把父母當作是一可貴資源的高層次父母參與(high-level parental participation)。因此,在設計一個家長參與的計畫時,教師必須確定可以擁有來自學校及行政方面的支持,以及確定學校中有其他人樂意幫忙,當然,教師也必須確定擁有執行計畫的技巧及資源所在;能找出樂於支持及參與此計畫,並從參與中獲得成長的家長。

近年來,對於家長與計畫的重視,家長已被視為決策的參與者,而不只是教育機構的委託人。家長對於社區、學校的關切及家長要求在所有層級的教育政策制訂時,家長的意見應被充分瞭解,這也可視為父母親應擔負教育其子女的責任。

家長參與孩子的教育有其教育上、道德上及法律上的理由。顯然孩子是父母親的主要責任,家長應參與教育方面的決定。任何教育課程的成功與否,家長參與是關鍵的因素,特別是在那些特別設計給有特別教育需求兒童的課程(Brofenbrenner, 1974),當家長與學校成為合作的關係之後,和兒童一起合作可以超越教室空間,進而可以促進在家與在校學習獲得相互支持。

台灣今日的兒童及青少年問題日趨惡化,社會變遷是主要成因之一,其他的因素則是家庭、學校與社會的教育的環節失去配合與連貫,家長將教育的問題推給學生,學校將孩子行為問題推給社會(例如警政機關),而警政機關將孩子又送回家庭中。家長對孩子教育的觀點是多元的,誠如

教師對於家長應否參與他們的教學也是多元的。有些教師認為教育兒童是他們的責任，孩子的家庭背景及家長是否參與是不重要的，所以將家庭摒除於學校之外；而其他教師則認為兒童完全由父母及家庭所塑造出，將家長與兒童視為一體，並相信家庭的幫助能使他們更有效與兒童溝通並教育他們（Lightfoot, 1978）。相關家庭背景的研究（Schaefer, 1985; White, 1988）皆顯示家長創造養育的環境，而且家長的教育行為也影響兒童的行為功能。此外，家長參與學校教學也影響兒童人格特質的品質，例如，正向的自我形象、樂觀的態度、正向社會關係（Swick, 1987）及語言的獲得、動作技能的學習及問題解決能力的提增（Pittman, 1987; Schaefer, 1985; Swick, 1988）。

四、親師合作的好處與障礙

衝突常常成為學校和家庭、學校和社區之間關係的特色，尤其是較低收入或少數民族的社區之中。這種衝突可視為對學校的一種回應，藉以傳達壓抑和表達自由解放與互動的工具（Lightfoot, 1978）。

(一)好處

無論持何種觀點，學校必須找出方法來超越各種既有的衝突，並且依兒童最佳利益（child's best interests）來加以運用。親師合作固然是有衝突的，但是它還是有好處，其好處可分為三個層面：

◆ 對孩子而言
　　1.減少分離焦慮及依戀之影響，增加在新學校環境的安全感。
　　2.增加孩子的自我價值。
　　3.由於父母的分享知識而使得孩子的反應及經驗的增加。

◆ 對父母而言
　　1.對有困難照顧子女的父母提供支持。
　　2.獲得教養子女的知識技巧。
　　3.從照顧子女的回饋來獲得做父母的自尊。

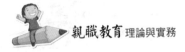

◆對老師而言

1.使得老師更瞭解孩子和更有效的與孩子相處。

2.增加自己對所選擇職業的勝利感及對教學興趣的堅持。

3.父母的資源增強老師對孩子照顧的努力。

親師合作帶給孩子父母及教師們有了正向的回饋及好的行為功效,但是親師之間也可能有錯誤的概念,或低估彼此的技巧,或彼此生活上的壓力而導致彼此之間不能合作。

(二)障礙

父母與老師不能合作之障礙可能與人性及溝通過程所衍生的問題有關,說明如下:

◆因人性有關的障礙

1.批評的恐懼:父母老覺得老師只會對孩子產生負向的批評,而引起個人情緒不安。

2.過度專業的恐懼:老師老說一些教養的專業術語及理論,讓家長無所適從。

3.失敗的恐懼:每次所舉辦的親職座談,出席率總是很低的。

4.差異的恐懼:老師不能設身處地為孩子來自不同家庭背景、觀點和經驗來設想,使得父母不能真誠地開放心理以獲得最終的需求滿足。

◆因溝通過程衍生的障礙

1.對角色的反應:父母對老師角色的期待而影響合作的意願。

2.情感的反應:父母擔心孩子在老師手中,而不得不聽命老師或個人對為人父母的罪惡感,使父母逃避讓他們有這種感覺的人。

3.雙方的憤怒:家長的壓力(例如,工作時數、工作自主權、工作需求等),加上孩子表現又沒有達到父母的期望,老師又不能採納家長的意見;而老師認為工作時間長、低薪、福利少又缺乏專業的肯定,以致不願多作努力與父母接觸。

4.其他因素:其他因素如個性、時間上的配合、彼此的忙碌、親職教育實施方式、學校管理政策等也皆影響家長與老師的合作意願。

　　因此，老師和家長溝通之間如有太多的不安、情緒及個人經驗皆會造成彼此之間溝通的障礙。與其相互責備對方，不如有建設性地為他人設想，放鬆心情，以減少人和人之間的溝通障礙。

(三)教師與家長有效合作

　　Galinsky（1988）提出以下的建議提供教師和家長更有效地合作：

1. 瞭解個人的期待：家長和老師應捫心自問：自己的期望為何？這些期望是否可行？對孩子好嗎？
2. 瞭解家長的觀點：更具同理心思考，並能為家長設身處地著想。
3. 瞭解家長的發展：如同兒童一樣，家長也會成長、發展，教師必須瞭解這種成長。
4. 思考自己的態度：教師需要評估自己對家長的感覺，並且嘗試延伸到最難溝通的家長。
5. 接受對立性：家長因為文化不同，可能在某些事情上和教師有不同的意見，教師必須接納家長的不同意見。
6. 獲取支持：在遇到與家長有衝突時，可以尋求自己的支持網路，以獲得傾訴。
7. 為自己的角色設定合宜的限制：與家長合作時要確立自己的角色。
8. 思考自己所用的語彙：教師必須確定運用合宜的語彙來傳達正確的訊息。
9. 提供不同的專門知識：教師必須建立增強家長專門知識的聯繫及訊息提供。

 **本章小結**

　　誠如為人父母不是一簡單的任務或角色，有效的及成功的為人父母，父母是需要成長、支持與輔導。而親職教育就是秉持這種功能，透過再教育過程，使父母角色更成功。親職教育的功能更是兒童福利體系的支持性功能，透過專業服務，支持父母成為好及成功的父母。因此，至少親職教

育應包括：提供父母瞭解獲得相關教育子女的方法與知識、協助兒童教養（包括教育的抉擇、規劃、行為問題的解決）、家庭諮商服務，以幫助家庭氣氛的建立及婚姻的問題諮商，以及替代性兒童教養服務以解決兒童受虐的問題。

　　教師更要瞭解在任何一個階段的教育，與家長合作是很重要的一環。教師除了對加強孩子及其家庭情況的瞭解，也必須依各種不同的目的，嘗試與家長合作的各種技巧，最重要的是，教師必須瞭解教育兒童不是一件孤立的事，為了成功地協助兒童成長，教師更需要家長的主動配合，以達成親師合作，使得親職教育功能彰顯以減少孩子的成長與發展的問題。

 參考書目

一、中文部分

邱書璇譯（1995）。《親職教育——家庭、學校和社區關係》。台北：揚智文化。

郭靜晃、吳幸玲（2001）。《親子話題》。台北：揚智文化。

郭靜晃、陳正乾譯（1998）。《幼兒教育》。台北：揚智文化。

二、英文部分

Allen, P. (1990). Working with parents: Parent-teacher conferences. *Day Care and Early Education, 17*(4), 33-37.

Becker, W. C. (1974). *Parents are Teachers*. Champaign, IL: Research Press.

Bergstrom, J., & Burbon, J. (1981). Parents as educators: Innovative options to involve educators, parents and the community. *Australian Journal of Early Childhood Education, 6*(1), 16-23.

Bjorklund, G., & Burger, C. (1987). Marking conferences work for parents, teachers, and children. *Young Children, 42*(2), 26-31.

Brim, O. G., Jr. (1965). *Education for Child Rearing*. New York: Free Press.

Brofenbrenner, U. (1974). A report on longitudinal evaluations of preschool programs:

Is early intervention effective? Washington, DC: US, Department of Health, Education and Welfare.

Burgress, E. W., & Locke, H. J. (1970). *The Family from Institution to Companionship*. New York: American Book Co.

Fredericks, A. D. (1988). Parent talk: a most wonderful world. *Teaching K-8, 19*(1), 32-34.

Galinsky, E. (1988). Parents and teacher-caregivers: Sources of tension, sources of support. *Young Children, 43*(3), 4-12.

Galinsky, E., & Weissbourd, B. (1992). Family centered child care. In B. Spodek & O. N. Saracho (Eds.), *Issues in Child Care: Yearbook in Early Childhood Education, Vol. 3* (pp. 47-65). New York: Teachers College Press.

Ginott, H. (1971). *Between Parent and Child*. New York: Avon.

Gordon, I. J., Guinagh, B., & Jester, R. E. (1972). *Child Learning Through Child Play*. New York: St. Martin's Press.

Gordon, T. (1970). *Parent Effectiveness Training*. New York: Wyden.

Gottlieb, B. H., & Pancer, S. M. (1988). Social networks and the transition to parenthood. In G. Y. Michaels & W. Goldberg (Eds.), *The Transition to Parenthood: Current Theory and Research* (pp. 235-269). Cambridge: Cambridge University Press.

Granovetter, M. (1974). *Getting a Job*. Cambridge, MA: Harvard University Press.

Hall, A., & Wellman, B. (1985). Social networks and social support. In S. Cohen & S. L. Syme (Eds.), *Social Support and Health* (pp. 23-42). Orlando, FL: Academic Press.

Honig, A. S. (1979). *Parent Involvement in Early Childhood Education* (Rev. ed.). Washington, DC: National Association for the Education of Young Children.

Honig, A. S. (1982). Parent involvement in early childhood education. In B. Spodek (Ed.), *Handbook of Research in Early Childhood Education* (pp. 426-455). New York: Free Press.

Kagan, S. L., Powell, D. R., Weissbourd, B., & Zigler, E. F. (Eds.)(1987). *American's Family Support Programs*. New Haven: Yale University Press.

Kerr, J. H., & Darling, C. A. (1988). A "Family Fair" approach to family life education. *Childhood Education, 60*(1), 1-6.

Levitt, E., & Cohen, S. (1976). Educating parents of children with special needs-Approaches and issues. *Young Children, 31*, 263-272.

Lightfoot, S. L. (1978). *Worlds Apart: Relationship Between Families and Schools.* New York: Basic Book.

Linde, T. F., & Kopp, T. (1973). *Training Retarded Babies and Preschoolers.* Springfield, IL: Charles C. Thomas.

Lillie, D. (1974). Dimensions in parent programs: An overview. In I. J. Grimm (Ed.), *Training Parents to Teach: Four Models.* Chapel Hill, NC: Technical Assistance Development Systems.

Newman, S. (1971). *Guidelines to Parent-Teacher Cooperation in Early Childhood Education.* Brooklyn, NY: Book-Lab.

Peterson, N. L. (1987). *Early Intervention for Handicapped Children and At-Risk Children: An Introduction to Early Childhood Special Education.* Denver: Cove.

Pittman, F. (1987). *Turning Points: Treating Families in Transition and Crisis.* New York: Norton.

Powell, D. R. (1986). Parent education and support programs. *Young Children, 41*(3), 47-53.

Schaefer, E. (1985). Parent and child correlates of parental modernity. In I. Sigel (Ed.), *Parental Belief Systems: The Psychological Consequences for Children* (pp. 287-318). Hillsdale, NJ: Erlbaum.

Siperstein, G. N., & Bak, J. J. (1988). Improving social skills in schools: The role of parents. *Exceptional Parent, 18*(2), 18-22.

Sparling, J., & Lewis, I. (1979). *Learning for the First Three Years.* New York: St. Martin's Press.

Stevens, J. H., Jr. (1988). Social support, locus of control, and parenting in three low-income groups: Black adults, white adults and black teenagers. *Child Development, 59*, 635-642.

Stevens, J. H., Jr. (1991). Informal social support and parenting: Understanding the mechanisms of support. In B. Spodek & O. N. Saracho (Eds.), *Issues in Early Childhood Curriculum: Yearbook in Early Childhood Education, Vol.2* (pp. 152-165). New York: Teachers' College Press.

Stevens, J. H., Jr., & Bakeman, R. (1990, March). Continuity in parenting among black teen mothers and grandmothers. Paper presented at the biennial meeting of the Society for Research on Adolescence, Atlanta, GA.

Swick, K. J. (1987a). *Perspectives on Understanding and Working with Families.* Champaign, IL: Stipes.

Swick, K. J. (1987b). Teacher reports on parental efficacy/involvement relationships. *Instructional Psychology, 14,* 125-132.

Swick, K. J. (1988). Reviews of research: Parental efficacy and involvement. *Childhood Education, 65*(1), 37-42.

Taylor, K. W. (1981). *Parents and Children Learn Together.* New York: Teachers College Press.

Vaux, A. (1988). *Social Support: Theory, Research, and Intervention.* New York: Praeger.

Weiss, H. B. (1990). State family support and education programs: Lessons from the pioneers. *American Journal of Orthopsychiatry, 59,* 32-48.

Weissbourd, B., & Kagan, S. L. (1989). Family support programs: Catalysts for change. *American Journal of Orthopsychiatry, 59,* 20-31.

White, B. (1988). *Educating Infants and Toddlers.* Lexington, MA: Lexington Books.

Yogman, M., & Brazelton, T. (Eds.), *Stresses and Supports for Families.* Boston: Harvard University Press.

Zarling, C. L., Hirsch, B. J., & Landry, S. (1988). Maternal social networks and mother-infant interactions in full term and very low birthweight, preterm infants. *Child Development, 59,* 178-185.

Chapter

6 親職教育之實施方式

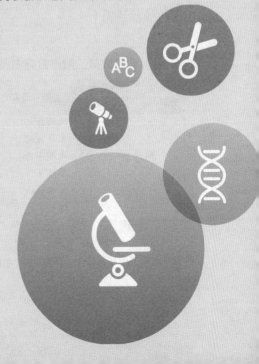

　　親職在任何時空中，皆是個體社會化的最主要途徑。父母親是傳達社會主流價值觀與規範的導師。親職教育成為一門學問及課程更是現代社會的產物，一方面受到西方家庭與兒童發展理論之影響，加上輔導與諮商概念的發展，另一方面受到社會變遷父母角色丕變，也產生面臨管教子女的挑戰（林家興，1997）。目前在台灣親職教育的實施仍是以學校及園所興辦為最主要實施方向，葛婷（1993）以園所實施親職教育之計畫，將內容分為二期三層面（**表6-1**）。

　　開創期階段之實施內容包括：親師溝通（例如，隨機談話、家庭訪問、家長手冊、聯絡簿及諮詢服務等）、家長參與（例如，親子活動與家庭資源等）、親職教育（例如，親職教育講座、園所簡訊、家長座談會、布告欄、圖書借閱等）。

　　成熟期階段之實施內容包括：親師溝通（可加強彼此之情感交流）、家長參與（例如，教學觀摩、教室參與、家長聯誼會等）、親職教育（以父母成長團體為主，及個別和團體諮商）。

　　從**表6-1**之親職教育實施內容，可包括親職教育講座、園所簡訊、家長座談會、布告欄、圖書借閱、父母成長團體、個別諮商及團體諮商等，所用的方式可分為靜態方式，如文字通訊、親子講座、布告欄、圖書借閱及動態方式，如父母成長團體、個別和團體諮商、參與教學、親子活動等，茲分述如下：

表6-1　親職教育二階段實施內容規劃

內容＼階段	親師溝通	家長參與	親職教育
開創期	· 隨機談話 · 家庭訪問 · 家長手冊 · 聯絡簿 · 諮詢服務	· 親子活動 · 家庭資源	· 親職教育講座 · 園所簡訊 · 家長座談會 · 布告欄 · 圖書借閱
成熟期	· 情感支持	· 教學觀摩 · 教室參與 · 家長聯誼會	· 父母成長團體 · 個別諮商 · 團體諮商

資料來源：修訂自葛婷（1993）。〈家園同心——實驗教室親職計畫之介紹〉。《幼教天地》，7，187-206。

第一節　靜態式之親職教育實施

　　靜態的親職教育實施較屬於單向溝通（one-way communication），主要由園所及學校提供資訊給家長參考，主要的方式有文字通訊與電子通訊、親職講座、家長手冊、聯絡簿、布告欄、圖書借閱等方式，茲分述如下：

一、文字通訊與電子通訊

(一)文字通訊

　　文字通訊是最簡捷的單向溝通方式，主要是由學校提供一些文字資訊給可以閱讀文字的父母的一切資訊，此項溝通的缺點是不能提供立即回饋而且也看不到非言語式的溝通（如情緒表達）。

◆出版專刊

　　由推動親職教育的相關單位，例如，信誼出版社之《學前教育》、蒙特梭利基金會之《蒙特梭利月刊》、《嬰兒與母親》、《媽媽寶寶》等，出版「親職教育專刊」登載有子女管教、家長配合事項，或其他有利於親子成長的文章，供家長參考。

◆通訊或簡訊

　　通訊或簡訊的方式可以是定期或不定期的方式，針對家長與需求，主要的目的如下（邱書璇譯，1995）：

　　1.通知家長課堂活動和計畫。
　　2.讓父母瞭解課堂活動之下所蘊含的教育目的。
　　3.提高孩子和家長對彼此的溝通能力。
　　4.延伸並提高從學校到家庭的學習。

　　此項溝通的訊息內容可包括：專家的話、課堂活動紀事、政府之宣傳品、教師心得報告等。另外，也包括了溝通家長和學校意見、介紹親職諮詢機構、演講資訊及優良親職教育書籍（邱書璇等，1998）。

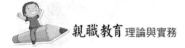
(二)電子通訊

◆全球資訊網路

隨著電腦科技與電子工業的發展，電子通訊是未來親職教育必然的發展趨勢，以美國為例，有些中小學已在網路上設站，並設有專欄提供親師溝通或親職教育相關資訊。而近年來台灣各級教育機構也都紛紛設立自己的網站，而家長的使用機率也隨著電腦的普及化有越來越高的趨勢。

◆其他通訊網路

在電子通訊上，傳真機、電話簡訊與電子郵件是三個可以廣泛採用的方式。目前甚多家庭已有傳真機，學校亦可透過傳真機立即將親職教育資訊傳給家長參考。其他親職教育有關的資訊或聯絡事宜也可以利用電子郵件或以簡訊方式給家長，與家長溝通。

二、親職講座

(一)講座式親職教育的優缺點

聘請專家學者就兒童發展、父母管教子女所面臨的問題，安排一系列的活動，每月或兩週一次，有系統的介紹給家長。主題可依據子女發展的階段或家長的各別親子問題作規劃，邀請適當的人選主講（邱書璇等，1998）。

◆優點

1.短時間內傳達重要概念。
2.經濟。
3.切合家長需求。
4.能配合其他親職教育活動實施。
5.可以系列舉辦。
6.可配合討論或成長團體實施。

◆缺點

1.講座品質無法掌握。
2.講題易流於膚淺。
3.現場易受干擾。
4.不能滿足所有人之問題。

◆注意事項

1.事先探聽演講者的水準與品質。
2.充分與演講者溝通、聯繫。
3.演講日期接近前再作確認。
4.告知演講者地點與交通方式或接送事宜。
5.通知或公告家長參加，家長如有回條更佳。
6.現場布置，並事先準備演講提綱或參考資料。
7.對投影機、幻燈機、麥克風、音響等事先試驗、調整。
8.如需錄音要事先準備，並徵求演講者同意。
9.演講時最好有臨時托嬰服務，使家長安心聽講。
10.事後對演講者及協助者致謝。
11.檢討演講的效果與缺失，或作問卷調查，瞭解家長反應，以作為下次參考。
12.如需出版演講內容，需徵得同意。
13.可擴大與社區一起舉辦，一方面當作公共關係推展園所理念，另一方面也可建構社區資源。

(二)親職教育講座主題

親職教育講座可以配合學生成長與發展需求，訂定切合家長需要的主題，增強家長相關的親職知能，可包含以下主題：

◆學前教育階段

1.幼兒基本衛教常識。
2.幼兒社會能力的培養。

3.如何早期發現與鑑定兒童身心異常。

4.父母如何與子女對話。

5.幼兒知能發展特徵與增進。

6.幼兒發展與保育。

7.特殊幼兒的輔導。

8.社會資源與運用。

9.有效的親子溝通。

10.幼兒行為問題防治與輔導。

11.如何開發幼兒的知能與創造力。

12.兒童保護之法令常識。

13.幼兒氣質認識與輔導。

14.親子共讀與親子共視。

15.如何建立幼兒自信心。

16.遊戲的好處及如何增進幼兒之記性。

◆ 學齡教育階段

1.如何培養子女讀寫算能力。

2.兒童社會發展與輔導。

3.兒童體能發展與輔導。

4.兒童智能發展與輔導。

5.有效的親子溝通技巧。

6.兒童不良行為的問題防治與輔導。

7.特殊幼兒的輔導。

8.智能不足兒童的鑑定與輔導。

9.資賦優異與特殊才能兒童的輔導。

10.如何輔導兒童看電視。

11.兒童與電腦。

12.兒童學習問題的輔導。

13.如何培養兒童的創造力。

14.兒童科學精神的培養。

15.兒童性教育。

16.兒童行為問題之社會資源介紹。

17.增進兒童之自我效能感。

18.增進兒童之自尊與自信。

19.培養孩子之唸書習慣。

◆青春期及青春期以後階段

1.青春期子女的發展特徵與輔導（有關課題之講綱可參考**專欄6-1**）。

2.父母親如何與子女談性。

3.青少年的性別角色發展與輔導。

4.青少年的社會化與輔導。

5.青少年的情緒發展與輔導。

6.青少年的衛生與保健。

7.青少年的智能發展與輔導。

8.青少年的生涯發展與輔導。

9.培養青少年之自我肯定。

10.青少年的休閒與輔導。

11.青少年的次級文化與輔導。

12.青少年偏差行為防治與輔導。

13.如何預防青少年子女犯罪。

14.藥物濫用與成癮。

15.青少年相關法規介紹與運用。

16.有效的親子溝通。

17.如何輔導子女與異性交往。

18.青少年性問題與預防。

19.培養青少年正確之價值觀。

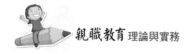

專欄6-1　嚴加控制vs.任其翱翔的矛盾──如何建立有點黏又不會太黏的親職角色

　　青少年期「始於生理，終於文化」，大約在10歲至20歲期間（又可稱為Teenagers），這段期間，隨著在學年齡期的穩定發展後，由於荷爾蒙之成熟，造成青少年身體產生明顯的變化，又由於青少年可以透過形式思維，對於未經驗過的事物提出假設，並透過邏輯原則，而不是知覺和經驗來思維。

　　研究青少年發展的學者，如Siddique及D'Arc在1984年指出其青少年期是所有人生發展階段中最具有困難及學習壓力的一段時期，但未如Hall所言的狂飆期（storm and stress）那般的嚴重。從社會及認知發展的觀點來看，Erikson's Psychosocial理論認為青少年透過與他人關係的互動學習中來獲得其社會及認知的能力，此理論指出：家庭、同儕、學校、社會是青少年主要社會化之代理人，也是影響其社會心理成長與健康的要素。此外，青少年為追求自我的定義，會逐漸獨立而脫離父母轉向異性及同儕的需求；但是因為怕被拒絕，特別需要友誼，凸顯了同儕關係的重要性。也隨著年齡的增加，青少年會從自我中心思考邁向非自我中心驗證假設，演繹推論的較高層次思考，也會產生假想現象與個人傳奇的冒險行為；同時，也有強烈的相對定義價值觀，開始懷疑一些社會的判斷標準。在此一時期，特別需要責任感，與自我肯定等人際關係技巧的培養，以減少產生偏差或犯罪行為。

　　近年來台灣的青少年問題，從飆車、安非他命、青少年自殺、未婚懷孕及青少年犯罪，使得我們瞭解到青少年問題，將成為日後嚴重的偏差行為或犯罪行為，進而影響到家庭及社會。此外，社會變遷也造成家庭結構與功能歪變，也使得青少年需要家庭以外的服務支持，而青少年福利服務的提供更需瞭解青少年發展階段的身心發展情況及其需求，進而檢討整個青少年福利整體規劃。

　　有鑑於此，針對嚴加控制vs.任其翱翔的矛盾（例如，如何建立有點黏又不太黏的親職角色）此實務與教學交流，特擬下列的講授提綱，敬請參酌指正：

專題一：親職是情感的經驗

　　L. W. Hoffman和M. L. Hoffman提出九種當人們決定成為父母，或在成

為事實後調適自己的動機。

- ·確立成人地位和社會認同。
- ·自我的延伸——家庭的持續。
- ·道德價值的成就——在親職中貢獻或犧牲。
- ·增加感情和愛情連結的來源。
- ·刺激、新奇、有趣。
- ·成就、能力、創造。
- ·對他人的權力和影響。
- ·社會比較和競爭。
- ·經濟效用。

不論他們要孩子的動機是為何，成為父母還是一般的事實。

一、不可取消性

那是無法迴轉的，從出生的那一刻起，父母發現照顧和支持這個人的責任，將會完全占據他們大約20年或是更久的時間。即使有其他機構可以分擔工作（如教育），但最重要的責任還是在父母身上，而這種責任也許被甘願或歡喜的接受但他就一直在那裡，一天24小時，一週7天，可不斷的算下去。矛盾的是不管父母會犯怎樣的錯，也不管父母感受到負擔有多大，要把工作轉交給他人是很困難的。

二、限制獨立和疲勞

成為父母後一個很戲劇化的改變，是隨著照顧一完全依賴者而來的行動完全受限。父母必須對離開孩子作好精心的計畫，即使只是短暫的。

伴隨著這種行動上受限而來的是，許多父母生活在一種孤立的情況下，與大家庭分離而隻身生活在現代城市中。因孩子的開支而進一步受限，隨著被新的情況或情緒所支配而產生心理的孤立，許多父母在他們的親職關係中感覺到孤獨。

大多數年輕的父母，特別是母親都抱怨疲勞，從一大早到半夜，他們要對其他人的需要作反應——孩子、配偶、雇主，被所有的時間表極盡壓榨，然而太晚了——孩子就在這裡，而親職必須繼續下去。

三、非本能的愛

人類只可控制本能之外的東西，而像許多父母的行為和反應，包括

愛，則是隨時間、經驗和學習而來。許多父母有時對待他們的孩子有矛盾的情緒，被激怒和感覺所包圍住；有時候生氣的感覺壓過了愛的感覺。

由於受到「完美父母」的幻想不利影響，許多人不自覺的承認為自己「沒有骨肉之情」，而且或許認為有些罪惡感。

四、罪惡感

令人驚訝的是，今日的父母都常提到罪惡感，有個迷思概念認為「沒有不好的孩子，只有不好的父母」的社會態度。父母中對罪惡感最敏感的是母親，因為社會將母親視為最有力的親人。

專題二：賞與罰之檢討

不論在教育／養育小孩，成人（父母或教師）必須建立新的傳統——根據民主原則的傳統「語導、溝通」。

此原則不僅強調讓小孩擁有自主及權力，而且還要自己負責和做決定。對孩子要有自信並培養其自信及能力。

* 切忌：不要僅用獎賞或懲罰（reward or punishment）來控制小孩。
  例如，小孩獲得太多獎賞，而且容易獲得，他們已不在乎，不當成一回事。
* 懲罰：小孩只有暫時迴避（只要我長大）然後行為故態復萌。
  因此，成人必須和孩子一起合作和他們一起負責。每個人其獨特的人格責任、個別目標和行為模式。
* 如何做：建立家庭（學校）之氣氛適合於教學／學習之氣氛來給兒童建立身教。
  成人是Counselor、Guider，幫助孩子瞭解問題所在。再好的父母／老師，孩子不努力也有失敗，並讓他嘗到失敗的滋味。要孩子瞭解對與錯，而且還要告訴孩子如何做才會成功，孩子要對自己負責。
  此種方法可以透過團體討論（或家庭會議）讓孩子在團體中也有地位並受到尊重，可以表達己見，有尊嚴及歸屬感。
  如此一來，不論是個別或集體的問題，才能獲得完全或部分的解決。
* 試試看，你們的孩子應會變成更有自信，其學習動機與興趣才會提高，並且內化成為自己的行為準則，有了協助，自信心提高。

家長／老師應該：

· 相信這種哲理（方法）。

· 學習團體動力或團體技巧，如何與人溝通合作、傾聽。

· 從心理學角度，瞭解孩子的發展與需求。

· 再應用Y理論（鼓勵）。

專題三：自我肯定

非指攻擊別人或與別人吵架，指的是用口語來應對別人的能力，其步驟有四：

1. 教導小朋友肯定是OK，好的意思，自我肯定有十個原則。

2. 瞭解這十個原則：

   (1)我有權對我的行為、思想或情緒做判斷，並為我的行為後果負責任。

   (2)不為我的行為找理由或藉口（我有權這麼做）。

   (3)我有權判斷是否要解決別人的問題。

   (4)我有權改變主意，改變主意並不是一件什麼大不了的事，我就是不想做。

   (5)我有權做錯事（只要我肯負責）。

   (6)我有權說我不知道或我不想做。

   (7)我有權不在乎他人對我的好意（不要認為那是個包袱或負擔）。

   (8)我有權做一些不合邏輯的決定。

   (9)我有權說我不瞭解。

   (10)我有權說「我不在乎」。

3. 在日常生活中應用這十個原則，例如：與同儕相處時或購物時。

4. 練習語言的口語技巧來處理他人對自我的批評、讚賞、誤判或妥協〔利用霧化（fogging）的技巧〕。

何謂霧化的技巧：意指同意他人而非反對他人（臉紅脖子粗的爭論方式）。例如，用幽默自己的方式不理會批評者的批評。

實例（A代表批評者；B代表學習者）：

A：我看你穿得實在很邋遢！

B：無所謂，還好嘛！我只是穿得很普通……

A：唉！你看你的褲子，簡直就像鹹蘿蔔乾一樣，皺得要命！

B：是有點皺！不是嗎？……

A：不只是皺而已，簡直就是爛，這還能穿嗎？

B：對喔！聽你這麼說，我發現這褲子是有點破舊。

A：還有襯衫，你實在品味有夠低！

B：你說得是，我對穿衣服實在不怎麼高明！穿衣服實在不是我的專長。

A：你看看你，我說什麼你都同意，真是沒有主見！

B：對！對！

A：你啊！真是狗屎蛋！應聲蟲！只會附和別人，一點自己的人格都沒有！

B：是啊！這好像就是我。

影片名稱：《新老師上課了——赤子心，師生情》系列——重獲新生

一、影片大綱

　　本片主角塞德自小父母離異，母親為塞德塑造了一個虛假的完全父親形象，假借塞德父親的名義和塞德長期通信，但塞德始終沒有見過父親。塞德由於從小失去父愛，想念父親心切，終日鬱鬱寡歡。塞德成長於繼親家庭之中，繼父在工地監工，母親則在同班同學多馬家中幫傭，繼父雖有心提供家人更好的生活，但是經濟收入並不十分穩定。

　　塞德是班上的轉學生，成績優異，但始終缺乏自信心，表現退縮，塞德內向的特質再加上其身材瘦弱、不喜歡運動，因此在學校遭受同學排擠，雖然塞德曾經嘗試以學習足球的方式接近班上同學，也試著買饒舌歌CD送同學多馬，極力想討好同學以獲取友誼，卻屢遭失敗。

　　塞德在新學校中的同儕關係中挫敗和轉學前的同儕互動經驗重疊，使塞德認為「沒有人喜歡我」、「沒有人愛我」，塞德對友誼有極大的渴求，但始終陷於困境中。在一次誤會中，塞德遭到同學多馬的暴力攻擊，使塞德倍感「活得真苦」，而選擇在工地自殺，幸好由多馬的父親相救。

　　塞德在獲救後向老師吐露心事，才揭露塞德心中最大的傷痛在於認為「父親不要他」，母親所構築的虛假形象反而對塞德造成傷害，使塞德懷

疑自己存在的價值而走上自殺一途。塞德母親在瞭解事實之後，終於願意向塞德坦誠，不再限制塞德與他的父親相見，而塞德也勇敢地告訴班上同學自殺是件愚蠢的事情。

劇中人物多馬是一位留級生，家境富裕，父親是工地主管，母親則是音樂家，母親由於受傷後中斷其音樂生涯，因此把所有音樂的理想和希望都投射在多馬身上，多馬受到父母過多的期待而倍受壓力，在母親對同學塞德的音樂天賦加以讚許時，也令多馬對塞德產生敵意，並且衍生之後的偷竊及暴力攻擊行為。最後，多馬母親正視到自己對多馬的不合理期待，而能以不同的角度欣賞多馬的優點。

二、議題

1. 兒童的同儕關係對兒童的影響及重要性為何？當孩子在同儕團體中不受歡迎時，父母親可以為孩子做些什麼？應該扮演何種角色？在學齡時期是否適合介入？
2. 父母對待孩子的態度對於兒童自我認同的影響？親子關係vs.兒童自我認同。
3. 父母對孩子的期待vs.兒童的影響。
4. 父母如何處理孩子缺乏自信、退縮的行為表現？
5. 桑妮（塞德的母親）為塞德所塑造的完美父親圖像，使他深陷美麗的想像和長久的期盼，這種做法對孩子可能產生哪些影響？

三、家長提問

(一)管教方式

1. 管教方式是否該有點嚴，又不會太嚴呢？如何掌握？
2. 如何放手讓孩子去做，才不會因家長的要求，而與孩子產生劍拔弩張的窘境？
3. 孩子漸漸長大了，教導的方法隨著也當改變，可否提供一些合宜的教導方式給家長們作參考？
4. 傳統與現代教子方法的差異及優劣？

(二)親子互動

如何從誤解與猜疑中，讓孩子排除心中的石塊，重新建立良好不破的親子關係？

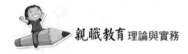

三、家長手冊

家長手冊可作為園所與家長溝通的第一份書面資料。在新生入學前提供給家長認識園所，使家長瞭解相關的行政、教保，以幫助幼兒適應學習。內容可包括有：家長需知、園所教保理念介紹、園所概況介紹（班級、設備、交通、上下學時間等）、入學（入學步驟、幫助孩子分離、為孩子準備入學所需的物品等）、收費、教學（課程、作息表、戶外教學、慶生會及其他相關活動）、健康與安全、家長權益及相關法令規定等。

四、聯絡簿

聯絡簿可作為親師個別化、即時溝通的橋樑。內容可包括：老師的話，記述幼兒學習的情形、人際關係、特殊行為等，也設有家長留言，作為雙向的互動及提供家長參與的機會。聯絡簿可每週或視需要使用，不必流於形式，徒增老師人力及時間的困擾。

五、布告欄

利用布告欄張貼陳列有關親職教育的文章，如教保新知、教養觀念和技巧、園所活動照片、活動預告等；並開闢家長意見欄，提供家長適時反應意見的機會，園所應以分工或專人負責的方式呈現布告欄的內容，以使內容有適時更新及被檢視正確性的機會，也使家長有興趣觀看，以達到親職教育的目的。園所也可以利用每天幼兒回家前將當天的活動作成簡報，或相片剪貼，也可以幫助接送家長瞭解幼兒當天的活動，成為當日親子之間很重要的話題。

六、圖書借閱

在不影響教保的原則下，園所可以把一些親職教育的書籍或幼兒圖書借給家長帶回家閱讀，也是作為親職共同閱讀，連結園所教保活動的機

會。對許多家長而言，購買需要的書籍是不小的經濟負擔，書籍是否合適也是困擾家長的問題。當園所以開放的方式，提供適合的書籍並歡迎家長借閱時，或提供好書交流，一方面可充實幼兒閱讀好習慣，另一方面也可增加親子共讀及家長之間的分享。

第二節　動態式之親職教育實施

　　動態式之親職教育實施乃是透過活動之舉辦，增加親師之間的互動，大致可以分為親師互動及親職教育兩方面，其方式包括有：家庭訪問、家庭諮商、參與教學、親子活動、父母成長團體、家庭參觀教學（如教學參觀與參與等），茲分述如下：

一、家庭訪問

　　家庭訪問通常指由親職教育人員、學校老師等，前往需要親職教育的家庭，針對父母教養子女所遭遇的問題，提供面對面的服務。其內容相當有彈性，可視不同家庭的需要靈活調整（林家興，1997）。

(一)家庭訪問的功能

◆親師或專業人員與家長面對面溝通

　　親師或專業人員經由家庭訪問與家長見面，比較能親切與坦誠的交換意見，更重要的是可以瞭解家庭所在的社區環境、居家環境、家庭互動狀況、家庭存在的問題。

◆獲知家庭所需的幫助

　　可以直接探詢家長所需要的幫助，包括：社會救助、醫療協助、親子管教技巧或其他生活必要的協助。

◆建立關係

　　進行家庭訪問，親師之間或專業人員與家庭之間可以經由瞭解而建立關係，奠定以後合作的基礎，雙方比較不會誤解對方的立場，同時也可以

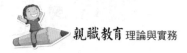

發展私人情誼，有助於子女的教育與成長。

◆對父母直接教育

可將子女的生活與學習狀況或行為問題直接告訴父母，並對家長教育可能的缺失，提供建議，供父母參考。若父母在子女教養上之方法與技巧有所不當，也可立即對父母進行教育。

(二)家庭訪問應注意的事項

◆事先解釋目的

家長事先收到家庭訪視是以孩子為中心的清楚說明。如此說明會減低家庭訪視之威脅面，特別是對那些習慣於正式訪客以他們的房子、經濟條件和家庭成員之職務來評估，或判斷他們好壞的家長尤其重要（邱書璇譯，1995）。

◆與家長安排時間

老師可藉由孩子將通知帶回交予家長，以便能清楚安排訪視家長的日期與時間，並打電話追蹤。非預期的訪視不能保證家長會感到自在並控制情況。

◆行為像客人一樣

縱使是老師主動要去訪視，在別人家裡仍然是客人。實際上，這會使他們處在一個較合宜的地位，因為必須遵從他人的引導。

◆需準時

老師必須對於家庭時間的需求敏感，應於雙方所約定好的時間到達。訪談應維持在15～30分鐘內，訪談時間不要太長，除非家長邀請他們討論特別的事務。

◆訪視之後的責任

在家庭訪視之後，仍有一些後續工作，例如，寄發感謝函、追蹤（以使在家庭訪問中所得知的資訊和討論的話題能持續下去）、評估（老師必須評估家庭訪問以瞭解它在加強家長、老師、孩子關係上的效果）（邱書璇譯，1995）。

(三)家庭訪問的缺點

◆耗費時間

由於學生可能散居各地，對每一位學生作一次家庭訪問就可能要耗費數個小時，甚至一天，相當費時。

◆時間不易調配

目前工商業社會家長都十分忙碌，因此家長與教師面談安排時間難度甚高。

◆有安全顧慮

有些學生家庭環境惡劣，或居住於犯罪率較高地區，進行家庭訪問時通常會有安全上的顧慮。

◆效果無法持久

每次訪問大約只有1～2小時，所討論之問題除了禮貌性的拜會，對問題也較無法深入討論，因此，所討論之問題可能是表面性而且也會影響其改變的期效。

◆孩子行為失控

在興奮、不熟悉的事件中，孩子可能變得過於興奮而人來瘋，導致行為失控的情況。

◆可能負面感覺

訪問者如未能保有同理心以及排除社會預期（social desirability）之心理，可能帶給家長一些威脅，而造成家長不願意合作，故家庭訪問應去除一些暈輪效應（halo effect）及第一印象，而充分給予家長必要的協助與資訊，以獲取他們的合作。

(四)家庭訪問的優點

◆信賴感的增加

孩子看到他的老師在家裡如客人般被歡迎，會因為他父母接受老師而得到正面的感受，家長、老師和孩子之間的信賴感油然而生。

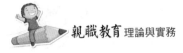
◆第一手的觀察

老師可藉由觀察家長和孩子在他們的家庭環境中互動的機會而獲得第一手資料。

二、家庭諮商

學校實施親職教育宜先成立家庭諮商中心。該中心可獨立設置，或附屬於輔導室，其成員應包括教職員，必須遴選專人專職，負責策劃、協調等工作。其主要功能是有效的建立家長聯絡網、人才庫、答客問，以及溝通作用等。如果學校未設立也可轉介至社區中之心理輔導及家庭諮詢機構。

(一)諮商的意義和功能

諮商的意義和功能包括下列幾項：

1.諮商是一種助人的專業活動。
2.諮商是一種面對面處理問題的助人活動。
3.諮商是在處理個人或團體所遭遇的各種問題。
4.諮商是以口語溝通為主。
5.諮商以個別或團體的思想、行為與情感的改變為焦點。
6.諮商的目的在促進個別或團體成長、適應、改變與發展。
7.諮商強調自我幫助。
8.諮商的理論與技術大都借助於心理學的原理（邱書璇等，1998）。

(二)家庭諮商的步驟

◆建立諮商的氣氛

建立一個適合諮商的氣氛是諮商成功的關鍵。輔導員最好視家長為合夥人，大家共同思考如何有效的幫助兒童；輔導員要保持誠實、清晰的溝通，並且直接集中焦點於眼前關心的主題。

◆描述在校的問題

　　諮商時由老師敘述兒童在學校的行為問題，老師在敘述時難免會使用標籤，輔導員要請老師以實例加以說明。

◆蒐集手足關係和教養方式的資料

　　可藉由家長描述其典型的一天家居生活，以瞭解其家庭狀況、家庭所重視的價值及親子互動方式，並找出兒童在家庭的行為與在校行為的關係。

◆瞭解在家中所發生的問題

　　請家長敘述兒童在家中讓他感到困擾的是什麼，特別描述那些與老師提及的行為類似的部分，同樣探討家長過去常用的解決問題的方法，並探討親子之間情緒、行為交互影響的關係。

◆重新界定問題

　　輔導員要就所有相關訊息對涉及學生目前學校適應問題的家庭，及班級因素提出假設性的看法。對孩子的問題要給予較正向的標定，協助家長及老師去思考；兒童可能具有高度的個人目標，因受挫而變得懶散，以保護其脆弱的自尊。

◆提出學校方向的建議

　　處理的焦點集中在改變親子或師生互動方式上。輔導員所提出的建議應清晰實際、有明確的目標、使用具體的行為用語、朝正向行為的方向努力。

◆提出家庭方面的建議

　　對於老師、家長的角色要重新界定，讓老師和家長處理問題的不同層面，家長有時很難直接改變兒童在校行為，但可以幫忙找出或提供增強物，減少對學校輔導策略的抵銷或破壞。

◆結束及定期追蹤

　　可將老師或家長的建議作成書面資料，並訂出實施及追蹤的時間表，以增加確實執行的可能性（邱書璇等，1998）。

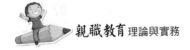
三、參與教學

　　父母參與教學是親職教育上特別受重視的課題，參與教學的目的，除了父母本身的成長以外，也能協助學校及學生子女在教學與學習上獲得助力。

(一)父母參與教學的角色與功能

◆父母是家庭與學校的積極夥伴與教育領導者

　　家長經由積極的參與學校和家庭中子女學習活動，能使子女感受到來自父母的關心與愛，能帶動子女的學習興趣與對學校及家庭的承諾與向心力。

◆父母像是決策者

　　父母參與學校教學歷程中，可以參加家長會、學校董事會或擔任學校顧問，對於教學內容與方式提供建議，並參與學校的決策，直接影響整個教學歷程與成員。

◆家長是卓越教育的鼓吹者

　　有些家長利用捐款的方式協助學校，有些則付出心力，協助處理學校事務，都有助於提高學校、教育的素質，達成卓越教育的目的。

◆家長可以當義工或受僱於學校

　　家長在學校擔任義工是最普遍的參與教學的方法，藉由義務服務中，可以提升家長對學校的行政措施、課程、教師與行政人員的熟識，成為學校的支持者，甚至是辯護者。

◆家長是學生與學校的聯絡者

　　一方面對學校有關教學活動能瞭解，也能監督子女作家庭作業提高其程度與品質，形成子女教育不可或缺的一個環節。

◆父母可以當學校教育目標與兒童學習的支持者

　　有些父母忙於自己的事業，無法有充分時間與學校聯繫，甚至無法捐款給學校，但父母依然可以成為學校的精神加盟者，支持學校的措施，對

學校、教育目標與兒童學習加以大力支持。

◆**父母也是學校教育的接受者及能獲得學校協助者**

　　學校的一切教育活動對父母本身而言也是一種教育，同時當家庭發生困難時，父母也能獲得來自學校的協助。

(二)父母參與學校的優點

1. 家長對於孩子在教室裡的反應和課程，會得到第一手的經驗，並會因付出貢獻而有滿足感。
2. 父母來參與教學時，會感覺到很特別，並會因父母和老師合作而感到安全，且會因父母的瞭解和參與而直接獲利。
3. 老師從中獲得資源，觀察親子互動，並且能因家長參與及和他們有同感而感覺到受支持。
4. 由於老師瞭解他們所合作的家庭，他們會知道家長有哪些豐富的經驗可以運用，以加深孩子對周遭世界的瞭解（邱書璇等，1998）。

四、親子活動

　　幼兒家長對參與親子活動的意願甚高，表示願意參加且實際參與者高達95.8%（黃麗蓉，1993）。親子活動包括園遊會、親子運動會、趣味競賽、親子郊遊、露營、烤肉，以表演或遊戲方式促進親子互動，並聯絡親師感情。在活動設計上，可配合節日（如聖誕節、萬聖節、母親節、畢業典禮），活動時間宜以假日及夜間為主，儘量安排親子一起參與，以增加親子之間的交流機會。

五、父母成長團體

　　「父母成長團體」是由一群熱心的父母，為學習如何使自己在教養孩子方面，更有技巧、更有效率而組成的學習團體，由園所或家長聘請有經驗的專業輔導員，以小團體型式的帶領活動進行。它是一個有主題、有目的、有凝聚力的團體，對於幼兒教養或個人的成長、溝通能力技巧等，做

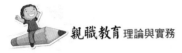
更深入、積極的探討。依照家長所選擇的主題，組成的學習團體，如安排人際溝通訓練、同理心訓練、創造力訓練、父母效能訓練等，雖然以教導和傳統方式為主要的訓練方法，但仍以經驗分享和團體成員間的互動為原則。

有些園所以更主動積極的態度，把輔導界所運用的「成長團體」應用在家長身上，組成父母成長團體。成長團體適合在親職教育工作較成熟的園所推行，其原因為：第一，成長團體對家長而言有階段性，在園所與家長建立較穩定關係時推薦成功率較大；第二，團體的運作是否順利有賴成員間的信任感（李慧娟，1991）。

舉辦父母成長團體需要有以下準備的工作：

1.調查家長相關資料。
2.召開說明座談會。
3.團體人數和時間的安排。
4.找出團體之凝聚力及焦點。
5.建立團體成員熟悉度及信任感。

六、家長參觀教學

安排家長到園所參觀，使家長瞭解園所各項措施、老師的教保活動和孩子的學習表現。參觀的安排對於關心孩子行為及對園所課程有興趣或疑問的家長更有意義。參觀教學之後，可使家長更能瞭解孩子在園所的表現，也觀摩學習老師教保的態度和技巧，而更清楚如何與老師合作教育孩子（有關親師合作之策略與方法，可參考第五章）。

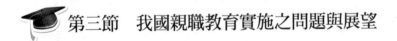

第三節　我國親職教育實施之問題與展望

「親職教育」或「父母教育」（parent education）為一門教導父母如何瞭解與滿足子女身心發展所需，善盡父母職責，協助子女有效成長、適應與發展。換言之，親職教育就是為父母提供子女成長、適應與發展有關

的知識，增強父母教養子女的技巧與能力，使之成為有效能父母的歷程（曾端真，1993；黃德祥，1997）。親職教育的功能很多，積極方面，可以幫助父母與子女預防親子問題的發生或增進更好的親子關係。消極方面，可以幫助父母與子女改善有問題的親子關係或避免親子問題的惡化。

換言之，親職教育的功能包括：預防兒童虐待與疏忽、預防少年犯罪、預防家庭暴力問題的產生、預防子女學習受挫，最終到良好的親子關係與和諧的家庭生活（林家興，1997）。親職教育是由家庭教育所演變而來的新觀念，兩者皆是社會發展的基石。家庭教育是父母施予成長中子女的教育，以協助子女良好的生活習慣、道德觀與待人處世能力的培養。親職教育是現在或未來父母所接受的專業教育，協助父母找出最理想教育子女的方式，以促進親子關係和諧、培養子女健全人格、強化家庭功能為目的，是一種非正規的社會教育，宗旨在教導父母「做好父母」以達成「教好子女」的責任。由此可見，唯有適時切要的親職教育，成功的家庭教育才有可能。本節茲以親職教育之目的、重要性及目前實施所遭遇的問題及未來展望為主要論述。

一、親職教育的目的

(一)提供父母有關子女發展的知識

人的幼年生活可塑性大，是人格發展的搖籃，對其一生有重要的影響，且在不同的發展階段有不同的特色與需求。因此，藉由親職教育提供父母有關子女各階段發展需求的知識，才能提供適宜的教養方法，使子女健全發展。

(二)導正父母不良的教養方式

有些父母對子女要求過多，如太早要求握筆寫字，或慣用責罰的方式管教子女，造成子女的畏縮退怯，凡此皆對子女有不良的影響，藉由親職教育使父母知道不當教養的後果，進而能導之以正。

(三)教導父母有效的親子溝通

親子關係和諧必須透過良好及有效的溝通,否則會造成家庭的緊張與壓力,此外,對子女人格發展也有所影響,指導父母扮演好現代父母的角色,並提供父母調整親子關係的知能是親職教育實施的目的之一。

(四)協助父母培養子女良好的行為

父母的行為是子女的範本,而且父母是子女行為形成過程中最重要的增強者,經由親職教育,父母可瞭解行為形塑的歷程,以及如何適時、適切的讚美及適量的增強子女的行為,進而培養良好的行為。透過親職教育可教導父母適當管教態度與方法。

(五)協助父母提高教養子女的成就感

在子女成長過程中,父母與子女一起學習與成長,且克服子女學習的障礙和困難並隨著子女順利且健全的成長,父母可從中獲得成就感。因此,透過親職教育學習到更好的方式,可提高父母教養子女的成就感。

(六)協助特殊子女的父母克服教養的困境

隨著有特殊需求子女的降臨,父母常經歷到挫折、絕望與矛盾的情緒,使這些父母對親職感到困難、無力以及壓力。於是經由親職教育能幫助這些父母辨識子女的身心及社會狀況,在教養上,能有最佳的調適以及適切的教養態度及方法(胡玲玉,1989;梁淑華等,2003)。

二、親職教育的重要性

父母角色的扮演攸關現代社會中家庭功能的發揮與否。因此協助父母善盡職分的親職教育,其重要性不遑而論。茲就子女、父母、學校、社會四個層面逐一說明以為親職教育功能不得不強化的佐證。

(一)子女方面

幼兒期的生活經驗與環境刺激對其日後發展具關鍵性的影響,而兒童

在家中的時間最長，父母教養的態度及方法對子女的影響也最為深遠。因此，透過親職教育的學習使父母瞭解子女在身體、認知、情緒及社會發展過程中不同階段的需求，以便隨著孩子年齡的增長，以正向的教養態度與技巧來協助子女發展健全的人格。

(二)父母方面

隨著時代的改變與社會的變遷，親子的關係也需要隨之調整，如何扮演好父母的角色需經過學習的過程，父母若能藉由親職教育並配合社會的脈動，幫助父母瞭解自己子女的本質、能力及限制，使自己更稱職的擔任親職。

(三)學校方面

學校教育若能為家庭教育延續，則此兩種教育便能在孩童身上產生預期的效果。因此，校方應使家長能夠與學校政策配合，以利學校功能的彰顯。而學校教育的實施需配合家庭教育，家庭教育則需透過親職教育來推行。使家庭教育與學校教育彼此間能一致、前後承續，以及相輔相成。

(四)社會方面

現今社會許多問題歸咎其主要原因是家庭教育的失敗，親職教育若能發揮功能，將可協助父母採取適當的教養型態也有助於子女的自我控制與自力行為，將消弭部分社會問題。

三、親職教育實施之問題與展望

(一)親職教育在幼兒園實施之問題

對於親職教育的重要性各界已有共識，教育當局也十分注重家長再教育的問題，也積極倡導、推行親職教育；然而親職教育的落實仍有待大家共同努力，在幼兒園實施親職教育通常會有下列的問題：

◆就家長方面而言

1. 家長觀念已定型，難以接受別人意見：家長的人格發展已定型，教育可塑性低，由於家長的觀念、心態上已有固定傾向，較不易接受別人的意見。
2. 家長異質性大：家長教育程度、人格特質、職業等各方面異質性大，難以針對家長的不同需求提供親職教育。
3. 家長參與意願低落：
   (1)部分家長心存優越感，認為其教育程度、社經地位高過教師，在教養子女上未必要接受教師的建議。
   (2)家長因為工作繁忙，在時間上難以配合，而無法參加。
   (3)對於表現差、適應不良的幼兒，其家長因礙於情面，或甚至不關心而不理會園所的邀請。
   (4)家長親職功能越低者，配合親職教育之實施意願越低。

◆就園所方面而言

1. 缺乏長期教育：大部分的園所每學期會舉辦一次或二次親職教育活動，而這些活動能提供家長的再教育，但其作用如蜻蜓點水，效果並不大。
2. 缺乏有系統的目標與內容：
   (1)缺乏短、中、長期的規劃。
   (2)所舉辦的演講活動或座談會常針對某一個問題，如親子問題、教養問題，皆只點到為止，未能由淺到深，顧及點、線、面的完整性。
   (3)時間安排的問題：
   - 舉辦親職教育活動須以家長能參與的時間作為最先考慮，利用假日舉辦家長仍有不少變數，遇到天候不佳亦會影響出席率。
   - 舉辦活動時間若太短，常偏重於團體性，教師常無法與家長作個別懇談。
3. 人力經費不足：
   (1)在人力上，因教師須從事教學，規劃活動常因人力不足，無法請專人策劃，做較充分的準備。

(2)舉辦活動亦須考慮經費，因有經費上的限制，故會影響活動品質。

4.活動方式刻板欠變化：活動內容少變化、欠活潑，只流於形式，效果自然不佳，家長參加過一次後，第二次參與的興趣就會降低。

5.缺乏成效評鑑：評鑑的功能是為了瞭解活動的利弊得失，並可作為下次舉辦活動的修正參考依據，在活動舉辦過後未做客觀評量將是徒勞無益。

(二)未來親職角色與親職教育推廣問題

現代社會由於受到科技文明的衝擊而產生了快速變遷，這亦使得家庭結構也隨之改變，傳統社會塑造的父母，在現今的工商業社會恐已不適用，而現代父母的新形象、新角色則逐漸形成並取代之。未來親職角色轉變有下列幾項特點：

◆ 未來父母的各自角色

1.晚婚，教育延長，經濟依賴，為改善下一代環境。
2.成年期認同延長。
3.個人特殊角色被社會接受。
4.女性尚可兼顧喜愛之工作與孩子之照顧。
5.社會支持男性回歸家庭功能，有蔚為風氣之趨勢。

◆ 未來父母的養育角色

1.男女均具雙性角色。
2.更重情感回饋及安全之教養。
3.重視孩子個別差異發展自我。
4.重視早期撫育的重要性。
5.父職參與養育活動。

◆ 未來父母的教育者角色

1.準父母先做技能準備，不斷成長。
2.有參考書籍及專家諮詢網協助。

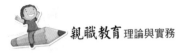
3.視孩子為發展之學習者,有計畫地栽培孩子。

4.重視孩子社會化。

5.重建家庭倫理道德價值。

從上述的說明可清楚地看出未來父母更加地瞭解到「親職」的必要性和重要性,注重為人父母的準備與職責,重視家庭生活,學習做個稱職的父母,陪孩子一起成長,所扮演的父母角色也隨著孩子的需求不斷地在改變。

(三)親職教育推廣問題

1987年10月,教育部與台灣省教育廳有鑑於社會問題嚴重,於是與台灣縣市研商,擴大於台灣地區在各縣市成立「親職教育諮詢中心」,以全面推動親職教育,提供社會大眾有關親職溝通、家庭問題等諮詢的服務。

由於基層單位於推行家庭教育、親職教育時有其困難性,因此,教育部經研議責成各縣市自1990年5月1日起,將原設立「親職教育諮詢中心」,一律更名為「家庭教育服務中心」,服務的內涵有擴大,包括:提供「電話諮商」、「晤談」、「函件輔導」等服務,並兼辦預防性的推廣工作。

教育部自1991年度起積極地督導各縣市成立「家庭教育服務中心」,推展家庭教育業務、落實基層推廣工作,並組訓義工、建立專業諮詢服務體系,這對於發揮家庭的功能、家庭教育的推廣,有很大的助益。

目前各縣市家庭教育服務中心為政府推廣家庭教育、親職教育工作的專責單位。此外,2003年之後,兒童福利法及少年福利法合併立法,規定地方政府要籌設心理輔導及家庭諮詢機構,辦理地方上家庭及兒童少年之問題輔導與諮詢。

(四)家庭教育服務中心

◆推廣活動服務對象

推廣活動服務對象包括:一般家庭、特殊家庭、各個年齡層之對象均包括在內。但是,目前親職教育的推廣仍以一般家庭為主,特殊需求的家庭之方案尚付闕如,不過有些社會福利團體正積極為這些家庭(如單親家庭、兒虐家庭、外籍配偶家庭、隔代家庭)舉辦一些親職教育方案。

◆ 舉辦活動類型

　　活動之類型採多元化方式，有讀書會、影片欣賞、演講座談、成長團體、工作坊、營隊、遊園會、廣播電視等，依社區民眾反應需求在推廣的活動上呈現不同風貌。

(五)小結

　　親職教育的推行，不是一項單純孤立的事情，它需要全民來響應，全民來參與，因為它是全民性的；由於親職教育是經常性、長期性的工作，就必須要社會大眾加以倡導、支持，需要不斷地創新、努力、使親職教育的活動生動、活潑、能為一般社會大眾所接受。因此，家庭教育服務中心之重要工作有四，分述如下：

◆ 加強園所教育中推展親職教育的成效

　　1.學校有責任辦好親職教育，營造良好的親師溝通，使家長能學習親職的專業知識。

　　2.規劃親職教育講座，編輯親職手冊，推動親職成長團體，鼓勵家長同步成長。

◆ 整合社會資源

　　1.充分利用社區場所及環境，並以學校為核心，鼓勵民眾參與活動。

　　2.運用電腦資訊，統合社會資源，建立網絡，使資源系統發揮最大效能，親職教育的理念推展更擴大。

◆ 加強專業人員的儲訓

　　1.加強專業人員、策劃人員與活動領導人員的訓練，使親職教育活動更加充實，有內容。

　　2.加強活動內容的豐富性、實用性、多元性、提供專業的服務品質。

◆ 重視宣導工作

　　善用大眾傳播媒體，加強宣導，傳播新知，擴大親職教育的推廣空間。

　　總之，親職教育的推廣，必須結合政府、社會、園所、家庭的力量來

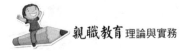

推展，才有良好之效果，為了家庭、社會、國家日後的發展，對於親職教育的推廣及落實應特別加以重視。

 本章小結

本章介紹在我國常見的親職教育實施方式，共可分為靜態與動態方式。前者包括有文字通訊與電子通訊、親職講座、家長手冊、聯絡簿、布告欄、圖書借閱等，而後者包括有家庭訪問、家庭諮商、參與教學、親子活動、父母成長團體、家長參觀教學等。雖然每個方式皆有其優缺點，但如果老師能善用家長資源，將可使教學上得到很大助力，也可幫助教學與管教兒童的順利。最後一節則介紹有關我國近年來實施親職教育所遇見到一些困難，以及未來實施親職教育的展望。

參考書目

李慧娟（1991）。〈幼兒實施親職教育經驗小札〉。《幼教天地》，7，213-220。

林家興（1997）。《親職教育的原理與實務》。台北：心理出版社。

邱書璇、林秀慧、林敏宜、車薇（1998）。《親職教育》。台北：啟英文化。

邱書璇譯（1995）。《親職教育——家庭、學校和社區關係》。台北：揚智文化。

胡玲玉（1989）。〈親職教育對特殊兒童的重要性〉。《特殊教育季刊》，32，20-22。

梁淑華、吳美玲、羅高文、林冠伶（2003）。《親職教育》。台北：華杏。

曾端真（1993）。《親職教育模式與方案》。台北：天馬。

黃德祥（1997）。《親職教育》。台北：偉華。

黃麗蓉（1993）。《配合家長期望推展機構親職教育之分享研究》。中國文化大學兒童福利研究所未出版碩士論文。

葛婷（1993）。〈家園同心——實驗教室親職計畫之介紹〉。《幼教天地》，7，187-206。

Chapter 7

親職教育之實施內容

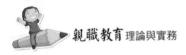

　　親職教育是教人如何為人父母的教育，實施之內容應視父母的需要，它並不是能解決所有的問題，而是在有限的時間與人力之下，達到某些教育的目標（林家興，1997）。本章針對父母之需要來概括親職教育應實施之內涵，包括：父母對自我的認識、對兒童少年發展與保育的瞭解、探討家人角色與溝通及家庭生活管理，以期達到改變父母的認知與行為，幫助父母做好親職工作。

第一節　自我探索

　　父母所面對的問題有些是來自家庭之外的社會因素所造成，但也有些是來自家庭的因素，特別是自己的期望，而孩子很自然地感覺到父母的想法而有所反應，且表現在行為上（鍾思嘉，2004）。因此，父母必須花一些時間思考自己對子女有何期望？而這些期望是否合乎實際？是否符合孩子的能力、興趣及理想？通常父母對孩子的期望是負向、超乎不合理的高標準、過度的野心或過分強調競爭及看重錯誤會帶給孩子一些傷害，例如內心沮喪、缺乏信心及害怕失敗與犯錯（鍾思嘉，2004）。所以，父母首先要對自己有清楚的探索，才能有助於做好親職角色及功能。

一、自我認識之內涵

　　自我探索即對自我的認識。自我認識（self-awareness）包含認識自我的身體、生理需求、精神狀況、情緒、能力、興趣、信念、價值觀、所擔任的角色、職責、優點、長處、理想和恐懼、擔心的事物、對自己的工作、家庭、婚姻、生活環境、教養態度與作法、對子女教育的理念，甚至對人性的看法（高慧芬，1998）。高慧芬（1998）進一步指出：自我認識包含一個人對其「生理我、道德我、心理我、行動我、理想我、現實我、家庭我、社會我、工作我及角色我」的認識與瞭解（**圖7-1**及**表7-1**）。

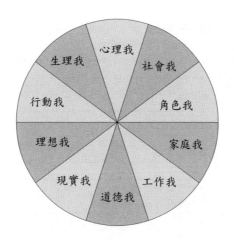

圖7-1 自我認識內容圖

資料來源：高慧芬（1998）。〈親職教育內涵〉。輯於張斯寧、高慧芬、黃倩儀、廖信達（編著），《親職教育與實務》。台北：永大書局。

表7-1 自我認識的內容細目

生理我	身體外形（高矮胖瘦）、容貌
	健康與疾病
	自己的生理時鐘（精力充沛及無精打采時段）
心理我	心理狀態
	自己性格、人格及興趣
	挫折及壓力容受度
	內心的渴望及厭惡
	動機的強弱
	情緒的狀態及引發各種情緒的事件
社會我	人際關係狀況及勝任感
	人我交往原則及信念
	我所屬的團體及對團體的貢獻
角色我	我所扮演的各種角色
	角色的勝任感
	角色的職責擔任
	價值觀
家庭我	我在家庭的角色與勝任感
	我對家庭生涯史的認識
	對家庭目前生涯階段任務的認識及作法
	對家庭的未來規劃

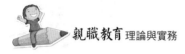
（續）表7-1　自我認識的內容細目

工作我	工作抱負及發展
	工作能力及表現
	工作與家庭的配合
	工作薪資
	工作意義與價值
道德我	做人做事的標準
	良心、良知、良能的價值觀
	對生命、事物的信念
	有所為、有所不為所堅持的原則
現實我	表現出來的我，包括我的行為、態度等
	別人所認識、肯定的我
理想我	我所追求的理想與目標
	我計畫中要完成的目標
行動我	我的執行能力、才幹及性向
	我已完成的事和計畫中要完成的事
	我的行動執行能力、策劃能力及持續力

資料來源：高慧芬（1998）。〈親職教育內涵〉。輯於張斯寧、高慧芬、黃倩儀、廖信達（編著），《親職教育與實務》。台北：永大書局。

二、積極自我形象的建立

積極自我形象的建立要由內而外，先要有內在動機，再督促自己朝向正向自我發展。積極自我形象包含自尊、自信及自重，這也是透過環境與人互動中漸漸形成的感受。因此，父母在建立積極自我形象的同時，也要給予孩子有自尊、自信與自重。Pelham及Swann（1989）指出個體之自我評價（包括自尊與自信）來自下列三個基本方面為基礎：

1.來自別人的愛、支持和贊成的訊息。
2.具體的特性和才能。
3.在與別人進行比較或與理想自我相較下，一個人擁有上述自我的具體行為。

親職教育的目的之一就是提供再學習機會給父母，一方面學習好的父母角色，另一方面則建立積極的自我形象，進而對父母角色的認同與再學

習。林清江（1987）將父母對角色的學習分為五個歷程，分述如下：

1. 觀察父母角色的時期：此階段透過觀察自己的父母、別人的父母或大眾媒體所教導父母的觀念，建立自己為人父母的認知與觀念。
2. 建立婚姻，準備為人父母的時期：根據過去所觀察父母角色的經驗，融合現存的事實，作為人父母之準備。
3. 為人父母初期：子女一出生即給父母學習的機會，此時父母是依據子女的行為來調整自己的行為，以學習做父母的角色。
4. 對父母親角色重新思考時期：經過一段時間，父母會重新檢討自己的教育方式，經過調整以期望子女能夠更好。
5. 子女獨立後的父母角色：子女長大成人後，年老的父母會重新檢討自己往日所扮演的父母角色是否成功，並思考如何與子女相處。

上述為人父母的階段就如同Duvall（1977）所述的家庭生命週期，父母的發展任務（可參考第三章之家庭生命週期理論）。Duvall（1977）進一步將父母之理想角色分為兩類——傳統的概念與發展的概念（**表7-2**及7-3）。

表7-2　好父親的角色

傳統的概念	發展的概念
1.為子女訂定目標。	1.重視子女的自主行為。
2.替子女做事，給子女東西。	2.試著瞭解子女和自己。
3.知道什麼對子女是好的。	3.承認自己和子女的個別性。
4.期望子女服從。	4.提高子女成熟的行為。
5.堅強、永遠是對的。	5.樂意為父之角色。
6.有責任感。	

資料來源：Duvall, E. M. (1977). *Marriage and Family Development* (5th ed.). Philadelphia, PA: J. P. Lippincott.

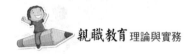

表7-3　好母親的角色

傳統的概念	發展的概念
1.會做家事（煮飯、洗衣、打掃等）。 2.滿足子女的生理需要（吃、喝、穿等）。 3.訓練子女日常生活常規。 4.德行的教導。 5.管教子女。	1.訓練子女獨立自主。 2.滿足子女的情緒需要。 3.鼓勵子女的社會發展。 4.促進子女的智力發展。 5.提供豐富的環境。 6.照顧個別的發展需要。 7.以瞭解的態度來管教子女。

資料來源：Duvall, E. M. (1977). *Marriage and Family Development*(5th ed.). Philadelphia, PA: J. P. Lippincott.

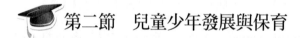

第二節　兒童少年發展與保育

　　兒童發展的起點應為個體受孕開始，而狹義的終點約到青年期為止。兒童的年齡界定也會因文化差異而有所不同。一般兒童係指12歲以下之人（我國也採取此定義），但發展國家例如日本與美國將兒童界定為18歲以下之人。我國兒童及少年福利與權益保障法雖將兒童界定為12歲以下之人，但實際兒童福利工作範疇已將12歲擴大至18歲。發展改變的過程具有順序的、前後連貫的、漸進的、緩慢的；其內容包含生理和心理的改變，其方向是由簡單到複雜、由分化到統整。一般而言，兒童的分期可分為產前期、嬰兒期、幼兒期及兒童期。兒童發展改變的類型有：大小的改變、比例的改變、舊特徵的消失、新特徵的獲得。兒童發展的一般原則包括：早期的發展比晚期重要、發展依賴成熟與學習、發展具有關鍵期、發展的模式是相似的、發展歷程不是連續而是具有階段性、發展中有個別差異、發展的速率有所不同，以及發展中各層面具有相關性（郭靜晃，2004）。

　　親職教育目的有二：一是針對不標準的父母或撫育者，改善其為人父母之道，加強其教育子女之功能，並能善盡其責。另一功能是針對一般的父母或撫育者，扮好「慈父良母」角色，善盡職責，使他們成為更成功之理想父母（施欣欣、曾嬪嬪、蘇淑真、劉瓊英、張秀如、溫世真，1995）。為了協助子女成長，有效達成教育子女的功能，父母或撫育者必

須具備個體發展的知識，瞭解子女發展階段及保育知識。如此一來，父母才能有效行使父母角色，實施正確之管教方式，幫助子女達到潛在能力的發展。

一、兒童發展的意義、分期、改變與原則

(一)發展的意義

發展（development）的意義牽連甚廣，要如何界定，端賴學者以何種角度切入，Gesell（1952）認為發展是一種有順序的、前後連貫方式做漸進的改變。Hurlock（1968）認為發展是一個過程，在這個過程，內在的生理狀況發生改變，心理狀況也受到刺激而產生共鳴，使個體能夠應付未來新環境的刺激。Anderson（1960）亦強調，發展不僅是個體大小或比例的改變，也不只是身高的增加，或能力的增強，發展是統合個體許多構造與功能的複雜過程。朱智賢（1989）認為發展係指一種持續的系列變化，尤指有機體在整個生命期的持續變化，這種變化既可是由於遺傳因素，也可局限於出生到青春期這一段時間。張春興（1991）將發展分為廣義與狹義兩種，就廣義而言，係指出生到死亡的這段期間，在個體遺傳的限度內，其身心狀況因年齡與學得經驗的增加所產生的順序性改變的歷程；至於狹義的定義，其範圍則縮短至由出生到青年期（或到成年期）的一段時間。在以上兩界說中，雖然均以「自出生」作為研究個體發展的開始，而事實上目前多從個體生命開始（受孕）研究發展。黃志成（1999）在其所著《幼兒保育概論》一書中，則將發展的意義界定如下：係指個體自有生命開始，其生理上（如身高、體重、大腦、身體內部器官等）與心理上（如語言、行為、人格、情緒等）的改變，其改變的過程是連續且緩慢的，其改變的方向係由簡單到複雜、由分化到統整，而其改變的條件乃受成熟與學習，以及兩者交互作用之影響。

縱觀上述各家所言，發展之意義可歸納出下列幾點：

1.發展的起點應為個體受孕開始；而其終點就廣義而言，應到死亡為止；就狹義而言，則約到青年期為止。

2.發展為個體的改變，其改變的過程是有順序的、前後連貫的、漸進

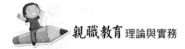
的、持續的。

3.發展的內容應包含生理和心理的改變。

4.發展的改變與遺傳、環境、學習、成熟有關。

5.發展不單是量的變化，也是質的變化。

6.發展的方向是由簡單到複雜，由分化到統整。

(二)兒童的分期

如前所述，兒童發展是前後連貫的、漸進的，故實難為兒童的生長過程分期，然為研究、瞭解之方便，學者專家總是大略的將它分為若干階段，例如：

◆盧素碧

盧素碧（1993）將其分為：

1.胚胎期：自受精至誕生。

2.初生期：大約指出生後的10天或1個月。

3.嬰兒時期：大約指出生後10天或1個月至1歲多的期間。

4.幼兒期：指1歲多到滿6歲的期間。

5.兒童期：自6歲至滿12歲。

6.青年期：自12歲到成熟。

◆黃志成、王淑芬

黃志成、王淑芬（1995）以年齡為標準，將兒童期劃分為：

1.產前期：從受精至出生前為止。

2.嬰兒期：從出生至滿週歲。

3.幼兒期：約從1歲至6歲。

4.兒童期：從6歲至12歲。

◆張春興

張春興（1992）在《現代心理學》一書中，將兒童期分為：

1.產前期：從受孕到出生。

2.嬰兒期：指出生至2歲。

3.前兒童期：2歲至6歲。

4.後兒童期：6歲至13歲。

◆Erikson

Erikson（1963）的心理社會性階段，將兒童分為以下四期：

1.嬰兒期：指出生至1歲。

2.學步期：指2歲至3歲。

3.幼兒期：指3歲至6歲。

4.兒童期：指6歲至12歲。

◆Newman和Newman

Newman和Newman依據Erikson之心理社會發展理論，將兒童期分為：

1.胚胎期：胚胎期又稱為產前期，自受精到出生前為止，約266天，此發展階段可以分為三個三月期（trimester）之分期，又可稱之為受精卵期、胚胎期及胎兒期，在發展及保育的需要上，以優生保健最為重要。此外，媽媽的健康、胎教與文化的觀點，以及對孕婦的支持等，都會直接及間接地影響到胎兒的健康與孕育。

2.嬰兒期：自出生至2週為新生兒，2週至2歲為嬰兒期，此期是人生發展最快及最重要的階段，在生命中的第一年裡，體重可成長至出生時的三倍，2歲時，運動、語言、概念形成的基礎已具備。在此時期的發展與保育、營養衛生保健、疾病預防及給予依戀及信任是必需的，此外，適當的教育也是相當重要的。

3.學步期：學步期又稱嬰幼兒期，自2歲到4歲左右，在此階段的幼兒總是活動不停、好問問題、幻想。在此階段的發展與保育，預防意外產生、營養衛生保健、親情與教育的提供是必需的。

4.幼兒期：從4歲到6歲，此階段的幼兒已受到複雜的社會所影響，在此階段的幼兒大都會去上托育機構（幼兒園或K教育），台灣在4歲至5歲左右托育率約有80%，而5歲至6歲的幼兒則有96%是在托育機構受到照顧與教育。除了家庭與托育機構外，同儕團體、鄰里環境及電視對幼兒期的自我概念也產生具體影響，在此時期的發展與保育的需要上，安全、營養、衛生及生活自理能力的培養也是相當重

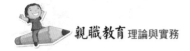

要的。

5. 兒童期：從6歲至12歲，又稱學齡兒童期或兒童後期，此時期對於日後適應社會能力的培養相當重要，亦是親子關係、同伴友誼及參與有意義的人際交往對於日後因應青少年期的挑戰是必要的。此時期的兒童大都是快樂、充滿活力及有意願學習。此時期的發展與保育的需要上，教育及培養技能是最為優先的要務。

6. 青少年期：大約從性成熟開始，終於文化之發展特殊性，又分為青少年前期（約10至18歲），及青少年後期（18至24歲止）（郭靜晃、吳幸玲譯，1993）。從生理的突然衝刺到生殖系統成熟，出現第二性徵，在此時期的少年歷經思春期的變化，約在10歲至18歲。除了生理的變化，還有明顯的認知成熟及對同伴關係特別敏感。這一階段的特點是確定對家庭的自主性及發展個人認同。在此階段發展與保育的需要上，性教育及獨立生活的培養以及在同儕互動中產生正向之自我評價是必需的。

(三)發展改變的類型

兒童發展上的改變，包括生理的、心理的兩大類，其改變的內容，Hurlock（1978）曾提出在發展上變化的類型（type of change）如下：

◆大小的改變

在兒童期，無論是身高、體重、頭圍、胸圍，以至於內部的器官，都一直不斷的在增長中，以體重為例，剛出生的嬰兒約3.2公斤，至4個月大時，再成長一倍，至週歲時，其體重再增一倍，約近10公斤。

◆比例的改變

兒童不是成人的縮影，在心理上不是如此，於生理上亦同。以頭部和身長的比例而言，在胚胎期，頭與身長的比例約為1：2，出生時約為1：4，而長大成人後約1：7（或1：8）。

◆舊特徵的消失

在兒童期的發展過程中，有些身心特徵會逐漸消失。在生理上，如出生前胎毛的掉落；在嬰兒期，許多反射動作自然消失；在幼兒後期，乳齒

的脫落等皆是。在心理上，如自我中心語言逐漸減少，轉向較多的社會化語言；對父母的依賴慢慢減少，轉向同儕。

◆ 新特徵的獲得

兒童身心之若干新的特徵，是經由成熟、學習和經驗獲得的。在生理上，如6歲左右，恆齒的長出；在兒童後期，青春期的到來，男女兩性在主性徵及次性徵的變化。在心理上，例如，語言的使用、詞類越來越多、認知層次越高、興趣越廣泛等皆屬之。

(四)發展的一般原則

兒童發展，雖有個別差異，但大致仍遵循一些普遍的原則，有助於對兒童的瞭解，分別說明如下：

◆ 早期的發展比晚期重要

人類的發展，以越早期越重要，若在早期發展得好，則對日後有較好的影響，反之則不然，例如，在胚胎期可能因一點點藥物的傷害，而造成終身的殘障。Erikson（1963）也認為在嬰兒期如果沒有得到好的照顧，以後可能發展出對人的不信任感；Sigmund Freud為精神分析學派的心理學者，此學派的理論重點也主張人類行為均受到早期經驗的影響，可見早期發展的重要性。

◆ 發展依賴成熟與學習

兒童發展依賴成熟，成熟為學習的起點，生理心理學派即持此一觀點，例如，6、7個月的嬰兒無法教他學習走路，因為還未成熟到學習走路的準備狀態（readiness），但到了11、12個月時，因為生理上的成熟，嬰兒即有學習走路的動機，因此，嬰兒會走路的行為端賴成熟與學習。

◆ 發展有其關鍵期

所謂關鍵期（critical period）係指兒童在發展過程中，有一個特殊時期，其成熟程度最適宜學習某種行為；若在此期未給予適當的教育或刺激，則將錯過學習的機會，過了此期，對日後的學習效果將大為減少。例如，語言的學習，其關鍵期應在幼兒期，此期學習速度較快，效果也較好，過了此期再學效果較差，許多人到了青少年期，甚至成年期開始學習

第二種語言或外語，常發現發音不正確的現象即是一例。一般所謂學習的關鍵期是針對較低等層次的動物行為，例如，鴨子看移動物體而跟著它，對於人類則對本能成熟之發音及爬行較能解釋，對於學習高等層次之思考行為則較無法用學習的關鍵期來做解釋。

◆發展的模式是相似的

兒童發展的模式是相似的，例如，嬰幼兒的動作發展順序為翻滾、爬、站、走、跑，次序不會顛倒。也因為如此，在教養兒童時，掌握了發展的預測性，依循關鍵期的概念，更能得心應手。

◆發展歷程中有階段現象

有些學者認為人的發展是一個階段接著一個階段進行，當一個兒童由一個階段邁向一個更高的階段時，即會有定性的變化（qualitative change）。例如，當兒童的認知發展由一個階段邁向一個更高的階段，表示他們的思維方式有顯著的定性變化（馬慶強，1996）。

◆發展中有個別差異

兒童發展雖有其相似的模式，但因承受了不同的遺傳基因，以及後天不同的家庭環境、托育環境、學校環境、社區環境等因素，故在發展上無論是生理特質、心理特質仍會有個別差異。此種差異並未違反「發展模式相似性」的原則，因為在此所謂的差異是指發展有起始時間的不同、發展過程中環境的不同而造成個體的差異。

◆發展的速率有所不同

兒童發展並非循固定的發展速率，各身心特質的進程，在某些時候較快，在某些時候則較慢。例如，在幼兒期，淋巴系統、神經系統是快速成長，而生殖系統則進展緩慢，直到進入青春期時，則快速發展。

◆發展具有相關性

兒童身心發展相輔相成，具有相關性。生理發展良好，可能帶動好的心理、社會發展。反之，有些生理障礙的兒童，如視覺障礙、聽覺障礙、肢體障礙、身體病弱的兒童，其心理、社會發展常受到某些程度的影響。

二、自我與性別概念之發展

　　個體在團體孕育時，已開始顯示有自己獨特的人格，出生之後更顯示個體之氣質差異，之後隨著個體與環境（例如，家庭、重要他人、媒體等）之互動也產生相當影響，之後，也影響個體之自主發展、依附行為、挫折忍受、社會能力，以及個體自尊和自信。個體在上述特質之差異，似乎有些是與生俱來的，但環境也扮演相當重要之影響角色，所以說來，個體之自我與性別概念似乎也是受生物和社會環境兩個影響因素所造成的結果。

　　由於兒童的認知能力和社會環境在發展過程中一直不斷改變，在兒童不同發展階段裡，其性格特徵也會在不同的行為向度中顯現出來，若是採用了不適合或不同的測量工具，則可能原本存在的性格穩定性卻會因此誤以為並不存在（雷庚玲，2001）。

　　美國心理學家賽門（R. Selman）認為兒童必須能先分辨自己與別人在知覺事物的角度上的不同，才能有獨立且整合的自我概念。而這種分辨能力的有無，又取決於兒童是否可以採納對方的立場，並知覺到此立場下會感受的情緒、會思考到的問題、會發展出的動機，以及會衍生出的行為。

　　賽門發展了一系列描寫人際互動中讓人左右為難的故事，並將這些故事說給不同年齡的兒童聽，以兒童對這些兩難故事的看法來判定受試者角色採納的能力。

　　賽門發現不同年齡的兒童對這些兩難故事的反應也不相同，賽門並將兒童的反應歸納成五個發展階段，此乃兒童在角色採納能力以及自我概念發展的五個階段進程，其主要特徵分述如下（Selman, 1980）：

◆第○階段：自我中心期（約3歲至6歲）

　　此階段的兒童已知道自己與別人是不同的個體，但在角色採納能力，卻只能由別人已發現出的外顯行為來瞭解對方，不然他是完全由自己的立場來預設別人的想法和他是一樣的。

◆第一階段：主觀期（約5歲至9歲）

　　此階段的兒童已知覺到當自己與別人處於不同的情境之下或是雙方可獲得資訊不同時，自己與別人可能會做出不同的行為或有不同的想法。但

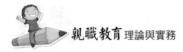

如果在同一情境之下，孩童就可以用自己的想法去瞭解對方的想法。主觀期階段的自我概念有兩大之特徵：第一，兒童瞭解外在的行為或表現與內在的感覺或想法有所區別；第二，兒童不知道一個人可以外顯行為隱瞞他心中真正的想法或情感。

◆**第二階段：自省期（約7歲至12歲）**

此階段的兒童已知覺到即使自己與別人是處於相同的情境之下，自己與別人還是會做出不同的行為或是有不同的想法。這個階段的兒童終於可以採納別人的立場了，而且還可以用另一個人的立場來看自己的想法與行為。此外，兒童也知道其他人也與他有同樣的能力，也因為有這種能力，兒童的人際知覺也較敏感與正確，並可以預測別人對自己的行為有何種內在的看法。自省期階段也有兩個特徵：第一，因為兒童能以另一個人的立場來檢視自己的想法與行為，所以對自我的瞭解增加了，也因此兒童發展了自尊與自信；第二，兒童瞭解外在的行為與內在的心理想法可以有不一致，並知覺到自己可以積極地監控自己的想法與行為，而且必要時可以將自己行為偽裝。

◆**第三階段：旁觀者期（約10歲至15歲）**

此階段的兒童可同時考量與區辨自己與對方的內在想法與外顯活動，而且也知道對方與他同樣有這樣的能力；另外，他可以將思考跳離互動的兩者之間，而以第三者的立場來審視互動中雙方的內在想法與外顯活動。

孩子從幼兒時期開始，只從外在的特徵來考量自己，到了6、7歲才開始用心裡世界來界定自己。此時期，兒童發展出自己是什麼樣的孩子的概念（真實自我），以及希望自己是什麼孩子的概念（理想自我）。理想自我是包含學會他們「應該」的行為，並藉此控制自己的衝動。馬寇比（Maccoby, 1980）指出真實自我與理想自我之間的大差距，通常是成熟與社會適應的一個訊號。

◆**第四階段：能瞭解自我知覺的限度（約12歲到成人）**

此階段的兒童已進入青春期，個體將社會上的各種角色與想法加以統整，以作為社會互動的參考準則，所以這種能力也可以幫助青少年在社會互動中採納對方的角色與想法。

　　Shavelson、Hubner與Stanton（1976）以多重特質多重方法（multitrait-multimethod approach）研究自我概念的建構效度，認為自我概念是一種假設性建構（hypothetical construct），為個人所知覺，並加以認定成為自己，並提出「自我概念的階層模式」，如**圖7-2**所示。

　　此架構模式是逐級分化的，階層位置越高穩定性越高，階層越低則穩定性越低，最頂端的階層是一般性的自我概念，其下區分為學業概念與非學業概念，學業自我概念的部分又依不同的學科做分類；非學業自我概念則包括：社會、情緒、身體等自我概念等部分，其下又區分許多更具體的特殊向度，最後在各向度的底端，則是許多具體行為的表現。

　　Cooke（1999）的研究中指出，青少年在自我概念的發展上會受到認知、社會、環境及生物學上的影響，女孩對於本身的身體特質、自我能力與智力的評估都比男孩來的低，整體的自我知覺傾向負面的看法；Hagborg（1993）也發現外表對於男孩與女孩整體的自我評估有顯著性的衝擊，女孩在外表的自我概念上較男孩負面，也有較低的整體自我評估傾向；我國學者胡舜安（2003）對國小高年級學童的研究也發現在身體自我概念上，男生顯著高於女生。

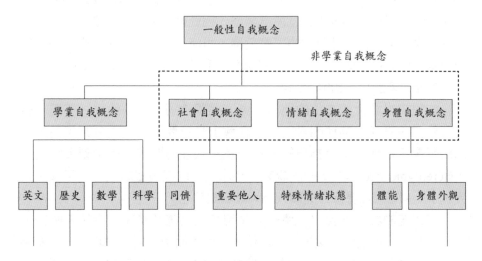

圖7-2　自我概念階層模式

資料來源：Shavelson, R. J., Hubner, J. J., & Stanton, G. C. (1976). Self-concept: Validation of construct interpretation. *Review of Educational Research, 46*(3), 407-441.

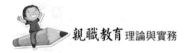
但陳靜宜（1997）研究國小五年學童，則發現男生整體概念總分高於女生，但就「對外界接納的態度」與「對自己價值系統與信念」兩部分，則是女生高於男生。

第三節　家人角色與溝通

家庭是培育個人成長的一個重要媒介，其對於個人身心的健康發展也有非常重大的影響。本節介紹家庭成員角色的扮演以及成員間的溝通，瞭解個人與家庭間的互動影響，並增進與家人溝通的能力。

一、家人角色

角色的意義來自社會或文化對個體行為或態度的期望（Strong & DeVault, 1992）。Kadushin及Martin（1988）在其《兒童福利服務》著作中，更以家庭系統互動為目的，以父母角色功能為主，將兒童福利服務分為三類：支持性服務、補充性服務及替代性服務。而親職教育即屬於支持性兒童福利服務，為因應兒童所處家庭，因社會變遷所產生之緊張狀態，雖其結構完整，但不即時因應家庭危機，可能導致家庭發生變數，進而影響兒童，因此需即時提供支持性兒童福利服務，可充權增能（empower）家庭功能（郭靜晃，2004：23）。

這種來自社會或文化的期望，更因個體性別、社經地位、年齡、職務、能力、責任或其他因素而定。社會上最主要的期望更會為年齡及性別所影響，這種期望會為規範做統一及一致性的要求，是謂刻板化角色（stereotypical roles）。一般說來，小家庭中的成員組成父母、子女、夫妻、手足或姻親血緣關係而擴大為大家庭之角色。

在傳統的農業社會中，傳統的父親角色是賺錢養家，母親則照顧子女，以迎合「男主外，女主內」之傳統角色；而子女則好好唸書，兄友弟恭，好好做人及孝順父母。此外，農業社會中，工作與家庭也分不開，所有生老病死的事皆在家庭內解決，而成為家務事。工業化之後，不僅劃分工作與家庭的場合，社會中更結合各行各業的專業，例如，托兒、托老、

市場、學校等，以取代過去傳統家中的照顧與經濟功能角色。隨著勞動市場結構的改變——女性就業率的提高，人們對性別角色期望也產生改變，以及工作結構的變遷等，也使得家庭的角色產生改變，例如雙生涯家庭。此外，婚姻的穩定性也隨著社會變遷變成較不穩固而形成單親家庭。單親家庭又以女性為戶長的比例較高（唐先梅，1985），也就是母親獨立帶著子女自成一戶的比例高過父親帶著子女的家庭。台灣近十年單親（尤其是女性戶長）之比例也上升不少（郭靜晃，2004）。而這些單親家庭，不論是父親或母親多半同時扮演家庭經濟及家務的角色，因此，這類家庭更需外力的支援，不論是家務或是管教子女的任務。

面對多元性、選擇性和包容性的現代社會特質，人們對個人及家庭需求的適應以及個人對不同生活模式的自由選擇，現代化的家庭概念不再是單一的模式，而是有選擇性的生活模式，例如，核心家庭、主幹家庭、擴展家庭、同性質家庭、單親家庭、繼親家庭、重組家庭、雙生涯家庭、新三代同堂家庭、外籍配偶家庭等（蘇雪玉，1995）。縱觀社會變遷造成家庭功能的改變，最起碼，家庭中之角色有：

1.賺錢者：賺進金錢以供家人衣、食、住、行基本生活花費。
2.照顧三餐及主要家務管理者：照顧家人膳食、營養及其他生活需要之總監。
3.精神鼓舞者：在平時或家人需要時，以其清明智慧提供精神引導與鼓勵者。
4.情感支柱者：在家人受挫沮喪時，提供安慰、聆聽與情感支持。
5.醫療照顧者：負責照顧家人疾病、意外事故、日常保健衛生照顧及諮詢者。
6.決定裁量者：遇有困難或需決定情況，提供意見、方向、經驗及智慧。
7.督導孩子教育及成長者：重視孩子的教育與成長。提供關注、督導、解惑及支持。
8.娛樂休閒提供者：提供娛樂休閒的意見、籌劃及執行。

家庭經歷不同的階段，例如初組成家庭時，新婚夫婦的協調階段。在生第一個孩子前的儲備階段，接下來子女陸續誕生、成長、接受教育。之

後子女離家的空巢階段或稱復原階段和最後的退休階段（Strong & DeVault, 1992）。不同階段的家庭任務及家人的角色也有不同。如第一個孩子誕生時，夫妻加添了為人父母的角色，他們的職責包含照顧小生命的健康與身心發展（高慧芬，1998）。

二、家人溝通

溝通是指一方經由一些語言或非語言的管道，將意見、態度、知識、觀念、情感等訊息，傳達給對方的歷程（張春興，1989）。家人溝通即家人中成員將訊息傳給其他成員的歷程（圖7-3）。

個人在溝通歷程中，除了溝通內容之外，也有溝通情緒，如果溝通訊息不清楚，彼此之間也容易形成障礙。因此，在家庭中如何溝通以及避免溝通阻礙；換言之，如何溝通也是重氣氛的溝通（高慧芬，1998）。氣氛溝通反映出溝通品質，亦是家人關係親疏與好壞的良窳（吳就君、鄭玉英，1991）。溝通不僅在語言內容中要加以注意，也要重視非語言（例如，溝通中彼此的距離、臉色、眼神、表情、姿勢、肌肉緊張），這些要素皆會影響溝通氣氛是否和緩、溫暖或不安與緊張。

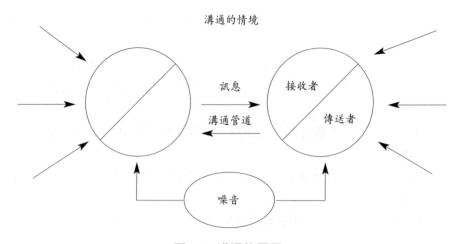

圖7-3　溝通的歷程

資料來源：DeVito (1994). *Human Communication* (6th ed.). NY: Harper Collins College Publishers., P.9.

通常父母與子女溝通時，雖然很願意瞭解孩子的內心感受，接受孩子的情緒，不過常常無意中流露出某些傳統的角色而造成親子溝通的障礙，扼殺了孩子情緒表達的勇氣。筆者曾接受內政部統計處委託台閩地區少年狀況調查，結果發現：我國青少年覺得家人容易發脾氣，而青少年自己很難自在地在家人面前說出心中的感受。此外，青少年卻最常與家人在一起的活動為看電視、吃東西聊天，但至少有40％表示與父母在一起做此類家庭活動是負向，相對地，與同儕在一起做一些活動就顯得正向多了（內政部統計處，1999）。

鍾思嘉（2004）就指出一般父母通常會扮演七種傳統角色，以致於影響親子溝通之順暢，茲分述如下：

1. 指揮官的角色：有些父母會當孩子有負向情緒困擾時，採用命令的語氣來企圖消除負向的情緒，此種角色往往會造成孩子心靈的威脅，甚至扼殺了孩子表達的勇氣。
2. 道德家的角色：有些父母會對困擾或沮喪中的孩子採取說教的方式，而讓子女覺得父母很嘮叨。
3. 萬能者的角色：此類父母會表現出一付無所不知、無所不曉的態度，甚至常會替孩子解決問題，而造成孩子無形的壓力。
4. 法官的角色：父母會表現仲裁是非，常會評價孩子的行為，甚至批判孩子的情緒。
5. 批評者的角色：此類型之父母與道德家、萬能者及法官類型的父母相似，都是標榜父母是對的、正確的，而此類型父母則用嘲笑、諷刺、開玩笑、予以標籤的方式來表示。此類的語言反而造成親子之間形成很大的鴻溝和隔閡，無形中也傷害了孩子的自尊。
6. 安慰者的角色：父母只是幫助孩子宣洩情緒，而不是真正參與孩子困擾問題的處理。
7. 心理學家的角色：扮演一位心理學家的父母善於發覺孩子的問題，並加以分析、診斷，常告訴孩子問題所在，而且常將問題歸因於孩子身上。

綜合上述之親子互動中，父母會反覆地指出問題的來源來自孩子，並企圖灌輸孩子正確的觀念，但不幸地是父母採取此種方法，卻常常導致親

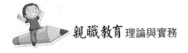

子溝通的障礙（鍾思嘉，2004）。

相對地，鍾思嘉（2004）針對孩子溝通的障礙，提出有效的親子溝通，其內容包括有反映傾聽、我的訊息、問題所有權、開放式的反應、尋求問題或衝突解決方法等溝通原則和技巧，茲分述如下：

1.反映傾聽：傾聽是瞭解的開始，但是一般人皆認為溝通就是「談」、「說」、「講」而已，其實「聽」才是最重要的環節，傾聽別人是表示尊重他、相信他所說的內容是有價值的、是值得注意的，於是彼此無形中關係就已建立了。除了傾聽之外，父母仍要對子女有所「回饋」，要反映孩子感受的方式，以充實表達父母能瞭解孩子的真正意思。

2.我的訊息（I-message）：我的訊息是強調對子女「行為」本身的感受，而非對自己或子女「個人」的感受。當父母視為一種權威時，或當父母認為問題來自於孩子之時，或當子女的行為讓父母覺得不安與憤怒時，為人父母常會用帶有貶損子女的「你的訊息」來與子女溝通，而這些訊息會使子女產生氣憤、受傷、不安或無價值感。

3.問題所有權：現在父母也是當代的「孝子」（孝順子女），尤其少子化之後，父母的確對孩子無微不至的照顧，甚至讓孩子當王，無形中孩子享受這種無微不至的「服務」，又缺乏適當的規範與管教，無形上也讓孩子養成一些不良習慣與行為。所以，讓孩子明瞭問題的所有權在誰身上，讓孩子處理屬於他自己的問題，也是一種機會學習；但父母也不能因此就停止對子女的照顧、關懷與愛，而是更要肯定孩子處理問題的能力，給予積極的增強，以強化這種因應及處理問題的行為能力。

4.開放式的反應：開放式的反應（溝通）是一種父母與孩子的訊息交換，而不是增加孩子所傳遞的訊息去做推論，也不是縮短其訊息，更不是為訊息做評價與判斷。相對地，父母採取開放式的反應會令孩子產生一種被瞭解與尊重的感覺，覺得父母瞭解他所表達的一切，也會增加其與父母溝通的意願。

5.尋求問題或衝突的解決方法：透過討論、溝通，從共同辨認問題及所有權。一方面可增加良好親子互動，另一面可從共同尋求解決的

方法中，彼此之間學習相互配合與合作。而且，子女在學習解決問題的歷程當中，也學習到如何處理自己的問題及從父母中模塑一些解決與人衝突如何做決定。

專欄7-1　管與教的藝術

親子對話(一)

「偉偉！放學回家後要先做功課哦！」

「我知道啦！我休息一下就去做。」

「偉偉！你怎麼還沒開始做功課呢？」

「等一下啦！我把這個卡通看完就去做。」

「偉偉！你已經看了一個多小時了，趕快去做功課了。」

「好啦！馬上就看完了，等我吃完飯就去做。」

結果是一拖再拖，直到八點多偉偉才在聲聲催促中開始做功課。

親子對話(二)

「小威！放學回家後馬上去做功課。」

「我想看卡通，我同學他們都可以先看電視再做功課。」

「整天只知道看電視，叫你去做功課，你就去做，沒做完你就別想看電視。」

「每次都這樣……不公平……你自己還不是愛看電視。」

「你再頂嘴我就罰你。」

結果是小威心不甘情不願的去做功課。

親愛的爸爸媽媽！這樣的對話，這般的劇情是不是天天在你們家中上演呢？你們是不是常常為了孩子沒按時做功課而煩惱、生氣呢？為人父母者，總是會好心提醒、好言相勸、百般催促、連哄帶騙、威脅利誘、恐嚇責罰，以迫使孩子完成課業。至於孩子，則是隨口答應、藉口逃避、消極抵抗，找盡各種理由以拖延時間。

讓我們平心靜氣的想一想，「做功課」本來就是孩子自己的責任，為什麼動不動就演變成家庭中常態劇，親子間的拉鋸戰，那是因為大家都把重點放在「趕快把功課做完」，而忽略了做功課的真正目的。表面上看

來，學校老師之所以指定功課，無非是希望孩子透過反覆練習，熟悉學校所教授之各項技能，而深層目的則是透過做功課，培養孩子獨立、負責及自我管理的能力。

親子對話(一)中的父母是屬於「放任型」的管教態度，他們給予孩子無限的自由和自主權，放寬要求孩子遵守的行為規範，卻未能提供明確而堅定的訊息與規則，於是自然沒有獲得預期之結果。反而造成孩子自我中心，過度濫用自主權，不知如何有效管理自己，也學不會尊重父母的權威與規則。

親子對話(二)中的父母則屬於「權威型」的管教態度，他們主導一切，制定規則，掌控過程，必要時並施以責罰，這樣做法的確可以制止孩子不當的行為，卻也剝奪了孩子自主、自律、負責和解決問題的能力，甚至可能演變成孩子的消極抵抗，或是陷入親子關係於緊張而惡質的地步。

普天下的父母都有「愛之深，責之切」的共同信念，然而愛之過深易流於放任，責之過切則流於權威，如何在溺愛與威權極端下，找到平衡點呢？「民主型」的管教態度應可將管教的藝術發揮至極！

放任的管教，尊重孩子而沒有堅定原則。權威的管教，堅定原則卻沒有尊重孩子。民主管教則兼顧「尊重孩子」和「堅定原則」的態度，以力求親子雙贏的最佳局面。民主的父母相信孩子有能力解決問題，他們提供孩子選擇的機會，也讓孩子在選擇後學習承擔後果。他們給予孩子適當的自主權，以鼓勵孩子與父母合作。於是孩子學會獨立自主權，以鼓勵孩子與父母合作。孩子學會獨立自主，為自己的行為負責，尊重共同制定的規則，與父母正向溝通並良好互動。

以「做功課」為例，民主管教的做法可以是：

1.充分的溝通，真誠的傾聽。
  (1)說出彼此的期望。
  (2)釐清「做功課」的目的。
2.共同制定規則。
  (1)決定「做功課」的固定時間與地點。
  (2)確定父母提供協助與指導的時間與限度。
3.適時給予支持、鼓勵與讚美。
  (1)當孩子確實完成時，給予及時的讚美。
  (2)當孩子遇挫折時，給予實質的協助與鼓勵。

(3)視現狀做彈性之調整。

4.確實執行,賞罰分明。

(1)鼓勵孩子儘早做完,爭取更多時間做自己喜歡做的事情(例如,玩玩具、看電視、邀朋友來玩等)。

(2)違反規則時,以取消他做愛做的事代替叱責與體罰。

民主制度可以實施於國家,同樣也可以落實於家庭之中,提醒父母的是,習慣不是一天養成的,規範也無法一蹴可成,只要秉持「尊重」與「堅定」的信念,相信「做功課」的劇情也可以演的輕鬆愉快!

資料來源:郭靜晃、吳幸玲(2001)。《親子話題》(台北:揚智文化)。

第四節　家庭生活管理

家庭生活管理不僅對一般父母(尤其是雙生涯家庭的父母)顯得重要,而且對受別人之託的托育家庭,其不僅要照顧自己家庭而且也要照顧別人所托顧的孩子,更為重要。

家庭能提供一種促進個人成長及增進心理健康的環境,尤其是提供家庭式托育服務的保母,其不僅要將個人的家庭做有效的管理,另一方面還要能發展與受托兒童的良性互動,並與受托兒童之家庭產生正向關係與合作。而托育家庭是否能形成積極的家庭環境氣氛,要看保母是否能預知家人及受托兒童和其父母的需求,組織好各種資源脈絡,運用好時間管理策略,以滿足托育家庭成員的需求。換言之,托育家庭所提供的,並非只是保母的托育技能而已,還需有效運用可能之資源及管理家庭所需的行政管理技能。

所以,托育家庭中的專業保母,除了擁有兒童福利服務相關知識技能,照顧孩子之策略,更要具有家庭管理(family management)之能力,並且落實家事工作簡化(domestic task simplification)的技能。如此一來,才能提升保母家庭管理的專業能力。而在托兒所服務之保育人員則要應用親職教育實務來教育父母提升其家庭管理的能力,父母才能有餘力照顧好其子女。

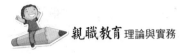

一、家庭管理技能

　　一個人對家庭管理的技能將影響其心理生活環境的本質，並決定著這種環境是否有利於每個家庭成員的成長發展，尤其是托育家庭的保母，除了會影響受托兒童及其家庭，更會影響個人的子女及家人的心理社會發展，除此之外，更影響個人之自我定義和成長。一個家庭管理之技能可以歸納成五種能力，包括：評估需求和能力、決策、時間安排與管理、目標設定、與其他社會機構建立聯繫，茲分述如下：

(一)評估需求和能力

　　家庭中之成員不僅只由一代的人所組成，而是同時有各種不同發展階段（developmental stage）的人所組成。身為保母更需明白，針對不同人有其不同的需求，尤其來自不同年齡階段的個體，更應要有適合發展階段（stage appropriateness）及適齡發展（age appropriateness）。家庭每個成員有其自己的需要、愛好、技能和天賦。家庭成員之差異除了年齡和發展階段的差異，例如，幼兒和青春期的少年之需求不相同。除此之外，人之需求的差別，還有性別、氣質、身體技能、智能、壓力因應能力等。對於身為家庭之管理者，最大的關鍵是要瞭解家人的差異所在，並有意願地去應付每個人的需求。

　　除了滿足每個家人的需求之外，保母還要考慮家庭成員（尤其可能成為托育家庭資源者）的技能和天賦，如此一來，保母才可能要求作判斷，分派（委任）任務，而讓每個家庭成員有機會承擔家庭責任，並充分發揮個人才能，家庭成員通力合作以達到家庭之勞務分工，並開展個人才能、發揮個人潛能，以充實個人之成就感，並創造才能。而托育人員則要幫助父母評估其及家庭成員之需求與能力。

(二)決策

　　管理好家庭，要求家人能負責，並能在生活的各個方面進行決策。進行決策時要能瞭解個人所面臨各種選擇方案，評價各種選擇方案的可能性及可行性，以及選擇有效方案的能力。保母對某些人在家庭作決策中頗具影響力，可能涉及個人家庭的日常生活問題，例如，吃什麼、房間的擺

設、買什麼玩具，以及到較深遠及影響性的問題，例如，生幾個孩子、是否買房子、孩子的教育問題等。

　　一個人看其是否擁有資源（包括：物質、知識及能力等性質，是否受人擁戴等）足夠影響其是否有權作決策。每個家庭都有一套決策程式，例如，家中控制財政的人，通常是一家之主。一般決策之類型可分為男人執政、女人執政、成年人執政及全家執政等四種不同方式。每一種執政皆有其優缺點（**表**7-8）。

　　每種決策模式皆提供家庭管理者學習經驗的過程。單人決策的人學習如何做決定、承擔責任，但相對的也缺乏或減少別人的認同和合作，如果決策是對的，有好的結果，那他個人也感到滿足，也受家庭其他人愛戴，同時也增加個人決策之能力。成人決策如果運用得當，能加強婚姻伴侶之間的感情聯繫，也加增個人之能力及自信，因為在這種決策模式裡，責任和滿足是相互承擔與分享。全家決策模式要求成人既要學會如何做決策，又要學會當領導者以作為孩子的規範。成人試著說出個人想法，讓孩子在參與決策的同時也對複雜的決議有所領略及提供可能解決問題的辦法。

表7-8　家庭決策模式

	優點	缺點
單人決策	・方便 ・責任明確 ・個人有能力勝任	・對執政者權力不滿 ・可能被譴責 ・領導方式有個人色彩 ・易感情用事 ・其他人沒有決策權
成人決策	・透過討論來達成決議 ・個人色彩少、感情用事少 ・多樣化之觀點和意見 ・可增加婚姻品質	・決策緩慢 ・孩子不能參與政策執行
全家決策	・能增加全家人之經驗及個人滿足 ・多樣化之觀點和意見 ・全家之整體觀可被加強	・過程慢且複雜

資料來源：Newman, B., & Newman, P. (1991). *Development Through Life: A Psychosocial Approach* (6th ed.). New York: Brooks/Cole.

(三)時間安排與管理

　　時間管理（time or schedule management）的良窳足以影響或造成個人及家庭的壓力。時間管理意指個人能有效安排一天的日程，有些人個性喜歡工作節奏（tempo）較悠閒，有些人較有競爭性格（例如A型性格），較喜歡安排緊湊的時程，但一個人是否可以勝任個人的時間安排，端視個人所從事的工作及精（體）力而論。而家中任何的活動、節奏與安排都足以影響家庭成員的生活與社會化模式。當保母決定為別人托育孩子時的決定，家中的生活作息及習慣也皆會受到波動及影響。

　　保母在執行幼兒照顧工作時，首先要規劃自己的工作時間，如何才能評量身為保母（一般是工作說明書或契約）是否能有效執行責任，並且能符合每個小孩的個別責任。

　　在工作時間表中，照顧小孩包含著許多不同的活動，例如，生活維持、教育休閒及彈性活動運用，保母若能多花些心思與時間做時間之組織與規劃，其實是可以節省時間，並且也能控制自己的時間，更不會因不預期之意外事件而感到有壓力。一般說來，孩童之照顧可分為：預期內的活動及彈性時間的活動；預期內的活動如：三餐餵食、洗澡、睡覺、到公園玩或到托兒所接孩子；彈性時間的活動如：整理孩子用品及玩具、陪孩子玩、打掃孩子的房間等。所以說來，為了讓自己時間有彈性的應用及管理，在思考個人之工作計畫時，先確認寫下你預期的工作，評量執行工作的時間，並且利用家事簡化（在下一小節中有較詳細的說明）策略一併完成，以節省時間。如果個人能力允許及不造成壓力之情況下，也可安排和其他工作一併完成，例如，利用孩子小憩之時，可以收拾孩子的玩具或可以將一大段的工作分成幾個小段時間來完成。

　　有效的時間管理應用到保母照顧孩子之日常生活方面，要先學習合理評估完成一個工作所需花費的時間，以及你所擁有的時間及資源（例如，人力幫手）。個人常常會低估所需時間是經常發生的事，而此種情形只會造成自己緊張，並形成壓力。所以工作要適時地完成，盡可能先行處理不喜歡的工作，如此一來，就不用整天擔心這些事情未做完，更可能為自己列張工作清單（task checklist），確認哪些事情必須優先處理，以作為個人日程之目標設計。如此一來，可確定或提醒。而且在回顧完成工作的同時，自己也會覺得更有成就感。

有效的家庭管理為求家庭各式各樣的活動能有妥當地安排及有足夠的時間（或有效的人力資源）來完成，而這些活動（例如，是否外出用餐、打掃房子、社交娛樂、休息）的時間安排或方式能呈現一個家庭的生活方式（life style）。

時間尺度不僅只有按日計算來安排時間，也有從週、月、季、年、人生階段，乃至整個一生的角度（例如蓋棺論定）來考量。在每一個時間階段裡，都會出現必然遭遇到的各種規劃問題，例如，當家裡多了一（些）孩子要照顧時，家裡會預知活動週期，會有從亂哄哄的時期到穩定進展的緩慢週期，也有受托孩子在休息（或回家）的閒散週期，甚至於如何配合孩子發展狀況來安排每日或每週的活動，也要與個人及家庭成員的時間安排相配合。此外，家人的人力資源及其心理預期也有所關聯，預先的準備、告知及規劃才能化解家庭成員情緒的不滿，並充分獲得他們的諒解與支援，來幫助家庭所作決策做最好的執行。

從長遠的觀點來看，規劃人生各階段必須具有一種心理時間觀（psychotemporal perspective），也就是說，當家中成人及孩子經歷各種家庭階段時，成人開始預測需求和資源條件的變化情況，例如，當個人成年時會預定何時結婚，何時誕生孩子，而孩子長大成年後，何時會離開家裡，何時會結婚。而這些期待改變後，需求、資源與日常活動必然也會產生變化。所以說來，當個人面臨時間的推移，個人在不同人生階段中要求個人在心理上要有某些程度的定位，並提升個人的準備與規劃，以確信個人能有能力及資源執行規劃。

預知個人在不同發展階段的改變及個人與家庭成員之需求，無形中也加增家庭的組織和分派時間的能力技巧。此外，「天有不測風雲，人有旦夕禍福」，在人生階段中也有一些不可預期性的事件（Brim & Ryff, 1980），例如，在成年中期可能要照顧家人或生病的父母親、子女結婚生子、經濟不景氣導致失業、地震或火災毀滅了家。所以說來，個人必須要未雨綢繆，並能認識到每一個人生活有其一定的風險機率。

(四)目標設定

要有好的家庭管理，不但要瞭解現在，更要能預測未來。要瞭解未來，除了要有好的時間安排與管理，更需具備下列三種能力：

1.為家庭設定現實的生活目標。

2.判定實現家庭目標的實施步驟。

3.評價生活目標的進展情況。

　　目標設定（goal setting）過程相當複雜，可能設有短程、中程及長程的目標，而這種能力更需要能有效預測或瞭解個人期望在未來能有什麼樣的生活風格。

　　當一個人在考慮目標時，會評價生活中有什麼事值得奮鬥，並列出優先順序（priorities）。生活目標依人文主義心理學者馬斯洛（Abraham Maslow）按人之需求可分為生理需求（physical needs）、安全感需求（security needs）、歸屬感需求（belonging needs）、自我尊重需求（self-esteem needs）及自我實現（self-actualization needs），對某些人來說財富為其第一優先，而某些人可能是名譽，或自我期望的滿足與實現。

　　個人除了在制定生活之現實目標外，同時，也要許下實現目標的承諾與決心。目標設定應要有其階段性；第一，個人要相信其所期望的目標值得去實現，而且實際上也要能夠實現，不然便成為一幻想化的目標，雖然很誘人，但畢竟不適合其現實生活情境，而個人之期望是否能實現也可能導致家庭氣氛的緊張。

　　目標設定的第二個階段是個人實現目標的實施步驟及有效的預測。若希望晚年能有所安養及希望財務能獨立，則必須在年輕時要加以存錢、投資，甚至規劃個人人生的保險。個人在進行財產投資，可能需要計算儲蓄的增值情境，並且還要預測財產隨時間的變化情況。所以說來，目標設定除了設想個人未來「希望」成為什麼，來規劃日後目標之實現過程，也應包括預測事情未來將實際成為什麼情形。

　　最後，目標設定需不斷評價目標所實現情況。個人設定目標、規劃目標的步驟及實施這些步驟，同時可意識到目標的進展情況。有時，可以隨個人成長的經驗及相對的時機，採用某種技能可以更快達到目標；有時目標遠比所預計來的難以達到，個人可能需要加倍努力或修正目標。透過目標之評價，個人學會了調整目標及改變個人努力方向，從中達到個人最大的滿足，以獲得高峰經驗（peak experiences），這也是Bandura所宣稱的個人之心理社會的自我功效感（self-efficacy）。

(五)與其他社會機構建立聯繫

家庭管理除了要瞭解個人的目標與能力之外,還要有能力預估個人及家庭的資源,尤其是保母家庭,在托育子女時,必須要能和其他社會團體保持聯繫,以成為支持網絡。這類社會團體或機構,包括:個人、家庭的其他成員、朋友、保母工會或相關協會、宗教團體、教育團體及社會團體。誠如在之前所提及之生態系統論,家庭存在於社會情境中,家庭資源必須與其他系統建立聯繫、合作以擴展家庭資源(有關如何幫家長建立資源,可參考第十一章)。

每個家庭對家庭以外團體的投入有所不同(Salamon, 1977),尤其是核心家庭,因缺乏家庭成員之相互扶持,更比其他家庭需要外在團體的投入及獲得支持。相對地,家庭以外之機構(例如,兒童福利或教育之機構與團體)所提供之服務自然環繞社區、家庭與個人(包括成人與兒童),此類訊息及服務的提供是透過人與人之間保持頻繁或親密的接觸,諸如資訊的提供、情感交流、心理撫慰、個人與家庭照護與精神等之專業服務。例如,兒童是否有遭受虐待或兒童產生偏差或困擾的行為,保母可透過電話諮詢、通報網絡或尋求兒童福利機構之諮詢與服務。一般的兒童福利所提供之服務,依美國兒童福利聯盟(CWLA, 1988)之定義為:透過政府及民間組織運用各自的資源與技術對兒童提供適當之支援服務,以協助兒童與其家人獲得更好的生活品質。其主要的目的有:

1. 提供兒童有安全與保護性的成長環境,以促進其在文化及道德上之認同,並且滿足其在教育、社會、行為、發展、醫療和情緒上的需求。
2. 協助家庭發揮功能,以促使家人能充權增能,而發揮良好角色功能,以充實家庭生活。
3. 協助家庭、成人與兒童發揮良好的家庭關係,發揮更好凝聚力,建立家庭情感的連結。
4. 家人能相互尊敬、愛護。
5. 協助兒童成長後離開家或機構,能有獨立自主的能力。
6. 為機構及家庭提供醫療性的社區環境及獲得所需求之支援服務。
7. 廣結社會之其他資源,推廣社會福利服務,以支持家庭及機構。
8. 當兒童不適合原生家庭,協助兒童及其父母評估安置或找尋其他照

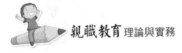

顧的選擇與決定。

　　保母家庭是兒童福利托育服務的一環，其主要責任是支持父母照顧孩子，而兒童福利之工作的保障需要社會上其他制度與機構的配合，例如，教育、警政、司法、衛生醫療等，以保障及開展有效率及有效能的福利服務輸送工作。而托育人員則可運用親職教育幫助父母管理其家庭。

　　綜合上述的討論，家庭管理的發展任務是個體在五個層面中對技能養成及概念學習的過程：評估需求和能力、家庭決策、時間管理與安排、目標設定及與其他社會團體建立聯繫。家庭是個人與社會環境的中介緩衝的場合，其有特殊的團員組成，可讓成人依據個人之日常需求和長遠目標，盡最大的努力及有效的彈性運用，讓家庭成員共同創造最大的效能和發揮適應能力，以充實家庭及家庭成員之最大福祉。

二、家事簡化方法

　　家事的簡化有賴三項要素組成：第一項為家中環境設備；第二項為家庭特徵（例如，人口結構、政策執政及工作流程等）；第三項為有效的人力資源。家中組織工作之達成乃著重家中人力的品質及根植家事工作的效果與效率，而家事之工作表現更與家庭內人員有效利用家庭管理技能息息相關。家事的本質是受到許多因素的影響，例如，有些工作是因事置人，而有些工作是因人設事。雖然工作的做法與過去無異，但科技的發展會改變工作的安排及執行。

　　家事簡化對於保母及父母而言，在照顧幼兒及兼顧家中事務之執行更益形重要。有效掌握簡化家事工作的原則與技術可以提升家庭管理之有效性。

　　邱素沁（1984）提出工作簡化是以科學方法增進工作效率，也就是保持「速」、「簡」、「實」、「儉」的工作方法以達成家事工作的簡化，進而達成有效率的家事管理。所以說來，速、簡、實、儉是達成工作效率之四要素：

1.速（時間）：在短時間內迅速完成家事工作。
2.簡（精力）：所耗費的精力少，不致於造成過分疲累。
3.實（成果）：指工作的精確程度，才不會徒勞無功。

4.儉（材料）：對於完成工作的金錢、設備、工作和材料有不浪費的
觀念。

所以說來，工作簡化是以科學方法，應用速、簡、實、儉的工作方法
來達成有效果及有效率的家事管理（邱素沁，1984）。

十九世紀歐洲工業革命的技術發明與改革，更促使生產部門為掌握工
作效率來加以研究動作的改進，以達成工作簡化之目標。到二十世紀更由
美國管理泰斗泰勒（F. W. Taylor）及吉爾布雷斯（F. B. Gilbreth）針對動作
（motion）與時間（time）進行著名的時動研究（time-motion research），
之後才廣泛地推廣到各種工作領域，以工作簡化之方法加上科技的發明。

時動研究涉及有關時間的因素對工作速度之影響；涉及人因工程則
影響工作者之身體疲憊；如果涉及有關產品之輸出則影響工作之品質。所
以要掌握此三要素，才能獲得工作效率及工作效果。工作簡化之方法應用
時動研究之方法，應具備下列四原則：動作次數少、困難動作少、工作距
離短及更少複雜的工作程序。而至於動作速度之因素則取決於動作之困難
度，工作者之技術及工作環境的配合。到了1980年代各工廠及企業也漸漸
發展自動化來取代原有人工操作化，並應用工作簡化來達成生產效能及減
少工作之意外。如此說來，科技的進步亦對工作簡化的潮流起了推波助瀾
的作用，尤其表現在自動化之生產過程。

然而，隨著工作簡化過度擴張，也產生反對的立場，理由之一是工作
簡化被批評為缺乏標準、有效的績效評估，尤其1990年代所推廣全面品質
管理的概念，包括：工作的效果、效率，以及工作者的滿足感。工作簡化
到某些程度使得任何人都可以勝任，甚至不用予以訓練，導致了許多工作
人員對限制發揮一己之長，造成缺乏參與感、枯燥、挫折感和低績效。另
一方面，從工作哲學之觀點，工作既然占有人類生活大部分的時間，那麼
簡化工作所帶來的不愉快，很快就可能影響個人之生活品質。

為了因應對工作簡化之批判，管理者提供另一觀念——工作豐富化
（job enrichment），以人性取向，讓個人在工作中獲得成長與發展，並在
個人之工作上，讓個人有充分發揮的機會。換言之，工作豐富化即強調個
人在工作時必須具備相當專業的知識、技巧與能力以應付工作之複雜性。

孟德爾（M. E. Mundel）將工作簡化分為五個方式（引自邱素沁，
1984：277）：

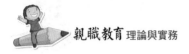
1.改變身體的位置與動作。

2.改變工具、工作場所和設備。

3.改變生產順序。

4.改變成品。

5.改變材料。

之後，1968年葛羅斯（I. H. Gross）及格蘭爾（E. W. Crandall）延伸孟德爾的方法，並加以將工作簡化之方式歸納為下列三種方式：改變手部與身體的動作、改變工作與儲存的環境和設備，以及改變成品或材料。茲分述及說明如下：

1.改變手部與身體的動作：

(1)工作時的動作：簡化工作之有效方法即減少手部及身體的動作，例如，可透過事後規劃及思考，減少工作的步驟與動作，以及找尋有效的代替工具以減少工作中的動作。

(2)工作的程序：工作程序的簡化、有效工作方式的評量，以及合併可能組合的工作來一併執行皆是有效率工作的程序方法。

(3)手部的動作：儘量充分應用雙手同時工作以簡化工作的程序，以減少工作的時間和動作的重複與浪費。

(4)工作的姿勢：良好工作的姿勢除了減少工作動作的浪費，也可提供生理上的健康，增加力量及塑造一個積極自信的自我形象。保持良好姿勢的目的是調整脊椎成為三個自然的曲線，分別是頸部的頸線、中背的胸線和下背的腰線。假想一條垂直線，由耳朵、肩膀、骨盤、膝蓋到踵骨而下，保持一條優美的線條。保持良好姿勢的感覺後，無論在坐、站、走路都應隨時隨地保持個人之最佳狀態。

為了改變個人有好的姿勢，個人可以透過不同活動的坐姿或站姿來自我評量為舒服、自然及有美觀的良好姿勢，並且蓄意使用良好的姿勢，以便能成為習慣。此外，體重的控制輔以運動來增加身體的彈性、塑身及強化下腹的肌肉，也可以改善姿態。

不適宜的工具，例如不恰當的鞋會影響腳部的不舒服，而且也會影響姿勢。坐椅子要腳著地，背坐得直挺；開車可調整汽車座椅

或加個坐墊，協助個體達到良好的坐姿；睡覺採仰睡或側睡方法，儘量躺在硬實的床墊，且枕頭的高度不可太高。

當站立時，最好經常改變姿勢以避免腳肌肉緊繃或產生靜脈曲張，儘量找時間休息或移動，尤其在抱孩子時，也要注意姿態的替換。盡可能避免拿超重的手提袋、背袋或麻布袋，如果可以考慮用背包方式的袋子，可以讓雙肩平均負擔，也可以空出雙手做其他的事，或牽孩子的手或應付緊急的事件發生時能適時給予援救的手。

良好的姿勢除了要有技巧之外，也要加以應用身體力學（body mechanics），也就是說，在活動時也應具備正確的姿勢，例如，舉起、彎曲、伸張動作，皆應要有正確的姿勢，以避免背部或腰部疼痛或受傷。因為保母看護孩子的工作會經常頻繁地使用到雙手的動作，所以應更加小心。

(5)發展工作技巧：保母或父母可透過相互觀摩、研習、進行或從個人之經驗加以修正，以建立個人最有效率的工作技巧。平時準備一些備忘錄來記錄簡化工作的一些好方法，也可從書報（例如報紙之家庭版）、雜誌、電腦網際網路、廣告、電視媒體中別人所建議的一些簡化工作的好方法。

2.改變工作與儲存的環境和設備：保母或父母在照顧孩子的同時，也要收拾及做好家事管理。家庭中一些設備要檢查是否符合身體力學，例如，流理台的高度、廚房用具及材料的儲放是否整理分類清楚且有明白的標示。如果個人能有效利用人因工程學（human factor engineering）來確保實體設備的便利及有效設計，則必然可簡化工作的動作與程序。

3.改變成品或材料：為了減少工作之複雜性，儘量以成品或半製品來代替用原料來製造成品。例如，買現成品的水餃來代替手工水餃。除此之外，也儘量使用同一原料，分別製造成不同成品，以節省時間和動作的重複。

有效家事工作管理方法，除了家事簡化之外，還要注意工作之豐富化，以避免因簡化工作而使得個人生活品質受到影響，例如，單調、無

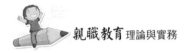

聊。工作豐富化即利用工作職責上的擴展，可以分為水平方向（負載）及垂直方向（負載）。水平負載係為單純增加工作的項目，卻仍維持原工作之權責及複雜性，例如，托育家庭的保母或父母在廚房準備餐前點心的工作時，同時也可與孩子相處，也可順便摺疊洗淨的衣物或趁著孩子在午睡，一方面收拾房間的玩具，另一方面為下一餐做準備。也就是說，保母或父母必須熟練有效率運用每一分鐘來增加時間管理之效能。另一方面，垂直負載係指增加個體所應具備的能力及技術，並提升職責或賦予自治權，使個體完成更複雜的工作項目，對工作的不同層面能仔細評估及有效預估，以達到有效的決策制定。例如，可從工作簡化及有效應用家中之人力資源產生有效率的工作程序，造成接受工作指揮有著好的行為績效，進而改變家人對兒童照顧工作的參與，增加個人之責任感及自我工作的滿意感而提升，同時也獲得當事者的讚賞、鼓勵，並幫助工作者獲得其所期望的報酬。例如，保母對家中較大的孩子教導照顧年紀較小孩子的技巧，並口頭強調較大孩子是一好幫手、能幹及長大了，可以充分授權在孩子能力範圍下，幫忙照顧年紀較小的孩子。當大孩子達成有效照顧較小孩子時，保母或父母應立即給予增強，以提升孩子參與照顧孩子的成就感。

綜合本節的討論，家事之有效管理除了家事加以簡化之外，也要提升工作的擴展化（enlargement）及豐富化（enrichment）。這兩者是相輔相成的，而且要同時兼備已達成家事管理之有效性（effectiveness）、效率性（efficiency）以及個人參與的自我肯定，這也是全面品質管理（Total Quality Management, TQM）的概念。保母或父母除了要有專業照顧孩子的技能外，更需要瞭解自己所扮演的角色，預估個人之工作效能，評估家中可用之內外資源，適時地、適切地做好家庭決策，才能達成有效的家事工作管理。

三、家庭資源網絡整合和資源運用

托育家庭之保母照顧是我國兒童福利輸送服務中的一環，也是托育服務工作的單位之一，其主要目的在於支持家庭中親子角色功能之不足。但在托育機構中，保育人員則要運用親職教育達到此目標。而家庭資源網絡更是社會福利資源網絡中之一環，其主要之建構在於福利服務的輸送過程

中，案主所需之各種資源間彼此能相互連接的情況或過程，其中包括：垂直整合和水平整合所建構的立體網絡，其主要目的在於能提供有效率和有效能之服務（郭靜晃、曾華源，2000：107）。以保母的托育輸送服務為例，其所涉及層面涵蓋社政、職訓局、衛生等不同部門，各部門有其主管機構及職責規範，並形成各自之垂直體系，而各體系之服務機構組織可區分為營利組織及志願服務組織為平行架構，再整合垂直與水平的系統以建構完整的保母的服務體系（**圖7-4**）。

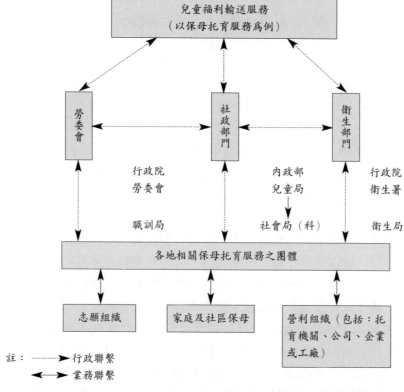

圖7-4 保母托育服務輸送體系之網絡建構圖

資料來源：郭靜晃（1996）。〈兒童保護輸送體系之檢討與省思〉。《社區發展季刊》，75，144-155。

(一)家庭資源網絡

資源體系係指存在於案主周遭之各種相關的機構，以及其所提供的服務，有時亦稱為服務網絡或資源網絡，此為結合一切可運用解決案主問題所需的服務、財務、人力及資訊之一種非正式的串聯組合。換言之，社會福利資源網絡係整合所有助人專業的資源，以提供給需要幫助的人最佳協助的人際系統（陳菊，2000：30）。陳皎眉（2000：22）將社會福利資源定義為社會對在社會環境無法適應的人，提供人力、物力、財力、社會制度及福利設施等，以使其過著正常社會生活的事與物，使人得以擴充或發展在生活上所需之物質與精神方面的需求與欲望，以達到個人臻至健全人格與富裕生活。所以說來，社會資源係指一個社區內一切可運用之力量，包括：人力、物力、財力、知識與資料、歷史傳統、生活習俗、發展機會、地理與天然物質，以及人文社會環境等。謝玉新（1993）則將社區資源分為自然資源與人文資源。此外，人文資源又可分為有形資源（例如，人文、物力、財力及組織等）與無形資源（例如，社區意識、參與感及責任感等）。

陳皎眉（2000）進一步歸納：社會資源有不同定義及分類，其認為社會福利資源的範疇，可以說是無所不包，無論是有形或無形、硬體或軟體、有價或無價、正式或非正式等資源，只要是對案主有助益之人、事、物中占有關鍵之角色皆可稱為可運用之資源。

從家庭托育福利服務之觀點來看，保母針對托育家庭之服務流程中也需要社區中之各種資源及支持網絡來獲得其在育兒照顧中的協助與需求。以保母為例，其可運用之資源存乎於家庭之內及家庭外（社區與社會），其中資源之特性又可分為人力資源、物力資源、財力資源及組織資源等。保母最主要被定位在社區鄰里來提供托育服務，從社區化、專業化之原則，保母宜先清楚自己角色功能及個人擁有之資源，並且有效運用社區各種相關托育之資源。所以說來，保母應在其個人及家庭的社會支持網絡的運作下，提供最有效的福利服務輸送。如果從兒童本位為觀點，保母應從兒童發展與成長觀為出發點，清楚地預估兒童在家庭中有何需求，沿著家庭的兒童照顧需求，進一步思考社區（社會）中有哪些服務資源可提供給家庭及其成長的兒童，並從此架構出保母家庭托育之服務網絡（馮燕等，

2000：218）。

　　兒童之托育照顧需求不僅是照顧之方法與技巧而已，舉凡托育設施、休閒育樂、親職教育、托育資訊及費用等相關性資源皆有待家庭資源網絡整合。此外，托育之資源又存乎於各種組織與團體中，例如，學校、托育機構、非營利組織、托教協會及政府單位等。而保母或家長在育兒照顧時，除了兒童發展相關資訊，還有社區相關活動舉辦的資訊、休閒娛樂空間及設施，以及親職教育活動的舉行等，皆是保母及家長很重要的家庭資源，運用得當與否，都會影響保母及家長在家庭托育之兒童照顧品質。

(二)資源運用

　　保母或家長在瞭解相關資源並建立服務網絡後，接下來便是資源的有效運用。為達到資源之最大化運用，必須要將資源妥善管理，其方法可分為計畫、組織與協調及有效運用等步驟，茲分述如下：

◆計畫

　　資源是多方面，而需求也是多元的，所以保母因家庭之不同、孩子之不同發展階段，而衍生各種相異的需求。因此，保母或家長在規劃各種可運用資源時，要能預估孩子在發展與成長的需求，列出各種可行性之計畫，並衡量其利弊得失。例如，幫忙托育特殊兒童的保母或家長，除了要瞭解孩子行為之特殊性發展知識，也可透過各種不同資訊瞭解社區中之特殊兒童機構或協會，還有瞭解政府是否有提供補助特殊兒童等之相關措施。保母或父母一方面尋求育兒照顧的支持，另一方面，可將此特殊需求家庭的困境提供轉介的資訊，再選擇一個最佳可行的方案或資源執行運作。

◆組織與協調

　　現有保母有個人獨自之資源，加上受托兒家庭也有其資源，有時資源是同質且重疊，有時資源是不同的。因此，妥善的組織資源遂成為運用及規劃資源的要點之一。資源之組織與協調之另一層意義即是整合資源。整合之層面有二：第一為調查、聯繫現有服務提供者，以確定需求面及提供面的供需現況，再進一步澄清彼此之功能劃分；第二為開發新資源，或紓解均衡的資源。兩者之有效運用更是資源網絡的結合（馮燕等，2000：220）。

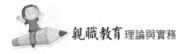

◆有效運用

資源管理之要素是落實資源運用與執行。保母在執行托育業務時，可以分為獨自執行或協同他人共同執行。保母在開展托育服務之輸送除了預估問題與需求，瞭解現有之資源，加以規劃與組織，再來就是按部就班地執行計畫，並能有評估反省的概念，以求經驗的修正與改進。此外，運用原則也要保持相當的彈性以因應資源可能隨時會有的變化。

上述的方法僅作為保母在運用家庭資源時的參考，托育服務因托育者及受托家庭的複雜性、差異性，以及資源也會因社區之不同而有所差異，所以隨時增加個人吸收專業知識，獲得新的托育資訊，整理分類各種資源的特性，整合組織成為托兒之資源脈絡，再來就是保持彈性、有效的資源運用，以提供最佳模式的保母托育照顧。最後，也要有隨時改善服務方式的準備，因為服務不能只求有做即好，更要考量其效果性、效率性及受托家庭的滿意度，以作為有品質之托育服務績效（daycare service performance）。

 本章小結

家庭是孕育孩子的搖籃，而父母卻是推動搖籃的手。父母也是人，除了工作持家之外，還要照顧自己的父母及孩子。親職教育即是教人如何為人父母角色的教育，其實施之內容要因父母之不同需求而要有所區分，若僅單靠親職教育的實施並不能解決父母所有的問題，但透過親職教育，父母可以在有限的時間與人力之外，達到目標及問題改善的目的。

本章介紹有關實施親職教育之重要內容，瞭解自己及兒童，探討彼此之溝通及掌握有效家庭生活管理，以期透過親職教育的實施而做好應扮演的親職角色，以達到健康家庭的功能。

 參考書目

一、中文部分

內政部統計處（1999）。《中華民國八十八年台閩地區少年狀況調查報告》。內政部統計處。

內政部統計處（2001）。《八十九年台灣地區婦女婚育與就學調查結果指標》。台北：內政部。

朱智賢（1989）。《心理學大辭典》。北京：北京師範大學。

吳就君、鄭玉英（1991）。《家庭與婚姻諮商》。台北：空中大學。

李泊（1997）。學齡兒童之身心發展各層面發展任務。台北市私立復興小學家長委員會之校務報告。

林家興（1997）。《親職教育的原理與實務》。台北：心理出版社。

林清江（1987）。《教育的未來導向》。台北：台灣書店。

邱素沁（1984）。〈家庭管理〉。葉霞翟等著，《新家政學》，247-290。

邱貴玲（2003）。〈托育服務的國際觀：從丹麥經驗談起〉。《社區發展季刊》，101，266-275。

施欣欣、曾嫦嫦、蘇淑真、劉瓊英、張秀如、溫世真（1995）。《親職教育》。台北：匯華書局。

胡舜安（2003）。《臺灣地區中部地區國小高年級兒童自我概念及其相關因素之研究》。台中師範學院國民教育研究所未出版碩士論文。

唐先梅（1985）。〈工作與家庭生活〉。輯於黃迺毓、黃馨慧、蘇雪玉、唐先梅、李淑娟等（編著），《家庭概論》。台北：空中大學。

高慧芬（1998）。〈親職教育內涵〉。輯於張斯寧、高慧芬、黃倩儀、廖信達（編著），《親職教育與實務》。台北：永大書局。

馬慶強（1996）。〈發展心理學〉。輯於高尚仁（主編），《心理學新論》。台北：揚智文化。

張春興（1989）。《張氏心理學辭典》。台北：東華書局。

張春興（1991）。《張氏心理學辭典》。台北：東華書局。

張春興（1992）。《現代心理學》。台北：東華。

郭靜晃（1996）。〈兒童保護輸送體系之檢討與省思〉。《社區發展季刊》，

75，144-155。

郭靜晃（2004）。〈兒童發展的理念〉。輯於郭靜晃、黃志成、王順民（主編），《兒童課後照顧服務訓練教材》（上）。台北：揚智文化。

郭靜晃（2004）。《兒童少年福利與服務》。台北：揚智文化。

郭靜晃、吳幸玲（1994）。《發展心理學：心理社會理論與實務》。台北：揚智文化。

郭靜晃、曾華源（2000）。〈建構社會福利資源網絡策略之探討──以兒少福利輸送服務為例〉。《社區發展季刊》，89，107-118。

陳皎眉（2000）。〈社會福利新紀元──談結合社區資源推動社會福利事業〉。《社區發展季刊》，89，22-29。

陳菊（2000）。〈高雄市社會福利資源之開拓與整合〉。《社區發展季刊》，89，30-34。

陳靜宜（1997）。〈國小五年級學童性別、自我概念與人際關係相關之研究〉。《傳習》，15，1-20。

黃志成（1999）。《幼兒保育概論》。台北：揚智文化。

黃志成、王淑芬（1995）。《幼兒發展與輔導》。台北：揚智文化。

馮燕（2000）。〈托育問題〉。馮燕等著《兒童福利》。台北：空中大學。

雷庚玲（2001）。〈性格與自我概念發展〉。輯於張欣戊等著，《發展心理學》（修訂三版）。台北：國立空中大學印行。

盧素碧（1993）。《幼兒的發展與輔導》。台北：文景書局。

謝玉新（1993）。〈透過社區發展運用自然與人文資源〉。《社會福利》，108，29-33。

鍾思嘉（2004）。《親職教育》。台北：桂冠圖書。

蘇雪玉（1995）。〈家庭類型〉。輯於黃迺毓、黃馨慧、蘇雪玉、唐先梅、李淑娟等（編著），《家庭概論》。台北：空中大學。

二、英文部分

Brim, O. G., & Ryff, C. D. (1980). On the properties of life events. In P. B. Baltes & O. G. Brim (Eds.), *Life-Span Development and Behavior, Vol. 3* (pp. 368-388). New York: Academic Press.

Cooke, H. K. (1999). Gender differences and self-esteem. *The Journal of Gender-Specific Medicine, 2*, 46-52.

CWLA (1988). *Child Welfare League of America Standards for Health Care Services for Children in Out-Of-Home Care*. Washington: CWLA.

Duvall, E. M. (1977). *Marriage and Family Development* (5th ed.). Philadelphia, PA: J. P. Lippincott.

Erikson, E. H. (1963). *Childhood and Society* (2nd ed). New York: Norton.

Gesell, A. (1952). Developmental pediatrics. *Nerv. Child, 9*.

Hagborg, W. J. (1993). Gender differences on Harter's self-perception profile for adolescents. *Journal of Social Behavior and Personality, 8*, 141-148.

Hurlock, E. B. (1968). *Developmental Psychology* (3rd ed.). NY: McGraw-Hill Inc.

Hurlock, E. B. (1978). *Child Development* (6rd ed.). NY: McGraw-Hill Inc.

Kadushin, A., & Martin, J. A. (1988). *Child Welfare Service* (4th ed.). New York: McMillan.

Newman, B., & Newman, P. (1991). *Development Through Life: A Psychocial Approach* (6th ed.). New York: Brooks/cole.

Pelham, B., & Swann, W. B. (1989). From self-conception to self-worth: On the Sources and structure of global self-esteem. *Journal of Personating and Social Psychology, 57*, 672-680.

Salamon, S. (1977). Family bounds and friendship bonds Japan and West Germany. *Journal of Marriage and the Family, 39*, 807-820.

Selman, R. C. (1980). *The Growth of Interpersonal Understanding: Developmental and Clinical Analysis*. New York: Academy.

Shavelson, R. J., Hubner, J. J., & Stanton, G. C. (1976). Self-concept: Validation of construct interpretation. *Review of Educational Research, 46*(3), 407-441.

Strong, B., & DeVault, C. (1992). *The Marriage and Family Experience*. Los Angeles, CA: West.

Chapter

8

甜X托兒所實施親職教育之經驗分享

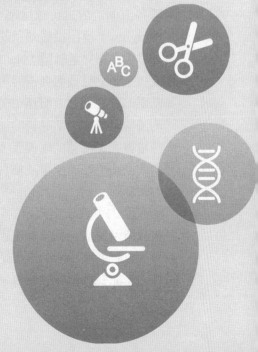

親職教育是一種新型的家庭教育，針對父母提供一切諮詢及教育方式以提升父母效能，改善親子關係，其目的為扶助子女身心與人格的健全發展。在子女的成長過程中父母給予安全感、溫暖的照顧，以及適當的教導，讓子女在成功中獲得滿足與信心，在失敗中學習忍耐與等待，其人格發展自然會穩健地持續成長，這就是親職教育所發揮之功能（趙寶琴，2001）。就狹義的親職教育而言，現代家庭中父母與子女之間的關係，已經不完全是上下隸屬的垂直關係，而是趨向民主尊重的水平關係。基於此，教導家長瞭解孩子的發展與需要，運用角色扮演、溝通技巧對其子女所施的人格陶冶，使其家庭和樂融融，即稱之為「親職教育」。托兒所所實施親職教育之意義在於增進幼生家長對於子女的瞭解與重視，運用家長的各項專長協助園所教案之推動，使家園同心之教育理念得以推展。

美國前總統夫人Hillary Clinton（1999）於《同村協力》（*It Takes a Village to Educate a Child*）乙書中曾言：「兒童就像著名的蘇俄民俗藝品『俄羅斯娃娃』裡面最小的那個娃娃，包圍在外面的是負責照顧他長大的家庭，而家庭外圍還有更大的鄰里、學校、社區、教會、企業、文化、經濟、國家和世界，他們可能直接影響兒童，或經由家庭間接影響他們。」美國並於2000年教育目標法案中對於父母參與更明定目標：明確說明學校將促進與父母的合作關係，增加父母參與，以增進兒童在社會、情感和學業等各方面之成長（章昆超，2002）。加拿大人力資源發展部長派特羅（Pettigrew）提出投資幼兒就是投資更強健的社會與更強健的經濟。1998年加拿大全國兒童聯盟（National Children's Alliance, NCA）對於社會與社區支援主張幼兒要發揮潛能，家長需要各種的支援服務，尤其需要以社區為基礎的社會與健康服務（吳韻儀，1999）。由此可知，在經濟與科技掛帥的美國及重視生活品質的加拿大，為了未來國家更強健，投資幼兒就是支持培育充滿渴望的學習者、有生產力的工作者、高度參與的公民，也正努力的創造更好的環境及集合社區、社會的關心，並鼓勵父母重視參與孩子的教育。

在國內，近年來政府對親職教育相當重視，基於父母的職責重大，各級政府及學校也應該負起親職教育的責任來，並以各種方式，協助家庭教育，以輔助父母能力之不足。在托兒所中則運用數種親職教育方式，經常性的對家長進行親職教育，我國公、私立托兒所，所實施的親職教育服

務，依據內政部兒童局對於托兒所各項措施及教保活動之評鑑內容（台中市政府，2000）以及參考鍾思嘉（1992）建議之親職教育實施方式，將其歸納出以數種方式進行，包括：「口頭聯絡」、「文字聯絡」、「家長參觀教學日、家長參與說明會」、「親子活動」、「父母再教育」、「親職教育資訊」。因此，托兒所實施親職教育服務於情、於理、於法均是托兒所實施教保活動重要且必要之工作，也是園所與幼生家長維繫良好關係及彼此溝通之橋樑。

托兒所實施親職教育以父母為對象，並以增進父母管教子女的能力，與改善親子關係為目標，為有系統的提供一套關於「如何為人父母」的知識與技巧的過程，使父母能有效地幫助子女成長（曾端真，1991）。因此，父母對於園所實施親職教育之態度，對於園所在設計親職教育方案有極為相關之影響，從親職教育的演進觀之，學校教師常為親職教育的促動者，其目的在善盡學校的社會責任，發揮原有的教育專長，培養家長的教養知能，使孩子得到完善的親子照料（洪福財，2000）。尤其當前社會孤立的核心家庭及小家庭居多，孩子受到父母更多的關注，父母也更掌握孩子的動向，因而管教態度及方式對於孩子有非常深遠的影響。園所必須應用不同的親職教育方式及溝通方法，協助不同家庭類型的父母接受再教育，並於平時定期與不定期運用各種不同型式的親子活動，協助家長與孩子建立良好的親子關係。

親職教育是成人教育的一部分，更是托兒所教保活動極為重要之教保工作。托兒所實施親職教育對於大眾之影響，在兒童層面，因為在整個的人生發展歷程中，幼兒時期是發展最迅速的階段，同時也是認知、情緒、人格、社會、道德等奠定基礎的時期（蘇建文等，1987）。因此，學齡前之幼兒在托兒所中生活以及參與各種活動學習，將是人生的重要學習起點，非僅接受托兒所保育員教導與協助即可，更需要父母與老師協同輔導及妥善照顧，父母親擁有足夠的育兒知識和技巧對於幼兒的身心發展有絕對的幫助。例如，美國心理學家Rogers、Adler、Jung、Rank等從幼兒情意發展的發現事實，強調一個人有愉快的童年歡笑，日後長大才會有豁達開朗的心境（王連生，1988）。

縱觀以上得知，建構一個良好的學習環境，除了提供優質的學習園地及優秀保育員之外，更須提供完善的親職教育內容，幫助幼生父母與其子

女做適當與良好的互動，如此亦可協助幼兒之身心得以健全成長與發展。以下將以台中市私立甜X托兒所於○○年6月初教務會議之決議，所訂定之親職教育活動方案為例，希能藉由各項活動促進親子互動、親師溝通，並增進親子關係，以達學校、家庭、社區共同照顧兒童，創造健康、安全、快樂利於兒童成長的兒童天地。以下共分三個部分：第一個部分為甜X托兒所親職教育實施方案規劃；第二個部分為甜X托兒所親職教育計畫內容，以及第三個部分甜X托兒所親職教育實施之檢討，茲分述如下：

 第一節　甜X托兒所親職教育實施方案規劃

本節提供甜X托兒所之親職教育活動實施方案規劃之實例，內容包括：親職教育實施之宗旨及目標、實施之策略、執行服務者、服務對象、活動之時間、地點與方式（例如，家長座談會、親職講座、家長教學觀摩、親子活動等），以及相關之資源（例如，人力及經費資源等）。另提供一親職教育講座實例（**專欄8-1**）。

一、宗旨

協助正面臨學齡前兒童之家長，瞭解自己與孩子的溝通能力及知能與技巧，選擇與學習適合自己與孩子的溝通方式，並能在一年內充分發揮親職能力、促進家庭和諧與幸福，以及幼兒的身心健全發展。

二、目標

本年度親職教育實施方案，期能達到三項目標：

1.提供本園所家長正確教養子女的新知、技能，以及態度與概念，期幼生之父母經參與一年的親職教育各項活動，增進其對幼兒的生理、心理發展的認識與瞭解並於親師互動之間更瞭解其子女。
2.經由每日的親師聯繫以及一學年十次的親職講座或親子活動，希能

專欄8-1　親職教育講座——共享孩子的學習與成長

1.活動目標：加強家長教養子女的知能及能力。提供優良且有效的親職知能，並提升父母重視子女的身心發展。

2.活動說明：幼兒初出家庭，對於園所尚稱陌生而其人格的成長已然發展，家人之間的感情和互動，對於幼兒影響深遠，希望藉由此次講座讓家長更瞭解孩子對於學習的各種需求，進而提升親子之間建立良好的互動關係。

3.活動對象：家長。

4.活動地點：本所活動室。

5.活動程序：如**表8-1**。

表8-1　活動程序表

活動名稱	共享孩子的學習	講師	朱XX老師
時間	活動流程	活動內容	
17:30~18:20	1.甜蜜晚餐時間	親師與幼兒一同聚餐建立良好關係	
18:30~20:00	2.演講	主題為： 1.兒童各階段之需求探討 2.瞭解兒童身心成長的特質 3.培養幼兒良好人格之策略	
20:00~20:50	3.討論與分享	1.由家長提出問題 2.講師與家長分享實務經驗並解答問題 3.所長總結	
20:50~21:00	4.活動結束	填寫回饋問卷並預告下一次的親職教育活動	

6.預期效果：

(1)家長們將可瞭解幼兒各階段的需求。

(2)家長們將更清楚幼兒身心成長的特質。

(3)家長們能於親子互動中建立良好的親子關係。

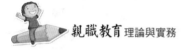
增進幼生家長與子女共處的能力，並促進本園所家長與子女之和諧的親子關係。

3. 運用家園同心聯絡站之「幼兒生活日誌」、「家長須知」、「家庭訪視」、「親師專線」等方式與家長保持密切的聯繫，加強園所與幼生家長之互動關係，增進親師溝通並引導幼兒快樂學習與成長。

三、實施策略

1. 引領家長成為教育幼兒的好夥伴，盡其能力提供幼兒健全豐富的學習及生活品質。
2. 提供優良且有效的親職知識及技能，並提升父母重視子女的身心各項發展。
3. 透過親子活動探討親子之間的互動關係，並提供良好的機會及教養幼兒之策略。
4. 促進親子溝通及親子互動之策略。
5. 透過各種遊戲增進親子互動並提供因應策略。
6. 透過親子活動增進親子關係，引領父母重視子女的各方面發展。

四、執行服務者

園所之親職教育提供服務者以XX托兒所全體教職員工為原則。全園性的活動由所長或主任分配工作，全體教職員工共同參與，班級性的活動則由各班保育員負責並請全園所行政人員協辦。

五、服務對象

園所之親職教育實施對象，以本園所幼生家長為主，採自由參加為原則。

(一)宣傳方式

透過行事曆及幼兒生活日誌由老師加以宣傳，此外在本園所公告欄及家長接送區之看板以自製海報張貼。

(二)參加人數

1.家長座談會及家長教學觀摩會，上限約30人，視人數多寡彈性調整之。
2.親職講座上限約30人。
3.園所自辦親子活動（含幼兒）上限約200人。
4.幼生畢業典禮上限約400人。

六、活動時間

自○○年9月1日至○○年7月31日止。一學年動態活動共計十次。本學年家園同心聯絡站方式如「幼兒生活日誌」、「家長須知」、「家庭訪視」、「親師專線」等；「幼兒生活日誌」為每星期五天聯絡，「家長須知」、「家庭訪視」、「親師專線」等方式以定期與不定期方式進行。

七、活動地點

1.甜X托兒所：家長座談會、親職講座、家長參觀教學觀摩、家園同心聯絡站。
2.XX國中：本市公、私立托兒所親子下午茶活動。
3.XX育樂世界：快樂親子遊活動。
4.XX世貿中心：親子遊藝活動暨幼生畢業典禮。

八、活動方式

(一)家長座談會

每學期至少兩次，讓家長瞭解幼兒在園所的作息及活動情形，本學年

共舉辦四次分別為：

1.○○年9月家長座談會——主題：孩子是咱們的心肝寶貝。
2.○○年12月親師懇談會——主題：談孩子在園所的生活。
3.○○年2月親師座談會——主題：從「做」中快樂的學習。
4.○○年6月親師懇談會——主題：為下一次的學習做準備。

以上之活動因與所務、教務推動有關，由所長親自主持，並請各班老師協助班務講解。

(二)親職講座

邀請幼教專家學者來園專題演講，並為家長解答育兒之疑難問題。本學年共舉辦兩次分別為：

1.○○年10月親職教育講座——主題：共享孩子的學習與成長！——朱XX老師主講（有關本活動之資訊參閱專欄8-1）。
2.○○年3月親職教育講座——主題：做孩子的良師益友——柯XX講師主講。

(三)家長教學觀摩

本園所屬小型園所，受場地之限制，因此，每學年度家長教學觀摩分成兩週，以大班和中小班分組辦理，分別為：

1.○○年12月15日幼兒生活觀摩——大班教學觀摩，因對於大班家長問卷中，選擇以觀察幼兒角落學習為多，因此，大班以幼兒在角落學習活動時觀察為主，安排以具本所特色之LASY創作積木角、配合耶誕節時令與兒童共同布置之美勞創作角、自然科學角活動則以觀察與討論「變色的葉子」為主探討季節的變化。課後請家長與大班老師、所長、主任討論幼兒學習之各種疑問。
2.○○年12月20日幼兒生活觀摩——冬至搓湯圓活動，因在中小班家長問卷中，選擇此項活動為多，因此，中小班家長以觀察幼兒在園所衛生教育及推行幼兒良好的衛生習慣活動為主要項目，家長藉由與孩子互動中，觀察兒童的衛生習慣，並於課後以家長座談方式與

各班老師討論育兒之各種疑問。

(四)親子活動

每學期至少二次，利用活動鼓勵家長利用休假日多與幼兒共享親子時間，本學年共舉辦四次。

1. 親子下午茶親子活動：與XX市政府合辦鼓勵家長多利用假日參加親子活動增進親子感情交流，並藉由各項遊戲增進親子互動並提供家長各項因應策略。
2. 親子烤肉聯歡會：舉辦此項活動是為了家長能彼此交流，增進親師溝通，推展家園同心之理念。
3. 快樂親子遊：舉辦XX探索樂園及XX水上世界親子旅遊，讓家長與孩子敞開心懷的玩在一起，增加家庭的甜蜜度。
4. 幼生畢業典禮暨幼生作品展：家長是本活動中重要的貴賓，也是頒獎人，本園所將此活動設計為親子互動的活動。

以上各項活動屬於較為動態的活動。為顧及有些家長因工作忙碌無法經常參與本園所的親子活動，因此另有「家園同心園訊」、「家園同心聯絡站」數種宣導方式進行親職教育，以下略述之：

1. 家園同心園訊：每兩週發刊一次，讓家長知悉每一次的主題活動內容，並與家長共享育兒新知、訊息聯絡及餐點表和家長協辦事項。
2. 家園同心聯絡站：運用「幼兒生活日誌」、「家長須知」、「家庭訪視」、「親師專線」等方式與家長保持密切的聯繫。

九、資源方面

(一)人力資源

1. 工作人員：全園性的活動由所長或主任分配工作，全體教職員工共同參與（包含組長、保育員、司機、廚師、助理保育員），屬班級性活動由班級保育員負責並請全園所行政人員協辦。
2. 校外參與講座或指導人員：須在教學會議中定期討論講座主題，提

出講師人選由所長聯絡邀請事宜。本學年度特聘請朱XX老師與柯XX講師蒞臨演講。

3. 愛心媽咪：為本園所幼生之母親經由編組成為本園所媽媽義工，以其專長及興趣編組成為園所教學人力資源，本學年度特邀請熱心幼兒教育的幼生黃XX母親王XX女士，任本園所愛心媽咪隊長帶領其他十位愛心媽咪協助園務推動。

(二)經費資源

1. 家長座談會：由本園所預算經費支付，收支表見於**表8-2**。
2. 親職講座：由本園所預算經費支付，收支表見於**表8-2**。
3. 親子活動：本學年共舉辦四次。收支概況如下：
   (1)親子下午茶：XX市政府支付費用及主辦，兒童福利發展協會協辦，因本園所為協會會員，經費由XX市政府與兒童福利發展協會支付。
   (2)親子烤肉聯歡會：由本所預算經費支付，收支表見於**表8-2**。
   (3)快樂親子遊：由家長自付郊遊費用，收支表見於**表8-2**。
   (4)幼生畢業典禮暨幼生作品展：收支表見於**表8-2**。
4. 家長教學觀摩：由本園所預算經費支付，收支表見於**表8-2**。
5. 家園同心園訊：由本園所預算經費支付，收支表見於**表8-2**。
6. 家園同心聯絡站：由本園所預算經費支付，收支表見於**表8-2**。

表8-2　甜X托兒所XX學年度親職教育設計方案預算表

科目名稱	摘要	收入金額	單價	數量	支出金額	結餘金額
經費補助款收入	活動經費預算	80,000元				
補助款收入	市府補助款	2,000元				82,000元
旅遊費收入	家長繳費	52,000元				134,000元
其他收入	各項活動結餘	0				134,000元
活動費——場地費	租借台中世貿大禮堂		8,250元/小時	2（小時）	16,500元	117,500元
活動費——講師費	朱XX、柯XX		5,000元/小時	2（人）	10,000元	107,500元
活動費——保險費	全員旅遊險		50元	80（人）	4,000元	103,500元

（續）表8-2　甜X托兒所XX學年度親職教育設計方案預算表

科目名稱	摘要	收入金額	單價	數量	支出金額	結餘金額
活動費——車資	汽油費、遊覽車		8,000元	2	16,000元	87,500元
活動費——入場費	入場券（馬拉灣）		350元	80（人）	28,000元	59,500元
活動費——（午）餐費	馬拉灣餐盒（員工）		75元	10（人）	750元	58,750元
活動費——點心費	座談會點心		30元	80（人）	2,400元	56,350元
活動費——飲料費	礦泉水		500元	3（箱）	1,500元	54,850元
活動費——布置用品	會場布置		1,000元	5（次）	5,000元	49,850元
活動費——文具用品費	紙、筆、信封		1,000元	1批	1,000元	48,850元
活動費——資料講義費	文案印刷		3,000元	1批	3,000元	45,850元
活動費——贈品費	兒童玩具		25元	200（人）	5,000元	40,850元
活動費——電腦割字費	活動用布條		800元	1（條）	800元	40,050元
活動費——員工誤餐費	餐盒		75元	10（人）	750元	39,300元
活動費——晚餐費	食材費用		50元	100（人）	5,000元	34,300元
活動費——郵電費	郵票、電話費等		1,200元		1,200元	33,100元
活動費——沖印相片	相片沖洗、軟片電池		3,000元	1批	3,000元	30,100元
雜支	紙杯、紙盤、雜物		3,000元	1批	3,000元	27,100元
合計					106,900元	

各項收入預算：134,000元

各項支出預算：106,900元

本期損益預算：27,100元

　　　　　所長：　　　　　　主任：　　　　　會計：

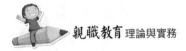

第二節　甜X托兒所親職教育計畫內容

　　本節提供甜X托兒所○○年9月起至○○年7月底之親職教育計畫之實例，計畫內容包括：舉辦家長座談會、親職教育講座、親師懇談會、親子活動計畫等（**表8-3**）。

表8-3　甜X托兒所XX學年度親職教育活動計畫表

XX年6月製表

實施日期	執行項目	活動名稱	實施目標	實施策略	對象	地點	負責人
9月	家長座談會	孩子是咱們的心肝寶貝！	建立家長正確的親職教育觀念與態度	引領家長成為教育幼兒的好夥伴，提供幼兒健全豐富的學習及生活品質	家長	本所活動室	所長
10月	親職教育講座	共享孩子的學習與成長	加強家長教養子女的知能及能力	提供優良且有效的親職知能，並提升父母重視子女的身心發展	家長	本所活動室	1.主任 2.朱XX老師
11月	親子活動	ＸＸ市親子下午茶	增進親子互動及建立和諧關係	透過活動探討親子之間的互動關係並提供良好的機會及策略	家長	安和國中大操場	教保組長
12月	家長觀摩會	角落學習活動觀摩	加強家長教養子女的知能及能力	促進親子溝通及互動策略	家長	本所活動室	衛教組長
	冬至搓湯圓	衛生保健生活觀摩					
	親子活動	親子烤肉聯歡會	增進親師、親子感情交流	透過活動引領家長注意幼兒的身心發展	家長	本所戶外遊戲區	本所戶外遊戲區
	親師懇談會	談孩子在園所的生活	增進親師溝通共同教養幼兒	透過親師溝通讓家長瞭解孩子在園所中的表現與促進家長關愛孩子在園所的生活	家長	本所活動室	1.所長 2.顧問韋XX

（續）表8-3　甜X托兒所XX學年度親職教育活動計畫表

XX年6月製表

實施日期	執行項目	活動名稱	實施目標	實施策略	對象	地點	負責人
2月	親師座談會	從「做」中快樂的學習	建立家長正確的親職教育觀念與態度	透過親師溝通提供教養因應策略	家長	本所活動室	所長
3月	親職講座	做孩子的良師益友	加強家長教養子女的知能及能力	透過親子活動增進親子關係引領父母重視子女的各方面發展	家長幼生社區民眾	世貿中心大禮堂	1.所長 2.各班保育員
5月	親子活動	快樂親子遊	增進親子互動及建立和諧關係	提供優良且有效的親職知能，引領家長重視幼兒的身心發展	家長	本所活動室	所長
6月	親師懇談會	為下一次的學習做準備	建立家長正確的親職教育觀念與態度	透過遊戲增進親子互動並提供因應策略	家長	本所活動室	1.主任 2.柯XX老師
7月	親子活動	幼生畢業典禮暨幼生作品展	增進親子互動及建立和諧關係	透過親子活動增進親子互動並增強父母的親職知能	家長幼生	月眉育樂世界	1.所長 2.各保育員

　　有關上述活動完成後，園所另擇時間作活動檢討，有關活動之檢討要另作記錄（請參考**附件8-1**至**附件8-17**：有關入園說明會，親子座談會、親子烤肉聯歡會、親子下午茶會、親子遊討論會、家庭訪問表、家長支援輪值表、家長工作調查表與家長之書信等）。

第三節　甜X托兒所親職教育實施之檢討

　　經由完善的規劃以及確實的執行是園所成功推展與實施親職教育的主要條件，一學年四次的家長座談會，分別為「孩子是咱們的心肝寶貝」、「談孩子在園所的生活」、「從『做』中快樂的學習」、「為下一次的學習做準備」，安排於學期開始及期末，目的在引領家長成為教育幼兒的好

夥伴，以及提供親子互動與互動策略，由於在團體中家長藉由與他人互動的過程中瞭解到遇到相同問題的不只他一人，比較願意與他人分享與討論，也幫助家長對於為人父母更感到有自信；對老師而言，團體形式可以協助的家長人數遠較採取個別形式為多，這可謂之為優點。

而其缺點就如Hornby（2000）所論親職教育以團體方式實施之缺點有三：(1)屬於團體方式的活動是讓家長缺少安全感；(2)為了讓更多家長參與，勢必要用晚間或假日的時間，如此壓縮老師的家居及休閒時間；(3)團體形式必須較個別的形式需要更多的相關技巧及知識。

本所應用「留住顧客」的策略克服部分困難，請參加座談會家長與幼生吃晚餐，園所雖須支出晚餐材料費，但偶爾讓家長品嚐本所廚師專業的廚藝，並請各班老師與家長共享溫馨晚餐，更增進了親師感情交流，家長也因此更放心的將幼兒交給本園所照顧，並送家長有參與之幼生禮物為誘因，以增強家長參與之意願。

在規劃親職講座時，對於講師與預定好之主題，必須吻合家長的實務需求，從開學初朱XX老師主講「共享孩子的學習與成長」，到第二學期初柯XX老師主講「做孩子的良師益友」，有系列的透過專家的引領，提升父母重視子女的身心發展，並提供優良且有效的親職知能，足以讓家長將園所當為教育顧問而更信服於園所的專業。

親子活動是幼兒、家長和老師最喜歡的親職教育活動，本學年共舉辦四次分別為：XX市親子下午茶親子活動、親子烤肉聯歡會、快樂親子遊、幼生畢業典禮暨幼生作品展。茲將活動之目的說明如下：

1. 由於XX市親子下午茶活動，為配合XX市政府舉辦大型幼兒親子活動，本園所與其他園所共同協辦，希透過活動探討親子之間的互動關係並提供良好的親子溝通機會。
2. 親子烤肉聯歡會以增進家長參與為目的，並以促進親師在輕鬆的活動中自在的交流傳達家園同心之理念。
3. 快樂親子遊則因家長長期在職場上認真，工作壓力頗大，因此配合月眉育樂世界優惠專案，以最優惠的價格讓家長與老師帶著幼兒快樂的玩一天。
4. 幼生畢業典禮暨幼生作品展，是每一年本所最重視的綜合式活動，

也是每年畢業生父母最在乎的活動，幾乎全部到齊。並經由幼生作品展及會場布置時表現園所的教學特色，園所可透過本活動招到潛在的未來幼生。

 參考書目

一、中文部分

Clinton H.（1999）。〈同村協力教育兒童〉。《天下雜誌》，1999年11月，66-73。

王連生（1988）。《親職教育理論與應用》。台北：五南圖書。

吳韻儀（1999）。〈各國競相培育未來主人翁〉。《天下雜誌》，1999年11月，76-79。

洪福財（2000）。《台灣地區幼兒教育歷史發展及未來義務化政策之探討》。國立台灣師範大學教育研究所博士論文。

章昆超（2002）。《國小資優班學生家長對學校實施親職教育的態度與需求之研究》。彰化師範大學特殊教育學系碩士論文。

曾端真（1991）。〈溝通分析模式的親職教育〉。《諮商與輔導》，71，24-28。

趙寶琴（2001）。〈親職教育面面觀〉。《北縣教育》，38，50-55。

鍾思嘉（1992）。《親職教育》。台北：福爾曼教育顧問中心。

蘇建文、龔美娟（1987）。〈母親的依附經驗、教養方式與學前兒童依附關係之相關研究〉。《教育心理學報》。

二、英文部分

Hornby, G. (2000). *Improving Parental Involvement*. London: Cassell.

三、網站部分

台中市政府（2000）。台中市89-91年托兒機構評鑑內容。2003年12月16日，取自http//www.tccg.gov.tw/intro/institution/society/welfare/welfare07-5.htm

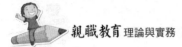

附件8-1

第一次入園說明會

九、衛生所主任批示：與家長互動是教保行政很重要的工作，各班老師要謹慎處理，並做好人際關係！	入園說明會	八、主題	七、出席人員：共八人（詳如後頁簽名）	六、列席人員：劉XX、蔡XX、潘XX、黃XX、林XX、葉XX、王XX、曾XX	三、主席：劉XX	一、時間：○○年9月4日晚上7時至9時止
	劉XX	主講（持）人		四、記錄：林XX		
劉XX 9/6	1.本所教學宗旨和目標。 2.本學期教學活動計畫及內容。 3.親師溝通時間，家長在教育子女上，有任何問題或困擾，可與老師共同探討溝通配合。	內容概要		五、活動方式：說明會	二、地點：甜X托兒所	

附件8-2

第一次親子座談會

一、時間：○○年3月7日晚上7時至9時止

二、地點：活動教室

三、主席：劉XX

四、記錄：林XX

五、活動方式：演講＋DIY

六、列席人員：黃XX、盧XX、張XX、洪XX、李XX、賴XX、張XX、方XX、劉XX、劉XX、郭XX

七、出席人員：共十一人（詳如後頁簽名）

八、主題

主題	主講（持）人	內容概要
從「做」中快樂的學習 創造兒童教育的魅力	柯XX老師	說明從日常生活中尋找可利用的物品，做簡易的科學遊戲，多讓孩子DIY，培養觀察探究的科學精神，家長也實際動手操作。

九、衛生所主任批示：柯XX老師有著深厚的教學底子，更教導家長與孩子從做中快樂的學習，XX媽咪開心的告訴我下次一定要再來參加。

劉XX
3/10

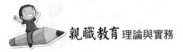
附件8-3

第二次親子座談會

九、衛生所主任批示：朱老師精闢深入的講演和與家長快樂的互動，相信家長一定回味無窮，下學期可	當個快樂的國小新鮮人	八、主題	七、出席人員：共八人（詳如後頁簽名）	六、列席人員：劉XX、蔡XX、潘XX、黃XX、林XX、葉XX、王XX、曾XX	三、主席：劉XX	一、時間：○○年10月4日下午1時至4時止
與朱老師再次聯絡。	台北XX國小 朱XX老師	主講（持）人			四、記錄：林XX	
劉XX 10/6	1.介紹九年一貫的各課程及注意事項。 2.分享小學生上課的情形。 3.問題的討論與分享交流。 4.家長教養經驗分享。	內容概要			五、活動方式：演講	二、地點：活動教室

附件8-4

親子烤肉聯歡會

一、時間：○○年12月22日上午9時至下午1時止

二、地點：甜Ⅹ托兒所

三、主席：劉ＸＸ

四、記錄：林ＸＸ

五、活動方式：烤肉

六、列席人員：劉ＸＸ、潘ＸＸ、黃ＸＸ、曾ＸＸ、林ＸＸ、蔡ＸＸ、葉ＸＸ、王ＸＸ

七、出席人員：共八人（詳如後頁簽名）

八、主題

主題	主講（持）人	內容概要
親子烤肉聯歡會		舉辦此活動是為了讓家長互相交流，增進親師溝通，讓親子間更有相處機會，也讓家長更瞭解學校，大家一起同樂。

九、衛生所主任批示：雖然冬天在院子很冷，但是每一位媽媽快樂滿足的笑容，讓人感動，每學期須多辦此類親子活動。

劉ＸＸ
11/24

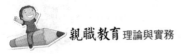
附件8-5

第×次親子下午茶會

| 一、時間：○○年5月4日上午X時至X時止 | 二、地點：XX國中 |
| 三、主席： | 四、記錄：林XX | 五、活動方式：遊戲、園遊會 |

六、列席人員：王XX、黃XX、潘XX、林XX、郭XX、蔡XX、曾XX

七、出席人員：共七人（詳如後頁簽名）

| 八、主題 | 主講（持）人 | 內容概要 |
| 親子下午茶 | | 1.鼓勵家長多利用假日參加親子活動增進親子交流
2.藉由活動觀察各種攤位布置。
3.學習與同業互相合作交流。 |

九、衛生所主任批示：多參與政府主辦之活動，可以多元化幼兒學習！

劉XX
1/22

附件8-6

第X次親子遊討論會

一、時間：○○年5月4日上午X時至X時止

二、地點：月眉世界

三、主席：劉XX　　四、記錄：林XX　　五、活動方式：

六、列席人員：劉XX、黃XX、潘XX、林XX、郭XX、蔡XX、曾XX、王XX

七、出席人員：共八人（詳如後頁簽名）

八、主題	主講（持）人	內容概要
后里月眉世界主題樂園	黃XX	1.活動流程、路線安排及注意事項。 2.鼓勵家長多多參與活動增進親子關係。

九、衛生所主任批示：活潑快樂的活動，一定有助於幼兒，請活動組以後可再去一次。

劉XX
5/4

附件8-7

家庭訪問表

家庭訪問的目的在對幼兒及家庭作進一步的瞭解，以期使幼兒獲得必要的協助而順利地成長，因此填表務必正確。

姓名：陳XX　家長：陳XX、夏XX　電話：04-2358XXXX
住址：XX路XX號XX樓

一、家庭概況

1. 家庭中誰是中心：陳XX　幼兒是誰帶大：媽媽
2. 父母對幼兒的態度：嚴屬
3. 兄弟姐妹對他的態度：目前家中只有陳XX一個寶貝
4. 孩子吵架時家長如何處理：　　／
5. 處罰的方式：罰站、解說原因　哪一種有效：講道理、分析原因、再鼓勵
6. 對哪些事獎勵：過節、生日
7. 如何獎勵：買他希望得到的玩具（不過是有教育及實用性的玩具）
8. 家中是否訂有規矩：陳XX必須在每晚9點前睡覺
9. 家長認為怎樣才是好孩子：有禮貌、尊老愛幼、會體諒別人
10. 父母親的管教態度：做違反原則或傷害他人的事情一定要嚴格處罰
11. 雙方不一致時：先溝通再處理

二、幼兒概況

1. 孩子如何得到他想要的東西：會引導我們帶他去可以買到他想要的東西的地方
2. 對自己願望如何表示：會一直描述他願望的東西有多棒
3. 對父母的態度：又愛又怕，偶爾會撒嬌一下
4. 對兄弟姊妹的態度：（目前只有叔叔那邊兩個堂妹）很想和妹妹玩，超級熱情，但怕小寶寶哭鬧時，不知如何處理
5. 獨自一人時做什麼：玩玩具、唱歌、看卡通、看書
6. 敘述事情是否有想像誇張的習慣：無
7. 對什麼事情說謊：需要承擔責任或會受處罰的事情
8. 返家後會講述在園活動：每天都會
9. 上學常遲到的原因：無
10. 上學常缺課的原因：無

家長簽名：　　　　　　　導師簽名：　　　　　　○○年11月15日

附件8-8

家庭訪問表

家庭訪問的目的在對幼兒及家庭作進一步的瞭解，以期使幼兒獲得必要的協助而順利地成長，因此填表務必正確。

姓名：楊XX　家長：楊XX　電話：2251-XXXX
住址：XX路XX號

一、家庭概況

1.家庭中誰是中心：爸爸　幼兒是誰帶大：媽媽及外傭1-2歲時

2.父母對幼兒的態度：寵愛、鼓勵

3.兄弟姐妹對他的態度：獨子

4.孩子吵架時家長如何處理：獨子

5.處罰的方式：用細竹打屁股　哪一種有效：上列

6.對哪些事獎勵：行為偏差糾正後口頭讚賞

7.如何獎勵：口頭讚賞後，帶其郊遊或購其所喜玩具、教育文具

8.家中是否訂有規矩：尚未訂規矩

9.家長認為怎樣才是好孩子：不妨礙他人

10.父母親的管教態度：言教配合身教

11.雙方不一致時：偶爾針對重要偏差之行為嚴厲堅持導正

二、幼兒概況

1.孩子如何得到他想要的東西：會試探父母是否為其購買或製作

2.對自己願望如何表示：尚不知何謂願望

3.對父母的態度：依賴性較重，上大班後須加強其獨立性

4.對兄弟姊妹的態度：獨子

5.獨自一人時做什麼：看電視或玩具

6.敘述事情是否有想像誇張的習慣：不會

7.對什麼事情說謊：尚不會說謊，做錯事會告知不是故意而道歉

8.返家後會講述在園活動：偶爾主動會說，大部分是父母問其生活及教育、學習課業內容

9.上學常遲到的原因：晚上太晚睡、賴床

10.上學常缺課的原因：身體較虛生病

家長簽名：　　　　　　導師簽名：　　　　　○○年11月14日

附件8-9

家庭訪問表

編號 3

家庭訪問的目的在對幼兒及家庭作進一步的瞭解，以期使幼兒獲得必要的協助而順利地成長，因此填表務必正確。

姓名：李XX　**家長**：李XX、黃XX　**電話**：2350-XXXX
住址：XX路XX巷X弄X號X樓

一、家庭概況

1. 家庭中誰是中心：爸爸　幼兒是誰帶大：媽媽
2. 父母對幼兒的態度：鼓勵
3. 兄弟姐妹對他的態度：很好
4. 孩子吵架時家長如何處理：說道理看誰對
5. 處罰的方式：打、罰站　哪一種有效：都有效
6. 對哪些事獎勵：不一定
7. 如何獎勵：出去玩、買東西
8. 家中是否訂有規矩：有
9. 家長認為怎樣才是好孩子：不說謊、有禮貌、能將心比心
10. 父母親的管教態度：爸爸嚴、媽媽放任
11. 雙方不一致時：爸爸為主

二、幼兒概況

1. 孩子如何得到他想要的東西：跟媽媽要
2. 對自己願望如何表示：看到別的小孩怎麼樣，就會想成為那樣的人
3. 對父母的態度：很好
4. 對兄弟姊妹的態度：覺得妹妹很煩
5. 獨自一人時做什麼：看電視、玩積木
6. 敘述事情是否有想像誇張的習慣：不會
7. 對什麼事情說謊：不太會說謊
8. 返家後會講述在園活動：什麼都講
9. 上學常遲到的原因：無
10. 上學常缺課的原因：無

家長簽名：　　　　　　導師簽名：　　　　　〇〇年11月11日

附件8-10　甜X托兒所家長支援時段輪值表

項目	時段	星期一	星期二	星期三	星期四	星期五	星期六
說故事	早上	王XX	彭XX			呂XX	
	下午		吳XX	呂XX	彭XX		
教具製作	早上	呂XX		李XX	王XX		
	下午						李XX
協助照顧新生			陳XX		陳XX		
協助學習障礙低成就幼兒		黃XX				黃XX	
個別輔導發展遲緩兒							
個別輔導低成就兒童							
園藝、設備維護		韋XX		韋XX		韋XX	
戶外活動			江XX			彭XX	

附件8-11　甜X托兒所家長資源選項總表

項目	名稱	家長資源選項總表			
1	教具製作	李XX	彭XX	呂XX	
2	圖書管理	王XX	施XX		
3	美工	彭XX	李XX		
4	健康檢查	張XX			
5	講座師資				
6	校園維護	韋XX			
7	烹飪	洪XX	陳XX	廖XX	黃XX
8	交通	張XX			
9	設備維護	吳XX			
10	教保支援	李XX	彭XX	吳XX	
11	社區資源提供	江XX			
12	物資資源提供	駱XX	陳XX	曾XX	
13	特殊技藝專長	林XX			

附件8-12　甜X托兒所家長協助資源分類表

協助項目：社區資源提供

編號	幼兒姓名	家長姓名	電話	時間
1	黃XX	林XX	2463XXXX	
2	林XX	張XX	0912XXXXXXX	
3	許XX	范XX	0919XXXXXXX	
4	施XX	王XX	0923XXXXXXX	
5	鄭XX	陳XX	0923XXXXXXX	

附件8-13　參與義工媽媽爸爸意願調查表

親愛的家長您好：

　　本園為孩子設計的活動非常豐富，極需要您們幫助我們共同完成，以下我們列出了一些需要協助的項目，如您願意就請您在感興趣的項目打「√」並寫下您認為最恰當的參與時間，收到您的回條後我們將儘快與您聯絡，希望您能撥冗參與。

家長姓名：吳XX、駱XX　家長職業：服務業

幼兒姓名：吳XX　　　　組別：活動組

地址：XX市XX路XX號　電話：2358XXXX

1.您與幼兒的關係是　☑父，☑母。

2.您是否願意在適合的時間參與幼兒活動　□願意，□不願意

3.以您目前的時間分配，您認為多久參與一次最適當？

　　□任何一天　□一週一次　□兩週一次　□一個月一次

4.如果您參與活動，您能配合的時間是：

　　□一個小時　□一個上午　□下午活動　□其他

5.您願意參與的項目

　　□帶領幼兒做烹飪活動

　　□帶領幼兒唱歌活動

　　□晨間活動配合

　　□說故事給幼兒聽

　　☑一同參與校外教學或郊遊

　　□能就個人專長

　　□協助製作教具，蒐集廢物

　　□其他　因我們的營業時間較長（上午9:00至晚上11:00）所以時間上較難配合，
　　　　　　但在時間允許下，我們非常樂意配合！

附件8-14　甜X托兒所家長工作調查記錄表

班級：皮卡丘

幼兒姓名	家長姓名	工作性質	聯絡電話	備註
陳XX	父陳XX	老闆	0915XXXXXX	
	母張XX	老闆	0910XXXXXX	
陳XX	父陳XX	職員	04-2336XXXX	
	母黃XX	學生	04-2358XXXX	
陳XX	父陳XX	老闆	0952XXXXXX	
	母林XX	老闆	0916XXXXXX	
張XX	父張XX	汽車修護	0935XXXXXX	
	母賴XX	家管	0923XXXXXX	
林XX	父林XX	職員	04-2358XXXX	
	母吳XX	職員	04-2359XXXX	
吳XX	父吳XX	老闆	04-2358XXXX	
	母駱XX	老闆	0930XXXXXX	
鄭XX	父鄭XX	職員	04-2358XXXX	
	母陳XX	家管	0923XXXX	
駱XX	父駱XX	公司老闆	04-2463XXXX	
	母謝XX	公司老闆	0953XXXXXX	
許XX	父許XX	自由業	04-2358XXXX	
	母林XX	老闆	0920XXXXXX	
黃XX	父黃XX	職員	0911XXXXXX	
	母林XX	護士	04-2463XXXX	
曾XX	父曾XX	職員	0933XXXXXX	
	母高XX	家管	04-2358XXXX	
楊XX	父楊XX	水電	0935XXXXXX	
	母吳XX	職員	04-2462XXXX	
胡XX	父胡XX	司機	0912XXXXXX	
	母吳XX	自由業	04-2358XXXX	
廖XX	父廖XX	廚師	04-2295XXXX	
	母陳XX	自由業	04-2463XXXX	
胡XX	父胡XX	建築	04-2652XXXX	
	母彭XX	幼教	0915XXXXXX	

附件8-15　甜X托兒所親子橋（聯絡簿）

老師您好：

說實在的，妳叫我寫家長建議書時我還以為全班的家長都要寫，經妳一說XX在課堂上有行為偏差，我才明白，是只有我要寫，很慚愧，不知道要怎麼寫，因為也沒寫過類似的信件。

XX的個性很依賴，在家裡上個廁所要人陪、吃個飯要媽媽（或者他人）餵，很想改變他，好幾次我就故意不餵他，他也任由那碗飯，放到涼，他也不吃，反正只要沒人餵，他就不吃了，除非我打他，可是這樣也不是辦法，人家不是說打久會變「蠻皮」後來我就改用誘導的方法，如果自己吃就買糖果，或者是玩具，或者帶他去溜滑梯等等之類，偶爾他還是會賴皮，吃幾口就說肚子痛（尤其最近）不知道是真是假，我都認為他說謊，硬逼他吃，他也不一定吃得完，只是還是會吃就是了。

他認為一件事如果是他認定的事，他就不妥協，也很不講理。比方說，他要拿面紙，而弄倒東西，但是你叫他撿起來，他不會撿，他認為他只是要拿面紙又不是要拿倒掉的那個東西，就是不願意去撿，真的沒法度。

他的腳踏車騎完，總是放在固定的地方。比方說，現在XX過來要騎，我就跟他說，現在是看電視的時間，不可以騎，如果XX執意要騎，我是不會過去阻止他，不過他會開始哭著說，媽媽說不可以騎，而不讓他騎。你可以說他很聽話，也可以說他很固執，但畢竟他的世界是很天真的，他還無法去改變媽媽的命令，畢竟他比較怕我，但是他表現出來的方式就是如此。旁人的反應是，那麼愛哭，也許有的小孩是直接過去陪同伴玩，有的則是過去搶走屬於自己的玩具、東西，每個小朋友與生俱來就有不同的個性，面對事情反應也不同，我想只能觀察他平常的表現而加以指導。我很希望知道他在學校裡的行為表現，不管是好或不好，也很願意配合老師一起指導他，讓他更進步，希望這樣子，不會讓老師造成困擾才好，畢竟我們的出發點是相同的，都是想讓XX在學校裡的表現更好。

XX媽咪　敬上

○○.3.10

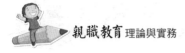

（續）附件8-15　甜X托兒所親子橋（聯絡簿）

> ## 親愛的XX媽咪您好：
>
> 　　看到您3月10日的信，知道您對孩子的期待及困擾，相信這也是其他父母的心中話，「甜X」為每位孩子設計的成長手冊及聯絡本，相信每一週您都閱過，其實您太客氣了，XX寶貝在甜X的這段日子，真是進步很多，由紀錄可知，相信老師在與您聯絡家訪時一定稱讚XX寶貝很乖，很敢秀，也很講理了。
>
> 　　現代的父母和現代的老師一樣，都要成為孩子的好朋友，聰明的孩子才會主動和您聊天談心事，XX老師常常將幼小的他們當作知己，如此得到純真的友誼，聰明的XX媽咪一定也會成為XX最心愛的好朋友哦！加油！加油！加油！
>
> 　　日後我將叮嚀老師多用電話和您聯絡，讓您能掌握XX的學習。最後謹祝福您和寶貝，健康、快樂！
>
> 　　　　　　　　　　　　　　　　　　　　甜X托兒所
> 　　　　　　　　　　　　　　　所長　劉XX　敬上
> 　　　　　　　　　　　　　　　　　　　　○○.3.12

（續）附件8-15　甜X托兒所親子橋（聯絡簿）

所長您好：

　　XX在甜X托兒所裡，成長許多，感謝師長們的用心照顧，XX很喜歡上學喔！因XX就要上小學了，行為方面我較不擔心，因XX這方面表現良好沒有偏差的行為，所擔心的是注音符號認知及運筆練習，在此有個建議，就是貴校在編排課程時，能將注音符號認知及運筆練習要排在教學裡，不然XX毫無概念，上小學後會與其他的小朋友落差太大，希望貴校能考慮，謝謝。

XX媽咪　敬上
○○.10.20

親愛的XX媽咪您好：

　　感謝妳長期的協助與支持，得使甜X無論教務或保育都能有良好的發展。

　　在您10月20日的建議信中，得知您對孩子學注音符號及運筆練習的困擾，特此解釋，首先甜X在教學上，不強迫孩子「背書」、「寫字」，而是在日常學習中，注意孩子的說話與發音，在唱遊律動之時，我們非常注意每位幼兒的發音及「國語」，相信正確的發音與標準的國語一定會讓他上了小學，樂於表現，快樂的學習注音，至於運筆問題，希望培養幼兒良好的習慣，例如握筆及坐姿，建議您在家中有剩餘的月曆紙或大張紙，讓XX盡情畫出心中所想，能力所及的畫，如此常常能做大小肌肉協調運動之動作，若如此小學時運筆寫字一定快樂又整齊，祝福您和孩子

　　快樂　健康

甜X托兒所
所長　劉XX　敬上
○○.10.25

附件8-16　甜X托兒所教學觀摩意見表

班別	史奴比	科別	體能
優點	XX的活動量大，看到XX在甜X的安排之體能活動中能充分舒展體力，很放心也很高興有此廣大的公園。		
缺點	秩序有些亂。		
建議	希望能有球　的體能活動，謝謝。		

（續）附件8-16　甜X托兒所教學觀摩意見表

班別	皮卡丘	科別	生活學習
優點	1.XX愉快的搓湯圓，手動作靈巧將來必能當個工程師。 2.民俗節慶的活動能讓小朋友更認識中國文化。		
缺點	衛生清潔要加強，否則小朋友搓的湯圓可是加味了。		
建議	元宵、端午、中秋等民俗節日配合活動，讓小朋友有更深印象。		

（續）附件8-16　甜X托兒所教學觀摩意見表

班別	史奴比	科別	生活學習
優點	看到XX能主動的做該做的事，會選擇自己喜歡的餡料包進元宵裡。		
缺點	在XX很自由的搓湯圓時，不知會不會不守秩序，將桌面弄得過於雜亂。		
建議	可以分組進行，效果會更好。		

附件8-17　給家長的信

親愛的家長您好：

在這春暖花開的季節，所長想起一句話「一年之計在於春」，如果在一年之初訂下好的計畫，這一年必定平穩充實的度過，今年甜X的計畫是與您共同成長。

感謝您熱心的支持與協助，讓甜X的各項事務均有明顯的進步與成長，尤其因為有了您的合作，督促著我們更要用心，深深覺得需要再成長再學習，我們在教務及教材教法方面不斷的進修與研討，目的是要培養一群有愛的能力，有自立的能力，有創造力的可愛寶貝。

很幸運的在這學期有了XX教育中心李XX講師的協助，策劃了四場親子座談，每一場講座的講師學識淵博，在幼兒教育領域中學有專精各有見的，實屬難得，希望我們精心的安排能得到您的共鳴。三月、四月、五月、六月每個月只有一場講座，每場演講當晚，甜X為您準備二份愛的晚餐（您與孩子共享）。希望您有個充實快樂的夜晚，請不要客氣，所長我與老師們期與您每個月一次的心靈交流。

最後　祝福您　家福

平安　幸福　快樂　健康

甜X托兒所
所長　劉XX　敬上
○○.3.8

Chapter

9

課後托育中心實施親職
教育之經驗分享

第一節　親職教育活動規劃與實施

第二節　親職教育活動成果評估與檢討

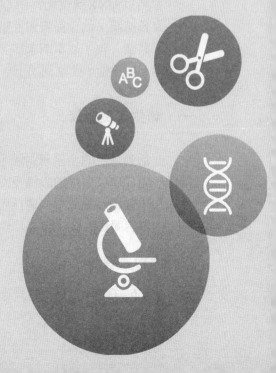

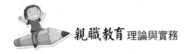

親職教育之實施是聯繫家庭與學校，亦是結合家長與老師之間的重要溝通橋樑，兩者密切配合才能建構兒童最佳的學習環境，也是確保兒童最佳的學習行為，所以說來，親職教育亦是園所興學及辦理托育服務的最佳指標。

本節提供台中市私立海XX課後托育中心〇〇年下半年度之親職教育執行現況，每節共討論海XX課後托育中心〇〇年度之親職教育活動，共分為六類：第一類：新生家長座談；第二類：幼小銜接與互動技巧；第三類：九年一貫課程探討；第四類：書香園地——談親子共讀；第五類：親子故事劇表演；第六類：讓孩子成為自己的主人——談合理的教養態度。而每一類活動又分為四個流程來分別實施，每一活動設計皆包括四部分：第一部分：課程（活動）設計（有關整個年度親職教育規劃參閱**附件9-1**及**附件9-2**）；第二部分：準備工作；第三部分：課程（活動）內容與實施；第四部分：成果評估，分述如下：

第一節　親職教育活動規劃與實施

本節以海XX課後托育中心所舉辦之親職教育活動規劃為例，包括：新生家長座談、幼小銜接與互動技巧、九年一貫課程探討、書香園地——談親子共讀、親子故事劇表演、讓孩子成為自己的主人——談合理的教養態度等六項活動，茲臚列如下：

一、新生家長座談

此活動之目的希望藉由國小校長的解說能讓家長與兒童一起做好入學準備，對於學校環境的設備及安全有更近一步的瞭解，增進家長對於兒童進入小學就讀後的課業指導技巧，以及如何建立良好的親師溝通（活動相關之內容請閱**表9-1**至**表9-4**）。

(一)活動流程

下午6：00～6：15　家長簽到，領取餐點

下午6：15～6：30　主任致詞

下午6：30～7：30　呂校長 主講

下午7：30～8：00　Q&A時間

下午8：00～8：30　有獎徵答、頒獎

(二)經費估計

講師費　6,000元

器具租用　1,200元

茶水、餐點　3,000元

參加贈品　800元

講義費　400元

(三)準備工作

1.課程講師或活動帶領人的決定及邀請：傅主任。

2.活動宣傳（招生）：全體教職員（包括：電話、通知單、聯絡簿、海報製作、口頭邀約）。

表9-1　　　　　　　　　海XX課後托育中心
親職教育活動

☆主辦單位：海XX課後托育中心
☆協辦單位：XX生鮮超市、家長義工團隊、XX國小、XX國小
☆活動對象：海XX全體學生家長或社區兒童照顧者
☆活動內容：

日期	活動主題	講師	時間
○○.09.15	哈囉！小一新生	呂XX 校長	18：00～20：30
○○.10.18	幼小銜接與互動技巧	傅XX 主任	19：00～20：30
○○.11.06	九年一貫課程探討	沈XX 校長	10：00～12：00
○○.11.27	書香園地——談親子共讀	家長義工團隊 故事媽媽	10：00～12：00
○○.12.25	親子故事劇表演	海XX的兒童及家庭成員	10：00～12：00
○○.01.10	讓孩子成為自己的主人 ——談合理的教養態度	吳XX 校長	19：00～21：00

☆活動場地：海XX課後托育中心

表9-2　　　　　　　　　海XX課後托育中心
　　　　　　　　　○○年親子教育活動來賓暨家長出席簽到表

活動名稱：　　　　舉辦時間：

編號	學生姓名	家長簽到	電話	學生關係	備註
1					
2					
3					
4					
5					
6					
7					
8					
9					
10					
11					
12					
13					
14					
15					

表9-3　　　　　　　　　海XX課後托育中心
　　　　　　　　　　　　親職教育
　　　　　　　　　　　家長成長活動卡

讓我們一起跟孩子成長

家長姓名：＿＿＿＿＿＿＿

學童姓名：＿＿＿＿＿＿＿

注意事項：

1. 參加本中心舉辦之親職教育課程即可蓋一班章。

2. 一學期蓋滿四個班章以上，下學期學費九折（限第一個月）。

3. 您的參與是孩子學習的榜樣及動力，請踴躍參加！

海XX課後托育中心　親師專線：○○○○○○○

表9-4　　　　　　　　　　海XX課後托育中心
父母親職講座

親愛的小一新生家長：

　　很榮幸在新學期擔任一年級的班導師，所謂相逢即是有緣，希望藉此緣份，我們彼此相處更圓滿。

　　孩子離開幼稚園，進入一年級，小小新鮮人面臨「蝌蚪變青蛙」的蛻變過程，在興奮期待之餘，不免夾雜了不安與焦慮，為了更能增進家長協助家中小一新生的能力，我們特別舉辦了「哈囉！小一新生親職講座」誠摯地邀請您來參加！！

主 講 人：XX國小 呂XX校長
受 邀 者：海XX課後托育中心所有孩子的父母、社區兒童照顧者及親朋好友
時　　間：○○年9月15日（星期三）下午6：00～8：30
活動內容：下午6：00～6：30　簽到、餐點時間
　　　　　　下午6：30～7：30　呂XX校長主講
　　　　　　1. 聯絡簿使用技巧及要項
　　　　　　2. 兒童接送安全
　　　　　　3. 學校與機構門禁制度
　　　　　　4. 國小作業指導技巧
　　　　　　5. 如何建立良好親師溝通
　　　　　　下午7：30～8：00　Q&A親師交流時間
地點：海XX課後托育中心三樓活動室
費用：免費

海XX課後托育中心父母親職講座回條

學生姓名：＿＿＿＿＿＿＿＿＿　　家長簽章：＿＿＿＿＿＿＿＿＿

□ 我很樂意並會準時在當日下午6：00參加成長活動。
□ 抱歉！因事無法參加。

海XX課後托育中心

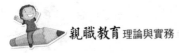
3.接受報名及預約：湯老師、黃老師。

4.參加者的背景分析：家中有小一新生之家長、社區、機構內對教育有參與熱情之家長。

5.場地安排及布置：湯老師、黃老師（教室布置、餐點、飲料訂購、投影機租借、相機準備、麥克風、簽到表、小禮物、有獎徵答題目）。

二、幼小銜接與互動技巧

此活動之目的係藉由活動之進行，增進家長瞭解幼小銜接課程內容及親子互動技巧之討論，並建立良好親師溝通管道（活動相關之內容請參閱**表9-5**）。

表9-5　　　　　　　　　　海XX課後托育中心
「親師懇談會」——幼小銜接與互動技巧

親愛的家長：

　　您的寶貝進入小學已近一個多月了，從幼稚園教育銜接國小教育階段，是孩子學習階段中一個重要的關鍵時期，貴家長選擇讓孩子在這人生重要的發展階段中就讀海XX課後托育中心，是海XX課後托育中心的榮幸亦是家長對海XX課後托育中心的肯定，我們很高興能與您成為孩子的「教育合夥人」，因此誠摯的邀請您參與本學期的親師懇談會。

親師懇談流程

　　時間：○○年10月18日（星期一）下午7：00～8：30

　　地點：海XX課後托育中心三樓

　　受邀對象：海XX托育中心全體新生家長

　　主講人：本園所 傅XX 主任

　　費用：免費

配合及注意事項：

　　1.為了讓這次親師懇談能更圓滿，請家長準時入席。

　　2.這次活動將為家長準備精緻點心。

　　3.如親師懇談會當天孩子無人照顧，可陪同家長參加，本中心將會請一位教師協助照顧。

　　4.請帶一顆愉快的心情來參加。

　　5.填寫親子溝通調查表（參閱附件9-3）。

　　　　　　　　　　　　　　　　　　　　　　　　海XX課後托育中心

(一)活動流程

1.簽到並領取餐點
2.親師自我介紹
3.主任致詞
4.幼小銜接課程說明
5.作品展示
6.親子互動技巧交流
7.Q&A家長交流站

(二)經費估計

場地布置及經費
裝飾盆花　2盆×350元／盆＝700元
餅乾　1批＝300元
飲料　2箱×140元／箱＝280元
餐盒　20份×50元／份＝1,000元
名牌　20個×10元／個＝200元
禮物　20份×100元／份＝2,000元

(三)準備工作

1.課程講師或活動帶領人的決定及邀請：傅主任。
2.活動宣傳（招生）：全體教職員（包括：邀請卡製作、電話、聯絡簿、海報製作及張貼）。
3.接受報名及預約：黃老師、林老師。
4.參加者的背景分析：家中有小一新生之家長。
5.場地安排及布置：一、二年級導師（鮮花訂購、餐點、飲料採買、禮品訂購、教室布置、作品陳列、簽到表及名牌製作）。

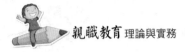
三、九年一貫課程探討

此活動之目的係藉由「九年一貫課程」的探討，釐清家長對目前國小教育的疑慮，並鼓勵家長與機構成為孩子教育的合夥人，積極的參與孩子的成長，締造家長、孩子、學校、托育機構、社會全贏的局面（活動相關之內容請參閱**表9-6**）。

表9-6　　　　　　　　　　海XX課後托育中心
　　　　　　　　　　　　親職教育通知單

親愛的家長：
　　二十一世紀是資訊、科技發達的新時代，為了因應時代變遷、社會進步的需要，以及培養二十一世紀新公民的競爭力，教育部推動了「九年一貫課程」著重能力導向的改革，是教育的一大突破。面對教育改革，家長難免心存疑慮，因此海XX課後托育中心特別邀請了沈XX校長和大家一起座談，探討「九年一貫課程」，為了孩子的成長，家長更應積極參與，畢竟「教育」是合夥的事業，而家長是我們最佳的合夥人，熱情誠摯地邀請家長們的參與，讓我們共同締造家長、孩子、托育中心、學校、社會全贏的局面。

親職教育講題：**快樂學習，健康成長**
主 講 人：沈XX校長
受 邀 者：海XX所有孩子的父母或照顧者或親朋好友
時　　　間：○○年11月06日（星期六）上午10：00～12：00
活動內容：上午10：00～10：30 本中心備有餐點與家長共享
　　　　　　上午10：30～11：45 沈校長主講
　　　　　　上午11：45～12：00 沈校長與家長座談
地　　　點：海XX課後托育中心三樓活動室

海XX課後托育中心親職教育通知單回條

我是＿＿＿＿＿＿＿＿＿＿＿　的家長

我們有＿＿＿＿＿＿＿＿　位成員將會準時出席，並參與本次的九年一貫親職座談，謝謝！

1.歡迎家長熱情贊助餐點，請於回條上載明，我們將與您再次確認。
2.為統計人數請於10月20日前將回條交回。謝謝！

　　　　　　　　　　　　　　　　　　　　海XX課後托育中心

(一)活動流程

1.簽到
2.餐點、茶水
3.主任致詞引言
4.沈XX校長主講（搭配幻燈片）
5.家長和沈XX校長Q&A時間
6.討論與分享

(二)經費預估

講師費用　6,000元
餐點、茶水　1,800元
紙筆、講義費　400元
九年一貫課程解說光碟（每人一份）　600元

(三)準備工作

1.課程講師或活動帶領人的決定及邀請：由傅主任邀請。
2.活動宣傳（招生）：
・社區各公寓大廈管委會
・機構及社區布告欄
・通知單
・聯絡簿
3.接受報名及預約：電話、現場或預約報名（一樓櫃檯老師）。
4.參加者的背景分析：
・社區對教育熱心投入之家長
・機構內家長
・被積極參與家長邀約而來之朋友親戚
5.場地安排及布置：
・於活動前一天完成
・統籌人：黃XX老師
・地點：三樓活動室

・麥克風、光碟、手提電腦（notebook）準備、講義印製、茶水、餐點訂購、簽到表、禮物採買

四、書香園地——談親子共讀

此活動之目的係藉由「書香園地——親子共讀」活動，增進家長陪伴孩子讀書的技巧，及瞭解如何運用學校、社區圖書館豐富的資源，建立親子共讀良好互動（活動相關之內容請閱**表9-7**）。

表9-7　　　　　　　　　　海XX課後托育中心
「書香園地——親子共讀」

> 親愛的家長：
> 　　閱讀是心靈捕手，是教育的靈魂，透過閱讀，學生能夠滿足對外在世界的好奇心，並廣泛的吸收各種知識，培養獨立思考的能力，也唯有養成讀書的習慣才有終身學習的可能，因此誠摯邀請您來參加海XX課後托育中心的「書香園地」活動，建立親子共讀的橋樑。
>
> 主題：
> ・培養讀書能力：讓孩子一輩子愛讀書，並尋找興趣
> ・加強語文技巧：提升孩子語文讀、說、寫的能力
> ・小小讀書會：激發思考、創意、尊重差異，推動親子共讀
> ・童書大閱兵：好書介紹
> ・心得分享～
>
> 主講人：家長義工團隊——故事媽媽
> 時　間：○○年11月27日上午10：00～12：00
> 地　點：海XX課後托育中心三樓
> 受邀人：海XX課後托育中心所有孩子、家長
> 費　用：免費
>
> ---
> 海XX課後托育中心 「書香園地——親子共讀」 回條
>
> 學生姓名：＿＿＿＿＿＿＿＿　家長簽章：＿＿＿＿＿＿＿＿
>
> □我很高興並準時在11月27日上午10：00至海XX課後托育中心之書香園地。
> □抱歉！因事無法參加。
> □願意擔任本次親子活動之義工媽媽爸爸（調查表請參閱附件9-4）。
>
> 　　　　　　　　　　　　　　　　　　　　海XX課後托育中心

(一)活動流程

1.家長簽到

2.主任致詞

3.主講人介紹

4.書香園地

- ・引導孩子讀書之興趣
- ・加強語文能文
- ・好書介紹，並如何引導孩子欣賞閱讀
- ・如何規劃親子讀書時間（陪讀技巧）
- ・分享運用周遭圖書資源

(二)經費預估

講師費　3,000元

雜費　120元

飲料　200元

餐點　300元

精緻好書禮　4,000元

(三)準備工作

1.課程講師或活動帶領人的決定及邀請：傅老師。

2.活動宣傳（招生）：全體教師（電話、通知單、海報製作）。

3.接受報名及預約：林老師、姜老師（通知單回條、現場報名、電話預約報名）。

4.參加者的背景分析：全體校內之家長、社區之家長。

5.場地安排及布置：

- ・請書商提供好書
- ・餐點、飲料訂購（黃老師）
- ・海報設計（湯老師）
- ・麥克風、手提電腦

・簽到表
・親子共讀講義資料

五、親子故事劇表演

此活動之目的為學習將靜態的書變成動態的活動,增進親子一起探索故事書中的啟示之機會,體驗親子共同討論的藝術,養成親子共讀的習慣,以增強孩子間的互動,促進親子和諧感(活動相關之內容請參閱**表9-8**)。

(一)活動流程

1.家長簽到、領取小獎品及飲料
2.家長代表致詞
3.主任致詞
4.以報名順序排定出場序
5.兒童直笛合奏演出
6.親子舞台劇演出
7.評審(由家長擔任)評分、講評
8.頒獎
9.圓滿閉幕

(二)經費預估

舞台搭建　12,000元
燈光、音響　6,000元
桌椅租借　2,000元
致贈評審小禮物　1,000元
參加獎　500元×20單位＝10,000(預估)
優勝獎　1,580×8單位＝12,640(預估)
罐裝飲料一批　1,000元
海報設計　350元

表9-8　　　　　　　　　　海XX課後托育中心
親子故事劇表演

(一)宗旨

　　學習將靜態的書變成動態的活動，增進親子一起探索故事書中的啓示之機會，體驗親子共同討論的藝術，養成親子共讀的習慣，以增強孩子間的互動，促進親子和諧感。

(二)活動說明

　　1.選定一個童話故事。

　　2.以家庭爲一單位。

　　3.以舞台劇（戲劇）的表演方式詮釋故事內容。

　　4.故事書內容結局可改編。

　　5.服裝、道具自備。

　　6.請親子相互欣賞、尊重，共同完成討論、排演及道具製作。

　　7.欲報名之家庭請於12月17日前利用電話報名。

　　8.如有任何疑問或未盡事宜，均可來電詢問、指導。

(三)活動時間：

　　○○年12月25日（星期六）上午10：00～12：00

(四)活動地點：

　　海XX課後托育中心門前綠園道

(五)活動辦法

　　1.台詞、各個角色配合度、演出內容、自信心及親子和諧性將列爲評分項目。

　　2.參加活動的每一家庭可獲贈圖書禮券500元。

　　3.優勝獎（名額不限）可獲贈兒童套書12本（價值1,580元）。

　　眞正的愛是去認識孩子的能與不能、需要與不需要；無論您的孩子今年幾歲？正面臨怎樣的成長功課？親子故事劇表演，一定能使您與孩子之間彼此更瞭解、更相愛，請給孩子及您這個機會。

　　　　　　　　　　　　　　　海XX課後托育中心與您及孩子一同成長！

(三)準備工作

1. 活動帶領人（主持人）：林老師。

2. 活動宣傳：以聯絡簿夾帶通知單方式，或機構公布欄，各班導師以電話告知。

3. 接受報名：以一個家庭為單位，採預約報名（於活動前兩天截止）。

4. 參加者的背景分析：海XX課後托育中心的兒童及家庭成員。由主任全權負責於活動舉辦前兩日完成。

5. 場地安排及布置：

- 舞台及燈光音響廠商聯絡
- 至派出所申請道路占用
- 桌椅租借
- 禮品、書籍選購
- 徵求贊助廠商
- 邀請8位家長擔任評審
- 茶點訂購
- 數位相機及錄影準備
- 安全秩序維護人員（由家長義工團隊擔任）
- 獎狀製作、舞台布置

六、讓孩子成為自己的主人——談合理的教育態度

父母的教養態度，影響孩子的思想及行為，而每個孩子的特質，需要家長付出耐心與細心來發掘。家長若是一味地以物質來體現「愛」，這種無形的愛，會造成孩子行為及思想上的偏差。「教養」不是「驕養」，期望每個家長皆能用適切的態度來教養您的孩子（活動相關之內容請參閱**表9-9**）。

表9-9　　　　　　　　　　　海XX課後托育中心
親職效能講座

親愛的家長：

　　在孩子成長的過程中，絕對需要「愛」的呵護，而孩子的成長只有一次，您是否來得及參與呢？為了提升家長教育孩子的效能，海XX課後托育中心特別舉辦了「做自己的主人──談合理教養態度」親職講座。誠摯地邀請您來參與。

主講人：XX國小 吳XX校長
講　題：1.如何傾聽孩子的聲音
　　　　2.具體有效的鼓勵技巧
　　　　3.學習有品質的互動技巧
　　　　4.談合理的教養態度
　　　　5.教養孩子的甘苦經驗分享
受邀者：海XX課後托育中心所有孩子的家長或兒童照顧者或親戚朋友
時　間：○○年1月10日（星期一）下午7：00～9：00
地　點：海XX課後托育中心三樓活動室
費　用：免費

海XX課後托育中心親職講座回條

學生姓名：＿＿＿＿＿＿＿＿＿　家長簽章：＿＿＿＿＿＿＿＿＿

□我很樂意並會準時在當日下午7：00參加成長活動。

□抱歉！因事無法參加。

□希望接受本中心提供親職教育大補帖（請參閱附件9-5）及親子資訊（請參閱附件9-6）。

海XX課後托育中心

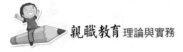
(一)活動流程

1.家長簽到
2.園長致詞
3.技巧小檢測
4.講座時間
5.親職交流站

(二)經費預估

講師費　6,000元
點心　1,000元
飲料　200元
雜支　500元
精美小禮物　2,000元

(三)準備工作

1.課程講師或活動帶領人的決定及邀請：傅老師。
2.活動宣傳（招生）：特約商店海報張貼、社區公布欄、聯絡簿、口頭邀約。
3.接受報名及預約：通知單回條或電話預約報名。
4.參加者的背景分析：海XX課後托育中心家長及社區家長 。
5.場地安排及布置：鮮花、活動式白板、小教具、氣球、麥克風、桌椅。

 第二節　親職教育活動成果評估與檢討

　　親職教育活動的實施，需結合家長、老師及托育機構等各方面的配合，才能提供較完善的親職教育內容，以下提供有關親職教育活動實施後之成果評估及檢討，並將此成果及經驗作為未來實施親職教育時的參考及依據。

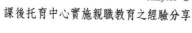
一、親職教育活動成果評估與檢討

機構在親職教育的實施總括來說，在成果評估上可歸納下列幾點：

1. 家長參與意願不高：在親職教育的活動設計上應考慮到家長參與的時間、動機、需求，以及家長可能有的失業、生理等外在因素，才能提高家長出席活動的意願，達成活動目的。

2. 未能顧及特殊家長群：可針對隔代教養家庭、單親家庭做親職活動設計，可促使其有參與意願，真正落實特殊需求家長的親職教育。

3. 專家學者聘請不易：知名的專家學者能吸引家長參與活動，園所應建立管道，提撥經費來聘請專家學者。

4. 籌備活動人力資源運用：機構內老師要兼顧教保活動及親職教育的籌辦，人力上較為不足。

5. 活動進行中的兒童照顧問題：活動進行中若能安排解決出席家長的兒童照顧，將有利家長參加活動。

6. 活動訊息的獲得：機構在親職活動的訊息傳播上，應考慮到周全性、普及性及可近性，才能讓家長獲得與活動有關的訊息；對於生活忙碌或容易遺忘的家長，活動當天的備忘錄或電話的提醒是必要的。

7. 參加活動女性家長偏高：參加親職教育活動通常男性家長出席意願較女性家長低，除請主任熱情邀請之外，可以考慮用獎勵的方式來鼓勵男性家長參加，如贈送參加禮物、子女托育費減免、提供獎學金等方式。

8. 活動後的分享：可將親職活動的內容、過程，要點做成記錄，與未能參與的家長分享，以使其明瞭活動內涵，提升家長下次參與活動的意願。

9. 經費的預算：機構內的經費預算最好在學期初即編列完成，如機構經費預算不足之處，可考慮向家長、政府機關尋求支援，以利親子教育的實施。

二、未來活動實施之檢討與建議

1. 親職教育活動內容偏重小一新生，雖為機構穩定新生家長之策略，也應思考中高年級之家長是否要納入親職教育的實施對象。

2. 舉辦時間偏重在週六上午，對於是否影響家庭假日休閒活動之安排應慎重評估，或因家長需接送孩子參加假日才藝課程而減少出席率。

3. 活動舉辦多選擇於機構內實施，考慮至社區活動中心或租借其他場地，可解決家長停車、活動空間不足之問題，而藉由在較知名的活動中心舉辦，也可讓家長有耳目一新的感覺，並肯定機構對於親職教育的投入與用心。

4. 活動的實施方式多採「講座」形式舉辦，對家長而言恐有單調嚴肅的感受，影響參與意願，如在親職活動設計之初即考慮到實施方式採多元活潑的方式，設計周延，可提高家長的參與率。

5. 對於活動的宣傳及邀約除家庭聯絡簿、社區公布欄、機構公布欄張貼、電話邀約之外，也可考慮以其他方式進行，除可增加參加的人數，服務社區居民，並可建立機構在社區良好的形象。

6. 親職教育活動通知多以「通知單」方式呈現，略顯單調，如以邀請卡、e-mail，或由孩子自製卡片等方式，可改變以往傳統邀約的方式，讓家長對於活動有參與的興趣。

7. 親職教育活動進行中的兒童照顧問題除提供兒童托育照顧外，是否也可安排一些才藝課程，如藝術創作等，或商請故事媽媽來說故事，不僅能讓家長放心，也可能收到意想不到的效果。

8. 在專家學者的聘請不易，相關主管單位又未能提撥經費或提供實用的親職教育教材的情況下，機構的管理階層（如所長、主任）便需多尋求當前親職教育活動的實施新知，或建立專家諮詢網絡，以強化機構的親職教育作法。

9. 可將親職教育活動進行中的照片製成卡片送給參加的家長，對於未參加的家長則可將活動的紀錄做成摘要式小卡片送給家長，以增進家長下次出席的意願。

10. 可在學期初即以問卷或其他方式來瞭解家長對親職教育內容的期望及需求，以為機構舉辦親職教育活動之參考。

附件 9-1　海XX課後托育中心XX年度上學期親職教育計畫

活動名稱	親師座談會	北埔親子遊	小兒支氣管保健	聖誕化妝舞會及餐敘	媽媽插花教室	搓元宵猜燈謎慶團圓
實施日期	09月18日 星期二	10月27日 星期六	11月21日 星期三	12月21日 星期五	01月23日 星期三	02月22日 星期五
活動時間	18:30～20:30	全天 08:00～17:30	18:30～20:00	18:30～21:00	18:00～21:00	18:30～20:30
參加對象	家長	家長兒童	家長	家長兒童	家長	家長兒童
預計人數	50人	50人	50人	50人	30人	50人
預收費用	免費	每人500元	免費	免費	每人200元	免費
內容摘要	增進對兒童及其家庭的瞭解	體驗柿餅的製作過程	邀請醫師告訴您：冬季小兒預防保健方法	促進親子關係及家長聯誼	歲末年終春節迎新布置	讓孩子由節慶中瞭解：傳統民俗

（續）附件 9-1　海XX課後托育中心XX年度上學期親職教育計畫

活動名稱	元宵節親子活動	親子共讀座談會	親子協同創作研討會	我愛媽媽園遊會	親子火車之旅	賞蓮親子遊	五月五過端午
實施日期	02月25日 星期一	03月18日 星期一	04月13日 星期六	05月18日 星期六	05月25日 星期六	06月08日 星期六	06月12日 星期三
活動時間	15:00～17:00	18:00～19:00	9:00～10:00	9:00～11:00	8:00～12:00	整天 8:00～18:00	17:00～18:30
參加對象	家長兒童	家長兒童	家長	家長兒童	家長兒童	家長兒童	家長
預計人數	50人	50人	40人	全體家長兒童	50人	50人	50人
預收費用	XX醫藥學院附設醫院贊助（社區資源）	免費	每人50元	免費	每人100元	每人500元	免費
內容摘要	增進兒童對中國傳統節日及民俗活動的認識	培養孩子閱讀習慣增進親子互動關係	藉由親子協同創作以增進親子關係	培養兒童感恩孝親之心	體驗火車旅遊的樂趣及品嚐地方小吃	地方特色及產業的認識	體驗粽子的製做過程

附件9-2　親職教育連結社區計畫

主　　題：環保燈籠製作展覽會	
活動概要：親子一同製作比賽，接著是展覽活動，結束前有猜燈謎遊戲贈送紀念品。	
時　　間：2月7日	地　　點：XX公園
準備工作：1.與相關人員接洽述說活動內容。 　　　　　2.通知家長此活動的內容，並藉由家長與之宣傳。 　　　　　3.對外發傳單，作宣傳。 　　　　　4.活動場地的布置，並準備一些可以資源回收物。 　　　　　　例如，寶特瓶、報紙、竹子、塑膠袋等。	
活動流程：1.講解資源的使用方式。 　　　　　2.創意燈籠製作開始（材料自選不限）。 　　　　　3.製作完成的成品展示。 　　　　　4.猜燈謎遊戲。 　　　　　5.發放紀念品。 　　　　　6.領回作品。	
目　　的：使用一些周遭東西創造啟發親子間的想像能力，並激發親子間的溝通與互動。	

主　　題：植物的奧妙	
活動概要：首先以圖片介紹植物的生長，再以影片觀賞，結束後參觀實際的生物，然後再 　　　　　帶回一小株樹苗種植觀察與照顧。	
時　　間：3月11日（植樹節）	地　　點：科博館（植物館）
準備工作：1.與館裡主管接洽進行內容。 　　　　　2.資料的準備（圖片與影片）。 　　　　　3.需要一名解說員。 　　　　　4.樹苗的準備（經由館裡人員發配）。 　　　　　5.鼓勵父母參與此活動（發通知單）。	
活動流程：1.圖片介紹與講解。 　　　　　2.影片的介紹。 　　　　　3.實物參觀。 　　　　　4.問題討論。 　　　　　5.分一株幼苗父母與孩子一同回家種植。	
目　　的：能多一些父母與子女的共同成就，多一些日常生活中的話題，在研討中並能增 　　　　　進彼此的知識。	

（續）附件9-2　親職教育連結社區計畫

主　　題：拜訪辛苦的郵差伯伯	
活動概要：進入郵局裡，經郵局伯伯的簡單介紹環境，然後再說寄信的方式，郵筒的辨認 　　　　　方式，接著是有獎徵答活動。	
時　　間：3月18日（郵政節）	地　　點：附近郵局
準備工作：1.與郵局人員調配好時間。 　　　　　2.需有解說員一名。 　　　　　3.過程中需準備圖片解說。 　　　　　4.影片的準備。 　　　　　5.紀念品的準備。 　　　　　6.家長通知聯絡。	
活動流程：1.首先，先介紹郵局環境與使用工具。 　　　　　2.圖片介紹。 　　　　　3.影片欣賞。 　　　　　4.孩子模擬寫信，寄信（郵筒的分辨）。 　　　　　5.有獎徵答。 　　　　　6.紀念品發放。	
目　　的：增加親子間的相處時間。	

主　　題：美的世界	
活動概要：邀請父母與孩子利用一些顏料共同創作想像力展示，激發親子間的共同展現。	
時　　間：3月25日（美術節）	地　　點：東海大學
準備工作：1.不同材質顏料、畫筆、紙的提供。 　　　　　2.通知單的聯絡。 　　　　　3.展示區的設立。 　　　　　4.與東海大學負責人聯絡溝通。	
活動流程：1.說明材料的種類與規定時間表。 　　　　　2.活動開始（共同創作）。 　　　　　3.集合，拿自己的作品貼於展示區。 　　　　　4.布置展示區，將展覽二天。 　　　　　5.給予時間拍照。 　　　　　6.活動結束。	
目　　的：讓父母能對於孩子美的定義有不同的見解，從畫中更加瞭解孩子的想法！	

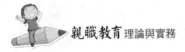
（續）附件9-2　親職教育連結社區計畫

主　　題：親子加油站
活動概要：在書局內設立一區提供幼教新資訊，另有參考資訊，可自行取用索取（屬長期性質）。
時　　間：5月4日（文藝節）開放　　　　地　　點：XX書局
準備工作：1.先與書局主管接洽討論合作細節。 　　　　　2.提供相關資訊、報導，或幼兒文物。 　　　　　3.列印通知給予家長。 　　　　　4.對外宣傳活動的籌備。 　　　　　5.張貼進入此區規則。 　　　　　6.環境的布置。 　　　　　7.書籍的編排。 　　　　　8.附設影印機一台（計費）。
活動流程：1.發通知單告知家長，讓他們知道有此福利。 　　　　　2.宣傳活動（POP海報、宣傳車、傳單）。 　　　　　3.自行選定時間進入參觀。
目　　的：不但時間自由，而且又可提供父母幼兒相關資訊，解決父母疑慮。

主　　題：美化社區運動
活動概要：徵求一些義工父母與孩子一同參與這項活動，做一些環境的整理與美化，又可有活動的機會，養成愛惜自己家園，與良好的身教。
時　　間：5月7日　　　　　　　　　　地　　點：自家附近社區
準備工作：1.準備自願單給家長填寫。 　　　　　2.提供一些工具。 　　　　　3.活動人員的聯絡。 　　　　　4.建立父母與孩子對活動的觀念。
活動流程：1.園所與社區發展協會同步合作進行。 　　　　　2.與家長一同商討如何進行宣導並實行。 　　　　　3.公布計畫表，和工作項目、時間上的調配。 　　　　　4.發配工具。 　　　　　5.整理美化運動開始。
目的：希望父母能在日常生活中教育孩子如何珍惜、愛護自己的家園，用貼切的方式去實行，繼續延續此活動。

（續）附件9-2　親職教育連結社區計畫

主　　題	：親子大補帖	
活動概要	：邀請專業講師參與討論活動，並建議家長們對孩子在日常生活中所產生的一些問題，所應有的態度與行為。	
時　　間	：6月6日	地　　點：XX大學活動中心
準備工作	：1.主持人（麥克風、紙張、筆）。 2.簽名處（負責人）。 3.桌椅的安排。 4.指標。 5.教室門口的布置。 6.與講師溝通流程。	
活動流程	：1.主持人介紹講師。 2.講師講述。 3.家長之間互相討論問題。 4.提出問題（與家長互動交流）。 5.結論。	
目　　的	：促進家長之間的人際關係，與問題解決方法的參考，並且使親子間溝通技巧更好更為融洽。	

主　　題	：認識勇敢的警察伯伯	
活動概要	：主要是要多給孩子一些對警察的角色瞭解。	
時　　間	：6月16日（警察節）	地　　點：警察局
準備工作	：1.事前的講解。 2.與警局主管接洽。 3.發通知單。	
活動流程	：1.警局的環境介紹。 2.工具的使用（警車、警棍、手槍）。 3.增進孩子對警察的認知。 4.回園，問題討論。	
目　　的	：增進父母與孩子的認識。	

（續）附件9-2　親職教育連結社區計畫

主　　題	：愛心園遊會		
活動概要	：由父母各個家庭組成一個攤位或二個家庭以上共同合作（前提是以義賣爲主）。		
時　　間	：6月23日	地　　點	：XX公園
準備工作	：1.列印通知單，宣傳單。 2.設立十五個攤位。 3.徵求玩具組、小吃組、遊戲組各五組。 4.蒐集孩子多餘的玩具加以清洗整理。 5.提供瓦斯、消耗品等（請家長列清單）。		
活動流程	：1.集合說明注意事項。 2.發流程單。 3.桌椅、發消耗品、瓦斯等。 4.準備活動。 5.活動開始。 6.活動結束整理場地。		
目　　的	：家庭中每個成員的參與此活動，更能增加家庭的活動力與配合度。		

附件9-3　海XX課後托育中心親子溝通調查表

☆請家長在參與相關親職教育方案之前、之後填寫此份調查表，參考是否在親子關係與子女教養上有所成長與改變。

☆請以是非題「○、×」方式作答。

1. ＿＿願意接觸子女：認爲自己的子女是寶貴可愛，且願意花時間和他們在一起。

2. ＿＿支持並關愛他們：不管其得失，父母應接納他們、幫助他們、隨時給予他們支持。

3. ＿＿接受子女個人的感受和看法：接納對方是一個完整的個體，從對方立場來看事物。

4. ＿＿鼓勵子女表達情緒，並培養有效表達情緒的能力。

5. ＿＿隨時願意溝通並且聆聽子女的傾訴。

6. ＿＿願意承認錯誤：父母發現自己的錯誤之後，能坦承的向夫或妻或孩子道歉，透過這種行爲模式，教導孩子一種正確的溝通方式。

7. ＿＿接受對方之缺點和極限，而不做勉強的事。

8. ＿＿努力發掘子女的長處，並幫助他們發揮潛能實現理想。

9. ＿＿善用非語言的溝通，即「身體語言」、「行爲語言」。

10. ＿＿可發脾氣但不可羞辱人，不找藉口、不遷怒。

11. ＿＿強調重要的，忽略不重要的，避免嘮叨。

12. ＿＿多運用建設的討論，不要惡劣的爭吵。

13. ＿＿適當的許諾，合理的限制。

14. ＿＿摒棄陳年舊帳：不要拖泥帶水的積壓在心裡，避免一再的拿過去的錯誤來抹煞現在的努力，應該給兒女一個改過自新的機會。

附件9-4 海XX課後托育中心參與義工媽媽爸爸意願調查表

親愛的家長您好：

本中心為孩子設計的活動非常豐富，極需要您們幫助我們共同完成，以下我們列出了一些需要協助的項目，如您願意就請您在感興趣的項目打「√」並寫下您認為最恰當的參與時間，收到您的回條後我們將儘快與您聯絡，希望您能撥冗參與。

家長姓名：＿＿＿＿＿＿＿＿　家長職業：＿＿＿＿＿＿＿＿

學童姓名：＿＿＿＿＿＿＿＿　班　　級：＿＿＿＿＿＿＿＿

地　　址：＿＿＿＿＿＿＿＿　電　　話：＿＿＿＿＿＿＿＿

1.您與學童的關係是□父　□母　□其他＿＿＿＿＿＿＿＿

2.您是否願意在適合的時間參與學童活動□願意　□不願意

3.以您目前的時間分配，您認為多久參與一次最適當？
　□任何一天　□一週一次　□兩週一次　□一個月一次

4.如果您參與活動，您能配合的時間是：
　□一個小時　□一個上午　□下午活動　□其他＿＿＿＿＿＿＿

5.您願意參與的項目：
　□帶領學童做烹飪活動
　□帶領學童唱歌活動
　□說故事給學童聽
　□一同參與戶外教學或郊遊
　□就個人專長，例如：＿＿＿＿＿＿＿＿＿＿
　□協助製作教具，蒐集廢物
　□其他＿＿＿＿＿＿＿＿＿＿

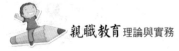
附件9-5　海XX課後托育中心親職教育大補帖

大補帖一：如何引導孩子學習

　　培養孩子具備主動學習的能力，是孩子一生最寶貴的財富。面對「望子成龍，望女成鳳」及不希望孩子輸在起跑點的家長，該如何引導孩子喜歡學習呢？您可以這樣做：

- 配合孩子不同年齡階段及當時喜愛的活動，提供孩子相同或相關的圖畫書、錄音帶、影片等，陪同欣賞、閱讀和討論，增強孩子喜歡學習的動力。
- 無限量供應孩子紙張、美勞用品作摺紙、剪貼、畫圖等活動，開始和孩子一起討論，甚至一起摺或畫，享受親子自由創作的樂趣。
- 陪伴孩子共讀圖書、聆聽音樂，不強迫孩子被動認字、記憶、寫字、背誦，讓孩子樂於學習。
- 家長多閱讀、勤於學習，孩子會自然而然模仿學習。
- 孩子主動學習是在好奇、感興趣的情況下去進行，所以在輕鬆、愉快的氣氛下進行這些活動，學習將會變的更積極，並能勇於去嘗試。

大補帖二：愛搶看電視的孩子

　　看電視是一般家庭的生活娛樂，孩子之間有時為了爭搶收看不同的電視節目，而鬧得不可開交，這時，您會怎麼處理呢？建議您：

- 先關掉電視，讓孩子冷靜下來，一起商量要先看哪個節目，否則，就只能讓電視「休息一下」了。
- 可建議某些方法或開導其中一名孩子說：「先讓給他看，爸媽陪你玩。」相信孩子能暫時接受說服而避免一時的爭論，事後再一起商量。
- 告知孩子，遇到爭端時只能「動口不動手」，想一想要怎麼解決問題，也可請家長協助，以培養孩子合理解決問題的能力。
- 可以召集開個家庭會議，共同討論可以收看哪些優良的電視節目？哪些節目需要家長一同陪看？可以看多久的電視節目？制定生活公約後，家人要確實遵守。

（續）附件9-5　海XX課後托育中心親職教育大補帖

大補帖三：如何教孩子學美語

孩子學美語，已成為一種趨勢，家長如果要自行輔導孩子學美語，該怎麼做呢？

- 選擇孩子有興趣的美語圖畫書、錄音帶、錄影帶等，引起孩子的學習興趣，並陪伴孩子一起學習。
- 自製美語單字卡，和孩子一起貼在日用品上，或時常播放美語錄音帶，營造美語環境，家長也要常使用美語和孩子說話、玩遊戲、說故事，以加深其印象。
- 帶孩子出門購物時，可用英文記下要買的東西，鼓勵孩子說出來，也可以觀察招牌、廣告單上的美語，讓孩子覺得美語是很生活化的、很實用的語言文字。

大補帖四：出門如何約束孩子

家長都非常注意孩子的生活教育，希望孩子守規矩、懂禮貌，做個人見人愛的好孩子。可是當帶著孩子出門時，孩子卻常常像脫韁的野馬，難以管束，令家長們火冒三丈或覺得顏面盡失。究竟帶孩子出門，該如何有效的約束孩子呢？

- 出門時，攜帶孩子喜愛的圖畫書、玩具、拼圖等，讓孩子可以自己玩；當孩子表現良好時，家長要適時鼓勵。
- 出門前告知孩子前往地點的性質、辦事的重點，並和孩子約法三章，如：孩子可以行動的範圍和說話的音量。如果孩子在現場忘記了約定，可提醒孩子加以注意。
- 出門辦事時，事先介紹地點的特色，讓孩子也有學習的機會，並讓孩子幫家長一點小忙，例如到郵局去，讓孩子幫忙貼郵票，使孩子有參與感，滿足其好奇心，增加社會認知領域。
- 選擇人潮少的時候帶孩子出門辦事，或將辦事的時間儘量縮短，避免孩子不耐煩。

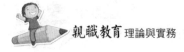

（續）附件9-5　海XX課後托育中心親職教育大補帖

大補帖五：交不到朋友的孩子

　　孩子進入學校後，不論學習、遊戲、分享等，都需要和同伴一起進行。有的孩子天生較害羞，不擅與人溝通；有的孩子因備受嬌寵，在團體活動中常和友伴發生爭執，而漸漸不受大家的歡迎。對於常被冷落、孤立、交不到朋友的孩子，該怎麼辦呢？建議您：

- ·鼓勵孩子嘗試交朋友，並多安排活動，讓孩子有機會和同伴相處。
- ·教導孩子使用禮貌用語，如：請、麻煩你、我可不可以……；常面帶微笑，並主動幫助別人、多讚美別人，建立良好社交關係。
- ·告知孩子，常和別人一起玩時，不要搶別人的玩具、輪流當王、不要在意比賽的輸贏；若孩子有好的表現，則可予以鼓勵。
- ·家長以身作則，和朋友保持友善的來往，並鼓勵、支持孩子多交友，關心孩子和朋友相處的情形。

大補帖六：愛搶玩具的孩子

　　當孩子一起遊戲時，常會發生爭搶同一個玩具，或者喜歡搶別人正在玩的玩具，這是因為孩子自我中心意識較強，他只會想到自己想要的，而難以體會他人的感受。而對愛搶別人玩具的孩子該怎麼辦呢？建議您：

- ·為了培養孩子「群我」概念，仍須維護正在玩玩具的孩子的權益，轉移另一個孩子的注意力，引導他去玩別的玩具。
- ·如果孩子已發生搶玩具、推別人的行為時，家長要立刻制止，可暫時停止孩子玩玩具的權利，待孩子冷靜後再讓他和友伴一起玩。
- ·教導孩子，想玩別人的玩具時，要用借的，而非用搶的，並會使用禮貌的用語，如：「請借我玩好嗎？」、「可不可以和你一起玩玩具？」
- ·徵得孩子的同意後，請孩子將自己的玩具和友伴一起玩，享受「分享」的快樂。
- ·帶孩子出門拜訪親友時，可讓他攜帶幾個玩具和友伴交換玩。

（續）附件9-5　海XX課後托育中心親職教育大補帖

大補帖七：耍賴的孩子

　　孩子是家中的天使，父母與家人的寶貝，有時會出現一些無理取鬧的行為，或者行為動作較退化。面對耍賴的孩子，該怎麼導正呢？建議您：

- 父母教導時言行合一，具體確切說到做到，孩子才知道何種行為是對或錯。
- 如果孩子有不合理的要求而喜歡耍賴時，可以故意忽略孩子的要求，或用轉移注意力的方式，慢慢再告知如何做才是對的。
- 當孩子有好的表現時，如：主動收拾玩具、會自己穿衣服等，則給予肯定與鼓勵，以增強孩子對培養良好習慣的信心。
- 如果孩子容易當著寵愛的人面前出現耍賴行為，則可在事後和孩子討論、溝通父母期待他的行為表現，同時，嘗試告知寵愛者您對教養孩子的行為準則。
- 父母雙方與寵愛者之間的教養方式與態度，必須取得協調與統一，並彼此互相體貼、諒解，才能有效導正孩子的習慣與心態。

附件9-6　親子資訊

親子資訊一：小心一點就好了？

　　在我們的四周，類似違反安全守則的事件俯拾皆是。譬如：林太太把有金邊的碗擺到微波爐去，只因為：「我用過一次，也沒怎樣。應該沒關係吧！」

　　張太太任由二歲半的小明玩火柴，她說：「沒關係，我會看著他的。」許多傷害事件都在心存僥倖的心態下發生，「應該不會那麼巧吧！」、「一下下應該不會怎樣。」當然，也有少部分是因為無知：「我沒想到會那麼嚴重。」

　　事實上，所謂安不安全，只有「意外發生了」和「意外沒有發生」兩種結果，是發生機率多少的問題。換句話說，若違反了安全守則，發生意外的機率就會較大，雖不表示一定會發生意外；但好像在賭，只是，賭的不再是身外物，而是一個活蹦亂跳的生命。

　　從前述的例子中，處處可看到成人們的錯誤示範：林太太操作微波爐時，暴露出對安全使用規則的不尊重。張太太雖盡了監督之責，卻也縱容孩子把火柴當玩具玩。就全面防範兒童意外而言，成人不僅有義務盡可能提供兒童安全的環境，也要教會孩子如何安全的操作及使用工具與器皿。

　　由於學前兒童的習性不穩定，家長須常常在身旁監督；但這不意味著幼兒無法從簡單的因果關係，去認識一些基本的安全規則，而避免意外；也不是指全面的禁止孩子的探索活動，讓孩子變得懦弱與依賴；而是要讓遵守安全規則，成為孩子的一種習慣及內在的紀律。

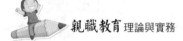
（續）附件9-6　親子資訊

親子資訊二：安全意識

由於意外傷害在任何時間、任何地點都可能發生，所以幼兒本身如果具有安全意識，能夠察覺危險，學會避開危險，並且照顧自己，才是維護自我安全的「解鈴」之道。

幼兒的安全意識可從三方面來說：(1)身體安全方面——能瞭解引起身體受傷的可能原因。正確使用器具器材、主動留意環境中的危險物品等；(2)人際安全方面——能遵守團體規範、不跟人打架衝突，當無法處理爭端時會尋求爸媽或老師的協助；(3)社會安全方面——能知道不能隨便被人觸摸或未經父母同意而跟隨別的成人離開，以免引起性侵犯或誘拐的危機等。

培養幼兒的安全意識，是為了讓幼兒對具危險性的人、事、物有警覺性，對可信賴的人、事、物有安全感，這是我們一生都在學習的事，也是我們擁有身體的健康、心靈的自由，以及對人生的信心的基本保障。

親子資訊三：地震安全防護

台灣的地理位置恰好在地震頻繁的環太平洋地震帶上，不但地震發生的次數很多，而且經常有強烈的地震發生。據中央氣象局統計，平均每年約發生一千五百一十次地震，其中多數為無感地震（平均每年約一千三百零七次），有感地震每年平均約有二百零三次。地震發生最多是在一九五一年，台灣有感地震竟達八百五十八次之多。一九九九年九月二十一日的九二一大地震更是震驚全球，造成的死傷人數，更是駭人聽聞。因此，我們住在這個多地震的土地上，應當對地震有所認識，以便發生地震時，能知所趨避。

當大地震發生時，大地及房屋上下、左右搖擺的情形，確實讓人驚心動魄而且感到無可奈何。地震時絕大多數生命的傷亡都因為東西掉下來及人們慌張所造成的，而財物的損失則多由地震所引起的火災所致。

下面我們提出一些有關地震安全的防護常識供作參考。如果老師平時能與幼兒共同演練，當大地震真的發生時，孩子已經知道如何防護而不致驚慌失措造成無謂的傷害。

一、地震前平時的準備

(一)居家

1.平常家裡應備有乾電池、收音機、手電筒及急救藥箱，並且要知道這些東西所儲放的地方，瞭解急救法。
2.知道家裡瓦斯、自來水以及電源安全開關的位置，而且每個人都要知道如何關閉。
3.重物不要置於高架上。
4.將笨重的家具捆牢。

（續）附件9-6　親子資訊

（二）學校

教師（尤其是中、小學、幼稚園、托兒所）應經常在課堂提示學生如何避難（或實際演練）。

二、地震時的應變

（一）居家及一般場所

1. 保持鎮靜，不要慌張，迅速關閉電源、瓦斯開關、熄滅火源。如在室內，應留在室內，切勿慌慌張張跑到戶外。如在室外（如果是在街道上，應迅速進入走廊），許多傷害的發生都是地震時人們逃離或闖進室內所造成。
2. 在室內，請靠建築物中央的牆站著，或站立於走道口，切勿靠近窗戶或站立於門口。
3. 在室外，請站於空曠處，頭頂有電線或有任何東西可能掉落（如建築物的胸牆、飛簷等）的地方應該遠離。
4. 不要使用蠟燭、火柴等。
5. 如正在行駛中的車內，勿緊急剎車，應注意前後左右所發生的情況，減低車速，將車靠邊停放，並留在車內，至地震停止後。

（二）在學校

1. 躲到課桌椅下，且背對窗戶。
2. 在操場時，應留在操場中央，勿靠近建築物。

三、地震後的處理

1. 查看周圍是否有人受傷，如有必要應予以急救。
2. 檢查水、電、瓦斯管線有無損害，如發現有損，將所有門、窗打開，立即離開並向有關權責單位報告。
3. 打開收音機收聽緊急情況指示。勿用電話，因這個時候電話需作較優先的通訊之用。
4. 檢查下水管道有無故障前，勿使用沖水馬桶及排放汙水。
5. 請離開受損之建築物。
6. 盡可能穿著皮鞋，以防震碎的玻璃及碎物弄傷。
7. 接近煙囪時，應特別留心以防倒塌。
8. 遠離海灘、港口附近地區，以防海嘯侵襲，即使地震後數小時亦應小心。
9. 地震發生造成災害的地區，除非特准，否則，不應進入。並嚴防歹徒乘機掠奪。
10. 注意餘震的發生，可能導致另外的災害。

　　大地震所帶來的災難雖無可奈何，但我們如能事前有計畫，臨事時能處理得當，應可將災害減至最低程度。

（續）附件9-6　親子資訊

親子資訊四：您不可不知的逃生要領

- 濃煙密布時，請以濕毛巾掩住口鼻，並採低姿勢迅速走離。記住在有濃煙的火場，離地面愈近愈安全。

- 樓梯間為濃煙盤據時，逃生者應放低姿勢以後退的方式下樓，並爭取階梯間九十度角僅餘的空氣來作為呼吸之用。

- 為阻絕火場中有毒氣體及高溫的傷害，使用便利的防煙面罩，不論滅火或是逃生均能立即保護自身安全，並有效順利逃離現場。

- 採低姿勢逃生。一般防煙袋可提供逃生者三分鐘的寶貴時間。

- 火災發生時千萬不可坐電梯，以免大火破壞了供電系統，將人困在電梯中。

- 火災發生時千萬不可情急跳牆，以免意外。若非要跳不可，必須面部朝內，雙手攀住窗柵，然後鬆手順勢而下。著地時的姿勢為雙手抱膝、曲著身體並以側身著地。

- 有火災發生但起火點及火勢不明時，逃生要靠智慧！千萬不可莽撞地打開門就往外衝，應先用手背觸門把看看，若是冷的才開，若是熱的、燙的就趕快另找出口吧！

- 火災發生時火場陷入一片混亂，主要逃生通道擠滿人時，請速找別的通道，以免延誤逃生時間。

- 大火破壞了電力系統使火場陷入黑暗中，應力持鎮定沿著牆逆風逃生。

- 家中裝有鐵門鐵窗者，務必留下逃生門，平時注意保養勿令其鏽蝕不易打開。若有上鎖，亦應讓家人持有鎖匙，以免火災發生時被困在火場無法逃生。

- 大廈之安全門不可上鎖，安全梯亦不可用以堆放物品，以免成為逃生的阻礙。

- 遇火災要打報警電話時，請說清楚火災現場之地址，並說明當地的明顯地標，讓消防隊易於尋找，方才不會延誤救火時機。若是怕自己臨時緊張說不清楚，可以書寫一張大型便條，將地址及本地明顯的標的物寫明，貼在電話旁，便可以防止語言不清所造成的傳達錯誤。

- 家有嬰幼兒時，務必將他們綁在懷裡，切忌拖著、拉著、抱著就跑。

- 女性在逃生時，應先脫掉高跟鞋，以免在逃生途中因腳部受傷而困在火場。

- 火場中的濃煙、毒氣蔓延得很快，且迅速向上竄升，若非情勢所逼，勿逃向樓頂平台。

警訊防災教育中心

電話：02-2507XXXX　02-2506XXXX

（續）附件9-6　親子資訊

親子資訊五：火場罹難者80%死於煙毒

　　一般人都知道在露天燒煤或木材甚至垃圾等物品會產生大量黑煙，雖有外界無限量的空氣加以稀釋，但仍會刺激人的眼、鼻等器官而使人感覺非常的不舒服，甚至在煙量很大的時候，還會造成視覺阻礙。例如在高速公路旁常有人焚燒稻草或垃圾，若在無風時濃煙是往上飄浮，最後漸漸消散於大氣之中；在有風時則風會將一部分煙吹散至路面，往往使能見度不佳，迫使許多駕駛人放慢車速。運氣不好時，還會出車禍，但只要火勢熄滅，煙終究會消散，這是戶外燃燒的情形。若環境改成密閉空間，例如，一個發生火災的房間，則情形完全不一樣。首先是房間或建築物內的空氣有限，不像大氣之中空氣可以無限量的供應，一旦室內裝潢或家具起火燃燒，開始時會消耗大量的空氣，經過一段時間後，就會進行缺氧燃燒，即是所謂的「悶燒」，此時材料所產生煙的濃度反而會較前一段明火燃燒時大得多。尤其在今天國人喜歡使用大量可燃的裝潢材料，以及高分子材料所構成的家具及事務性商品，會使這種情形產生的機率更大。另外在煙開始產生時，它由動氣帶著往上升，碰到天花板後會向四面八方擴散，再碰到直立牆壁時，它就開始累積造成煙層，並且隨量的增加往下沉降。遇到有開口處，例如窗戶或門，則往外流出，並沿外牆或走廊向上流竄，到達其他樓層或房間。而且流竄速度非常快，往往人可能已逃離火災現場，但仍受到煙的攻擊。最可怕的是煙存在的時間往往比火勢還長而且長得多，所以即使在發生火災的房間中火勢已經熄滅，但煙仍充斥在建築物各個房間之中，繼續對人的生命安全構成莫大的威脅。

◆吸入煙毒二分鐘癱瘓

　　現在談一下煙會造成哪些傷害、若不考慮挾帶煙流動的熱氧效應，則煙本身對人體的傷害性在本文起始已約略提及，即是煙毒效應和遮蔽效應。尤其在密閉房間中，煙的濃度不但不會消減反而增大，對人身安全更具危險性。前者（煙毒效應）是對人體直接攻擊，不管是缺氧或毒性氣體（主要是一氧化碳或強酸）的吸入，都會使人在一、二分鐘內癱瘓，若不能及時搶救，則可能回天乏術。後者（遮蔽效應）則算是間接攻擊，對一般人而言若身處在濃煙當中，很容易造成心理上壓力而導致驚慌失措，喪失判斷能力，這尤其對建築物內部環境陌生的人而言，情勢上更是雪上加霜。此時身陷在火場中的人，若沒有鎮靜的人（受過訓練者）的帶領或緊急照明燈的指示，其直覺反應是往浴室廁所跑，或往上跑，殊不知浴室廁所的窗戶通常很小，而且往往裝有鐵窗，根本出不去，至於往上層樓跑者根本是逃不過煙氣的速度。所以在許多KTV火場中，大多數死者都集中在這兩處。

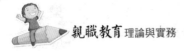

（續）附件9-6　親子資訊

◆不讓火源有機會成長

　　由以上的說明，我們瞭解火場中煙的基本特性和其傷害性。而且統計數字也顯示在火場中罹難的人80%是遭到煙的毒手，並且由於材料的習慣使用，環境中潛在的危險性也似乎避免不了。因此在防火設計上，最佳的手段是根本不讓火源有成長的機會。這些手段有防燄及耐熱材料使用，可使其火源成長速率減緩或自行熄滅，若能再配合偵煙器或偵熱器接上受信總機，使管理人及時發現火源的存在及位置，作最有效的消防手段，例如灑水頭的自動動作降水抑制火頭，而且水珠可以吸附煙粒，降低其濃度，該手段在歐美先進國家資料顯示可以有效控制或撲滅85～99.8%的火災事件。要不然由訓練有素人員以熟練的手法使用消防設備來撲滅火源，這曾經發生在數年前台北縣三重市的一家KTV大火，由於員工的平時訓練認真，所以沒有造成任何傷亡。當時這些手段都擋不住火勢的成長及蔓延，只能靠具有防火時效的門、窗及隔間牆有效地把火和煙局限在一區域內而不擴散出去。或者也可使用有效的排煙設備，把室內的煙先行排到外界，增加人的逃生機會，但這項設備須自行備有電源，否則根本沒用。

　　這種情形就曾在數年前台北火車站地下電源室著火時發生過，當時排煙設備就不能自行啟動，以致讓煙充滿整個地下車站，使消防隊員花好久的時間才確認火源位置。

◆自我要求更安全的環境

　　以上種種手段，追根究底在我們的建築技術規則中的防火法規均有「相關」的規定，基本上我們須有兩點體認，第一，這些法規幾乎是全盤源自於日本，但多年來(至少十年)從未隨時代進步而作任何修訂；第二，法規只是提一個最起碼的安全要求標準，一般商家只要求剛好能過關，不會自主提升防火品質，這點只有靠整個社會能自我要求一個更安全的生活環境，才可能有機會來改善。今天，火災及消防是一個熱門話題，而本文只是粗淺地描述一個火場的現象，期使大家能瞭解火災的危險性、發生在何處，一旦不幸遇上了，能使用這些概念趨吉避凶，這是本文最大的期許。

警訊防災教育中心

電話：02-2507XXXX　傳真：02-2506XXXX

（續）附件9-6　親子資訊

親子資訊六：火災現場如何保命逃生

　　台灣就像火燒島，每年都有二萬個家庭身置火海，如果是您，您要怎麼辦？請不要忌諱，晚上熄燈後，帶領著全家老小，閉上眼睛摸索爬行，熟悉一下環境，您會怎樣應付這突來的災難？您有把握全家無恙嗎？如果沒有的話，那麼您該多用點心了！其實在資訊發達的台灣，每一起火災的過程，都被詳實報導、記錄著，但在堆積如山的檔案中，我們只看到表面的可怕與殘酷，卻少有人重視公共安全的意義與責任。論情西餐廳、巨星鑽KTV雖然殷鑑不遠，卻不能記取教訓。這兩起火災不是第一次，似乎也不可能是最後一次，除非我們徹底瞭解火災的特質、重視平日預防，熟知滅火與逃生的要領，否則下一個傷心、悔恨的人，不知是哪個你、我、他？

◆逃生的基本認知

　　火災的可怕有四：

1. 濃煙：含有C、CO、CO_2等各種毒氣的濃煙，只要吸入一口，就足以致命；吸入一口濃煙就需要更多的新鮮空氣加以排除，而加速呼吸毒氣的結果，會破壞腦神經中樞，使人失去行動能力。
2. 時間：嚴格估算火災發生到逃離火場，我們只有二至五分鐘可以運用。
3. 溫度：只要吸入一口高達150℃的空氣到肺部，肺部的水會在瞬間蒸發，體內蛋白質凝固、生命跡象停止。
4. 黑暗：火場附近是完全黑暗的空間，能見度近於零，此時我們比盲人還不行，因為判斷地形能力此時只剩5%。

　　火災的致命因素首推濃煙，因為濃煙無孔不入，有80%的火災傷亡都是濃煙造成，所以逃生時首先要避免濃煙的傷害，逃生工具從簡陋的手帕逃生，一直到避難緩降機，準備愈多、傷害愈少。

◆常見逃生工具

1. 手帕：用手帕或布料搗住口鼻雖然可以多少過濾些濃煙，但功能及運用時間有限，死傷難免。
2. 防煙設備：從簡便的防煙袋，到精良的防毒面具，依個人能力準備，但輕便、經濟等因素考量，以具有抗溫能力的防煙頭罩為佳。
3. 逃生索：利用拇指粗的尼龍繩，以連環單結，組成手攀、腳踏之用，另一端以「撐

（續）附件9-6　親子資訊

人結」束於腋下，以保安全。

4.避難緩降機：一九九三年三月法律規定，公共場所二樓以上十樓以下，包括公寓都要安裝。

記得幾年前，台北市嚴格取締騎機車未戴安全帽，卻引起軒然大波。有人認為命是自己的，政府管不著。事實上，國內沒有任何一條法律禁止或處罰人民「自殘」，但如果會造成公共危險，則又不然。天龍三溫暖大火，頂樓住戶鎖住太平門，造成十九人死亡，卻只判二年，且得以緩刑，這樣的居住環境和社會文化，你覺得安全嗎？

◆火場逃生要領

1.發現身陷火場時，切莫驚慌，要冷靜判斷火勢來源，再決定逃生方向，切不可朝衣櫥或床下藏。

2.火災發生後，欲開門逃離室內，應先用手觸摸門板及把手，如果門板及把手相當熱，切勿開門，以防門外火焰竄入室內灼人，並迅速找尋其他安全出口。

3.如火勢逼進，無法逃生，先把門關上，但勿上鎖，以預留退路。並趕緊在窗口揮舞鮮明衣物，尋求援助。

4.火災逃生時切勿使用電梯以防突然斷電，被困其中。如被困電梯中，應按緊急報警鈕，讓控制中心知道有人被困電梯內，而派人搶救。

5.火災時應向樓下逃生，如果向下通路被火勢阻斷，應立即向屋頂平台逃生，等待消防人員搭救，切勿冒險由高樓跳下。

6.如迫不得已，需通過火焰區才能逃出時，應將衣服用水浸濕，或用濕棉被或毛毯裹身，迅速衝出。

7.大火中防範濃煙侵襲之道：如身旁有抗溫防煙袋或一般透明塑膠袋，應將袋口張開，左右搖晃，使袋內充滿空氣，再迅速套在頭上，一手拉緊袋口，一手扶牆，沿樓梯朝下，低姿勢逃生。

8.逃離火場時，應盡可能將門窗隨手關閉，延緩成災時間，以免外來空氣湧進，助長燃燒。

警訊防災教育中心

電話：02-2507XXXX　傳真：02-2506XXXX

（續）附件9-6　親子資訊

親子資訊七：住宅火災應變保命守則

　　據非正式統計資料，每個人一生終會碰到一次火災事故。這樣的數據意義，結合國人批流年之概念，既可清楚認知，每個人均有身陷火場之危難，差別只在於他37歲發生，而您也許29歲碰上。

　　問題是一旦遇著可怕的火災危難時，如何趨吉避凶，確保自身及家人之生命安全？本文將告訴您，住宅火災應變保命之要訣，期望透過正確觀念與法則之廣為流傳，有助於家家戶戶過個平安快樂的好年。

◆切忌一人獨自滅火

　　一旦所居住、使用的場所，不幸發生火災現象時，必須採取下面三項重要應變行動：(1)儘早偵知（確實地點）；(2)儘速滅火；(3)儘快逃生。

　　至於上述三種動作，何者最為優先？應依起火場所、時間、原因、建築物構造之不同而異。因此，受災人員應冷靜研判情況後，採行正確因應行動。

　　不論何種火災場合，發現人員均應大喊「火災！」、「失火了！」俾利通告同一建物內其他人員儘速採取協助滅火、通報或避難逃生的因應行動。如果因過於緊張害怕，致使發不出聲音，可就近敲擊洗臉盆、鍋、鐘等，藉以喚回自己的冷靜，且達成通報效果。切忌獨自一人（悶不吭聲）進行滅火，此時可能因過於緊張而忘記在第一時間通知同陷火場的其他住戶及時避難逃生，而衍生悲劇。

　　在台灣地區目前防災教育仍不普及（中小學課並未正式列入）、居民生活空間多是住商混合的使用狀態、住宅內部可燃物大量充斥、公寓大廈消防設備多已失效、防火區被隨意破壞，逃生路徑遭封閉阻斷等高潛在火災危險之危劣條件下，一旦發生火災，通報及避難便是一般人應不假思索立即採行之緊急應變行動。除非現場有二人以上且火源小而易見，否我們不應該獨自一人投身火場。

◆滅火通報同時進行

　　國人因「滅火第一」而忽略通知他人，在火勢失控後終致造成多人喪生火窟的例子並不少見。因此，火災時，「何時可進行滅火？」、「何時應立即避難」的抉擇，應有方法審慎為之。

　　在消防隊抵達救災前，一般民眾可進行初期滅火之條件如下：

1.現場有滅火器等級以上的設備（例如各型滅火器、室內消防栓設備等）可用。
2.確實會使用該類滅火設備。
3.火源小且易見。
4.滅火前已先行通報他人，或滅火與通報同時進行。

　　如果進行初期滅火行動時，出現下面的火災現象，當事人應該毫不遲疑，立即避難逃生，切不可因迷戀滅火而身陷火窟：

（續）附件9-6　親子資訊

> 1.火勢已向上延燒至天花板。
> 2.現場濃煙充斥，視線極差（煙塵已下降至人的眼睛高度）。
> 3.現場空間配置屬退路（避難逃生通道）易被阻斷者（單一樓梯、單一出入口、鐵窗、鐵皮、強化玻璃封死）。
> 4.不熟悉的空間發生火災（例如在友人家裡）。
>
> 　　由於目前國內住宅空間大量使用可燃性、易發煙之木製、塑膠、石化材質裝修，一旦發生火災，一氧化碳（CO）、氯化氫（HCl）等有毒煙氣便充斥其間。人類處在CO達1%之環境狀態下，一至三分鐘內便會死亡，而火災初期密閉空間中之CO濃度便可達1%，故冬天氣密性高的住宅火災對人命威脅極大。
>
> ◆火場中避難逃生要訣
> 　　在煙氣毒性及上升速度達每秒三至五公尺之雙重威脅下，貿然進行向上的垂直逃生行為，極可能被致死濃煙追及而命喪火場。因此，火災時採取避難逃生行為之要訣如下：
>
> 1.先水平避難，獲取進一步正確資訊，再選擇另一未被火煙侵入之梯間垂直逃生。
> 2.萬一走廊煙層已接近地面或有猛烈火煙在門外竄燒，此時已不適合逃生，應採取「就地避難」行動，以溼毛巾填塞門縫、風口。如窗外或陽台處亦有煙氣竄入，則須速關閉落地窗及其他開口，儘量維持生命等待消防隊救援，切記不可貿然跳樓。
> 3.在煙氣中逃生或進行水平避難時，應遵循下列守則：
> 　(1)採低姿勢、靠牆、跪膝爬行。
> 　(2)人群中最後一人，須記住在通過門扇後立即將其關上，以阻斷火煙侵入通道、梯間，並局限火勢延燒擴大。
>
> 　　最後要呼籲的是，家人在逃生的驚慌混亂過程中，可能循不同路徑、方式避難脫困，故平時即應約定住家建物外圍的避難集中地點及夜裡互以哨聲示警的聯絡方式。
> 　　此外，就寢前養成關上你自家內每一房門及大樓內各層安全門的習慣，對火煙的上升及水平移動有絕佳防阻功效，均屬趨吉避凶、保命護產的必要作法，期盼國人對居家安全的自勵自勉，終能塑造免於災難的住宅環境。
> 　　火場中切忌獨自一人悶不吭聲進行滅火，而應該在滅火前或滅火時大聲通告他人協助滅火或及時避難。
>
> 警訊防災教育中心
> 電話：02-2507XXXX　傳真：02-2506XXXX

Chapter
10 幼兒性教育之親職教育方案

　　談到性，對於現代的父母來說是件讓人難以大方討論的事。隨著現在的社會趨勢及觀念變遷，「性」已經不再是禁忌。但對於孩子所拋出的許多性疑問，許多家長反而會因為心中有所顧忌或不知如何跟孩子開口解釋而難從容面對。而在孩子的成長過程中，會開始對「性」產生疑問，是件很自然的事。而身為父母無可避免地將面對孩子的諸多疑慮，因此，我們該如何協助父母親瞭解孩子可能遇到哪些狀況、會提出些什麼疑問，並且用合宜的態度及適合的語言面對孩子的問題，對於現代父母而言是很重要的一課。所以——

性教育的前提是——父母應該先建立正確的觀念；
性教育的目的是——建立正確價值觀及態度；
性教育的時機是——日常生活中做機會教育；
性教育的指導是——父母親的角色同樣重要。

　　如何更有效的將幼兒性教育深耕至家庭中，以下為某幼兒園的性教育實施方案。

XX幼兒園性教育實施方案規劃

一、宗旨

　　協助正面臨學齡前兒童之家長，一同解決孩子性方面的問題，藉此瞭解自己與孩子的溝通能力及知能與技巧，選擇與學習適合自己與孩子的溝通方式，並能在這一學期內充分發揮親職能力以及幼兒的身心健全發展。
　　性教育是一個廣泛而完整的教育計畫，應由出生開始，終其一生。

二、目標

　　本學期性教育實施方案（**附件10-1**），期能達到三項目標：

1.提供家長正確的性教育知識：兒童性生理、心理發展的特性。例如：親職教育講座～講題：如何面對孩子的性問題與性好奇。

2.經由每日的親師聯繫，以及由園所安排的一系列親職講座或親子活動，希望增進幼生家長與子女共同面對的能力，並促進本園所家長與子女之和諧。例如：親職教育講座～講題：用親子共讀提升孩子的性知識、每月一次的親子共讀活動、每月一次的幼兒性教育示範教學。

3.培養正確的性態度與價值觀：提供親子共同思考、探索及評估自己的性態度，藉以發展其價值觀，提升其自尊心。例如：社區活動～身體小主人，遠離性侵害。

三、實施策略

1.帶領家長成為孩子學習模仿的好夥伴，盡其能力提供幼兒健全豐富的性觀念。

2.提供優良且有效的性知識，讓父母重視子女身心的各項發展。

3.專題演講：每週安排十分鐘的演講或朗讀性教育教材。

4.團體輔導：依據兒童性生理、心理發展的特性，審慎選擇相關教材內容，編成系列的性教育題材，訂定實施計畫，長期進行團體輔導。

5.潛在課程：教師的身教、學校的環境、學校行政的運作、班級氣氛等。

四、執行服務者

園所之性教育提供服務者以XX幼兒園全體教職員工為原則。全園性的活動由園長分配工作，全體園所員工共同參與，班級性活動則由各班保育員負責並請全員所相關人員協辦。

五、服務對象

園所之性教育實施對象，以本園所幼生、幼生家長為主，社區中家長部分則採自由參加。希望能透過宣傳進而將幼兒性教育之理念與教學方式推廣至社區中。

(一)宣傳方式

1. 園所內：透過園所行事曆、園刊、網站及親子手冊中由老師加以宣傳。此外，在園所的親職園地、家長接送區也會張貼相關的活動資訊。
2. 社區內：住戶公布欄、活動看板上以宣傳單或海報等張貼。
3. 家長：請家長可將活動資訊轉告親友、同事、朋友等。
4. 畢業校友：可寄邀請卡或宣傳單邀請校友共同參與活動。

(二)參加人數

1. 親職座談會：上限約50人；視參與人數之多寡進行彈性的調整。
2. 幼兒性教育示範教學：以園所內幼兒為主。
3. 家長教學觀摩：每次約3～4人；以園所內家長為主。
4. 親子共讀：每次約15對親子為主。
5. 社區活動：上限約80人；視參與人數之多寡進行場地活動的彈性調整。

六、活動時間

1. 自○○年○月○日至○○年○月○日止。
2. 親職教育講座本學期共舉辦兩次，分別為○月、○月。
3. 幼兒性教育示範教學為每月的第二週的星期五，共計五次。
4. 親子共讀活動為每月第四週的星期五，共計四次。
5. 社區活動為○○年○月○日（星期六）舉辦。

七、活動地點

1.XX里之里民活動中心：親職講座、社區活動。
2.XX園所：幼兒性教育示範教學活動、家長教學觀摩、親子共讀活動。

八、活動方式

(一)親職教育講座

邀請資深幼教講師至本社區中心進行專題演講與經驗分享。本學期共舉辦兩次：

1.○○年○月親職教育講座（由XX老師主講），主題：如何面對孩子的性問題與性好奇（**附件10-2**）。
2.○○年○月親職教育講座（由XX老師主講），主題：用親子共讀提升孩子的性知識（**附件10-3**）。

(二)親子共讀活動

鼓勵家長能運用週休假日多與幼兒共享親子時間，增進彼此親密關係。本學期共舉辦四次（**附件10-4**）。

(三)家長教學觀摩

因為本園所屬於小型園所，受場地之限制，因此，本學期幼兒性教育示範教學之家長教學觀摩採預約方式。本學期共舉辦五次，參觀教學觀摩人數每次以3～4人為限，於教學觀摩前一星期與園方或老師預約（**附件10-5**）。

(四)社區活動

讓園所內的家長與社區中父母能多運用現有的相關資源，拉近與幼兒的親子關係及互動技巧。本學期共舉辦一次（**附件10-6**）。

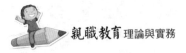

九、資源方面

(一)人力資源

1. 工作人員：全園性的活動由園長負責分配工作，園所內員工共同參與和支援；教學活動方面則由活動設計者負責，園所提供相關的支援與協助。社區活動由園長與里長共同商討及擬定相關人事和細節。

2. 親職講座：須在學期教學會議中先擬訂主題，提出講師人選，由園長進行聯絡邀請事宜。對活動進行事前的評估與事後的檢討，以作為日後其他活動的參考（**附件10-7**）。

3. 愛心家長：於活動前張貼公告徵求愛心家長協助支援與協助，待人數確定後，由園長與家長共同安排負責工作與相關細節。

(二)經費資源

1. 親職講座：由園所預算經費支出。
2. 教學活動：由園所預算經費支出。
3. 親子共讀：由園所預算經費支出。
4. 社區活動：由里長提撥補助經費與尋求贊助廠商、社區中人士支援與地方相關資源等（**附件10-8**）。

附件10-1

XX托兒所幼兒性教育活動計畫表

項目 活動	實施日期	實施目標	實施策略	對象	地點	負責人
親職講座1 如何面對孩子的性問題與性好奇	○年○月	提供家長正確的性教育知識	提供優良且有效的性知識,讓父母重視子女身心的各項發展	園所內家長 社區中父母	社區中心	園長
親職講座2 用親子共讀提升孩子的性知識	○年○月	增進家長教養子女的知能與能力	帶領家長成為孩子共讀的好夥伴,盡其能力提供幼兒健全豐富的性觀念	園所內家長 社區中父母	社區中心	園長
親子共讀活動	○年○月 至 ○年○月	增進家長陪伴幼兒讀書的技巧	透過活動探討親子之間的互動關係並提供良好的機會及策略	園所內親子	園所活動室	保育員及教師
家長教學觀摩～幼兒性教育示範教學	○年○月 至 ○年○月	加強家長教養子女的知能與觀念	帶領家長成為孩子學習模仿的好夥伴,盡其能力提供幼兒健全豐富的性觀念	園所內幼兒	園所活動室	園長、保育員及教師
		培養幼兒正確的性態度與價值觀	依據兒童性生理及心理發展的特性,選擇相關教材,編排性教育題材,進行團體式輔導			
社區活動～身體小主人,遠離性侵害	○年○月	提供親子共同思考、探索自己的性態度	提供優良且有效的性知識,讓父母重視子女身心的各項發展	園所內家長 社區中父母	社區中心	園長 里長

附件10-2

親職教育講座Ⅰ
如何面對孩子的性問題與性好奇

一、活動宗旨

藉由活動的內容方式，能增進親子間關係並能選擇出更好的溝通方法，讓孩子健康成長。

二、活動目標

提供孩子及父母正確的性及性問題，並經由活動能讓父母及孩子雙方間的關係更和諧。

三、活動設計

性教育講座：如何面對孩子的性問題與性好奇。

四、活動流程

9:50～10:00	家長簽到
10:00～10:10	所長致詞，介紹講師
10:10～11:30	講座時間
11:30～12:00	親職交流站

五、經費預估

講師費	5,000元
點心	1,500元
文具、文案材料	400元
會場布置	300元

六、準備工作

1.課程講師的決定及邀請：園長。
2.活動宣傳：商店張貼海報、學校公布欄、親子手冊、社區公布欄、學校網站等。
3.接受報名及預約：通知單回條。
4.場地安排布置：活動式白板、麥克風、桌椅。

（續）
附件10-2

親職教育講座 I
如何面對孩子的性問題與性好奇

一、前言

二、什麼是性？

　　1.性生理：陰陽人的悲情。

　　2.性心理：性別概念（同性戀與變性慾的區別）。

　　3.性社會：性別角色→隱私教育。

三、幼兒的性

　　1.0～3歲：性別認同的關鍵期。

　　2.3～6歲：性器期。

　　3.幼兒也有性高潮反應→自慰問題的探討。

　　4.幼兒有性好奇和性探索的行為：

　　(1)提出疑問（性問題）

　　　　‧提出關於身體的疑問：肚臍、陰莖、男孩女孩（站著小
　　　　　便）、大人小孩（毛、奶奶）。

　　　　‧提出關於生命起源的疑問：懷孕、我從哪裡來？怎麼跑進媽
　　　　　媽肚子裡？怎麼吃東西？尿尿怎麼辦？爸爸為什麼不能生小
　　　　　孩？生小孩痛不痛？

　　(2)探索身體：摸自己的陰莖，摸別人的，這只是在探索身體，要
　　　　教導身體很寶貴，尊重隱私權。滿足他，和他共浴，可以讓他
　　　　看，但自己心態要健全。

　　(3)進行性遊戲：扮醫生、裸露身體、模仿成人性交、模仿結婚生
　　　　小孩、模仿異性小便、說髒話、掀女生裙子。越是壓抑，性遊
　　　　戲就越激烈。

　　5.自慰問題：

　　(1)原因：對身體好奇、缺少愛、衣服太緊、皮膚過敏或生殖器感

（續）
附件10-2

染、曾受過性侵害。

(2)處理方法：轉移注意力，不相容技術。

四、與孩子一起面對性

1.回答幼兒有關性的疑問時：

(1)對性坦然。

(2)有問必答：讚美法＋反問法＋譬喻法＋一次只講一句。

(3)充分瞭解孩子的真正疑問。

(4)隱私教育。

(5)使用正確名詞。

2.面對幼兒的性探索行為，隱私教育，不能傷及別人，否則都可以容忍。

3.處理幼兒自慰行為，找原因先生理後心理，尋找替代品，轉移注意力。

4.與幼兒談性問題的關鍵字眼：

(1)男生和女生有什麼不同？

・男生有小雞雞，女生也有小雞雞，男生的小雞雞叫陰莖，女生的小雞雞叫陰蒂。（在此乃是針對受大人語言傷害的小女孩）。

・男生有胸部，女生也有胸部，只是大小不同而已，就像有人長得高，有人長得矮。

・男生有兩個洞，尿尿和射精是同一個洞，大便是另一個洞。女生有三個洞，尿道、陰道、肛門。

・最後要強調清潔問題。

(2)痛的問題

・生小孩很痛，我以後不要生小孩，會流血，這種情緒要安撫：生小寶寶會痛，但是看到小寶寶這麼可愛，會覺得這些痛都是值得的，都是媽媽愛小寶寶的證明。

・子宮是小寶寶住的皇宮，臍帶提供營養和氧，臍帶剪掉不會

（續）
附件10-2

痛，因為沒有神經，會流些血，因為有動脈和靜脈。

・臍帶是個紀念品，平常不要去摳它。媽媽那端的臍帶會隨同
胎盤一起取出。

(3)有關小孩如何來的？

精子（爸爸的種子）和卵子（媽媽的種子）的結合，男生的陰
莖放到（不用插入或刺入）女生的陰道裡，精子跑（不用「射
進去」這個字眼）第一名，就是你，其他的精子很失望，就離
開了（不要說就死了）。

(4)幼兒性問題集錦：

一、生命起源的好奇

(一)新生命如何創造？

Q：嬰兒怎麼生出來的？

A：從媽媽的產道出來的→媽媽身上有條生小孩的道路，嬰兒只要走過這
　　條道路就可生出來。就像眼淚會從眼睛出來一樣。

Q：為什麼肚子裡會有寶寶？

A：爸爸媽媽相親相愛之後，爸爸的精子和媽媽的卵子在媽媽肚子裡結
　　合，然後就在媽媽肚子裡長大變成小寶寶。

Q：爸爸為什麼不能生小孩？

A：因為爸爸身體內沒有嬰兒住的房間，也沒有讓嬰兒出來的道路。

Q：可是我的爸爸肚子裡有小寶寶？

A：男生肚子裡沒有子宮，不能懷孕；不過爸爸如果吃很多東西，肚子也
　　會變喔，但是爸爸肚子裡是沒有小寶寶的。

(二)如何在母腹生長？

Q：寶寶在媽媽的肚子裡吃什麼？

A：有一條管子，叫做臍帶，把營養從媽媽的身體送到小寶寶肚子裡。

(三)如何出生？

Q：媽媽生小寶寶時會不會很痛？

A：當然會啊！但是看到小寶寶這麼可愛，就覺得很高興喔！

（續）
附件10-2

二、對生理的好奇

(一)成人和兒童生理的差異

Q：為什麼爸爸有鬍子？

A：男生長大就會長鬍子。

Q：為什麼爸爸的雞雞會長毛？

A：喔，小寶貝啊，告訴你喔，爸爸的雞雞有個正確的名字，叫做陰莖，大人長大之後，下體都會長毛，它也有個正確的名稱，叫做陰毛，是用來保護我們的下體的。

Q：為什麼爸爸的比較大？

A：父子可以先比較比較手腳的大小，然後告訴幼兒你長大之後也會逐漸變大的。

Q：為什麼這裡會長毛？

A：長大以後就會長毛，這裡叫做陰毛，它可以保護我們的性器官。

Q：為什麼媽媽的奶很大？

A：媽媽的奶有個正確名稱，叫做乳房，是準備餵娃娃的。

Q：為什麼你有乳房，我沒有？

A：每一個人都有乳房，只是男生的比較小，女生長大就會變大。

Q：什麼叫做子宮？

A：子宮就是寶寶的皇宮，也是寶寶住的第一個家喔！

Q：為什麼媽媽會流血？

A：媽媽的子宮每個月都會造一座皇宮，準備讓小寶寶來住。如果沒有小寶寶來住，子宮就會把它拆掉，拆掉的皇宮從媽媽的身體排出來，就是你看到的流血，它叫做月經。

Q：流血會不會痛？

A：不會的，只是身體比較虛弱，需要多休息。

(二)個人生理功能或現象

Q：為什麼我的陰莖會翹起來？

A：剛睡醒時想尿尿或者被碰到了，陰莖就會變大，翹起來。

Q：什麼是肚臍？

A：你在媽媽肚子裡的時候，有一條管子叫做臍帶把我們連在一起，生出來的時候，醫生把臍帶剪斷，留在你的肚子上做紀念，就是臍帶。是媽媽生你的紀念品，要好好愛護喔！

(三)男、女生的生理差異

Q：為什麼我沒有陰莖？

A：人有兩種，男生和女生。男生有男生的性器官，女生有女生的性器官，陰莖是男生的性器官。

Q：（小女孩難過的問）為什麼我沒有小雞雞？

A：小雞雞有個正確名稱，它叫做陰莖。妳也有的，只是女生的藏在裡面，它叫做陰蒂。

Q：為什麼男生要站著小便呢？女生要坐著小便呢？

A：因為性器官不同的緣故。你也可以試試看站著小便啊，但是會弄髒身體喔！

Q：為什麼男生也要坐馬桶？

A：男生也可以坐著尿尿；男生和女生大便是一樣的，所以也要坐馬桶。

三、對成人行為或用品好奇

Q：衛生棉是做什麼用的？

A：大女生每個月流血的時候用來墊在內褲上，血才不會沾到褲子或裙子，就好像小寶寶的尿布一樣。

Q：什麼是保險套？

A：大人相親相愛的時候，不想生寶寶，就要用保險套套住精子，這樣精子就不會跑到媽媽的肚子裡和卵子結合。

Q：為什麼老師上廁所時要關門？

A：這是一種隱私喔，大人上廁所的時候，不喜歡被別人看見。

Q：我上廁所的時候也要關門嗎？

A：嗯，如果你不喜歡被別人看見身體，就要好好保護自己的身體。（針對能開門也能關門的幼生）

A：嗯，如果你不喜歡被別人看見身體的話，不過你還不會關門，所以要告訴媽媽，讓媽媽幫你關門喔！（針對還未能關門的幼生）

Q：為什麼大人要親嘴？

A：你覺得呢？爸爸媽媽有沒有親過你呢？他們為什麼麼要親你呢？

Q：我可以親女生嗎？

A：你覺得呢？女生可能會不舒服，別人不願意就不可以喔！

（續）
附件10-2

四、兩性的關係

Q：做愛是什麼？

A：兩個大人相親相愛。

Q：那兩隻狗在幹什麼（正在交媾）？

A：牠們在相親相愛。

Q：什麼是同性戀？

A：男生和男生談戀愛，女生和女生談戀愛。同性戀是正常的喔！如果兩個人很相親相愛，就算他們都是男生，也是可以的。

Q：什麼叫做戀愛？

A：兩個人互相喜歡。

Q：每個人長大都要結婚嗎？

A：不一定。

Q：為什麼大人才能結婚？

A：結婚就要離開爸爸媽媽，和自己的丈夫（太太）住在一起；小孩子還要爸爸媽媽照顧，所以不能結婚。

Q：為什麼結婚以後才會生小寶寶？

A：不一定結婚才會生小寶寶，只要大男生和大女生做愛就有機會生小寶寶。

Q：為什麼不可以隨便親人、抱人呢？

A：別人可能不舒服；別人不願意就不可以。

Q：為什麼不能隨便亂摸女生的奶奶和尿尿的地方？

A：如果人家不願意，身體每一個地方都不能摸；你的身體也一樣，你不願意，別人就不可以摸。

Q：大人為什麼要看色情書刊？

A：像你喜歡玩電動，覺得打來打去很好玩；爸爸是大人，就覺得看那種書刊很好玩。

附件10-3

親職教育講座2
用親子共讀提升孩子的性知識

一、活動主旨

本園投注幼兒教育多年，有感於社會變遷，當今社會風氣之萎靡，缺乏正確性知識，以致社會問題層出不窮，可見性教育落實於幼兒教育之必要性與迫切性。因此，應用本園有限之人力與社區支援結合舉辦本活動，以提升父母陪讀技巧及從小建立孩子正確的性知識。

二、活動目標

1.教導父母親陪讀的技巧。
2.談兒童期父母陪讀對孩子的影響與重要性。
3.如何透過繪本與孩子談性。

三、活動方式

1.聘請專家以座談會方式教導父母親共讀之技巧。
2.為鼓勵爸爸媽媽參加，當日有幼兒臨托服務。

四、活動費用：免費

五、時間：○年○月○日（星期六）上午10:00～12:00

六、對象：家有12歲以下兒童的家長，或即將為人父母者

七、地點：XX里里民活動中心（容納人數：80人）

八、預估參加人數：50人

九、活動流程

9:50～10:00	家長簽到
10:00～10:10	所長致詞，介紹講師
10:10～11:30	講座時間
11:30～12:00	親職交流站

（續）
附件10-3

十、經費預估

講師費	5,000元
點心	1,500元
文具、文案材料	200元
會場布置	300元

十一、所需人力：約9人

十二、人力來源：本園所員工6人，愛心家長4人，共10人。

十三、宣傳時間：活動日期前一個月開始宣傳。

十四、宣傳方式：

　　1.製作A4大小的文宣：發給社區內之幼兒園和安親班。

　　2.大海報張貼地點：社區公布欄、熟悉的店家。

（續）
附件10-3

親職教育講座2
活動前會議

於活動前招開二次會議——

第一次會議：於本活動前兩個月由園長召開

1.參與活動的人員互相認識。

2.確定活動總召集人。

3.參與人員進行分組、工作分配：

    (1)文宣組：大海報、A4文宣製作、張貼與發放。

    (2)環保組：會場布置、茶水、環境清潔。

    (3)接待組：迎賓入座、會場秩序。

    (4)保育組：照顧當日與父母前來之幼兒，設計當日托育幼兒之活動。

第二次會議：在活動前一個月由總召集人招開

1.各組工作進度報告。

2.針對各組問題進行討論並提供意見。

3.說明當日托育幼兒之活動內容：

	3～6歲幼兒 臨托人數15人	6～12歲兒童 臨托人數15人
10:00～10:40	玩具建構活動 樂高積木	棋藝活動 象棋、跳棋、圍棋、五子棋
10:40～11:20	影片欣賞時間～哆啦A夢	
11:20～12:00	故事分享 手偶說故事	益智時間 大富翁、撲克牌

親職教育講座2
親子共讀企劃書

活動名稱	「幼兒性教育」主題圖畫書導覽
目標	1.藉親師合作營造豐富而溫馨的閱讀環境，推展幼兒性教育，使之融入學習及生活脈絡，成為習慣性的常態，增進兒童創造思考及手腦並用的基本能力。 2.使幼兒初步瞭解男女孩身體的異同。 3.使幼兒明白與人接觸不可避免，而與人接觸可產生親切感。 4.教導幼兒拒絕不好及令人迷惘的接觸。
參考書目	1.《人體博物館》 　讓孩子瞭解身體各部分名稱、位置和功能，並培養孩子對性器官有健康和正確的態度。 2.《男孩子、女孩子》、《薩琪到底有沒有小雞雞？》 　男女孩子雖然性別不同，但各有其獨特之處；培養孩子接納他人和與人相處的適當態度。 3.《我從哪裡來？》 　讓孩子明白生命的誕生，不單能滿足他們的好奇心，更能讓孩子明白自己是因父母相愛，有計畫地誕生出來。 4.《德德家家小戰士》 　教導孩子認識隱私部位、分辨好與壞的接觸，以及如何拒絕那些不應該的接觸，並尋求幫助。
活動流程	**活動內容**
報到	簽名、索取資料
開幕	園長上台表歡迎之意，並請家長多陪孩子，畢竟教育並非學校單方面即可完成的。
課程介紹	親子共讀內涵簡介：為什麼要共讀？共讀的益處。

（續）
附件10-3

暖身活動設計	暖身活動： 1.請各家庭分組繪製以幼兒性教育為主題之海報，激發學員之創意。 2.老師帶領家長和幼兒一起動一動，讓大家在不知不覺中走進繪本的奇異世界。
主題書閱讀及討論	來來來！請大家圍個圈，坐下來，老師要講故事囉！ 故事講完了，請大家一起分享心得、經驗……
親子快樂閱讀	老師帶來好多的繪本，請每個家庭挑選一本，同時請爸爸或媽媽陪著小朋友一起閱讀。
座談會分享	坊間有許多關於幼兒性教育的繪本，可提供給家長、老師做參考，例如：《生命是什麼？》、《忙碌的寶寶》、《媽媽生了一個蛋》、《薩琪到底有沒有小雞雞？》《有什麼毛病》等，就讓我們以正確的觀念及態度去告訴孩子，解答他們心中的疑問！
活動結束	填寫回饋問卷並贈送一本和性教育有關的童書。

◎預期效果：

1.家長們能於親子互動中建立良好的親子關係。

2.家長們將更清楚幼兒身心成長的特質。

3.透過不同的活動，家長能學會如何和幼兒談「性」，瞭解幼兒成長階段中對性教育的需要等問題，從教導下一代對性要有正確的觀念和態度。

4.幼兒能瞭解自己的性別及知道如何保護自己。

親子共讀活動
《人體博物館》

閱讀書目	人體博物館	年齡	3～5	時間	60分
課程目標	讓孩子瞭解身體各部分名稱、位置和功能，並培養孩子對性器官有健康和正確的態度。				

時間	活動流程	教具／教材資源
15分	1.點名 2.主題說明與短片欣賞	
15分	3.暖身活動——人體大拼圖 (1)請小朋友合力將人體大拼圖在地上攤開來，將身體器官的配件，依正確位置排上。 (2)搭配正確器官名稱的字卡，請老師帶著大家唸一次，並簡單說明其功能，也排上去。	＊身體各器官圖片一份 ＊身體各器官字卡一份
15分	4.說故事（聽、說、讀）導讀 (1)老師用大書講完故事。 (2)請依老師拿的大書找自己的小書，看看是哪一頁。 (3)分享幼兒有興趣的內容片段。	＊大書一本 ＊請小朋友帶書來
15分	5.團體遊戲 藉由故事書情節，搭起一座山洞，小朋友用呼啦圈組成小火車，穿梭在山洞間，藉由起點（嘴巴）一路走到終點（肛門），瞭解身體的結構。	＊情境山洞布置 ＊呼啦圈小火車一列
		學習單
		找找看 1.媽媽與小朋友一同上網找找看身體各器官的資訊。 2.一起動手做成小書，於下週一起分享。

（續）
附件10-4

親子共讀活動
《我從哪裡來》

閱讀書目	我從哪裡來		年齡	3～5	時間	60分
課程目標	讓孩子明白生命的誕生，不單能滿足他們的好奇心，更能讓孩子明白自己是因父母相愛，有計畫地誕生出來。					
時間	活動流程				教具／教材資源	
10分	1.點名 2.主題說明與分享照片					
10分	3.暖身活動——認識老師和小朋友及家人 　(1)認識同學和自己的名字。 　(2)丟球遊戲——老師將幼兒名字貼在白板上，放音樂將球丟往幼兒名字下方。丟到名字的幼兒請介紹家人及自己的照片。				＊姓名字卡一份 ＊小朋友出生照片各10張 ＊黏黏球一顆 ＊遊戲音樂CD ＊響板一個	
15分	4.說故事（聽、說、讀）導讀 　(1)老師用大書講完故事。 　(2)請依老師拿的大書找自己的小書，看看是哪一頁。 　(3)分享幼兒有興趣的內容片段。				＊大書一本 ＊請小朋友帶書來	
15分	5.團體遊戲 　藉由故事書24頁圖片，放大請小朋友排序，再依照順序用接龍的方式將故事說出來，給老師及爸爸媽媽聽，大人以便從中瞭解幼兒想法。					
10分	6.紙上作業 　找找看——誰的身體 　Q：男生的身體應該是？ 　Q：女生的身體應該是？ 　找到後請替他（她）穿上衣服。				學習單 找找看 1.由媽媽說故事小朋友來找找看在第幾頁。 2.一起分享書的內容。	

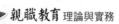

親子共讀活動
活動評估、檢討與效益

1. 參與活動家長可以藉由故事內容、活動教具，以及老師的引導，用正確的態度與幼兒談性教育。

2. 透過活動，家長與幼兒一起在網路上搜尋更多有關性教育知識，也讓幼兒知道網路的便利性。

3. 透過親子閱讀活動，建立幼兒與父母一起閱讀的習慣，也可以瞭解家長對幼兒閱讀的重視及態度，適時給予協助。

4. 在閱讀的活動中親子一起做互動，回家後做學習單，增加親子間的關係。

5. 對於少數家長仍然對性教育不知如何啟口，也鮮少參與活動中的對談，將給予個別機會作輔導。

6. 有家長反應可以運用不同主題，讓親子閱讀習慣繼續，也因為與學校配合，較能知道如何與幼兒互動。

附件10-5

家長教學觀摩
幼兒性教育示範教學～我從哪裡來

活動名稱	我從哪裡來　　　　　　　　　教學時間：
活動目標	1.瞭解寶寶出生的過程 2.培養對生命的尊重 3.學習嬰兒出生過程的序列
教學資源	手指偶、生產懷孕過程掛圖、序列卡
活動過程	1.引起動機：教師以手指謠配上手指偶引起動機。 2.活動內容： 　(1)教師問小朋友，知不知道自己是如何來到這世界或如何出生的？ 　(2)教師利用懷孕生產過程掛圖，介紹嬰兒在母體裡成長的過程。 　(3)教師請數位幼兒排列出懷孕生產過程序列圖卡的順序，請台下的幼兒 　　予以訂正。
活動評量	至少有3/4的幼兒能說出簡單的懷孕過程和從哪裡來的。
注意事項	教師應以平常心看待孩子的問題。
延伸活動	1.可放置有關懷孕生產過程的書籍及圖片。 2.若生活中有懷孕的人，可做實務上的教育。

（續）
附件10-5

家長教學觀摩
幼兒性教育示範教學～我是身體小主人

活動名稱	我是身體小主人　　　　　　　　教學時間：		
活動目標	1.認識身體部分名稱與功能 2.培養珍惜自己與尊重別人身體的態度與行為習慣 3.學習保護自己身體的方法		
教學資源	錄音機、兒歌〈頭兒、肩膀、膝、腳趾〉、男孩和女孩身體大掛圖		
活動過程	引起動機：以兒歌〈頭兒、肩膀、膝、腳趾〉做音樂律動，引發幼兒對身體部位的興趣。		
活動內容	1.展示男、女孩身體大掛圖，介紹臉部五官與身體軀幹各部位的正確名稱。 2.進行遊戲～口香糖 　藉由遊戲讓幼兒認識身體部位名稱，例如：眼睛、鼻子、眉毛、頭髮、嘴巴、肚臍、屁股…… 3.遊戲進行時，幼兒可平躺或趴著等姿勢參與活動。例如： 　老師說：口香糖 　小朋友就要回答：黏哪裡？ 　老師說：黏肚臍 　小朋友就必須將自己的肚臍黏在地板上，但身體的四肢則須往上提，以此類推；可以進行身體各部位的遊戲以加深幼兒的印象。		
活動分享	配合男、女孩人體掛圖，讓孩子對照出自己身上有孔洞的部位，討論其正常的功能，分享不舒服的經驗與原因；老師也可藉此機會分享常發生的危險動作有哪些？例如： •不把小東西隨意塞入鼻孔裡 •嘴巴吃東西時不隨意走動或說話 •不拿尖銳物向自己或別人 •不允許別人刻意插刺自己的身體 並提醒孩子若有發生以上的行為或動作時，一定要告知老師或父母！		
活動評量	1.能正確指認身體的部位。 2.能愉快的參與團體遊戲。 3.能說出不能讓不當異物插入的身體部位。 4.能說出如何保護自己的身體。		
注意事項	教學過程中應以輕鬆但莊重的態度方式進行，隨時觀察幼兒的情緒與行為反應，並特別注意勿矯枉過正，造成幼兒壓力。		
延伸活動	1.可讓幼兒準備自己的照片與其他幼兒進行分享，每一個人不僅外貌不同，內在的天賦也有所不同。 2.也可讓幼兒照鏡子試說出自己的優點在哪裡？而別人的優點又在哪裡？		

（續）
附件10-5

家長教學觀摩
幼兒性教育示範教學～身體的祕密

活動名稱	身體的祕密　　　　　　　　　　　　教學時間：		
活動目標	1.認識身體的重要隱私部位 2.學習拒絕不當的身體觸摸與侵害 3.培養表達感受的勇氣與能力		
教學資源	人形圖、人形娃娃、海報紙、彩色筆、紅色╳與綠色○標誌		
活動過程	引起動機： 1.將幼兒分成數組，由一位自願的幼兒躺在全開海報紙上讓其他的幼兒描繪出人形外框。再由老師以人形圖或男、女人形娃娃說明或複習身體的重要部位，讓幼兒輪流在人形紙上對應標示出。 2.請幼兒分享因別人觸摸身體而覺得不舒服的經驗，是什麼部位？為什麼會感覺不舒服？		
活動內容	1.先向幼兒介紹紅色╳與綠色○標誌所代表的意義，以人形圖或男、女人形娃娃讓幼兒認識不可讓別人隨便觸摸的部位及理由是什麼，並示範將紅色╳與綠色○標誌應分別擺放的相關位置；活動進行中，需將理由清楚的傳遞給幼兒瞭解。 2.進行遊戲～紅綠燈 　將幼兒數組，各組每次推派一人輪流在時間內將所分配的紅色╳與綠色○標誌擺放在各組所描繪的人形圖上，時間結束後由幼兒共同檢查是否正確，並隨機糾正、加強。 3.活動分享～與幼兒進行活動討論與分享 　(1)若有人觸摸你，讓你覺得這樣是不對的；令你覺得不舒服的時候，你該怎麼辦？ 　(2)心情不好時，你會如何處理？		
活動評量	1.能正確指出身體不可讓人隨便觸摸的隱私部位。 2.在他人試圖或刻意觸摸自己隱私部位時，會說「不」。 3.懂得如何抒發情緒。		
注意事項	在帶領孩子認識身體隱私部位時，要讓孩子清楚區分醫護人員、師長等人基於醫療、照顧的需要，所做的觸摸與惡意侵犯之間的不同。		

（續）
附件10-5

家長教學觀摩
幼兒性教育示範教學～我會保護自己

活動名稱	我會保護自己　　　　　　　　　　　教學時間：
活動目標	1.知道生活環境中的危險事件 2.知道意外事件的預防及處理 3.認識可尋求幫助的地方
教學資源	手偶數個
活動過程	引起動機： 1.以手偶呈現，先向小朋友打招呼，吸引其注意力。 2.告知幼兒今日手偶劇的主題及欣賞時的注意事項。
活動內容	偶劇的表演內容重點： 1.在公共場所活動時，盡量不要讓自己落單，例如：公園。 2.不隨便接受陌生人或他人的邀約或禮物。 3.遇到可疑的人時，要趕緊告知父母或老師。 4.不單獨行經昏暗的地下道、窄巷或偏僻的地方。
活動分享	藉由手偶劇的呈現，在每一段手偶劇表演結束後，可與幼兒進行討論與分享，例如：如果今天主角是你，你會怎麼做？會如何處理呢？
活動評量	1.能正確說出在遇到危險時，應如何保護自己。 2.在他人試圖或刻意侵犯自己時，該如何應對。
注意事項	老師在幼兒進行完分享後，別忘了要再一次清楚的將正確的處理方式與應對技巧傳達給幼兒，並確定幼兒是否能理解並做到。

（續）
附件10-5

家長教學觀摩
幼兒性教育示範教學～我不要

活動名稱	我不要　　　　　　　　　　　教學時間：		
活動目標	1.認識何謂性騷擾 2.培養幼兒正常身心理發展 3.學習如何保護自己		
教學資源	布偶、人體圖片、器官名稱卡		
活動過程	引起動機：利用布偶對話演出一段小短劇。		
活動內容	1.老師先問小朋友不喜歡別人觸碰身體的哪些部位？為什麼？ 2.根據小朋友的答案，解釋何謂性騷擾。 3.拿出人體圖片，介紹各器官名稱。 4.請小朋友出來貼，貼在自己覺得感受不舒服的部位，並請他們觸摸紙板上的魔鬼貼。 5.教導小朋友在感覺不舒服的情境下，如何拒絕並告訴他們不能隨便觸碰別人的身體及如何求助？		
活動評量	用觀察法有3/4的幼兒能說出身體感受不舒服的部位。		
注意事項	讓孩子在自然活動中學習。		
延伸活動	1.以角色扮演方式，做練習。 2.可將教具放在教室中讓孩子有機會去嘗試。		

附件10-6

社區活動
身體小主人，遠離性侵害

一、活動目的
　　1.教導小朋友學會如何保護自己。
　　2.預防性侵害及性騷擾事件的發生。

二、活動日期：○年○月○日（星期六）

三、活動時間：上午10:00～12:00

四、活動地點：XX區XX里里民活動中心

五、主辦單位：XX園所及XX兒童托育中心

六、協辦單位：XX里里民辦公室、XX國小美術科、XX大學話劇社

七、指導單位：XX區公所

八、參與對象：十二歲以下兒童與家長，或即將為人父母者

九、活動內容
　　1.頒獎活動：性騷擾、性侵害的預防（四格漫畫）
　　2.話劇表演：小紅帽上學記──遠離大野狼（話劇表演）
　　3.親子闖關活動：
　　第一關：快問快答（好的身體管理人）
　　第二關：身體安全大考驗
　　第三關：安全大富翁
　　4.影片欣賞：《身體與主人》、《長大的祕密》
　　5.周邊展覽：性騷擾、性侵害的預防（四格漫畫）

（續）
附件10-6

十、活動流程

09:30～09:50	開放入場
09:50～10:00	主席致詞（所長）
10:00～10:20	里長致詞，漫畫作品頒獎
10:20～11:00	小紅帽上學記——遠離大野狼（話劇表演）
11:00～12:00	闖關遊戲
	自由參觀漫畫展覽或觀看影片（《身體與主人》、《長大的祕密》）

十一、人力配置

	負責事項	負責單位
活動總策劃	1.各單位聯繫。 2.預算評估及運用。	XX托兒所
漫畫作品	1.將漫畫比賽辦法、發函到XX區市立國小並確認。 2.接洽XX國小美術老師，收件並評選。 3.將入選作品整理。 4.布置漫畫會場及作品。	XX兒童托育中心
影片欣賞	1.聯絡相關單位洽借影片：《身體與主人》、《長大的祕密》 2.到單位取得影片。 3.播放影片的場地布置及用具準備和播放。	XX托兒所
話劇表演	1.話劇內容準備和排演。 2.話劇表演場地布置和音響道具等準備。	XX大學話劇社
親子闖關活動	1.關卡活動設計。 2.關卡布置及用具準備。 3.小禮物的準備及贈送。	XX托兒所
活動宣傳	1.大型海報100張。 2.小型宣傳單500張。 3.網路媒體。	XX兒童托育中心

（續）
附件10-6

十二、經費預算評估表

項目	預估費用
漫畫評選美術老師費用	6,000
漫畫比賽獎狀及禮券	4,000
話劇表演服裝道具	2,000
闖關遊戲道具	500
闖關遊戲贈品	2,500
宣傳海報及DM	5,000
現場布置	2,000
雜支	3,000
預估總計	25,000

十三、工作時程進度表

工作項目	預計完成時間
與里長聯繫、場地及相關設備確認	9/1
洽借影片	翌年1/2
與各單位聯繫	9/4
各單位人員第一次會議	9/23
漫畫作品收件	10/2～10/13
海報印製完成	9/25
各單位人員第二次會議	10/21
漫畫作品評選及確定入選作品	10/30
海報張貼及發出	翌年1/19
取得影片	翌年1/15
話劇預排演	12/2
話劇正式排演	翌年1/6
活動前會議	翌年1/22

（續）
附件10-6

社區活動
身體小主人，遠離性侵害

◎活動附件一：漫畫比賽辦法

1. 參加對象：北市XX區各市立國小

2. 四格漫畫主題：性騷擾、性侵害的預防

3. 比賽規定：以A4四格漫畫為主，畫紙由各學校輔導室提供。

4. 交件時間：10/2～10/13，由學校美術科老師寄到XX區XX國小。

5. 獎勵：由XX國小美術評鑑老師選出，每一年級擇優錄取前三名，
頒發獎狀及禮券（第一名300元；第二名200元；第三名100元）。

◎活動附件二：親子闖關遊戲

參加者可先至服務台領取闖關卡一張，當完成該關卡時即可得到蓋
章，集滿三關的過關章時，可至服務台兌換小禮物一份。

【身體小主人，遠離性侵害活動】闖關卡		
姓名：		
第一關 快問快答	第二關 身體安全大考驗	第三關 安全大富翁

第一關：快問快答（正確請答○，錯誤請答×）從中挑選10題問答

1. 別人侵犯你，你沒有拒絕（或告訴對方）（×）

2. 當別人侵犯我的時候，我會大聲說「不要」。（○）

3. 不讓別人觸摸或窺探我的隱私處。（○）

4. 不可以隨意碰觸他人的身體或隱私處。（○）

5. 可以盯著人家身體一直看，讓人家感覺難堪。（×）

6. 因為要快點回家，可以走比較不熟悉或昏暗的捷徑。（×）

7. 拿別人身體的隱私部位開玩笑。（×）

8. 鄰居送我玩具，叫我摸他尿尿的地方，我可以答應。（×）

（續）
附件10-6

9.若有人要抱我，或摸我隱私部位，要我保密，他是錯的。（○）

10.出去時，我一定要告訴家人或長輩，並明確告知地點。（○）

11.迷路時，我要趕緊到商店或人多的地方，請人幫忙。（○）

12.我不隨便告訴陌生人家裡的電話和住址。（○）

13.面對陌生人或他人的收買或威脅，我會勇敢說不。（○）

14.不論是誰，都有保護自己身體的權利。（○）

15.我有權利可決定別人不能隨意碰觸自己的身體。（○）

第二關：身體安全大考驗（在畫有人形圖的紙上進行）

有哪些部位是不能隨便讓人觸摸的，請圈起來。

第三關：安全大富翁

在地板貼上印有題目的方塊數張，闖關者須循序漸進的回答對或錯，當題目全部回答正確時，即可抵達終點；若有回答錯誤時，則無法抵達終點。

附件10-7

親職講座評估與檢討方向

1. 講座的家長參與率及家長滿意度調查。

2. 在辦活動的時候，人力的調配及協調。

3. 活動進行中父母參與時小孩由誰照顧？照顧人力為何？

4. 活動的訊息傳播要由班上的老師多加宣導，對於較忙碌的家長要隨時記得提醒。

5. 參加活動時的家長性別分析，以作為日後活動參考。

6. 活動的經費預算執行情形。

7. 活動後的分享方式，如：好書推薦、問卷調查等，並將整個活動內容分享記錄，製成光碟分送給家長留存。

8. 場地的租借、專家的聘請等聯絡事宜。

9. 活動結束後，不論是小朋友或是家長的回饋意見。

ＸＸ托兒所幼兒
性教育推廣活動預算表

科目名稱	摘要	收入金額	單價	數量	支出金額	結餘金額
經費補助款	活動經費預算	80,000				80,000
補助款收入	市府補助款	5,000				85,000
親職講座1 活動費～講師費	X老師		5,000	1人	5,000	80,000
親職講座1 活動費～點心費	座談會點心		30	50人	1,500	78,500
親職講座1 活動費～文具費	筆		19	4盒	76	78,424
親職講座1 活動費～講義費	文案印刷		1	400張	300	78,124
親職講座1 活動費～照片費	相片沖印		3	10張	30	78,094
親職講座1 活動費～布置費	會場布置		300	1批	300	77,794
親職講座2 活動費～講師費	X老師		5,000	1人	5,000	72,794
親職講座2 活動費～點心費	座談會點心		30	50人	1,500	71,294
親職講座2 活動費～文具費	筆		19	4盒	76	71,218
親職講座2 活動費～講義費	文案印刷		1	100張	100	71,118
親職講座2 活動費～照片費	相片沖印		3	10張	30	71,088
親職講座2 活動費～布置費	會場布置		300	1批	300	70,788
示範教學活動費 ～教材費1	材料		2,000	1批	2,000	68,788
示範教學活動費 ～教材費2	教具		5,000	1批	5,000	63,788
親子共讀活動費 ～教材費1	材料		3,000	1批	3,000	60,788
親子共讀活動 費～教材費2	書籍		1,500	1套	1,500	59,288

（續）
附件10-8

XX托兒所幼兒
性教育推廣活動預算表

科目名稱	摘要	收入金額	單價	數量	支出金額	結餘金額
補助款收入	里長提撥補助經費	20,000				79,288
社區活動活動費～資料、講義	文案印刷		3,000	1批	3,000	76,288
社區活動活動費～飲料費	咖啡粉、茶包		89	5盒	445	75,843
社區活動活動費～點心費	餅乾、小點心		89	10盒	890	74,953
社區活動活動費～文具費	筆		19	4盒	76	74,877
社區活動活動費～評選老師費	美術老師		2,000	3人	6,000	68,877
社區活動活動費～獎品費	獎狀、道具			18人	4,000	64,877
社區活動活動費～話劇表演費	服裝、道具			1組	2,000	62,877
社區活動活動費～闖關遊戲費	材料			1批	500	62,377
社區活動活動費～獎品費	闖關獎品			1批	2,500	59,877
社區活動活動費～宣傳海報費	海報、DM			1批	5,000	54,877
社區活動活動費～布置費	會場布置			1批	2,000	52,877
社區活動活動費～特別費	雜支				3,000	49,877
合計					55,123	

各項收入預算：105,000元
各項支出預算：55,123元
本期損益預算：49,877元

　　　　　　　　　　園長：　　　　　　　　　　會計：

Chapter

11 單親家庭親職教育 支持方案

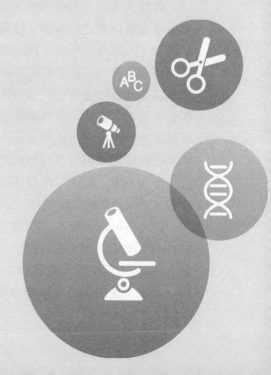

　　單親家庭已成為現今社會普遍存在的現象。家庭不論因離婚、分居、配偶死亡、配偶遺棄、因配偶工作分居兩地、外遇、未婚懷孕等……中何種因素而形成單親家庭，我們可以體會單親家庭常因父兼母職或母兼父職，須加重承擔家計責任與教養責任，所面臨的生活壓力比一般家庭沉重，因此單親家庭若能獲得社會支持與關懷給予溫暖，而社會的資源、支持也能夠適時鼓勵與扶持給予充權，必能減輕單親家庭給社會帶來隱而未現的負面影響，尤其是子女的親職教育，更直接影響了孩子未來的人生，勿讓現在的單親家庭問題成為未來另一個單親家庭的隔代傳遞，讓每個單親家庭都能夠走出屬於自己的陽光人生。

　　根據美國人口普查局對單親家庭的定義：由單一成人（父親或母親）和一個以上的依賴兒童所組成的家庭，形成單親家庭的原因很多，包括：喪偶、離婚、未婚生育、分居、遺棄或領養等。

　　過去的農業社會中，單親家庭的形成以喪偶為主要原因，但時至今日開放的社會，由於社會結構、生活型態、婚姻價值觀的改變，加上核心家庭的盛行，離婚率的升高，女生經濟能力以及個人自主意識抬頭等因素的影響，因離婚、分居、未婚生育、遺棄等原因而形成單親家庭的情形逐漸普遍。

　　依據美國調查因離婚或未婚所致成的單親約占48.3%，平均每兩位兒童少年在滿18歲之前即有一位曾生活在單親家庭中。在離婚率越來越高的情況下，因離婚而形成單親家庭的趨勢也越來越明顯，而台灣近年離婚的原因也因外遇、惡意遺棄、家暴等訴請離婚亦有增加的趨勢。

　　隨著社會變遷快速，價值觀念日益開放、多元化，家庭型態也呈現多樣化的面貌。雖然一般傳統認定常態的家庭，是由一位成熟的女性及一位成熟的男性所組成，然多元化的社會亦衍生出多元的家庭型態，已有愈來愈多的家庭因著各自不同形成的因素而造成單親，如離婚或分居、配偶死亡、配偶遺棄、配偶工作居住兩地、外遇、未婚懷孕等，衝擊著現代家庭中的父／母及單親家庭的孩子。

　　國內外的研究顯示，單親家庭是呈現快速成長的趨勢。國外方面，根據1993年美國普查局報告指出，1988年「單親家庭」在各國的比例為：加拿大15%；法國12%；德國14%；英國13%；瑞典15%（薛承泰、劉美惠，1998）。美國在1981年單親家庭的比率為19%（梁瑪莉，1992）。國內方

面按統計資料，隨著社會快速的變遷，家庭的型態也日趨多元，單親家庭戶數成長快速，根據行政院主計處統計，2004年單親家庭有54.8萬戶，較1988年成長一倍，其中以父或母為經濟戶長單親家庭計31.5萬戶，以子女為經濟戶長之單親家庭23.3萬戶。主計處說明民國94年底戶口及住宅普查初步統計結果，全台共有57.3萬戶單親家庭，與民國79年底比較，增加28.7萬戶。這樣的數字意謂著台灣的單親家庭有快速增加的趨勢（行政院主計處，2005）。

　　單親家庭倍增原因主要來自離婚率由1988年每千人1.3對上升至2.8對；此外，每年數千個非婚生嬰兒或喪偶也是造成單親家庭因素；長期而言，離婚及分居已成為單親家庭最主要成因。

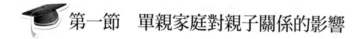

第一節　單親家庭對親子關係的影響

一、單親家庭的成因

　　美國人口普查定義單親家庭為：「單親家庭是一個成年人與一個以上的依賴兒童（不論其為親生或領養的關係）所組成的家庭為單位」，我國的定義趨向是「一住戶中有父或母因離婚、分居、喪偶或未婚，和其十八歲以下未婚子女同住者」，對單親較強調「受害」、「弱勢」的負向本質（謝美娥，1996：14-16）。

　　由於單親家庭的成因不同，及個人本身所擁有的內外在資源不同，面對單親的感受及調適也就有所不同。以分居而言，有可能是感情不睦或有外遇，也可能是服刑或是工作分隔兩地的分偶。而提到單親，一般人直覺為離婚，但相關研究卻呈現單親中喪偶多於離婚，然以台灣近年來家庭及社會型態的改變來看，未來離婚及分居所形成的單親家庭將會愈來愈多。對於異國婚姻或大陸新娘居留所帶來的分居問題，或是夫妻一方陪孩子定居國外及台商在大陸工作所形成的分居問題，雖名義上不是單親，但實質上形如單親所潛藏的家庭問題也是值得關切。

二、單親家庭的主要困擾

單親的孩子當然未必不如雙親的孩子。黃越綏指出：「古聖先賢孔子、孟子都是單親，就連現任美國總統柯林頓也是在單親家庭長大。」但由於單親家庭的「單擎」結構，使得單親家庭在經濟和教養子女方面較容易發生困境。單親與其子女較缺乏大家庭成員與鄰居的照顧，易落入生活困境，造成社會問題，亟須整合相關的社會福利資源，提供具體的照顧方案。就單親家庭目前生活的主要困擾來看，主要以經濟問題、子女教養問題、心理調適等為主。

(一)經濟問題

在經濟上，單親要維持家庭的開銷確實比雙親來得辛苦。國內外的研究均顯示，單親家庭普遍存在著經濟上的問題及困擾，其中又以女性為主的單親家庭最為嚴重（劉淑娜，1984）。傳統上「男主外，女主內」，許多女性缺乏謀生能力及經濟自主權，因此在缺乏配偶經濟支持之下，容易導致貧窮產生。無論是喪偶或是離婚，對於單親獨力支撐家庭的經濟常是顯得非常吃力，甚至是難以改善。

造成單親貧窮及經濟困難的原因是什麼？女性單親為何較男性單親容易落入貧窮線？Garfinkel和McLanahan（1986）曾提出三個解釋原因：(1)女性單親謀生能力低，此牽涉到女性工作薪資比例只有男性的60%～70%，明顯在薪資給付上存有性別不平等待遇；其次，是女性單親往往為了照顧子女，以致縮短工作時間；再者，有不少女性單親原本為家庭主婦，缺乏工作經驗或接受就業訓練的機會，導致不得不從事低薪、低職位的工作；(2)缺乏適當的兒童支持，通常未取得監護權的父親很少提供兒童照顧費用；(3)公共扶助少，大部分的女性單親處於劣勢經濟地位，亟須依賴公共扶助。不過，通常補助的金額相當微薄，所帶來的援助效果並不大，所以仍無法幫助單親家庭脫離貧窮（引自吳季芳，1992）。

(二)子女教養問題

Garfinkel和McLanahan（1986）指出父母離婚與死亡是小學階段所面臨的兩大危機，此危機會擾亂了個人與外在環境之間的平衡狀態。兒童視

父母的離異為生命裡一次重大的失落，通常會出現沮喪、注意力不集中、學業退步及攻擊行為，有時甚至有行為退化的現象。在父母關係不穩定、家庭解組或家庭遭受類似離婚、喪親等重大變故下成長的孩子，因失去依賴及安全感，而產生挫折、孤獨感。同時出現擔心害怕、驚慌、恐懼等情緒感受，甚至自卑自貶覺得自己無價值。

學齡兒童正處於自我概念發展的客觀化期，若面臨家庭破碎，對自我概念的影響甚鉅，根據國內對國小單親兒童的研究資料發現：單親家庭對於子女的影響，包括社區及學校適應困難、自我概念低落、行為困擾、人際關係不良、社會關係困擾以及情緒壓抑。單親兒童身處破碎家庭中，極易產生不合理的認知信念及負向情緒，而導致行為不適應的現象，有許多研究證實單親兒童較非單親兒童有較差的生活適應，也有較多的行為困擾及偏差的行為表現（陳圭如，1995；陳羿足，2000；劉永元，1988；鄭玉喬，1990；鄭秋紅，1993；繆敏志，1990）。在外國，Amato和Keith（1991）、Acock（1988）、Berg和Kelly（1979）、Bumpass（1984）、Coletta（1983）、Demo和Acock（1988）、Gongla和Thompson（1987）、Maccoby和Martin（1983）、McLanahan和Sandefur（1994）、Peterson和Rollins（1987）等研究，先後證實了單親兒童的行為困擾較一般兒童高。

劉永元（1988）的研究指出嚴重的行為困擾就會導致問題行為，造成社會困擾，根據中央警察大學犯罪防制研究所進行的一項「少年偏差行為早年預測的研究」報告指出，單親家庭少年犯罪是正常家庭子女的二十八倍。台北地方法院士林分院少年法庭所做的審前少年的統計資料顯示，有22.9%的少年來自破碎家庭，少年輔導委員會1988年的個案少年資料亦顯示，約30%的個案來自破碎家庭（徐良熙、林忠正，1984）。因而教養問題也成了單親家庭的父（母）學習的重要課題。

(三)心理調適

在家庭出現危機時，他人及時的協助將有助於化危機為轉機。由於單親家庭的型態往往會持續一段時間，即便日後再重組另一個家庭，也會面臨自身及孩子相互的心理調適及互動關係的。對於單親家庭除了上述所提的需求外，還有職場就業、親子關係、社會人際關係改變、感情及婚姻歸屬等，其中針對孩子在不同年齡層所發生的困擾或心理需求，是否會因

為單親而陷入無助，經常是考驗著家庭成員間相互支持的動力關係，若是碰到經濟不安全，又缺乏一技之長的就業技能，或是須配合照顧或接送年幼的孩子，也可能影響職業的尋求或工作的選擇，此時非正式資源如親友或社區鄰里志願協助，或正式資源如單親家庭的補助等家庭政策的落實介入，將可協助單親家庭度過難關。而單親家庭若能避免慌亂，堅守生活規律，在良好的情緒管控中尋求資源，將可有效的帶領孩子面對困境，從逆境中學習適應另類的單純生活，而「單親」亦可活出一方單純卻不孤單的家庭生活。

一般而言，探討單親家庭之研究問題，常著重於下列幾個方向：

1. 不同性別、不同成因、不同社經地位之單親家長，會對親子關係帶來不同的影響？

2. 單親家長迫於家庭經濟壓力而超時工作，不得不減少與子女相處及照顧的時間，在親職的表現上是否會出現減少或短暫不足的現象，而影響親子關係？

3. 單親家庭由於缺乏另一性別角色之家長，難以同時兼顧「工具性角色」及「情感性角色」，是否男性單親家長拙於以情感性的關懷態度處理親子問題，而用權威式的管教方式；女性單親家長也會為了彌補「嚴父」角色的不足，反而在子女教養上表現的過於嚴苛？

4. 當單親家長無法勝任家長角色，親子階層結構瓦解，親子關係會變成朋友關係，甚至要求孩子親職化（parentification），反而要求子女提供勞力與情緒支持父母。是否此種親子關係對於子女而言，過於早熟，將影響其心理發展？

5. 對於大多數子女而言，伴隨單親事件而來的父母生活轉換（例如，經濟、教養、身心適應、社會支持、角色負荷壓力、健康、工作問題等），此種改變是否帶給孩子一種無形的壓力？

6. 年紀越輕、工作時間越長以及有兩個工作以上之女性單親家長，其角色是否負荷及生活壓力越高？低學歷、低收入、子女幼小和只與子女同住之單親家長，是否面臨較多的角色負荷及生活壓力？

7. 女性單親家長獨立扶養子女是否比男性單親家長更吃力；喪偶單親家庭比離婚單親家長是否有較多子女照顧的困擾？以及離婚單親家長比喪偶單親家長是否更擔心子女未來成為單親？

　　近年來，由於離婚所導致的單親家庭問題，在研究上受到重視，一般研究結果均強調離婚家庭子女較其他單親子女更易因此而受到影響。Amato和Keith（1991）指出，離婚家庭對子女失親過程會造成負面影響的可能原因有三：(1)父或母的離去，使子女缺少社會化的學習發展；(2)經濟上的缺乏，引發子女在身心上成長發展的不足；(3)家庭中的衝突，導致子女重大的壓力。

　　綜合上述之研究發現，單親家庭研究方向有下列結論：

1. 單親家庭比一般家庭貧窮，單親前社經地位即已不利者，單親後通常會更形不利。
2. 女性單親家長通常比男性單親家長的經濟狀況差。
3. 前配偶繼續與單親家長共同分擔子女生活費及子女教養責任者並不多。
4. 在子女教養上，女性單親家長通常比男性單親家長覺得吃力。
5. 單親家長通常有心理適應及情緒上的困擾，但單親前的婚姻關係不良者，單親後反而覺得比單親前好。
6. 單親家長通常會因家庭經濟、子女教養以及工作事業等問題感到困擾。
7. 單親家長生活條件不利者（如收入低、工時長、依賴人口多或子女年幼等），有較重的壓力及角色負荷，且有較悲觀與消極的生活態度。
8. 子女及娘家的支持是女性單親家長重要的社會支持力量，單親前社會支持即已較差者，單親後更形不利，且容易與社會疏離。
9. 單親家長常有：將希望寄託子女身上、願為子女犧牲個人幸福、認命及宿命等人生態度。
10. 教育程度較高的單親家長，較有機會及能力獲得社會資源，發展社會支持系統，在單親家庭角色轉換的適應上較為順利。

　　基於以上的各點論述，此親職教育支持方案期望能協助社區內單親之弱勢家庭，協助單親家庭內各成員能自我認同及減低單親家庭子女所產生的焦慮情感。

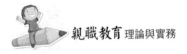

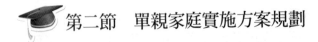
第二節　單親家庭實施方案規劃

本節是以托育機構規劃親職教育方案為主、提供托育機構服務人員進行親師合作或親職教育方案準備之企劃為例，最後再以實務活動設計為例，以作為整個方案之實施規劃。

一、宗旨

由於單親家庭在所得維持、親子關係、社會人際或生活適應與資源網絡等需求，透過家庭實施方案，協助單親家庭成員提供一個適當、穩定的管教態度與能提供孩子生理需求的教養環境，減低產生偏差行為，減少因單親家庭而衍生的社會問題，透過社會支持方案讓單親家庭不再有缺憾。

二、目標

本學期預計透過舉辦多次「單親家庭親子活動系列」達成以下兩個目標：

(一)協助單親家庭兒童與家庭成員的自我建設、調適及輔導

舉辦一系列的活動，減低單親家庭所產生的焦慮與教養問題，增加家庭成員所需獲得心理建設與調適，進而邁出家變的陰影，並藉互相之扶持在教養兒女的經驗分享中，幫助兒童接納與瞭解自己的優缺點，建立身心、人格健全之發展。

(二)增進單親家庭的權益，提升單親家庭生活品質

藉助大眾的力量，培養單親家庭成員有積極正向的行為，進而增進單親家庭之間的親子關係，建立一個完整、系統、專業的情緒支援網路，結合社區共同來解決社會問題奉獻，協助單親家庭成員重新適應角色，建構家庭支持網絡，恢復家庭功能。讓單親家庭成員互動內容更加充實，使每一個單親家庭均能享有自信、健康、快樂的生活。

三、活動執行者

由本托育中心和單飛不寂寞協會。

四、服務對象

以本托育中心、XX國小，及XX社區中單親家庭成員100人為服務對象。

五、活動時間

自○年○月○日起至○年○月○日止。

六、活動地點

以本托育中心為主，XX國小活動中心為輔。

七、單親家庭支持活動計畫主題詳細內容及方式

單親家庭支持活動方案總表

編號	活動名稱	實施月份	實施對象	負責單位	備註
1	為單親家庭畫上一道彩虹	○年○月○日	社區內單親父母	本托育中心	
2	我愛你們～關懷弱勢義賣園遊會	○年○月○日	社區內單親家庭成員	本托育中心 單飛不寂寞協會 XX國小家長會	
3	與單飛家庭一個微笑的未來	○年○月○日～ ○年○月○日	社區內單親家庭成員	本托育中心 單飛不寂寞協會	
4	親子養樂多	○年○月○日	社區內單親家庭成員	本托育中心 單飛不寂寞協會	
5	親情溫度計～自然科學研習營	○年○月○日	社區內單親家庭成員	本托育中心 單飛不寂寞協會 XX社區發展中心	
6	希望之鴿	○年○月○日	社區內單親家庭成員	本托育中心 單飛不寂寞協會	
7	生命劇場戲劇表演	○年○月○日	社區內單親家庭成員	本托育中心 XX國小家長會	
8	親師懇談會	○年○月○日	本托育中心的家長	本托育中心	
9	溫馨小站	○年○月○日	本托育中心單親家庭成員	本托育中心 社區社工員	

八、總體預期效益

1. 能夠早期發現、早期預防單親家庭所衍生的社會問題及提供相關支援和協商，以減少兒童在失親過程的傷害。
2. 單親家庭成員能有正向的情緒及行為。
3. 單親家庭之間能有良好的親子互動。
4. 能建立社區中單親家庭互動網絡。
5. 提供單親家庭喘息服務，以調劑父母身心靈健康。

九、活動與方案之檢討

整個方案設計之規劃宜有其目標（goals）及標的（objectives），而活動之設計乃依方案之標的而來，進行活動結束之後，應有檢討及評估整個活動實施之成效，以下為本次方案相關之活動檢討：

1. 活動舉辦的場地多選擇於園所內實施，可考慮至臨近的學校租借會議室、視聽教室或活動中心，可解決活動空間不完善之問題，也可同時解決臨時天候不良的因素。
2. 通知單中告知家長，親職教育進行時園方會安排臨時托育及才藝活動，讓家長放心參與，提高參與率。
3. 活動的對象可擴及社區的居民，可考慮藉由里長邀約、公布欄張貼邀請海報，以達到回饋社區，進而提升園所的社區形象。
4. 在活動舉行前，應考慮到天候不良或太熱的因素，並且尋求替代方案或因應對策。
5. 活動通知上可考慮註明贈送參加禮物，以吸引、獎勵參加活動的家長及幼兒。
6. 在禮物的準備上，若單親家庭中的兄弟姊妹也來參加，可考慮增加並贈送其兄弟姊妹。
7. 倘若活動舉辦的場地在園所，可安排、規劃車輛停放場地，以解決家長停車問題。
8. 在每次舉辦活動前，預先準備醫護箱或緊急意外處置，以免發生意外時手足無措。
9. 可以以問卷來瞭解家長對親職教育內容的期望及需求，當作舉辦親職教育的參加，也可提升、吸引家長參與活動。

活動一

為單親家庭畫上一道彩虹

《單親家庭座談會》實施方案規劃

主辦單位：本托育中心
協辦單位：單飛不寂寞協會
諮詢專線：07-7654321

一、活動目的

希望藉由這次活動讓單親家庭收到多方面的資訊和單親相關補助資源外，也有不少的家長們在此相互鼓勵、分享或打氣。

二、活動計畫

這次活動是聘請長期於單親家庭方案福利服務並與單飛不寂寞協會合作，針對單親父母給他們有效的資源與相關資料。

三、預期效益

提供社會支援及相關資訊。

四、參加對象

限單親父母參加（備有2～12歲單親子女臨托服務）。

五、授課講師

國際單親兒童文教基金會。

六、活動時間

〇年〇月〇日。

七、活動地點

本托育中心綜合活動教室。

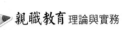
 附件11-1-1

為單親家庭畫上一道彩虹
邀請函

親愛的家長您好：

　　現今的社會單親家庭越來越多，所衍生的社會問題日益增加，家長對孩子的教養與照顧問題也越來越重視，為了減少單親子女的課業與照護問題，降低家長的經濟與負擔，本座談會將為您畫上一道美麗的彩虹！

時間：○年○月○日

活動地點：本托育中心綜合活動教室

主辦單位：本托育中心

協辦單位：單飛不寂寞協會

講師：國際單親兒童文教基金會

活動內容：1.單親不擔心——工作不煩惱
　　　　　　2.心靈抒壓站——經濟沒壓力
　　　　　　3.守護單飛的折翼家庭

費用：免費

備註：1.請於○月○日前向本托育中心報名
　　　　2.○年○月○日當天有為單親家長們附臨托照護

報名專線：07-7654321

附件11-1-2

為單親家庭畫上一道彩虹
工作分配表

項次	組別	配合人員	工作內容
1	企劃組	a b	活動企劃、講師邀請、工作分配
2	美工組	c d	活動海報設計 活動會場擺設布置
3	行政組	e f	活動通知單 活動參加人數統計
4	總務組	a f	規劃活動所需之物品
5	音控組	b d	活動現場麥克風、燈光、音響支援
6	財務組	c e	活動經費預計、財務統計
7	活動組	d f	活動流程控制、拍照
8	公關組	b c	活動會場機動協助
備註			

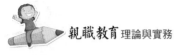

為單親家庭畫上一道彩虹
活動預算表

科目名稱	摘要	收入金額（元）	單價（元）	數量	支出金額（元）	結餘金額（元）
經費補助款收入	活動經費預算	15,000				15,000
活動費——雜支	紙杯、紙盤、影印紙張			1批	1000	14,000
活動費——講師車馬費					9,000	5,000
活動——點心費			50	20人	1,000	4,000
活動——飲料費			500	2（箱）	1,000	3,000
合計					12,000	3,000

各項收入預算：15,000
各項支出預算：12,000
本期損益預算：3,000

所長： 　　主任： 　　會計：

附件11-1-4

為單親家庭畫上一道彩虹
簽到簿

活動名稱：　　　　　　　　舉辦時間：

編號	學員姓名	簽到	電話	備註
1				
2				
3				
4				
5				
6				
7				
8				
9				
10				
11				
12				
13				
14				
15				
16				
17				
18				
19				
20				

活動二

我們愛你～關懷弱勢義賣園遊會

主辦單位：托育中心
協辦單位：單飛不寂寞協會
　　　　　XX國民小學家長會
服務專線：07-7654321#123

一、活動目的
　　拉近社區內單親家庭關係的建立。

二、活動說明
　　本活動藉由與社區及鄰近一所國小家長會的合作，於○年○月○日舉辦義賣園遊會，社區內所有居民皆可參加，但為了照顧社區內的單親家庭及與單親家庭建立友好關係。本活動計畫透過學校家長會會長的協辦，誠摯邀請您的參加與指教。另外設計邀請卡，讓社區內的單親家庭能憑卡來服務台填寫基本資料，就能免費兌換100元的園遊會票券，優惠社區內的單親家庭。提高此場社區活動參與率，更能為日後的關係，建立友好的基礎。

三、預估效益：托育中心與社區單親家庭有良好的互動

四、活動時間：○年○月○日（星期日）

五、活動地點：XX社區活動中心（高雄市XX區XX路XX號）

六、活動對象：社區內之單親家庭

七、預期效益：1.與社區內單親家庭有良好的互動。
　　　　　　　2.能取得社區內單親家庭的資料。

（續）活動一

八、活動計劃

1.本課後托育中心負責企劃，社區主委會負責提供場地及設備，國小家長委員會負責邀請名單。

2.確定日期、地點及時間。

3.發通知單告知本活動內容並附回條統計願意設攤的人數及攤位數。（攤位共15攤，以本課後托育中心的家長為優先，可一家或二家為一組設攤，內容不拘）。

4.在社區活動中心及各大樓公布欄及其大樓電梯內張貼本活動海報。

5.請鄰近二所國小的家長會會長調查該學校的單親家庭數目。

6.設計邀請卡，含主辦單位名稱（發給本課後托育中心及鄰近二所國小的單親家庭為主）。

7.請家長會會長及本課後托育中心的單親家長代為將邀請卡送給各單親家庭，並解釋此活動內容及免費園遊券的措施。

8.徵求贊助者或廠商參與此活動。

9.統計參與活動的工作人員人數（本課後托育中心所有人員、單飛不寂寞協會人員、社區主委會委員及社區志工）。

10.召開活動小組會議，分配各組工作人員職責，全心投入活動。

11.維修檢查各機具設備及打掃會場。

12.布置會場（於活動前一日）。

13.統計填寫資料的單親家庭人數，並建立社區單親人口的資料。

14.評估檢討活動成效。

15.義賣所得扣除成本捐給財團法人國際單親兒童文教基金會。

16.如遇雨天，順延一週。

我們愛你～關懷弱勢義賣園遊會 工作分配表

NO	組別	配合人員	工作內容
1	企劃組	a、b、協會人員	負責整個活動的企劃
2	美工組	c、d、社區志工	宣傳海報 會場擺設布置
3	行政組	e、f、家長會人員	通知單及邀請卡 參加人數統計
4	總務組	a、f、社區志工	規劃活動所需物品，如水、面紙之採買事宜
5	音控組	b、c	現場音樂及聲控播放
6	財務組	c、e	經費預計 財務統計
7	活動組	b、d、單飛不寂寞協會人員	人力調配 活動流程控制
8	公關組	a、f、協會人員、家長會人員	與各主要負責人聯繫協調 尋找贊助者
備註			

附件11-2-2

我們愛你～關懷弱勢義賣園遊會 活動執行進行表

NO	日期	執行進度	備註
1	○年○月○日～ ○年○月○日	發放通知單 （附件11-2-3）	活動名稱：我們愛你～關懷弱勢義賣園遊會 發通知單告知家長本活動內容並統計願意設攤人數及攤位
2	○年○月○日	在社區活動中心及各大樓公布欄張貼海報 （附件11-2-4）	1.活動名稱、日期、內容、地點、主辦協辦單位。 2.共需海報約20張
3	○年○月○日	請家長會長統計該國小的單親家庭數目	再加上XX課後托育中心單親家庭數目合併統計。
4	○年○月○日～ ○年○月○日	請家長會長發放邀請卡給各單親家庭（附件11-2-5）	邀請卡需註明日期、地點及園遊券兌換辦法、主辦協辦單位。
5	○年○月○日～ ○年○月○日	統計工作人員人數	分配各工作職責。
6	○年○月○日	維修檢查機具設備	確定桌子、音響等設備及確定攤位動線。
7	○年○月○日	會場布置	攤位動線、旗子、服務處攤位。
8	○年○月○日	我們愛你～關懷弱勢義賣園遊會活動	
9	○年○月○日	發放活動滿意度問卷調查表（附件11-2-6）	
10	○年○月○日	收齊滿意度問卷	
11	○年○月○日	評估檢討活動成效及優缺點	統計填寫資料的人數，並建立建檔。
備註			

附件11-2-3

我們愛你～關懷弱勢義賣園遊會 通知單

主辦單位：本托育中心

協辦單位：單飛不寂寞協會

XX國民小學家長會

服務專線：07-7654321#123

親愛的家長您好：

感謝您長期以來的支持，讓我們能不斷的成長與進步，取之於社會，用之於社會。在我們有能力之餘，也希望能奉獻我們微薄的心力，對社會有所貢獻。我們將於民國○年○月○日（星期日）結合社區小學、單飛不寂寞協會一同舉辦一場關懷弱勢義賣園遊會，會後所得將全數捐給財團法人國際單親兒童文教基金會。

這是一場有意義的活動，如果有了你們的支持參與，將會更添歡樂。

我們需要家長參與來設攤，每一攤可二個家庭共組，內容不限，名額只有15攤攤位有限，敬請把握，不便設攤的家長，我們竭誠歡迎您全家來共襄盛舉！

回條

學生姓名：＿＿＿＿＿＿＿＿　　家長簽名：＿＿＿＿＿＿＿＿

☐ 我很願意設一個義賣攤位

☐ 抱歉！我無暇設置攤位，但我願意參加

回條請於○月○日前繳交給老師，感謝您！

附件11-2-4

我們愛你～關懷弱勢義賣園遊會
海報設計

主辦單位：本托育中心

協辦單位：單飛不寂寞協會

　　　　　XX國民小學家長會

服務專線：07-7654321#123

活動日期：○年○月○日星期日

活動地點：XX社區活動中心

（高雄市XX區XX路XX號）

活動時間：9:00～12:00

目的：為關懷及照顧社會中的弱勢族群，也藉此增進親子的互動，特
　　　舉辦此場義賣園遊會，有意義的活動，獻給有意義的你，此次
　　　義賣所得將捐給財團法人國際單親兒童文教基金會。

　　　還有許多有趣的攤位等你來挖寶，竭誠歡迎您全家來共襄盛
　　　舉。

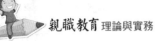

附件11-2-5

我們愛你～關懷弱勢義賣園遊會
邀請卡

主辦單位：本托育中心

協辦單位：單飛不寂寞協會

XX國民小學家長會

服務專線：07-7654321#123

活動日期：○年○月○日星期日

活動地點：XX社區活動中心

（高雄市XX區XX路XX號）

活動時間：9:00～12:00

活動內容：8:30～9:00　家長簽到及兌換義賣券

9:00～9:20　上級主管機關致詞

9:20～9:40　本活動的推動內容大綱說明

9:40～10:10　拉近你我的心～分享與彼此的認識，建立
互動關係。

10:10～11:40　義賣活動

11:40～12:00　快樂小超人～給團體回饋，圓滿結束。

※　竭誠邀請您來共襄盛舉　※

歡樂時光　與你共度

（請帶此邀請卡至園遊會服務處，就可免費兌換100元園遊會票喔！）

附件11-2-6

我們愛你～關懷弱勢義賣園遊會
問卷調查表

主辦單位：XX課後托育中心
協辦單位：單飛不寂寞協會
　　　　　XX國民小學家長會
服務專線：07-7654321#123

＊請家長勾選或填寫適當答案

1.我的參加動機是 □自願參加 □老師邀約 □主題吸引

2.我認為這次的活動內容
　□非常好 □好 □普通 □不好

3.我認為這次活動的時間控制
　□非常好 □好 □普通 □不好

4.我認為這次活動老師帶得
　□非常好 □好 □普通 □不好

5.整體說來，這次活動帶給我的影響是
　□非常好 □好 □普通 □不好

_____

_____

6.我最喜歡的活動是_____
　因為_____

7.如果下次再辦活動我希望能辦_____
　因為_____

8.我覺得這次活動的最大的好處是_____
　我覺得這次活動不好的地方_____

9.我有話想說

_____

_____

學生姓名：　　　　　　　　　家長姓名：
（姓名欄可不填寫）

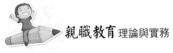

附件11-2-7

我們愛你～關懷弱勢義賣園遊會
出席簽到表

主辦單位：本托育中心
協辦單位：單飛不寂寞協會
　　　　　XX國民小學家長會
服務專線：07-7654321#12
活動日期：○年○月○日

編號	學生姓名	家長簽到	電話	學生關係	備註
1	○○○	○○○			
2	○○○	○○○			
3	○○○	○○○			
4	○○○	○○○			
5	○○○	○○○			
6	○○○	○○○			
7	○○○	○○○			
8	○○○	○○○			
9	○○○	○○○			
10	○○○	○○○			
11	○○○	○○○			
12	○○○	○○○			
13	○○○	○○○			
14	○○○	○○○			
15	○○○	○○○			
16	○○○	○○○			
17	○○○	○○○			
18	○○○	○○○			
19	○○○	○○○			
20	○○○	○○○			

附件11-2-8

我們愛你～關懷弱勢義賣園遊會
預算表

科目名稱	摘要	收入金額（元）	總價（元）	數量	支出金額（元）	結餘金額（元）
經費補助款收入	活動經費預算	30,000				30,000
補助款收入	廠商補助款	50,000				80,000
活動費支出	會場布置				8,000	72,000
其他收入	義賣所得	10,000				82,000
公關組					5,000	77,000
行政組					3,000	74,000
總務組					12,000	62,000
美工組					10,000	52,000
活動費——雜支	紙杯、紙盤、雜物		2,500	1批	2,500	49,500
合計					40,500	

各項收入預算：90,000
各項支出預算：40,500
本期損益預算：49,500
所長：　　　　主任：　　　　會計：

活動三

許單飛家庭一個微笑的未來

單親家庭成長研習營實施方案規劃

主辦單位：本托育中心
協辦單位：單飛不寂寞協會
諮詢專線：07-7654321

一、**活動目的**

此成長系列活動，希望透過多次的成長課程，協助單親家庭的父母肯定自我，以正向積極的態度，接受自己的新生活。

二、**活動計畫**

本活動與單飛不寂寞協會合作，聘請長期於單親家庭方案福利服務，現任職於嘉南藥理科技大學社工系講師，針對單親父母自我探索與成長，設計了一系列的活動與讀書會課程。

三、**預期效益**

單親父母能面對單身生活，並肯定自己的生命價值。

四、**參加對象**

限單親父母參加，以本社區單親父母優先（備有2～12歲單親子女臨托服務）。

五、**授課講師**

嘉南藥理科技大學社工系資深講師。

六、**活動時間**

○年○月○日～○年○月○日。

七、**活動地點**

本托育中心綜合活動教室。

附件11-3-1

許單飛家庭一個微笑的未來
活動內容

日期	活動主題	活動目標
○月○日	我和我自己的影子	單親父母自我肯定及原生父母的婚姻對自己的影響
○月○日	失落的一角	恢復單身生活時，該如何面對自己失落的一面
○月○日	職責與負荷	瞭解當婚姻關係不存在時，孩子不是負擔而是職責
○月○日	全新的自己	瞭解和肯定並賦予自己全新的價值與生命觀
○月○日	讀書分享會一《單親家庭的理財顧問》	協助單親家庭瞭解在家庭不同的生命週期裡，應有的財務規劃
○月○日	讀書分享會二《單親媽媽，滿分家教》	透過作者的單親經驗分享，增進單親的父母對教養孩子的態度與方法有所體認

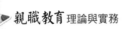

附件11-3-2

許單飛家庭一個微笑的未來
活動作業計畫

1. 本課後托育中心負責企劃,單飛不寂寞協會負責講師的邀約與確認,

2. 確定各場次的活動日期、地點及時間。

3. 於本社區XX國小與XX國小及本托育中心發通知單。

4. 設計活動宣傳單及海報,內含主辦單位名稱(發給本課後托育中心及鄰近二所國小的單親家庭為主)。

5. 在本社區活動中心及各大樓公布欄及其大樓電梯內張貼本活動海報。

6. 召開活動小組會議,分配當天各組工作人員職責。

7. 維修檢查所需使用的各項用品及打掃會場。

8. 布置會場(於活動前一日)。

9. 全心投入活動。

10. 統計填寫資料的單親家庭人數,並建立社區單親人口的資料。

11. 評估檢討活動優缺點及成效。

附件11-3-3

許單飛家庭一個微笑的未來
工作分配表

項次	組別	配合人員	工作內容
1	企劃組	a b	各場次活動企劃、講師邀請、工作分配
2	美工組	c d	各場次活動海報設計 各場次活動會場擺設布置
3	行政組	e f	各場次活動通知單 各場次活動參加人數統計
4	總務組	a g	規劃各場次活動所需之物品如水、面紙之採買事宜
5	音控組	e f	各場次活動現場麥克風、燈光、音響支援
6	財務組	b d	各場次活動經費預計、財務統計
7	活動組	c e	各場次活動人力調度、活動流程控制、拍照
8	公關組	b f	與各場次活動主要負責人聯繫協調 各場次活動會場機動協助
備註			

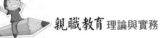

附件11-3-4

許單飛家庭一個微笑的未來
活動執行進度表

項次	日期	執行進度	備註
1	○年○月○日	確認各場次的活動日期與時間和地點	1.活動名稱：許單飛家庭一個微笑的未來 2.本活動共有六場，需完成各場次的確認
2	○年○月○日	發通知單（附件11-3-5）	發通知單告知XX國小與XX國小及本托育中心之單親家庭家長，本活動內容，並統計報名參加人數
3	○年○月○日	在社區活動中心及各大樓公布欄張貼海報（附件11-3-6）	1.活動名稱、日期、內容、地點、主辦協辦單位 2.共需海報約20張
4	○年○月○日	統計活動的報名人數	小型的團體活動，每場次人數不超過35人，額滿為止
5	○年○月○日	統計工作人員人數	分配各工作職責
6	○年○月○日	會場布置	麥克風、桌椅、講台、音響及活動所需的物品
7	○年○月○日	許單飛家庭一個微笑的未來—活動開始（共6場）	
8	○年○月○日	發放活動滿意度問卷調查表（附件11-3-7）	
9	○年○月○日	收齊滿意度問卷	
10	○年○月○日	評估檢討活動成效及優缺點	統計填寫資料的人數
備註			

附件11-3-5

許單飛家庭一個微笑的未來
活動通知單

重新建構自己身邊的支持體系,對單親家庭而言,是非常重要的,當你願意賦予生命的新風貌時,就可以有機會與意志規劃未來的樂園,找到屬於自己快樂的單親生活,進而讓親子關係更和諧。開創單純,但不孤單的單親家庭氣氛,XX課後托育中心與單飛不寂寞協會,開辦了一系列的單親家庭自我成長課程,許單飛家庭一個微笑的未來。

＊活動講師:XX社工系講師
＊活動地點:本托育中心綜合教室
＊主辦單位:本托育中心
＊協辦單位:單飛不寂寞協會
＊洽詢電話:07-7654321

活動內容及活動日期:

日期	活動主題	活動目標
○月○日	我和我自己的影子	單親父母自我肯定及原生父母的婚姻對自己的影響
○月○日	失落的一角	恢復單身生活時,該如何面對自己失落的一面
○月○日	職責與負荷	瞭解當婚姻關係不存在時,孩子不是負擔而是職責
○月○日	全新的自己	瞭解和肯定並賦予自己全新的價值與生命觀
○月○日	讀書分享會一《單親家庭的理財顧問》	協助單親家庭瞭解在家庭不同的生命週期裡,應有的財務規劃
○月○日	讀書分享會二《單親媽媽,滿分家教》	透過作者的單親經驗分享,增進單親的父母對教養孩子的態度與方法有所體認

＊限單親父母參加,以本社區單親父母優先(備有2～12歲單親子女臨托服務)

附件11-3-6

許單飛家庭一個微笑的未來 海報設計

　　XX課後托育中心與單飛不寂寞協會，開辦了一系列的單親家庭自我成長課程，許單飛家庭一個微笑的未來。

活動內容及活動日期：

日期	活動主題
○月○日	我和我自己的影子
○月○日	失落的一角
○月○日	職責與負荷
○月○日	全新的自己
○月○日	讀書分享會一《單親家庭的理財顧問》
○月○日	讀書分享會二《單親媽媽，滿分家教》

＊活動講師：XX大學社工系講師

＊活動地點：本托育中心綜合教室

＊主辦單位：本托育中心

＊協辦單位：單飛不寂寞協會

＊洽詢電話：07-7654321

＊限單親父母參加，以本社區單親父母優先（備有2～12歲單親子女臨托服務）

附件11-3-7

許單飛家庭一個微笑的未來
滿意度問卷調查

1.我的參加動機是 □自願參加 □老師邀約 □主題吸引
2.我認為這次的活動內容
　□非常好 □好 □普通 □不好
3.我認為這次活動的時間控制
　□非常好 □好 □普通 □不好
4.我認為這次活動老師帶得
　□非常好 □好 □普通 □不好
5.整體說來，這次活動帶給我的影響是
　□非常好 □好 □普通 □不好
　_____
　_____

6.我最喜歡的活動是_____
　因為_____
7.如果下次再辦活動我希望能辦_____
　因為_____
8.我覺得這次活動的最大的好處是_____
　我覺得這次活動不好的地方_____
9.我有話想說_____
　_____

　學生姓名：
　家長姓名：
　（姓名欄可不填寫）
　_____

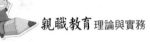
附件11-3-8

許單飛家庭一個微笑的未來
簽到簿

活動名稱：　　　　　　　　舉辦時間：

編號	學員姓名	簽到	電話	備註
1				
2				
3				
4				
5				
6				
7				
8				
9				
10				
11				
12				
13				
14				
15				
16				
17				
18				
19				
20				

附件11-3-9

許單飛家庭一個微笑的未來
活動預算表

科目名稱	摘要	收入金額（元）	單價（元）	數量	支出金額（元）	結餘金額（元）
經費補助款收入	活動經費預算	20,000（扶輪社贊助）				20,000
補助款收入	廠商補助款	15,000				35,000
其他收入	各項活動結餘	0				35,000
公關組					3,000	32,000
行政組					3,000	29,000
總務組					3,000	26,000
美工組					3,000	23,000
活動費——雜支	紙杯、紙盤、雜物			1批	1,500	21,500
活動費——活動材料					2,000	19,500
活動費——講師車馬費					9,000	10,500
活動——照片沖洗費				1批	1,000	9,500
活動——點心費			50	20人	1,000	8,500
活動——飲料費			500	2箱	1,000	7,500
合計					27,500	

各項收入預算：35,000
各項支出預算：27,500
本期損益預算：7,500

所長：　　　　　主任：　　　　　會計：

親子養樂多－單親家庭成長營

實施方案規劃

一、活動目的
培養單親家庭成員積極正向的情緒與行為。

二、活動說明
藉由與社區及單飛不寂寞協會的合作，舉辦此活動，社區內所有居民皆可參加，但為了照顧社區內的單親家庭及與單親家庭建立友好關係。本活動計畫透過社區的協辦，協助單親家庭面對小孩在人格、社會行為上的表現，進而發展親職能力，以期改善並建立與子女良好的關係。

三、預期效益
單親親子之間能以正向思考的方式溝通。

四、活動時間
○年○月○日。

五、活動地點
XX社區活動中心。

六、協辦單位
單飛不寂寞協會。

七、主辦單位
本托育中心。

附件11-4-1

親子養樂多－單親家庭成長營
工作分配表

NO	組別	配合人員	工作內容
1	企劃組	a、b	負責整個活動的企劃
2	美工組	c、d	宣傳海報 會場擺設布置
3	行政組	e	通知單及報名表 參加人數統計
4	總務組	f	規劃活動所需之物品，如水、面紙及採買事宜
5	音控組	c	現場音樂播放
6	財務組	b、f	財務統計
7	活動組	d、e	人力調配 活動流程控制
8	公關組	a	與各主要負責人聯繫協調 尋找贊助者

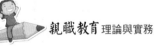

 附件11-4-2

親子養樂多－單親家庭成長營 活動執行進度表

日期	執行進度	備註
○年○月○日	召開活動小組會議	分配各項工作人員職責
○年○月○日	徵求贊助者或廠商參與此活動	
○年○月○日	確定日期、地點及時間	
○年○月○日	張貼海報（附件11-4-6）發放通知報名表（附件11-4-5）	活動名稱：親子養樂多 在社區活動中心及各大樓公布欄及其大樓電梯內張貼本活動海報
○年○月○日	收齊報名回條、統計參與人數	
○年○月○日	採買	紙杯、飲料
○年○月○日	電話確認及通知	再次統計參與人數
○年○月○日	維修檢查各機具設備	照相機、電池
○年○月○日	打掃會場、布置會場	麥克風、音響、桌椅、布條、大型海報
○年○月○日	親子養樂多－單親家庭成長營活動開始	
○年○月○日	發放活動滿意度問卷調查表（附件11-4-7）	
○年○月○日	統計資料	統計填寫資料的單親家庭人數，並建立社區單親人口的資料
○年○月○日	評估及檢討	

 附件11-4-3

親子養樂多－單親家庭成長營
活動流程表

時　間	流　程	配合器材	配合人員
9:00～9:20	自我介紹	桌椅	ＸＸ課後托育中心
9:20～10:20	闔家歡溝通遊戲		
10:30～11:30	親子科學遊戲（家長對孩子只說鼓勵的話）		
11:30～12:00	家庭與家庭間彼此分享		
12:00～14:00	午餐		
14:00～15:00	親子現金流活動（家長對孩子不說鼓勵的話）		
15:20～16:20	由圖畫書看世界		
16:30～16:50	討論對孩子正向的鼓勵與否的影響		
16:50～17:00	填寫問卷調查表及茶點活動結束	茶包、杯子等、筆	

備註：

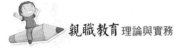

附件11-4-4

親子養樂多－單親家庭成長營
經費預估

科目名稱	摘要	收入金額（元）	單價（元）	數量	支出金額（元）	結餘金額（元）
經費補助款收入	活動經費預算	30,000				30,000
補助款收入	廠商贊助款	10,000				40,000
活動費收入	家長繳款	2,000	50	40人		42,000
其他收入	各項活動結餘	0				42,000
公關組					6,000	36,000
行政組					5,000	31,000
總務組					5,000	26,000
美工組					8,000	18,000
活動費——布置用品	會場布置				4,000	14,000
活動費——活動材料					8,000	6,000
活動費——文具用品費	紙、筆、信封		1,000	1批	1,000	5,000
活動費——郵電費	郵票、電話費等		1,400		1,400	3,600
活動費——相片沖印費	成果展活動照片		1,600	1批	1,600	2,000
活動費——雜支	紙杯、紙盤、雜物、礦泉水		2,000	1批	2,000	0
合計					42,000	

各項收入預算：42,000
各項支出預算：42,000

所長：　　　　　主任：　　　　　會計：

附件11-4-5

親子養樂多－單親家庭成長營 報名表

親愛的家長們：

　　您與孩子相處最煩惱的是什麼，是彼此的思考模式不同，還是欠缺一個良好的溝通技巧呢！孩子們最想要的又是什麼？是需要關懷？還是一個抒發的空間？學習彼此的生活方法、融入包容，就如同養樂多的成分一樣，提供了甜蜜（趣味與快樂），幫助消化的酵母菌（溝通的技巧），身體不可或缺的活水（處世的智慧與健康）等養分。

　　希望這些養分能漸漸地讓親子的問題不再是燙手山芋，而是甜美的養樂多（養小孩的快樂越來越多），這是我們最誠摯的期盼。請來到我們這裡，讓我們給大家一個全新的親子關係。

活動內容與時間

主辦單位：本托育中心

協辦單位：單飛不寂寞協會

地點：XX社區活動中心

◎時間：○年○月○日（上午9:00～下午5:00時）

◎內容：1.闔家歡溝通遊戲
　　　　2.親子科學遊戲
　　　　3.親子現金流活動
　　　　4.由圖畫書看世界

◎上課人數：預計招收親子共40人（以單親家庭為主）

◎報名日期：○年○月○日以前（額滿為止）

◎報名方式：XX社區活動中心 或 本托育中心

傳真：07-7654321

報名表

家長姓名		性　別	□男 □女	飲食狀況	□葷 □素
小孩姓名		性　別	□男 □女	飲食狀況	□葷 □素
聯絡電話	(O)：		行動電話：		
	(H)：				
地　址					
email					
連絡時間					

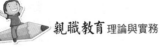

附件11-4-6

親子養樂多－單親家庭成長營
海報設計

　　當旅途中的伴侶提早下站，而由自己面對未來的人生時，工作及家庭的問題兩頭燒，孤單、無助、焦慮的壓力包圍你（妳）的身邊時，學習彼此的生活方法、融入包容，就如同養樂多的成分一樣，提供了甜蜜（趣味與快樂），幫助消化的酵母菌（溝通的技巧），身體不可或缺的活水（處世的智慧與健康）等養分。

◎活動日期：○年○月○日（星期日）

◎活動地點：XX社區活動中心

◎活動時間：早上9:00～下午5:00

◎主辦單位：XX課後托育中心

◎協辦單位：單飛不寂寞協會

◎內容：

　1.闔家歡溝通遊戲

　2.親子科學遊戲

　3.親子現金流活動

　4.由圖畫書看世界

附件11-4-7

親子養樂多－單親家庭成長營問卷調查表

1.我的參加動機是 □自願參加 □親友邀約 □主題吸引

2.我認為這次的活動內容
  □非常好 □好 □普通 □不好

3.我認為這次活動的時間控制
  □非常好 □好 □普通 □不好

4.我認為這次活動增進了孩子與我之間的瞭解
  □非常同意 □同意 □普通 □不同意

5.我認為這次活動讓我更察覺到孩子與我有許多的生活的優勢
  □非常同意 □同意 □普通 □不同意

6.整體說來，這次活動帶給我的影響是＿＿＿＿＿＿＿＿＿＿＿＿＿
  ＿＿＿＿＿＿＿＿＿＿＿＿＿＿＿＿＿＿＿＿＿＿＿＿＿＿＿＿＿

7.我最喜歡的活動是＿＿＿＿＿＿＿＿＿＿＿＿＿＿＿＿＿＿＿＿＿
  因為＿＿＿＿＿＿＿＿＿＿＿＿＿＿＿＿＿＿＿＿＿＿＿＿＿＿＿

8.如果下次再辦活動我希望能辦＿＿＿＿＿＿＿＿＿＿＿＿＿＿＿，
  因為＿＿＿＿＿＿＿＿＿＿＿＿＿＿＿＿＿＿＿＿＿＿＿＿＿＿＿

9.我覺得這次活動的最大的好處是＿＿＿＿＿＿＿＿＿＿＿＿＿＿＿
  我覺得這次活動不好的地方＿＿＿＿＿＿＿＿＿＿＿＿＿＿＿＿＿

10.我想說的話
  ＿＿＿＿＿＿＿＿＿＿＿＿＿＿＿＿＿＿＿＿＿＿＿＿＿＿＿＿＿
  ＿＿＿＿＿＿＿＿＿＿＿＿＿＿＿＿＿＿＿＿＿＿＿＿＿＿＿＿＿

姓名：

（姓名欄可不填寫）

附件11-4-8

親子養樂多－單親家庭成長營
簽到簿

編號	學員姓名	簽到	電話	備註
1				
2				
3				
4				
5				
6				
7				
8				
9				
10				
11				
12				
13				
14				
15				
16				
17				
18				
19				
20				

親情溫度計

實施方案規劃

一、活動目的

本協會的主要目的是要讓單親家長與孩子們能夠「從做中學習科學」增進彼此關係，藉由實驗時促使家長與小朋友一起共同合作動手做，除了充分滿足孩子們對科學的好奇心及激發孩子對科學產生興趣，並喚起家長的童年回憶，單飛日子不寂寞，單親家庭成員間更能互相關懷。

二、活動目標

　　1.促進單親家庭成員之間的充分溝通及相互關懷。

　　2.增進單親家庭親子間的關係更和諧。

三、主辦單位：單飛不寂寞協會

四、協辦單位：XX社區發展中心

五、參加對象：社區內之單親家庭

六、活動時間：○年○月○日

七、活動地點：XX社區活動中心

八、活動主題內容及方式

　　1.講師講述自然科學概念及實驗演示。

　　2.親子共同攜手合作。

九、預期效益

協助單親家庭親子間的關係更和諧。

附件11-5-1

親情溫度計
工作分配表

NO	組別	配合人員	工作內容
1	企劃組	a、b	活動企劃、講師邀請、工作分配
2	美工組	c、d	海報設計 會場擺設布置
3	行政組	e、f	通知單及邀請卡 參加人數統計
4	總務組	g、a	規劃活動所需之物品如水、面紙之採買事宜
5	音控組	c、f	活動現場麥克風、燈光、音響支援
6	財務組	d、e	經費預計、財務統計
7	活動組	a、g	人力調度、活動流程控制、拍照
8	公關組	c、f	與各主要負責人聯繫協調 會場機動協助
備註			

附件11-5-2

親情溫度計
活動執行進度表

NO	日期	執行進度	備註
1	○年○月○日	發放通知單 （附件11-5-3）	1.活動名稱：愛情溫度計~自然科學研習營 2.發通知單告知家長本活動內容並預估參加人數
2	○年○月○日	在社區活動中心及各大樓公布欄張貼海報（附件11-5-4）	海報內容含活動名稱、日期、內容、地點、主協辦單位、電話。共需海報約20張。
3	○年○月○日	統計參加該活動的單親家庭數	社區、國小、課後托育中心等預參加之單親家庭數目合併統計。
4	○年○月○日	發放邀請卡給各單親家庭（附件11-5-5）	邀請卡需註明日期、地點及主協辦單位
5	○年○月○日	統計工作人員人數	分配各工作職責。
6	○年○月○日	會場布置	麥克風、桌椅、講台、音響。
7	○年○月○日	親情溫度計~自然科學研習營活動開始 發放活動滿意度問卷調查表（附件11-5-8）及會後立即回收調查表	
8	○年○月○日	評估檢討活動成效	統計填寫資料人數及分析優缺點
備註			

附件11-5-3

親情溫度計
通知單

親愛的家長您好：

　　您是否因生計忙錄，平日無法與子女有更親密的互動或不知如何與子女互動而大傷腦筋呢？您是否也想知道其他單親家長如何與子女互動及溝通。邀請您參與本次「親情溫度計～自然科學研習營」，透過趣味的科學遊戲讓親子同樂活動、家長間小團體分享，共享親子歡樂時光，為親子之愛加溫，營造活力的親子關係，並與單親家長間建立其支持網絡。期待您的參與……

親情溫度計
《自然科學研習營》參加回條

學生姓名：＿＿＿＿＿＿＿＿＿　　家長簽章：＿＿＿＿＿＿＿＿

□我很樂意並會準時在當天晚上7:00參加活動
□抱歉！因事無法參加

主辦單位：單飛不寂寞協會　　　協辦單位：XX社區發展中心

附件11-5-4

親情溫度計
海報設計

親愛的家長您好：

　　您是否因生計忙碌，平日無法與子女有更親密的互動或不知如何與子女互動而大傷腦筋呢？您是否也想知道其他單親家長如何與子女互動及溝通。邀請您參與本次「親情溫度計～自然科學研習營」，透過趣味的科學遊戲讓親子同樂活動、家長間小團體分享，共享親子歡樂時光，為親子之愛加溫，營造活力的親子關係，並與單親家長間建立其支持網絡。期待您的參與……

活動日期：○年○月○日（星期六）晚上7:00～8:30
活動地點：XX國小活動中心
主辦單位：單飛不寂寞協會
協辦單位：XX社區發展中心
參加對象：限單親家庭
報名地點：單飛不寂寞協會
　　　　　XX社區發展中心
報名電話：07-1234567

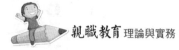

附件11-5-5

親情溫度計
邀請函

親愛的家長您好：

　　您是否因生計忙錄，平日無法與子女有更親密的互動或不知如何與子女互動而大傷腦筋呢？您是否也想知道其他單親家長如何與子女互動及溝通。邀請您參與本次「親情溫度計～自然科學研習營」，透過趣味的科學遊戲讓親子同樂活動、家長間小團體分享，共享親子歡樂時光，為親子之愛加溫，營造活力的親子關係，並與單親家長間建立其支持網絡。期待您的參與……

活動日期：○年○月○日（星期六）晚上7:00～8:30

活動流程：晚上6:30～7:00 家長簽到

　　　　　晚上7:00～7:20 會長致詞

　　　　　晚上7:20～7:30 本學期推動《自然科學研習營》內容大綱

　　　　　說明（由主辦單位之企劃組長解說）

　　　　　晚上7:30～8:30 親子實驗時間（講師主持）

地點：XX社區發展中心

費用：免費

親情溫度計

《自然科學研習營》參加回條

學生姓名：_____　家長簽章：_____

□我很樂意並會準時在當天晚上7:00參加活動

□抱歉！因事無法參加

單飛不寂寞協會

親情溫度計
研習內容

趣味科學實驗之演示

一、禮炮（老師示範）

目的：以點燃瓦斯用的點火槍，點燃養樂多瓶內的酒精氣，爆炸射出養樂多
瓶，以示酒精之危險性，小心使用酒精燈。

器材：酒精數滴、橡皮塞、養樂多空瓶（1支）、點瓦斯用點火槍（1支）

步驟：1.取乾的養樂多空瓶一個，滴入酒精數滴，倒出多餘的酒精。

2.將養樂多瓶口套進點火槍上的橡皮塞。

3.槍口向空，扣點火槍的板機，所產生的火花點燃酒精，爆炸射出養
樂多瓶。

4.撿起射出的養樂多空瓶，立即再套進點火槍上的橡皮塞，扣板機，
有時還可射出養樂多瓶。

注意安全：1.酒精不可滴太多，以免射出的養樂多瓶起火燃燒。

2.槍口不可對人或玻璃窗等易破物。

二、一杯忘情水

汽水與自來水有何不同？一杯裝滿自來水的茶杯，用手帕覆蓋後倒過
來，為什麼水不會掉下來？用手指在杯底壓一下，為什麼會有許多氣泡從手
帕冒出？

三、神奇的七個杯子

一杯無色的自來水，倒入第一個杯子，立即顯現粉紅色。將粉紅色的溶
液倒入第二個杯子，則變為無色。無色的溶液倒入第三個杯子，則又變為粉
紅色。將其倒入第四個杯子，為什麼又變回無色？倒入第五個杯子，突然變
為黃色。將黃色的溶液倒入第六個杯子，則變為藍紫色。你想不想知道為什
麼會有這麼多的顏色變化嗎？這個演示總共只用了四種溶液：鹽酸、氫氧化
鈉、酚酞、溴瑞香草酚藍。你知道每一個杯子事先放了什麼溶液嗎？

（續）
附件11-5-6

四、浮沉的玩偶

魚兒在河裡潛水浮游自如，多令人羨慕。潛水艇在海裡，也能浮沉控制自如，你知道為什麼嗎？在學校，老師會告訴你，物體在水中的浮沉受制於「浮沉原理」，而浮力的大小，則如「阿基米德原理」所述，等於物體所排開的液重。在本實驗，你能看到在保特瓶裡的兩個玩偶，隨「口令」浮沉，我能操縱玩偶自如。妳不也想玩一玩浮沉子？

五、鋁的反應

包裝口香糖的鋁箔紙，當你吃了口香糖就把它扔掉？多可惜！看我如何廢物利用，做一個有趣的實驗。將鋁箔紙放入量筒裡，即見其與氫氧化鈉溶液反應，不久就會聽到「嘶嘶」聲。若在量筒口點火，即發出讓人驚訝的爆發聲，並見火焰跑進量筒內，你知道為什麼嗎？

六、縮骨神功

一個比瓶口還大的剝殼熟雞蛋，如何把它放進瓶內後又把它拿出來？這個實驗演示雞蛋在燒瓶的長頸內上上下下而不破。你知道為什麼嗎？

七、誰最會生氣

從我們口中所呼出來的氣體是酸性，你相信嗎？因為口氣裡含有4%的二氧化碳，可使含有酚酞指示劑的粉紅色鹼性溶液褪色。

八、越冷越開花

試管內的熱茶水，遇冷就沸騰，而且越冷越沸騰。這是試管內的水蒸氣，遇冷就凝結，由氣態變為液態，而使管內的氣壓下降，而見管內茶水婉如越冷越滾。你知道為什麼會這樣嗎？

九、藍液綠焰（老師示範）

硫酸銅的酒精溶液（含有10%的水）呈現藍色，但以噴霧器將其噴向火焰，即見綠色的火焰。若改以硝酸鋰的溶液噴向火焰，則呈現紅色火焰。

十、紫甘藍汁的顏色

以熱開水浸泡紫甘藍，可得藍紫色的紫甘藍汁。紫甘藍汁的顏色，會隨溶液的酸鹼度而改變。你能將紫甘藍汁調配成各種不同的顏色嗎？

附件11-5-7

親情溫度計
活動評估

量 的 指 標	計畫預期效益		
	活動場次	參與人次	
	1	60	
	實際執行情形		
	活動場次	參與人數	
	1	67	
質 的 指 標	對個人的影響		對家庭的影響
	有幫助 （人次）	無幫助 （人次）	有幫助	無幫助
			個家庭	個家庭

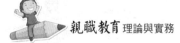

附件11-5-8

親情溫度計
活動滿意度問卷

1.我的參加動機是　□自願參加　□老師邀約　□主題吸引

2.我認為這次的活動內容
　□非常好　□好　□普通　□不好

3.我認為這次活動的時間控制
　□非常好　□好　□普通　□不好

4.我認為這次活動老師帶得
　□非常好　□好　□普通　□不好

5.整體說來，這次活動帶給我的影響是
　□非常好　□好　□普通　□不好
　_____
　_____

6.我最喜歡的活動是_____
　因為_____

7.如果下次再辦活動我希望能辦_____
　因為_____

8.我覺得這次活動的最大的好處是_____
　我覺得這次活動不好的地方_____

9.我有話想說
　_____
　_____

學生姓名：

家長姓名：

（姓名欄可不填寫）

附件11-5-9

親情溫度計
預算表

科目名稱	摘要	收入金額（元）	單價（元）	數量	支出金額（元）	結餘金額（元）
經費補助款收入	活動經費預算	20,000				20,000
補助款收入	廠商補助款	15,000				35,000
活動費支出	會場布置				5,000	30,000
其他收入	各項活動結餘	0				30,000
公關組					3,000	27,000
行政組					3,000	24,000
總務組					3,000	21,000
美工組					3,000	18,000
活動費——雜支	紙杯、紙盤、雜物			1批	2,500	15,500
活動費——活動材料					5,000	10,500
活動費——照片沖洗費				1批	1,500	9,000
活動費點心費			50	60人	3,000	6,000
活動費飲料費			500	4箱	2,000	4,000
合計					31,000	

各項收入預算：35,000
各項支出預算：31,000
本期損益預算：4,000

　　　　　所長：　　　　主任：　　　　會計：

活動六

希望之鴿～單親家庭成長營

《單親家庭成長營》活動作業計畫

主辦單位：本托育中心
協辦單位：單飛不寂寞協會
服務專線：07-7654321#123

(一)活動目的

　　支持成長營的形成，將帶給單親家庭另一種形式的心理支持與鼓勵，透過分享及討論的方式來解決單親家庭所面臨的問題和需求，以及單親子女教養問題，並提供適切的服務與協助，此為本次課程的重點方向，並藉由這樣的課程提升單親家庭的技能與知識。

(二)活動說明

　　本活動與單飛不寂寞協會合作，針對單親父母各階段所會面臨的問題及子女的教養方面問題，設計了成長課程。

(三)活動時間：○年○月○日（星期六），9:00～16:30

(四)活動地點：本托育中心會議室

(五)活動對象：本托育中心單親父母及社區單親父母

(六)活動內容：

　　1.瞭解家庭發展及各階段需面對之任務與壓力及討論單親家長面對之壓力與調適方法。

　　2.瞭解各階段孩子的身心發展與學習、傾聽孩子內在世界及討論子女教養之困難與調適方法。

(七)活動費用：免費

(八)預期效益：單親父母不但能扮演好自己的角色，更能營造良好的親子關係，教育出身心健康的子女。

附件11-6-1

希望之鴿～單親家庭成長營
活動作業計畫

活動名稱	希望之鴿	實施對象	單親家庭之父母
活動日期	○年○月○日	活動時間	7.5小時
活動地點	園所會議室	設計者	a
活動目的	增進親子互動關係、家長之間互相交流		

時　間	流　程	配合 器材	配合人員
9:00～9:20 9:20～9:30 9:30～10:30 10:30～12:00 13:30～16:30	家長簽到及領取飲料 所長致詞 個人目前狀況分享與彼此認識 瞭解家庭發展及各階段需面對 之任務與壓力及討論單親家長 面對之壓力與調適方法 瞭解各階段孩子的身心發展與 學習、傾聽孩子內在世界及討 論子女教養之困難與調適方法	桌椅 飲料 簽到表 麥克風 音響 相機 錄影機 精美小禮物	園長及園所老師

備註：
1. 本課後托育中心負責企劃，單飛不寂寞協會負責課程的安排。
2. 確定各場次的活動日期、地點及時間。
3. 於本托育中心發通知單。
4. 設計活動宣傳單及海報，內含主辦單位名稱（發給本課後托育中心為主，社區家長為輔）。
5. 在本社區活動中心及各大樓公布欄及其大樓電梯內張貼本活動海報。
6. 召開活動小組會議，分配當天各組工作人員職責。
7. 維修檢查所需使用的各項用品及打掃會場。
8. 布置會場（於活動前一日）。
9. 全心投入活動。
10. 統計填寫資料的單親家庭人數，並建立社區單親人口的資料。

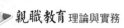

附件11-6-2

希望之鴿～單親家庭成長營 工作分配表

NO	組別	配合人員	工作內容
1	企劃組	a	活動企劃、工作分配
2	美工組	b、c	海報設計 會場擺設布置
3	行政組	d、e	通知單及邀請卡 參加人數統計
4	總務組	f、g	規劃活動所需之物品，如杯水、面紙、小點心等採買事宜
5	音控組	c	活動現場麥克風、燈光、音響支援
6	財務組	d	經費預計、財務統計
7	活動組	e	人力調度、活動流程控制、拍照
8	公關組	a、g	與各主要負責人聯繫協調 會場機動協助
備註			

附件11-6-3

希望之鴿～單親家庭成長營
活動執行進度表

NO	日期	執行進度	備註
1	○年○月○日	活動內容討論	主辦單位與協辦單位共同討論活動內容及活動進行方式
2	○年○月○日	園所公布欄張貼海報（附件11-6-4）	活動名稱、日期、內容、地點、主辦協辦單位
3	○年○月○日	各班老師統計單親家庭數	統計人數及準備通知單
4	○年○月○日	各班老師發放通知單（附件11-6-5）	1.活動名稱：希望之鴿～單親家庭成長營 2.發通知單告知家長本活動內容並統計人數
5	○年○月○日	各班老師統計單親家庭之親子問題	各班老師詢問家長目前對子女有哪方面的問題
6	○年○月○日	統計工作人員人數	分配各工作職責
7	○年○月○日	會場布置	麥克風、桌椅、講台、音響、禮物
8	○年○月○日	希望之鴿～單親家庭成長營	
9	○年○月○日	發放活動滿意度問卷調查表（附件11-6-6）	
10	○年○月○日	收齊滿意度問卷	統計填寫資料的人數
備註			

 附件11-6-4

希望之鴿～單親家庭成長營
海報設計

親愛的家長您好：

　　單親家長在小孩的成長路上如何去解釋另一半在婚姻上的缺席？面對小孩在人格、學業、社會行為上的表現您是否也感到憂心？就讓我們隨著專業老師的帶領，以分享討論的方式學習如何與孩子溝通互動技巧，進而發展親職能力，以期改善並建立與子女良好的關係。

時間：○年○月○日上午9：00

地點：本托育中心園所會議室

活動內容：

　　1.瞭解家庭發展及各階段需面對之任務與壓力及討論單親家面對之壓力與調適方法。

　　2.瞭解各階段孩子的身心發展與學習、傾聽孩子內在世界及討論子女教養之困難與調適方法。

活動對象：XX課後托育中心單親父母及社區單親父母

費用：免費

主辦單位：本托育中心

協辦單位：單飛不寂寞協會

附件11-6-5

希望之鴿～單親家庭成長營 通知單

親愛的家長您好：

　　單親家長在小孩的成長路上如何去解釋另一半在婚姻上的缺席？面對小孩在人格、學業、社會行為上的表現您是否也感到憂心？就讓我們隨著專業老師的帶領，以分享討論的方式學習如何與孩子溝通互動技巧，進而發展親職能力，以期改善並建立與子女良好的關係。

時間：○年○月○日上午9：00
地點：本托育中心會議室
活動對象：本托育中心單親父母及社區單親父母
費用：免費
主辦單位：本托育中心
協辦單位：單飛不寂寞協會

希望之鴿～單親家庭成長營
回條

學生姓名		聯絡電話	
家長姓名		是否參加	□是□否

～～請於○月○日前將回條交給導師，以利活動順利進行。謝謝！～～

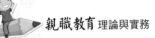

附件11-6-6

希望之鴿～單親家庭成長營
滿意度問卷

＊請家長勾選或填寫適當答案

1.我的參加動機是 □自願參加　□老師邀約　□主題吸引

2.我認為這次的活動內容

　　□非常好　□好　□普通　□不好

3.我認為這次活動的時間控制

　　□非常好　□好　□普通　□不好

4.我認為這次活動老師帶得

　　□非常好　□好　□普通　□不好

5.整體說來，這次活動帶給我的影響是

6.我最喜歡的活動是＿＿＿＿＿＿＿＿＿＿＿＿＿＿＿＿＿＿＿

　　因為＿＿＿＿＿＿＿＿＿＿＿＿＿＿＿＿＿＿＿＿＿＿＿＿＿

7.如果下次再辦活動我希望能辦＿＿＿＿＿＿＿＿＿＿＿＿＿＿，

　　因為＿＿＿＿＿＿＿＿＿＿＿＿＿＿＿＿＿＿＿＿＿＿＿＿＿

8.我覺得這次活動的最大的好處是＿＿＿＿＿＿＿＿＿＿＿＿＿

　　我覺得這次活動不好的地方＿＿＿＿＿＿＿＿＿＿＿＿＿＿＿

9.我想跟老師說的話＿＿＿＿＿＿＿＿＿＿＿＿＿＿＿＿＿＿＿

　　＿＿＿＿＿＿＿＿＿＿＿＿＿＿＿＿＿＿＿＿＿＿＿＿＿＿＿

　　＿＿＿＿＿＿＿＿＿＿＿＿＿＿＿＿＿＿＿＿＿＿＿＿＿＿＿

學生姓名：

家長姓名：

　（姓名欄可不填寫）

附件11-6-7

希望之鴿～單親家庭成長營
活動預算表

科目名稱	摘要	收入金額（元）	單價（元）	數量	支出金額（元）	結餘金額（元）
經費補助款收入	活動經費預算	15,000				15,000
活動費收入	家長繳款	0	0	20人		15,000
其他收入	各項活動結餘	0				15,000
活動費——午餐費	單親家庭成長營~便當		50	25人	1,250	13,750
活動費——點心費	單親家庭成長營交流點心				600	13,150
活動費——飲料費	單親家庭成長營礦泉水			1箱	250	12,900
活動費——布置用品	單親家庭成長營會場佈置				2,000	10,900
活動費——文具用品費	紙、筆			2打	240	10,660
活動費——精美小禮品			200	12份	2,400	8,260
活動費——加班費			500	5人	2,500	5,760
活動費——雜費	問卷、電話費等		500		500	5,260
合計					9,740	

各項收入預算：15,000
各項支出預算：9,740
本期損益預算：5,260

所長：　　　　　　主任：　　　　　會計：

 附件11-6-8

希望之鴒～單親家庭成長營
簽到簿

編號	學員姓名	簽到	電話	備註
1				
2				
3				
4				
5				
6				
7				
8				
9				
10				
11				
12				
13				
14				
15				
16				
17				
18				
19				
20				

附件11-6-9

希望之鴿～單親家庭成長營
效益評估

○○學年度
【單飛的天空‧無缺的愛】

1.計畫名稱：單飛的天空無缺的愛

2.辦理地點：本托育中心

3.實施對象：單親家庭成員

4.辦理時間：○○年學期度

5.效益評估：

(1)單親家庭更注重親子之間的關係，減少單親親子之間的衝突與行
　　為偏差

(2)增進親子感情、促進家庭和諧

(3)社區單親家庭之間互動增加

(4)建立社區單親家庭聯絡網

活動七

生命劇場戲劇表演

活動計畫

一、活動目標：為豐富幼兒的生活經驗、拓展幼兒的學習領域以及響應九年一貫藝術與人文課程，鼓勵小朋友參與藝術表演活動；藉由劇場生動活潑的表演方式來體驗生活的美感與生命的真善美，進而落實生命教育。

二、活動時間：○年○月○日（星期五）18:00～21:00

三、活動地點：本中心親子館

四、活動流程：

時間	內容	備註
18:00～19:00	與你有約（報到）用餐	
19:00～20:00	戲劇欣賞	
20:00～20:20	輕鬆一下、點心時間（茶點）	
20:20～20:40	意見交流	
20:40～21:00	抽獎活動	

五、預期效益：

1.藉由「生命劇場」動態的戲劇表演方式，傳遞生命教育的理念。

2.透過與生命教育有關的主題，兒童戲劇表演，增進幼兒對生命的體認與尊重，體會生命的價值與珍愛生命。

3.親子共同欣賞戲劇，營造親子相處溫馨回憶，增進親子關係。

附件11-7-1

生命劇場戲劇表演
工作分配表

工作項目	負責人	備註
主持人	所長	
音效	義工家長	
燈光管控	義工家長	
服裝、道具租借人員	各班老師	
場控及助理人員	義工家長	
配音人員	義工家長	
表演人員	義工家長	
活動宣導	教務組長	
拍照	義工家長	
錄影	義工家長	

準備物品：

1.音響燈光、設備。

2.禮物與獎品（各班提供）。

3.點心與茶水。

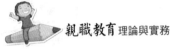

附件11-7-2

生命劇場戲劇表演
經費擬算表

項目	單位	數量	單價	金額
場地布置	場	1	1,000	1,000
餐點	盒	60	50	3,000
茶水	瓶	60	10	600
禮物	份	75	50	3,750
雜費				450
服裝道具費	件	10	200	2,000
合計				10,800

附件11-7-3

生命劇場戲劇表演
通知單

親愛的家長：您好！

　　竭誠的歡迎您對於本托育中心在本學期生命教育戲劇表演活動的參與，在此活動即將推展之際，先以此封信函來傳遞此次活動的內容概況，以及期盼所有參與的夥伴們能在○月○日（星期五）晚上六點準時到中心裡的親子館，參與活動行前的「相互認識交心會」（本活動約一小時結束），藉此機會讓大家能齊聚一堂先行相互認識。

　　此次的生命教育戲劇表演活動，主要是為了響應九年一貫藝術與人文課程，鼓勵小朋友參與藝術表演活動；藉由劇場生動活潑的表演方式來體驗生活的美感，感受生命的真善美。

　　此次的生命教育戲劇，乃由本中心老師們所精心策劃，結合生命教育理念來推廣，以及搭配相關的繪本，因而設計《媽媽的紅沙發》戲劇表演活動，藉以讓幼兒在參與過程中對其繪本有更進一步的體會與認識，進而豐富幼兒的生命經驗。

　　親子一同觀賞戲劇表演，一起討論與分享，可增進親子關係，亦可豐富孩子的生命經驗，培養幼兒人文情懷。這是一個沒有負擔的參與，○月○日來再詳實說明。

　　期待您的參與，別忘了我們的約定。祝：
喜悅平安！

主任XXX　敬上
○年○月○日

附件11-7-4

生命劇場戲劇表演 回饋表

一、活動時間：○年○月○日（星期五）18:00～21:00

二、活動地點：本所親子館

三、戲劇名稱：媽媽的紅沙發

四、填表者：

五、活動之回饋：

　　1.對於本次活動之主題選擇，您覺得：

　　　□非常滿意　　□滿意 □還好 □還要加油

　　2.參與本次活動，表演的方式，您覺得：

　　　□非常滿意　　□滿意 □還好 □還要加油

　　3.關於本次活動所挑選的戲劇內容，您覺得：

　　　□非常滿意　　□滿意 □還好 □還要加油

　　4.關於此次活動之時間分配，您覺得：

　　　□非常滿意　　□滿意 □還好 □還要加油

　　5.關於參與此次活動，您覺得：

　　　□獲益良多　　□還好

六、參與本次活動，令您印象最深刻的主題內容是……

＿＿＿＿＿＿＿＿＿＿＿＿＿＿＿＿＿＿＿＿＿＿＿＿＿＿＿＿

七、本次活動，您最大的收穫是……

＿＿＿＿＿＿＿＿＿＿＿＿＿＿＿＿＿＿＿＿＿＿＿＿＿＿＿＿

親師懇談會

談孩子在托育中心的生活

一、活動時間：○年○月○日（星期六）9:00～12:00

二、活動地點：托育中心

三、活動目的：增進親師溝通，共同教養幼兒，做到親師合作。

四、實施策略：引領父母成為教育的好夥伴，並提供相關資源。

五、參加對象：托育中心全體老師及家長。

六、主辦單位：XX托育中心全體老師。

七、預期效益：

　　1.增進親師溝通。

　　2.引領父母成為教養子女的好同伴。

　　3.提供充分有效資源，增進家長資源。

附件11-8-1

親師懇談會
活動流程規劃

◎活動流程

時間	活動流程	活動內容
9:00～9:50	甜蜜的早餐約會	親師與兒童一起聚餐建立良好關係
9:50～10:20	休息	清場、安排座位
10:20～10:40	參觀教室、園區	分享學童本學期的作品
10:40～11:10	導師分享	由老師先主導，進行主題（孩子在中心的生活）
11:10～12:00	討論與分享	1.由家長提出問題 2.與家長分享經驗並解答 3.總結（活動結束）

◎經費概算

早餐之約（餐費）　2,000元

茶水　　　　　　　1,000元

◎經費資源

　1.餐費由黃媽媽早餐店熱情贊助免費。

　2.茶水由校方自備茶包沖泡。

◎準備工作

　1.各學童作品，由各班老師充分利用布置教室。

　2.由主任做總負責人（人數統計、餐點數量）。

附件11-8-2

親師懇談會
邀請函

親愛的家長：

　　您的寶貝進入本中心也近半年了，很開心這些日子有您的支持及信任，讓我們無後顧之憂的將全部的心思放在您孩子的身上，您的選擇是我們最大的榮幸，這榮幸也相對來自您們的肯定，我們很開心有您們這群優秀的教育夥伴，因此誠摯邀請您來參與本學期末的親師懇談會，讓我們一同分享孩子的點點滴滴。

時間：○年○月○日（星期六）9:00～12:00

地點：托育中心

備註：(1)採自由參加。

　　　(2)本中心備泊車服務，請您放心！

- -

回　條

兒童姓名：

家長姓名：

□一定參加　　　　　　□不克參加

※請於○月○日前將回條交回給各班老師，以便統計人數！

XX托育中心

溫馨小站

一、活動時間：○年○月○日～○年○月底

二、活動地點：不拘

三、活動目的：讓部分特殊家庭的家長有喘息的空間，以提升更有效的親子關係。

四、活動策略：給予特殊家庭（單親）臨時托育服務。

五、參加對象：由本中心特殊家庭的家長為優先。

六、主辦單位：本中心全體老師。

七、活動內容：因體恤特殊家庭的家長平日的辛苦，既忙於家計又需擔心孩子的教養，一根蠟燭兩頭燒，所以經由全體老師開會同意，願意義務提供私人時間幫這些孩子做臨托的保姆，一位老師皆提供2次機會，一次時間以8小時為上限，採記點數，一位家長有2～3次機會，也以3次為上限。

八、預期效益：期待能給予有部分特殊需求的家長一些家庭情緒上的支持。

九、經費概算：屬義務性協助，不需經費。

十、人力資源：本中心全體老師。

十一、準備工作：

　　1.由主任擬定點數卡，並請各班老師交給有需求（特殊家庭）的家長。

　　2.主任負責登記排定時間表，於一週前告知老師。

附件11-9

溫馨小站
通知函

親愛的家長您好：

　　很感謝您如此放心將孩子交給我們，您的辛苦我們老師都瞭解，一人飾多角的辛苦也非大家能理解，您有多久沒有好好一人放鬆，逛逛街、找朋友聊聊天紓解一下情緒呢？本中心所特別提供「溫馨小站」活動，由全中心的老師們熱情相挺，提供您免費的臨托服務！希望能給予您們一些幫助及支持。

時間：○年○月○日至○年○月底
次數：一家以3次為上限，一次8小時為上限
登記方式：至主任辦公室辦理登記
備註：為方便老師安排時間，麻煩家長最慢三天前必須告知中心，謝謝！

XX托育中心

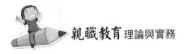
 本章小結

　　國內的單親家庭有逐年增加的趨勢，不論是因為離婚、未婚懷孕或喪偶而成為單親家庭，受害最深的都是無辜的孩子。驟然成為單親家庭的孩子，情緒會明顯低落，在校的孩子可能成績突然一落千丈，這其實是對重大壓力的正常反應。這種時候孩子若得不到適當的關愛或適切的輔導，很容易迷失，甚至自暴自棄。

　　經歷家庭結構驟然改變，孩子常常無法適應單親生活，加上家長身兼數職，常常無暇顧及孩子的需要及感受，造成親子關係的疏離，若不及早防範，極可能導致孩子漸漸不願與人溝通，人際關係不良，或環境逼使過於獨立，造成日後獨斷獨行的偏差個性。因此，家長的態度只要是健康正確和開朗的，必會影響孩子的生活處事態度，對孩子來說，他的人生可能比一般孩子多了一份經歷，從另一個角度想來，這何嘗又不是一個可貴的成長經驗呢？

　　其實「單親家庭之子女教養問題」最需要的是建立正確的新觀念，去除單親家庭是不正常的迷思，並學習生活上的各種技巧，再加上一點毅力、勇氣與鼓勵，必定能培養自信又充滿成就感的好子女。

　　協助孩子儘早適應單親生活的建議如下：

1. 讓孩子知道離婚只是父母的問題，與孩子無關。就孩子能瞭解的部分，主動告訴他們，且不要惡意批評對方。
2. 孩子愛爸爸也愛媽媽，不要逼迫孩子選擇一方，使孩子產生焦慮及罪惡感。
3. 與孩子分享自己未來的計畫。
4. 注意孩子的心理教育，避免日後對人、對事產生迷惘及偏差的心態。單親家長在調適自己時，也別忘了同時引導孩子走出驟然失去父親或母親的陰影。
5. 孩子因身為單親家庭子女而受到委屈時，應安慰他，並主動告訴孩子自己的遭遇、感受和困難，協助孩子體諒單親父母的心情。
6. 儘量配合學校的需求，不要讓孩子由於單親家庭而自覺不如人，例如衣衫不整、功課沒寫、親職座談會沒人出席等等。

7.遇有教養方面的困難，要勇於尋求協助，例如子女的老師、輔導的機構、父母成長團體等。

 參考書目

一、中文部分

行政院主計處（2005）。統計調查。台北：行政院主計處，http：//www.dgbas. gov.tw/ct.asp。

吳季芳（1992）。《男女單親家庭生活適應及其相關社會政策之探討》。國立台灣大學社會學系研究所碩士論文。

徐良熙、林忠正（1984）。〈家庭結構與社會變遷：中美「單親家庭」之比較〉。《中國社會學刊》，8，1-22。

陳圭如（1995）。《單親家庭子女的自我概念、角色行為與教育期望之研究》。政治大學中山人文社會科學研究所碩士論文。

陳羿足（2000）。《影響青少年偏差行為之家庭因素研究——以台中地區為例》。南華大學社會學研究所碩士論文。

梁瑪莉（1992）。〈單親家庭之探討〉。《東南學報》，15，189-196。

劉永元（1988）。《單親兒童與正常家庭兒童人際關係、行為困擾及自我觀念之比較研究》。國立高雄師範學院教育研究碩士論文。

劉淑娜（1984）。《寡婦家庭的支持系統與生活適應》。國立台灣大學社會學研究所碩士論文。

鄭玉霞（1990）。《家庭結構與學齡兒童學業成就之研究——單親家庭與雙親家庭之比較》。中國文化大學家政學研究所碩士論文。

鄭秋紅（1993）。《單親家庭國中生親子互動關係、自我尊重、社會支援與寂寞感研究》。中國文化大學家政研究所碩士論文。

繆敏志（1990）。《單親兒童學業成就、人格適應及其相關因素之研究》。國立政治大學教育研究所博士論文。

薛承泰、劉美惠（1998）。〈單親家庭研究在台灣〉。《社區發展季刊》，84，31-38。

謝美娥（1996）。〈單親家庭的子女照顧與教養需求〉。單親家庭福利服務研
　討會。台北：內政部、台北市政府社會局。

二、英文部分

Acock A. C. (1988). The impact of divorce on children. *Journal of Marriage and the Family, 50,* 619-648.

Amato, P. R., & Keith, B. (1991). Parental divorce and the well-being of children: A meta-analysis. *Psychological Bulletin, 110,* 26-46.

Allen-Meares, P. (1995). *Social Work with Children and Adolescents.* New York: Longman Publishers USA.

Berg, B., & Kelly, R. (1979). The measured self-esteem of children from broken, rejected and accepted families. *Journal of Divorce, 2,* 263-369.

Bianchi, S. M. (1999). Feminization and juvenilization of poverty: Trends, relative risks, causes, and consequences. *Annual Review of Sociology, 25,* 307-333.

Bumpass, L. L. (1984). Children and marital disruption: A replication and update. *Demography, 21,* 71-82.

Coletta, N. D. (1983). Stressful lives: Situation of divorce mother and their children. *Journal of Divorce, 6*(3), 19-31.

Demo, D. H., & Acock, A. C. (1988).The impact of divorcee on children. *Journal of Marriage and Family, 50,* 619-648.

Garfinkel, I., & McLanahan, S. S. (1986). *Single Mothers and Their Children: A New American Dilemma.* Washington D. C.: The Urban Institute Press.

Gongla, P. A., & Thompson, E. H. (1987). Single-parent family. In M. B. Sussman & S. K. Steinmetz (Eds.), *Handbook of Marriage and the Family,* 397-417.

Maccoby, E. E., & Martin, J. A. (1983). Socialization in the context of he family: Parent-child interaction. In M. Hetherington (Ed.), *Handbook of Child Psychology*(*Vol. 4,* 4th ed.). New York: Wiley.

McLanahan, S. S., & Sandefur, G. (1994). *Growing Up with A Single Parent: What Hurts, What Helps.* Cambridge: Harvard University Press.

Peterson, G. W., & Rollins, B. C. (1987). Parent-child socialization. In M. B. Sussman & S. K. Steinmetz (Eds.), *Handbook of Marriage and the Family.* New York: Plenum Press.

Chapter 12 問題行為幼兒之父母親職教育輔導方案

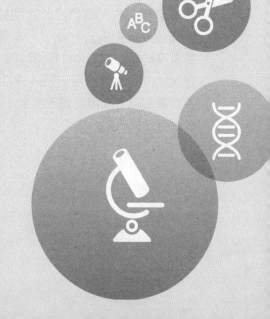

　　由於人口結構的改變、家庭型態的重組、女性意識的抬頭，以及病態行為的增加，均致使家庭功能在社會變遷中面臨更大的衝擊與挑戰。郭靜晃（2001）便指出，隨著社會變遷，台灣家庭組織的多樣化反而造成家庭功能式微，甚至無法承擔子女保護與照顧之職責，而兒童照顧品質不夠，必然會造成日後的少年問題，甚至潛藏日後的社會危機。兒童及少年的問題始於家庭、顯現於學校、彰顯於社會（郭靜晃，2005a）。故親職教育即指導父母克盡於角色、發揮父母及家庭功能，以預防其日後不良行為的產生。「親」是指父母親，「職」是職責，親職教育就是培養所有的父母成為健全的父母，使他們明瞭如何善盡父母的職責。所謂親職教育（郭靜晃，2005b）是指有系統、有理論基礎的方案，主要目的及用意是喚醒家長對於教育子女的關心與注意，從中協助獲得社會資源或幫助家長擔負為人父母的職責，配合學校、社會及家庭提供兒童最佳的成長環境，以幫助孩子的成長與發展。親職教育的功能包括：預防兒童虐待與疏忽、預防少年犯罪、預防家庭暴力問題的產生、預防子女學習受挫，最終達到良好的親子關係與和諧的家庭生活（林家興，1997）。

　　家庭中許多因素（例如，家庭環境、家庭成員關係、父母教養方式）會對子女產生影響。Adler認為人的行為皆是有目標的，Dreikurs為小孩的不當行為列出其四大「錯誤」的目標，包括：引起注意、爭取權力、報復及自我放棄。會有這些目標是因為孩子誤以為如此可以獲得他所渴求的「歸屬感」（引自郭靜晃，2005b）。教師與家長之間的溝通與合作必須是雙向的，他們彼此之間分享資訊並互相學習對孩子最有利的事物（Siperstein & Bak, 1988）。本章嘗試以托育機構（園所）之角色，針對幼兒常見的偏差行為：(1)發脾氣；(2)說謊；(3)偷竊；(4)攻擊行為；(5)退縮行為；(6)不當性表現，設計一系列親職教育活動以形成家庭支持計畫，以表演或遊戲方式促進親子互動、加強親師合作及充權增能父母親職技巧，以改善幼兒偏差行為。

第一節　親職教育計畫緣起

一、問題陳述

1. 由於全球性經濟不景氣，社會經濟現象復甦緩慢，物質波動上漲，一般民眾之薪資調幅比例跟不上物價上漲，可謂入不敷出，相對的對於幼童管教問題亦心有餘而力不足，在問題層出不窮的情況下，普遍需要提升家庭教育孩子的效能。

2. 以目前的社會觀，異國婚姻子女逐年增多，因文化差異關係導致在教養子女的能力無法因應時代的變遷，致使子女之問題行為無法獲得改善。

3. 幼兒問題行為的輔導是父母目前最棘手的問題，尤其父母為因應二十一世紀社會變遷，造成缺乏與孩子互動的時間，甚至不知如何管教子女，親職教育是父母重要需求之一。

4. 園所推展親職教育之效能無法落實，難以達成幫助父母「做個稱職家庭」所需知能，加上缺乏專業團隊的協助、介入與監督，園所普遍未能有效提升父母之效能訓練。

二、需求評估

1. 本所社區為高齡化社區，人口老化現象嚴重，又因社區中充斥著異國婚生子女之教育相關問題，未來教育機構應朝向多元文化之發展，提升質的服務，方能化解教育危機，以免衍生更多的社會問題。

2. 目前社會中的家庭結構驟變，單親家庭比例高，家庭問題漸增，孩童之教育問題，偏差行為亦層出不窮，增加不少輔導困擾，亦造成家長沉重的壓力與負擔，疲於奔命，當務之急除了生活教養外，須提升親子更融洽之互動關係。

3. 經初步需求調查瞭解推估社區服務需求向度，普遍都有子女的教養問題與親子溝通互動策略需求，另成人之第二專長與興趣培養亦是社區民眾需求所在，故如有計畫提供社區民眾此類教育服務，不僅

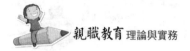
能凝結社區相關資源，亦能將機構之教育理念推廣到社區，以達良性之教育行銷及時支援社區之家庭。

三、計畫目的

1. 提升托育機構的知名度，有效行銷優資機構的教育品質，為招生工作困境再創佳績，促進機構邁向永續經營的指標。
2. 建立良好的行為典範，引導幼兒循正常的管道抒發情緒，教導父母能以同理接納的態度面對孩子問題，模塑孩子關懷他人情緒，進而培養幼兒多元之能力，開發各項智能，啟迪正確的教養理念，培養家長教養子女的能力。
3. 結合社區相關資源，有效運用現有之人力、物力等資源，帶動社區敦厚良善的關懷情意，建立更契合溫馨的支持系統，促進彼此間良性的互動與交流。

第二節　親職教育執行方式

一、參加對象與人數

幼兒問題行為親職教育系統活動除了本園之親子外，亦歡迎社區之親子報名參加，共有六個活動（**表12-1**），每一方案約50人次，共計300人次。

表12-1　本方案活動名稱及經費預算

方案名稱	活動經費	備註
情緒DIY～親職教育活動	9,500	詳見活動一
愛的傳達～親職教育座談會	9,800	詳見活動二
親親我的寶貝～親職教育座談會	35,555	詳見活動三
「快樂成長」趣味運動會	26,000	詳見活動四
自信小勇士～趕走退縮小烏龜親子活動	5,500	詳見活動五
認識你、我、他親子活動	7,510	詳見活動六
合計	93,865	

※方案計畫經費詳如方案計畫書（一）～（六）。

二、計畫執行目標

1. 幫助家長瞭解幼兒身心發展。
2. 幫助家長建立正確的幼教理念。
3. 與家長討論教養子女問題。
4. 幫助家長瞭解幼兒特殊行為。
5. 幫助家長獲得婚姻與家庭知能。
6. 增進家長對幼稚園的信任。
7. 增進幼兒在園所生活適應能力。
8. 增進幼兒在家生活適應能力。
9. 增進親子良好的關係。
10. 增進師生良好的關係。

三、實施原則

(一)整體規劃

本園應規劃三年期（小班、中班、大班）且是整體的親職教育計畫。唯有長期且是整體的教育計畫，才能提供受教者進階且持續的學習，也才能幫助他們獲得擔任親職所需完整的知能。

(二)供需配合

本園可利用問卷、訪談、討論、打電話等方式瞭解家長的需求，並徵詢教師的意見，作為規劃及安排親職教育活動的依據，以符合他們的需要。

(三)適性推展

由於小班、中班、大班的幼兒不管是在行為上、發展上或是在問題上皆有所不同，家長對親職教育所關心的主題也會有所不同。因此，本園在規劃親職教育活動時，應考慮小班、中班、大班的家長不同的需求。

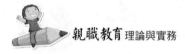

(四)多樣化

本園實施親職教育，得採口頭或文字聯絡、家長參觀教學日、家長參與、親子活動、父母接受再教育、提供親職教育資訊等動、靜態方式來規劃。為使親職教育更符合家長的需要，更具吸引力，活動方式宜多樣化。

(五)資源利用

目前社會上積極推動親職教育的機構相當多，有文化中心、社教館家庭教育中心、民間的基金會、宗教團體、大眾傳播機構、社區的學術機構等所設立之組織。本園應善用這些資源並能加以整合，主動提供訊息給家長，讓家長廣為利用。

(六)廣為宣導

本園在舉辦親職教育活動之前，應利用書面通知、電話聯繫、海報張貼等方式，廣加宣傳，應讓家長瞭解此次活動之意義、重要性及主要內容，以提高訊息曝光及誘發家長參與之動機。

(七)積極鼓勵

本園可運用給予紀念品、出版品、活動錄影（音）帶、幼兒玩具、餐券、摸彩券、合影留念，或參與園務發展與改進討論等各種方式，鼓勵家長踴躍參與。

(八)專業化

本園可採用提供教師親職教育資訊、舉辦研習或座談會、進行小團體諮商等方式，加強教師實施親職教育的專業知能，幫助教師能直接和家長做有效的溝通，俾能隨時幫助家長改善並增進父母效能。

(九)成效評鑑

本園為落實親職教育，在擬訂各項活動計畫時，即應同時設計好評鑑的標準（如本計畫所列之目標）及方式（如問卷、評鑑表、觀察、電話聯繫、訪談等方式），俾能評鑑家長、幼兒及教師是否真能從該活動獲得助益。

(十)點線面

本園在親職教育的內容設計上，應把握由點而線到面的原則。在親職教育的初期，在內容設計上「點到為止」即可。在中期，則應「據點成線」，針對某一主題，由淺到深，多辦幾次演講或座談。在末期，則應「合線成面」，在內容設計上應涵蓋親職教育的重要主題或層面。

四、實施方式

(一)口頭聯絡

如電話交談、接送時交談、約談、家庭訪問等；可經常實施。

(二)文字聯絡

如聯絡簿、聯絡卡、通知單、刊物等；可經常實施。

(三)家長參觀教學日

如參觀教學環境及設備、教保活動、教具展、才藝表演、親師座談會，提供教學、餐點、學習、在園情況、健康狀況等資料；每學期至少一次。

(四)家長參與

如協助蒐集教學資源、製作教具、設計製作餐點、教學、照顧幼兒、環境維護與布置、文書、圖書與視聽資料整理、觀察記錄幼兒行為等；於每學期開學時服務對象舉辦「家長參與說明會」，並調查家長的專長與意願，再做整體規劃，於學期中實施。

(五)親子活動

如慶生會、郊遊或烤肉、運動會、園遊會、舞會、露營、旅遊、聚餐或茶會等；每學期至少舉辦兩種以上不同的親子活動。

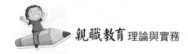
(六)父母再教育

如親職教育演講或座談會、父母親專線、媽媽教室、圖書借閱、父親成長團體等。親職教育演講或座談會每學期至少一次；父母親專線、圖書借閱可經常實施；媽媽教室可視需要實施；父母親成長團體可每週一次，每學期可聚會八至十次。

(七)提供親職教育資訊

如提供親職教育文章、書刊、研究報告等；可經常實施。

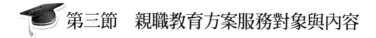

第三節　親職教育方案服務對象與內容

一、服務對象

本方案以本園所家長及其子女為主，除此之外，亦歡迎社區親子一同參與。

二、方案內容

本方案以三至六歲幼兒及其家長為主要對象，考量孩子之適齡發展和對家長之吸引性，共設計六類活動，分述如下：

(一)情緒DIY～親職教育活動

　　1.喜怒哀樂表情大作戰。
　　2.猜一猜情緒字卡大賽。
　　3.分享情緒低潮因應方式。

(二)愛的傳達～親職教育座談會

　　1.小小劇場金斧頭與銀斧頭。
　　2.劇情討論與分享。

3.演練「我的訊息」。

(三)親親我的寶貝～親職教育座談會

1.專題演講「偷竊行為與所有權觀念」。
2.小小劇場「好想要一個娃娃」。
3.討論分享茶敘活動。

(四)「快樂成長」趣味運動會

1.運動員進場。
2.啦啦隊表演。
3.氣球傘表演。
4.親子健康操。
5.趣味競賽。
6.頒獎。

(五)自信小勇士～趕走退縮小烏龜親子活動

1.親子共讀。
2.恐龍走路親子遊戲。
3.親子扮演活動「海底動物」。
4.夾夾樂親子遊戲。
5.超級比一比親子遊戲。

(六)認識你、我、他～親子活動

1.律動「扭扭我的身體」。
2.闖關活動：小紳士、小淑女。
3.闖關活動：愛的小天使。
4.闖關活動：勇敢說「不」。
5.心靈交流：點心時刻。

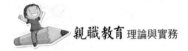

三、預期效益

　　本方案計畫針對幼兒問題行為之輔導，教師瞭解行為發生之背景原因，透過專案輔導技巧，來預防問題行為之發生，預期成效如下之說明：

1. 減少情緒困擾發生的原因，學習正確表達需求，不亂發脾氣。
2. 鼓勵孩子說真話，勿因逃避責罰，掩飾錯誤，而分不清事實與幻想間的差異。
3. 加強孩子「同理心」的宣導，建立孩子尊重物權的正確觀念。
4. 引導幼兒表達內心的情緒，勿以武力解決問題。
5. 瞭解退縮行為產生之原因，學習勇於表達自己的情感。
6. 認識自己的身體構造、器官，學習正確的知識與自我保護的觀念與方法。

四、風險管理

1. 幼兒問題行為親職教育輔導方案系統活動中，活動一、二、三、六皆屬室內活動型態，如遇天氣狀況不佳下雨時，須加派人力引導交通相關問題，或是順延一週辦理活動。
2. 活動三之專題演講，如遭逢人為因素無法如期辦理成長活動，可改為教育影片欣賞與討論發表。
3. 活動四、五使用或外租場地，如遇天候狀況不佳，則延期一週辦理活動，並行以急緊通知，告知參與活動之家長。
4. 文宣通知邀請函之報名人數，如未達預期，商請各班導師電訪瞭解原因，鼓勵參加。

五、滿意度調查及方案成果評估

(一)滿意度調查

　　幼兒問題行為親職教育輔導方案系列活動，普遍受到家長民眾的支持與肯定，從民眾家長投入宣導招生熱烈參與可證。家長對活動日期、

內容、方式、茶餐……各方面的安排都很滿意，對工作人員親切的服務態度，都表達最高的謝意，不僅在教養子女的技巧提升不少，亦能保有和諧的親子互動關係，在個人興趣的培養上亦能朝多元的方向發展興趣，提升優質的生活品質。

(二)方案成果評估

幼兒問題行為親職教育輔導方案活動之收穫與回饋：

1.幫助家長瞭解幼兒身心發展，建立正確的教養觀念。
2.提升家長解決子女教養之問題，增進對幼兒園的信任。
3.增進幼兒在園所與在家庭生活適應能力。
4.親子通力合作完成作品，是一種共同的喜悅和回憶。
5.繪本故事的介紹除戲劇呈現外，還結合多媒體器材的介紹方式。
6.家長增進許多藉由繪本故事引導幼兒想像力，判斷思考的技巧。
7.可以多元的方式輔導鼓勵幼兒閱讀。
8.動靜合宜的活動安排讓家長體驗不同的成長。
9.更增親子間的情感交流擁有良性的親子互動。
10.提升家長教養子女的專業技巧與能力。
11.增進融洽之親子、親師良好的互動關係。
12.學習自我保護的安全教育觀念。
13.建立情緒抒發的正確的態度，學習勇於表達自己情感、需求的方法。
14.期盼未來能有更多類似的親子活動可參與，並能多提供家長更多藝文資訊。

第四節　親職教育方案之活動規劃

情緒DIY

一、名稱：情緒DIY

二、活動目的

　　1.讓孩子練習表達自我情緒。

　　2.鼓勵父母多接納孩子的心情。

　　3.鼓勵孩子把心裡的事情說出來，遇到困難時可以和父母一起解決。

　　4.透過本活動讓孩子也能關懷他人情緒。（附件12-1-1）

三、活動日期：○年○月○日（星期六）

四、活動時間：早上8:30～11:30

五、活動地點：本所大禮堂

六、參加對象：全園師生及家長

七、活動流程

時　間	活動內容	負責老師	備註
08:30～09:00	各班幼兒及家長集合 搭配音樂律動，請親子做出喜、怒、哀、樂的表情	各班老師	
09:00～09:10	所長致詞	XXX所長	
09:10～09:45	猜一猜～情緒字卡大賽	全體教師	
09:45～10:00	休息一下		
10:00～10:30	分享時間～討論心情不好時應該如何處理？	XXX老師	
10:30～11:00	延伸活動	XXX老師	
11:00～11:30	快樂的一天～賦歸		

八、預估經費：本項計畫約新台幣9,500元

項目	金額	備註
1.場地費	1,000元	分擔場地水電費用
2.印刷費	500元	印製文宣、講義及紀錄單、邀請函等
3.布置費	1,000元	製作海報或紅布條、鮮花、氣球
4.餐點費	3,500元	參加人員小西點
5.雜支	3,500元	文具用品、紙杯、茶水、獎品20份（@$50元）、小禮物100份（@20元）

九、工作分配

職稱	工作內容
主持人	主持整個活動的流程、遊戲規則解說
總務組	活動各項的支出兼籌劃會場布置
教學組	發邀請函聯絡家長、統計出席人數、教材資源的搜集與準備
活動組	負責設計、籌劃整個活動、道具製作

十、注意事項

　　1.當天參加幼兒請穿著本園運動服，家長請著便服準時出席喔！

　　2.當日上台分享者可獲得精美小禮物喔！

十一、活動問卷、邀請函（附件12-1-2、附件12-1-3）

十二、活動評估

　　1.藉由本次活動鼓勵幼兒將自己的心情好與壞說出來。

　　2.讓每一位家長都能夠接納孩子的心情，並給予正向的回應。

　　3.讓孩子也能夠關懷他人的情緒。

附件12-1-1

情緒DIY
分享時間

討論心情不好時應該如何處理？

活動流程	內　容	備註
分享時間	1.先請老師引導什麼是心情不好，然後再問孩子會不會說出自己的心情。 2.再請10～15位家長分享心情不好時應該如何處理？ 3.把家長分享的經驗記錄下來，協助需要幫助的孩子。	
延伸活動	引導孩子什麼情況下會出現什麼情緒反應？ 例如：收到禮物時會很開心，被爸爸或媽媽責備時會傷心等 請孩子勇敢說出自己的心情	若孩子能說出自己情緒感覺，贈小禮物一份

附件12-1-2

情緒DIY
滿意度調查表

親愛的家長您好：

　　感謝您在百忙之中專程抽空來參加本所舉辦的親職教育活動，為了充分瞭解您的實際需求，我們特別提出下列各項問題，希望能得到您的寶貴意見，以便我們日後舉辦此項活動的指南，謝謝您的合作！

麻煩請您回答下列問題：

1.您對本次活動的滿意程度如何？

　　□很滿意□滿意□尚可□不滿意

2.您覺得此類親職活動適合多久舉辦一次？

　　□一學期□三個月□一個月□不定期

3.您覺得舉辦這類的活動時段以下列何者最適合您？

　　□週六上午□週六下午□週日上午□週日下午□其他

4.如果本園將來再次辦理此類的親職活動，您參加的意願是：

　　□很願意□願意□不一定□不願意

5.您對本次活動帶給您的心情是：

　　□非常好□好□普通□其他

6.請寫下您的心得或對我們的建議：

_____

_____

_____

_____

_____

7.請留下您的資料，以便日後有此類的親職活動可通知您前來參加

　　您的姓名：

　　電話：

　　地址：

 附件12-1-3

情緒DIY
邀請函

親愛的家長您好：

　　各位關心孩子的父母，是我們的教育夥伴，您很忙，但還是請您空出時間，歡迎您前來參加我們為您舉辦的【情緒DIY親職教育活動】，共同攜手合作陪伴孩子成長，讓孩子的EQ更好。

活動名稱：情緒DIY

活動目的：1.讓孩子練習表達自我情緒。

　　　　　2.鼓勵父母多接納孩子的心情。

　　　　　3.鼓勵孩子把心裡的事情說出來，遇到困難時可以和父母一起解決。

　　　　　4.透過本活動讓孩子也能關懷他人情緒。

活動日期：○年○月○日（星期六）

活動時間：早上8:30～11:30

活動地點：本所大禮堂

附件12-1-4

情緒DIY
活動流程

時間	活動內容	負責老師	備註
08:30～09:00	1.各班幼兒及家長集合 2.搭配音樂律動,請親子做出喜、怒、哀、樂的表情	XXX老師	
09:00～09:10	所長致詞	XXX所長	
09:10～09:45	猜一猜～情緒字卡大賽	全體教師	
09:45～10:00	休息一下		
10:00～10:30	分享時間～討論心情不好時應該如何處理?	XXX老師	
10:30～11:00	延伸活動	XXX老師	
11:00～11:30	快樂的一天～賦歸		

注意事項:

1.當天參加幼兒請穿著本園運動服,家長請著便服準時出席喔!

2.當日上台分享者可獲得精美小禮物喔!

----------------【情緒DIY～親職教育活動報名回條】----------------

學生姓名:　　　　　　　　　　家長簽名:

□ 願意參加　　　　　　　　　　□ 不克參加

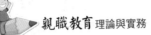

愛的傳達

一、活動名稱：愛的傳達

二、活動目的

1.鼓勵孩子說實話的行為。

2.鼓勵家長多用「我的訊息」來與孩子溝通。（附件12-2-1）

3.透過親職教育的推展，建立正確的教養理念，培養家長教養子女的能力。

4.鼓勵親子共同經營學習時間，建構親子共學模式。

三、活動日期：○年○月○日（星期六）

四、活動時間：8:30～11:00

五、活動地點：本所大禮堂

六、參加對象：全所家長及幼兒

七、活動流程

時　間	活動內容	負責老師	備註
08:30～09:00	集合	XXX老師	
09:00～09:10	所長致詞	XXX所長	
09:10～09:45	小小劇場～金斧頭與銀斧頭	全體教師	
09:45～10:00	休息一下		
10:00～10:30	綜合座談會～討論戲劇內容	XXX老師	
10:30～11:00	實際演練～我的訊息	XXX老師	
11:00	大手牽小手～賦歸		

八、預估經費：本項計畫約新台幣9,800元

項目	金額	備註
1.場地費	1,000元	分擔場地水電費用
2.印刷費	500元	印製文宣、講義及紀錄單、邀請函等
3.布置費	500元	製作海報或紅布條
4.餐點費	5,000元	參加人員餐盒飲料
5.雜支	2,800元	文具用品、麥克風電池、茶水、小西點、租借戲服、小禮品100份@20元等

九、工作分配

職稱	工作內容
主席（主持人）	綜合整理整個座談會的流程
總務組	活動各項的支出兼籌劃會場布置
文書組	擔任座談會記錄、發邀請函聯絡家長 教材資源的搜集與準備
活動組	小小劇場～金斧頭與銀斧頭的戲劇演出 （劇本詳見附件12-2-2）

十、注意事項

　　1.準時是一種美德，當天參加者請著便服準時出席喔！

　　2.當日上台分享者可獲得精美小禮物喔！

十一、活動問卷、邀請函（附件12-2-3、附件12-2-4）

十二、活動評估

　　1.藉由戲劇，讓現場小朋友發表劇中說實話與說謊話的後果是如何。

　　2.引導小朋友回想現實生活中是否也有說謊話或是說實話的經驗，並描述其事件內容與後果。

　　3.針對舉例說謊話經驗的孩子們，鼓勵他們說出為何說謊話的原因，讓小朋友發表內心的話。

　　4.教導現場家長如何用「我的訊息」來與孩子溝通，並實際演練。

備註：孩子的成長來自父母真誠的讚美與鼓勵，一句鼓勵要比十句責備來得有用。

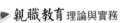
附件12-2-1

愛的傳達
鼓勵父母多用「我的訊息」來溝通

鼓勵父母多用「我的訊息」來溝通。

一般父母都習慣開口閉口都是「你怎樣……」「你為什麼……」，傳達著對孩子行為的敵意批判與指責的訊息，這樣會引起孩子防衛的心理，反而以更多的謊言，來辯解自己的作為。結果，父母更生氣，彼此間的互動關係也就更加惡化。如果父母開始學習新的方法與孩子溝通，會縮短親子間的距離。

※「我的訊息」的公式：

1.你的行為：「當我看到你……（行為）時」
2.我的感受：「我感到……（情緒、感受）」
3.我的原因：「因為我……（限度、需求）」

舉例：以說謊事件為例。

當我知道你說謊的時候，我心裡覺得很難過，因為我希望你能說出你內心的話，讓我們一同解決。

※「我的訊息」的基本態度：

1.瞭解自己的情緒困擾、混亂不清時，要靜下心來察覺。
2.尊重自己，相信自己是有價值、有尊嚴的，我的感覺和需要應受尊重和關懷。
3.認識並接納自己的情緒，要尊重也要接納孩子的情緒。
4.表達我的訊息，讓別人瞭解我現在的狀況，真實的我。

愛的傳達
小小劇場劇本～金斧頭與銀斧頭

角色～樵夫：誠實的樵夫：XX老師、旁白：＊＊老師

說謊的樵夫：□□老師、天使：※※老師

故事內容～

旁白：有一天，一個樵夫在河邊砍柴，滿手都是汗水一不小心，把釜頭掉到河裡去啦！

樵夫：哎呀！怎麼辦？我把斧頭弄掉到河裡了！便哭了起來……

旁白：這時河裡突然出現一位天使。

天使：發生什麼事情啊？

樵夫：是我不小心把斧頭弄掉了！

旁白：天使很同情樵夫，於是很快的潛入水裡，拿出一把閃亮的金斧頭。

天使：這一把是不是你丟掉的斧頭？

樵夫：不！不是這一把。

旁白：天使聽了，又潛入水裡，這次拿出來的是銀斧頭。

天使：這一把是不是你丟掉的斧頭？

樵夫：這一把也不是我丟掉的那一把斧頭。

旁白：天使又很快的潛入水裡，拿出鐵斧頭。

天使：這一把是不是你丟掉的斧頭？

樵夫：對啦！這一把才是我丟進河裡的斧頭。（一副高興的樣子）

（續）
附件12-2-2

天使：你很誠實喔！這三把斧頭都送給你！

旁白：樵夫很高興的說謝謝之後，就帶著斧頭回家去了！

旁白：第二天，誠實的樵夫把這消息說給另一個樵夫聽，這個樵夫心
　　　裡想～

樵夫：說不定我也可以得到一把金斧頭或銀斧頭呢！

旁白：天剛亮，這貪心的樵夫就出發了，到了河邊就故意把自己帶來
　　　的斧頭扔進河裡，然後坐在岸邊的草地上放聲大哭。

樵夫：哇～哇～我的斧頭不小心掉進河裡了啦！

旁白：同樣的，天使出現了！

天使：你怎麼啦？發生什麼事啊？

樵夫：我～我～的斧頭掉進河裡了啦！

旁白：天使聽了，就潛入水裡，拿出一把金斧頭來。

天使：這一把是你丟掉的斧頭嗎？

樵夫：對！就是這把斧頭。

旁白：天使聽了，很生氣的潛回水中再也不出來，不但不給他金斧
　　　頭，連那把鐵斧頭也不還給他了。

～故事結束～

附件12-2-3

愛的傳達
滿意度調查表

親愛的家長您好：

感謝您在百忙之中專程抽空來參加本所舉辦的親職教育活動，為了充分瞭解您的實際需求，我們特別提出下列各項問題，希望能得到您的寶貴意見，以便我們日後舉辦此項活動的指南，謝謝您的合作！

麻煩請您回答下列問題：

1.您對本次座談會的滿意程度如何？

　□很滿意□滿意□尚可□不滿意

2.您覺得此類親職座談會適合多久舉辦一次？

　□一學期□三個月□一個月□不定期

3.您覺得舉辦座談會的時段以下列何者最為適合？

　□週六上午□週六下午□週日上午□週日下午□其他

4.如果本園將來再次辦理此類座談會，您參加的意願是？

　□很願意□願意□不一定□不願意

5.您覺得下列哪一項主題最能吸引您來參與：

　□管教問題□課業問題□溝通問題□其他

6.請寫下您的心得或對我們的建議：

　_____

　_____

　_____

7.請留下您的資料以便日後有此類座談會可通知您前來參加

　您的姓名：

　電話：

　地址：

附件12-2-4

愛的傳達邀請函

親愛的家長您好：

　　各位關心孩子的父母，是我們的教育夥伴，你很忙，但還是請你空出時間，歡迎您前來參加我們為您舉辦的【愛的傳達～親職教育座談會】，共同攜手合作陪伴孩子成長，創造美好的明天。

活動名稱：愛的傳達

活動目的：1.鼓勵孩子說實話的行為。

　　　　　2.鼓勵家長多用「我的訊息」來與孩子溝通。

　　　　　3.透過親職教育的推展，建立正確的教養理念，培養家長教養子女的能力。

　　　　　4.鼓勵親子共同經營學習時間，建構親子共學模式。

活動日期：○年○月○日（星期六）

活動時間：早上8:30～11:00

活動地點：本所大禮堂

活動流程如下：

時　間	活動內容	負責老師	備註
08:30 ～ 09:00	集合	XXX老師	
09:00 ～ 09:10	所長致詞	XXX所長	
09:10 ～ 09:45	小小劇場～金斧頭與銀斧頭	全體教師	
09:45 ～ 10:00	休息一下		
10:00 ～ 10:30	綜合座談會～討論戲劇內容	XXX老師	
10:30 ～ 11:00	實際演練～我的訊息	XXX老師	
11:00	大手牽小手～賦歸		

注意事項：

1.準時是一種美德，當天參加者請著便服準時出席喔！

2.當日上台分享者可獲得精美小禮物喔！

----------------------【愛的傳達～親職教育座談會回條】--------------------------

學生姓名：　　　　　　　　家長簽名

□ 願意參加　　　　　　　　□ 不克參加

活動三

親親我的寶貝

一、活動名稱：親親我的寶貝

二、活動目的

　　1.讓孩子瞭解「借」與「竊」的不同。

　　2.培養孩子以同理心來對待他人。

　　3.讓父母瞭解孩子偏差行為處理之方法。

三、活動日期：○年○月○日（星期六）

四、活動時間：上午9:00～12:00

五、活動地點：本所大禮堂

六、參加對象：本所家長及幼兒

七、活動內容

活動流程	活動內容	教學器材	時間	備註
報到	相見歡	會議桌 椅子	8:30～ 9:00	準備小點 心和茶水
專題演講： 偷竊行為與所有 權觀念	如何處理說謊行為 偷竊行為的特性 如何處理孩子的偷竊行為	麥克風 電腦 投影機 布幕	9:00～ 10:10	兒福中心 講師
小小劇場： 好想要一個娃娃 （附件12-3-1）	由老師合演一齣短劇 由故事提出問題探討		10:20～ 11:20	
快樂的結束	茶水 領神秘小禮物	中式自助 餐	11:30～ 12:00	

八、經費預算：本項計畫約新台幣35,555元

	單價	數量	總價	說明
自助餐點	15,000元	1	15,000元	活動用
汽球佈置	5,000元		5,000元	環境布置
杯水	185元	3箱	555元	免費供應在場人士
小狗存錢筒	20元	約250個	5,000元	紀念品
講師費	10,000元		10,000元	演講

九、工作分配

負責老師	工作項目	所需材料	備註
聯絡組	1.印製活動表並發給各班老師 2.張貼海報	將各班回條收齊	
主要老師	1.先向班上小朋友說明活動內容 2.聯絡本與家長聯繫並附上活動時間表	活動時間表	由辦公室印製活動時間表
引導、接待組	大門、後門引導 會場引導 候車引導 領禮物	指示牌 對講機 禮物	
場地布置組	場地引導放置 桌椅擺置 音響設備 海報 清潔場地	延長線、音響、麥克風等 桌、椅 各式美術材料 掃把、拖把等清掃用具	
主持人	全程引導	麥克風	
事務組	行政用品準備 紀念品 經費管制		

十、注意事項

請老師們穿著學校服裝準時到校集合與準備。

請接待的老師注意禮儀。

十一、邀請函、活動問卷（附件12-3-2、附件12-3-3）

十二、活動評估

1.藉由戲劇，讓現場小朋友發表劇中小可的行為。

2.引導小朋友如何與他人借物。

3.請現場孩子們示範看到喜愛的物品時，該如何自制。

4.運用「同理心之技巧」，讓孩子瞭解對方的感受。

5.教導父母處理孩子偷竊行為的方法。

附件12-3-1

親親我的寶貝
小小劇場劇本～好想要一個娃娃

角色～兔子：（小可）XX老師、（小可媽咪）XX老師

　　　　豬小妹：XX老師、旁白：XX老師

故事內容～

旁白：有一天，兔子小可在草原上的大樹樁上發現一個可愛的娃娃，心想，可能是有人忘了帶回家……

小可：哇！好可愛的娃娃哦！好想跟它玩一下。

旁白：於是，小可跟娃娃玩了一整天；到了晚上，媽媽問小可……

小可媽咪：咦，這個娃娃是誰的呀？好可愛呢！

小可：是……是愛愛借我的啦！

小可媽咪：那你要好好的珍惜它哦！

旁白：小可說完之後，內心非常不安，於是決定明天早上將實情跟媽咪說。

小可：媽咪，其實這個娃娃是我在大樹樁上看見的；我看沒有人在旁邊，所以，就把它拿走了……

小可媽咪：小可，你將娃娃拿走了原來的主人一定會很傷心、難過唷！我們趕快將娃娃擺回原來的地方，相信失主一定會很高興的。

旁白：雖然小可是百般的不願意但還是來到了大樹樁的附近；此時，他看到了豬小妹……

豬小妹：嗚……我最寶貝、最寶貝的娃娃到底跑到哪裡去了呢？

旁白：小可聽到後，心裡也傷心了起來；當豬小妹難過的離開後，小可悄悄的將娃娃放回樹樁上道別。隔天，小可又來到了樹樁，娃娃已經不見了，但樹樁上留著一條苜蓿花編成的項鍊……

附件12-3-2

親親我的寶貝
邀請函

親愛的家長您好：

　　孩子的成長過程中有許多令人煩惱的行為，該如何正確的引導孩子到正常的軌道，實在是我們深思的一個問題。

　　本園所特舉辦【親親我的寶貝～親職教育座談會】，為您解開所有的疑慮及問題，讓我們一同與孩子成長，達到孩子健全的人格特質……所以關心孩子的您，務必前來哦！！

活動名稱：親親我的寶貝

活動目的：1.讓孩子瞭解「借」與「竊」的不同
　　　　　2.培養孩子以同理心來對待他人
　　　　　3.讓父母瞭解孩子偏差行為處理之方法

活動日期：○年○月○日（星期六）

活動時間：9:00～12:00

活動地點：本所大禮堂

活動流程如下：

時間	活動內容	負責老師	備註
08:30 ～ 09:00	相見歡	XXX老師	
09:00 ～ 09:10	所長致詞	XXX所長	
09:10 ～ 10:10	專題演講：偷竊行為與所有權觀念	兒福中心講師	
10:10 ～ 10:20	休息一下		
10:20 ～ 11:20	小小劇場：好想要一個娃娃 綜合座談會～討論戲劇內容	XXX老師	
11:30 ～ 12:00	餐敘		

------------------【親親我的寶貝～親職教育座談會回條】---------------

學生姓名：　　　　　　　　　　家長簽名

　□ 願意參加　　　　　　　　　□ 不克參加

附件12-3-3

親親我的寶貝
滿意度調查表

親愛的家長您好：

　　謝謝您的參與及支持，讓本所的親子活動更增色並畫下完美的句點。
為使活動有更佳的品質及提供良好的服務，耽誤您幾分鐘時間，請您針對
參與此次活動的感想，將您的寶貴意見提供給我們，作為日後承辦活動之
參考，謝謝配合！

1.您對於此次活動的時間安排如何？

　□是　□否　□意見＿＿＿＿＿＿＿＿＿＿＿＿＿＿＿＿＿＿＿＿

2.您對此次活動的場地安排如何？

　□非常滿意　□滿意　□不滿意　□意見＿＿＿＿＿＿＿＿＿＿＿＿

3.您對於此次活動中講師的演講是否滿意？

　□非常滿意　□滿意　□不滿意　□意見＿＿＿＿＿＿＿＿＿＿＿＿

4.您對於此次活動之戲劇欣賞是否滿意？

　□非常滿意　□滿意　□不滿意　□意見＿＿＿＿＿＿＿＿＿＿＿＿

5.您對於本次活動之餐點安排是否滿意？

　□非常滿意　□滿意　□不滿意　□意見＿＿＿＿＿＿＿＿＿＿＿＿

6.您對本次活動工作人員態度是否滿意？

　□非常滿意　□滿意　□不滿意　□意見＿＿＿＿＿＿＿＿＿＿＿＿

7.您最喜歡整個活動中的哪一項？為什麼？

　＿＿＿＿＿＿＿＿＿＿＿＿＿＿＿＿＿＿＿＿＿＿＿＿＿＿＿＿＿＿＿

　＿＿＿＿＿＿＿＿＿＿＿＿＿＿＿＿＿＿＿＿＿＿＿＿＿＿＿＿＿＿＿

8.請提供您寶貴的意見或心得。

　＿＿＿＿＿＿＿＿＿＿＿＿＿＿＿＿＿＿＿＿＿＿＿＿＿＿＿＿＿＿＿

　＿＿＿＿＿＿＿＿＿＿＿＿＿＿＿＿＿＿＿＿＿＿＿＿＿＿＿＿＿＿＿

「快樂成長」趣味運動會

一、活動名稱：「快樂成長」趣味運動會

二、活動目標：

1. 培養良好與正確的運動精神

2. 鼓勵幼兒積極參與活動

3. 培養幼兒遵守遊戲規則的良好態度

4. 增進良好親子互動關係

5. 增強孩子的自信心

三、活動日期：○年○月○日【星期六】

四、活動時間：上午9:00～11:30

五、活動地點：XX國小大操場

六、參加對象：本所大班幼兒　　※若有缺額由中班幼兒志願遞補

七、活動內容：

運動員進場	9:00～9:15
園長致詞	9:15～9:20
啦啦隊表演	9:20～9:30
氣球傘表演	9:30～9:35
親子健康操	9:35～9:50
趣味競賽： 大球接力、兩人三腳、趣味足球PK	9:50～11:00
頒獎	11:00～11:20
歌聲滿行囊【活動結束】領取寶貝餐盒	11:30

八、獎勵辦法

1. 參加運動會之幼兒通通有獎

2. 班級錦標以得分最高之班級為第一、二以此類推

　　第一名：文具禮盒組

　　第二名：益智玩具組

　　第三名：健康食品禮盒

　　第四名：棒球組禮盒

九、經費支出：1.本項活動經費由年度活動費項目預算支出

2.提撥金額為26,000元

項目	金額	備註
攝影費	2,000元	
獎品費	10,000元	
餐點費	6,000元	
茶水費	1,000元	
雜項開銷	1,000元	
場地租借費	6,000元	

十、工作職責分配

總指揮	園長
	接待員：XX老師4位
	場地布置：XX老師3位
	醫護站：XX老師2位
	執行長：XX老師1位
	競賽裁判：XX老師3位
	音控室：XX老師2位
	活動區安全維護：全體教職員共同協助

十一、注意事項

1.幼兒：穿著本園運動服裝、球鞋。

家長：穿著休閒運動服裝、球鞋。

2.報到地點：籃球場司令台前

住址：XXX路XX號。

3.報到時間：上午8:30以前。

4.活動當天人很多請慎防留意幼兒安全【園所備有社區義警與義工媽媽協助維護】。

5.當天交通工具請盡量搭乘公共交通工具，以免交通擁擠或遺失。

十二、活動問卷調查表及邀請函（附件12-4-1、附件12-4-2）。

十三、活動評估

1.參加人數達到大班人數80%。

2.活動總人數約200人。

3.與會人員車輛安排約80部，皆有車位。

4.是否能達成寓教於樂的共識。

5.讓家長親身體驗藉由多元的遊戲設計來建立良好的溝通模式。

附件12-4-1

「快樂成長」趣味運動會
意見調查表

親愛的家長您好：

　　謝謝您對本所各項活動的參與與支持，讓「快樂成長」親子趣味運動會，在一片歡樂聲圓滿落幕，為了提供更適合、更令您滿意的親子系列活動，請將您寶貴的意見與我們分享建議，以便於本所設計出更符合您需要的活動，大家共同來參與為孩子的成長努力！

※本次的活動您個人認為覺得：

　　請在合適的空格內打「√」

	很滿意	滿意	尚可	不滿意	什麼
時間安排					
場地安排					
活動內容設計					
工作人員態度					

※整體而言，您會為這次的講座打幾分？

　　□100分　□90分　□80分　□70分　□60分以下

※未來XX托兒所在舉辦相關之活動，您的建議：

_____

_____

_____

※感謝您的參與協助，並撥空填寫此問卷※

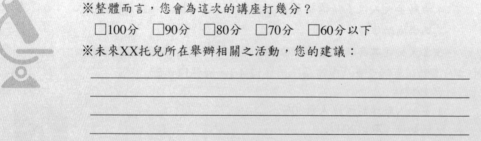

附件12-4-2

「快樂成長」趣味運動會 邀請函

親愛的家長您好：

　　一年一度的親子體能運動會即將開鑼了，期待您的蒞臨參與，讓孩子的童年不留白，有著「愛」的呵護與關懷，在成長的路上能更順遂。本園特舉辦親子體能趣味競賽，增進親子間的情誼，讓寶貝與您擁有良性互動，促進親子和諧感，懇請家庭撥空參加。

活動名稱：「快樂成長」趣味運動會

活動目的：1.培養良好與正確的運動精神

　　　　　2.鼓勵幼兒積極參與活動

　　　　　3.培養幼兒遵守遊戲規則的良好態度

　　　　　4.增進良好親子互動關係

　　　　　5.增強孩子的自信心

活動日期：○年○月○日【星期六】

活動時間：上午9:00～11:30

活動地點：XX國小大操場

活動流程如下：

運動員進場	9:00～9:15
園長致詞	9:15～9:20
啦啦隊表演	9:20～9:30
氣球傘表演	9:30～9:35
親子健康操	9:35～9:50
趣味競賽： 大球接力、兩人三腳、趣味足球PK	9:50～11:00
頒獎	11:00～11:20
歌聲滿行囊【活動結束】領取寶貝餐盒	11:30

（續）
附件12-4-2

注意事項：

1.幼兒：穿著本園運動服裝、球鞋

　家長：穿著休閒運動服裝、球鞋

2.報到地點：XX國小大操場

3.報到時間：上午8:30以前

4.活動當天人很多請慎防留意幼兒安全

　【園所備有社區義警與義工媽媽協助維護】

5.當天交通工具請盡量搭乘公共交通工具，以免交通擁擠或遺失

----------【「快樂成長」趣味運動會報名回條】----------

班別：　　　　學生姓名：　　　　家長簽名：

□ 願意參加　　　　　□ 不克參加

XX托兒所 敬邀

自信小勇士～趕走退縮小烏龜

一、活動名稱：自信小勇士～趕走退縮小烏龜

二、活動目的：

1. 家長可以欣賞幼兒平日的作品及成果，以進一步瞭解各班所進行的主題活動。

2. 讓家長與幼兒一起參加幼兒校內所進行的主題活動。

3. 讓家長瞭解自己子女在托兒所中的群體表現。

4. 藉著與孩子間的互動，讓家長有機會瞭解幼兒的想法與思考模式，以促進親子間的溝通，增強孩子的自信心。

5. 藉著一起遊戲的方式，建立家長與子女間良好的默契與親子關係。

三、活動日期：○年○月○日（星期六）。

四、活動時間：上午9:00～11:00

五、活動地點：園區教室內、戶外廣場。

六、參加對象：全校幼生及家長。

七、活動內容：

上午9:00集合【中場休息十分鐘】

活動流程	活動內容	準備材料	時間
活動一： 親子共讀	1.父母和小孩共讀一本繪本。 2.說出每人的感覺或想法。 3.請小孩利用紙筆，畫出自己的看法或思考方式。 4.同學分享，說出含意並抒發情緒。	繪本、紙張 彩色筆	9:10 ｜ 9:30
活動二： 恐龍走路	1.先在地上貼上一些恐龍的腳印，排列間隔可以比照一般大人走路的間隔排列的次序則先是有秩序的排列，再改變成較無次序的排列。 2.請小孩先將腳踏在爸爸或媽媽的腳上，再請父母依照地上的腳印走路，而在走腳印的時候會播放音樂，請小孩和父母盡量在音樂停止前到達終點。	恐龍腳印 錄音帶 錄音機	9:30 ｜ 9:50

活動三： 角色扮演 海底動物	1.在教室內的一區擺上多種可以利用的材料、工具，參考的工具書。 2.請父母與小孩先參觀以海洋為主題進行布置的教室。 3.主題是海洋，請父母配合利用現有的資源，將小孩扮成海洋裡的一種動物植物。 4.小孩在製作之前可以先和父母親討論，或參考一旁的工具書。	紙張 工具書 剪刀 膠帶 彩色筆等	10:00 ｜ 10:20
活動四： 夾我！ 夾我！	1.請小孩和家長一起夾球走到終點處的椅子，繞一圈之後再回來。 2.請家長先抽籤，看兩個人要用哪兩個部位一起夾球。 3.過程中，球如果掉了，應撿起來並在原地夾球再進行活動。	氣球 椅子	10:20 ｜ 10:35
活動五： 超級比一比	1.請父母與小孩先參觀以動物為主題進行布置的教室 2.小孩到老師那裡抽取動物圖片，老師將小孩抽到的圖片黏在小孩的背後，活動進行中家長不可以發出聲音，可以用動作表演的方式讓小孩知道其背後貼的動物是哪一種動物？ 3.注意不可讓小孩看到背後的圖片喔！ 4.家長可以用發出聲音以外的任何方法，告知小孩他們背後貼的動物是什麼。	動物圖片 膠帶	10:35 ｜ 10:50

八、愛的叮嚀──園長的話（10:50～11:00）

　　每個小孩都有不同的氣質，個性退縮的孩子更不能忽略他，利用親職活動一起參與增加自信心、膽量，有發揮自己的功能存在，當然不是一次見效，行為偏差的孩子需要父母親的加油打氣，打開心房樂意接受，家中可玩一些親子遊戲，拉近距離，相信孩子會感受到您的關懷溫暖在心，給孩子一點時間來改變。加油！

九、預估經費：利用園所現有的材料資源，不需額外花費太多。預估約新
　　　台幣5,500元。

項目	金額	備註
場地費	1,000	場地水電費
印刷費	500	印刷文宣、通知單、邀請函等
布置	500	製作海報、紅布條、鮮花等
雜支	3,500	茶水、餐盒

十、工作分配

　　1.園長、主任：總指揮、主持人。

　　2.大班老師：活動組、活動流程進行。

　　3.中班老師：美工組、活動流程進行。

　　4.小班老師：採購組、善後清潔。

　　5.助理老師：機動人員、善後清潔。

十一、注意事項

　　1.老師、幼生請穿著運動服裝、球鞋。

　　2.家長穿著輕便服裝、球鞋。

　　3.請準時九點前找班老師報到。

　　4.每個活動的安全措施要周全。

　　5.急救保健箱的準備。

　　6.茶水供應足夠、垃圾分類不亂丟。

　　7.汽機車的停放位置。

十二、獎勵辦法：凡參加者都會贈送神秘小禮物喔！

十三、活動問卷調查表及邀請函（附件12-5-1、附件12-5-2）

十四、活動評估

　　1.藉由此次活動，增加親子間的互動。

　　2.能增強孩子的自信心，變得更勇敢。

　　3.增加親子間溝通，瞭解孩子個性。

　　4.能有五成以上家長參加。

　　5.達到寓教於樂的效果。

附件12-5-1

自信小勇士～趕走退縮小烏龜
意見調查表

親愛的家長您好：

　　感謝您百忙之中抽空參與此次活動，經過此次活動能增加親子間的互動，孩子也能勇敢些不再畏畏縮縮的，希望透過以下幾個問題能瞭解您的需求，麻煩您細心作答，完成後請交給老師。謝謝您！

1.您對於此次活動的時間安排如何？

　□很滿意　□滿意　□尚可　□不滿意　□意見＿＿＿＿＿＿＿

2.您對此次活動的場地安排如何？

　□很滿意　□滿意　□尚可　□不滿意　□意見＿＿＿＿＿＿＿

3.您對於此次活動的內容如何？

　□很滿意　□滿意　□尚可　□不滿意　□意見＿＿＿＿＿＿＿

4.您對於此次工作人員的服務態度如何？

　□很滿意　□滿意　□尚可　□不滿意　□意見＿＿＿＿＿＿＿

5.您對於學校再次舉辦親子活動系列會參加嗎？

　□會　□不會　□不一定　□意見＿＿＿＿＿＿＿＿＿＿＿

6.為了使活動能更完美請您提供對於此次的優缺點，以便於學校改善。謝謝您！

　＿＿＿＿＿＿＿＿＿＿＿＿＿＿＿＿＿＿＿＿＿＿＿＿＿＿＿

　＿＿＿＿＿＿＿＿＿＿＿＿＿＿＿＿＿＿＿＿＿＿＿＿＿＿＿

　＿＿＿＿＿＿＿＿＿＿＿＿＿＿＿＿＿＿＿＿＿＿＿＿＿＿＿

XX托兒所啟

自信小勇士～趕走退縮小烏龜
邀請函

親愛的家長您好：

　　我們都是當了父母才學做父母，但如何做一個一百分爸爸、一百分媽媽，皆是我們身為父母必修的課題，孩子的童年只有一次，要把握參與，相信您在各類親子活動中，都能獲得意想不到的樂趣，藉由繪本故事的啟發，開啟希望之窗，開拓更廣的視野，增進人生智慧，讓我們共同來為幼兒的學習成長努力，誠摯地邀請您分享彼此的教養經驗。

活動名稱：自信小勇士～趕走退縮小烏龜

活動目的：1.家長可以欣賞幼兒平日的作品及成果，以進一步瞭解各班所進行的主題活動。

　　　　　2.讓家長與幼兒一起參加幼兒校內所進行的主題活動。

　　　　　3.讓家長瞭解自己子女在托兒所中的群體表現。

　　　　　4.藉著與孩子間的互動，讓家長有機會瞭解幼兒的想法與思考模式，以促進親子間的溝通，增強孩子的自信心。

　　　　　5.藉著一起遊戲的方式，建立家長與子女間良好的默契與親子關係。

活動日期：○年○月○日（星期六）。

活動時間：上午9:00～11:00

活動地點：園區教室內、戶外廣場。

（續）
附件12-5-2

活動流程如下：

時　間	活動內容	負責老師	備註
09:00 ～ 09:10	報到集合	各班老師	
09:10 ～ 09:30	親子共讀	XXX老師	
09:30 ～ 09:50	恐龍走路	XXX老師	
10:00 ～ 10:20	海底動物扮演	XXX老師	
10:20 ～ 10:35	夾夾樂	XXX老師	
10:35 ～ 10:50	超級比一比	XXX老師	
10:50 ～ 11:00	愛的叮嚀～快樂賦歸	XXX所長	

注意事項：

1. 老師、幼生請穿著運動服裝、球鞋。

2. 家長穿著輕便服裝、球鞋。

3. 請準時九點前找班老師報到。

4. 每個活動的安全措施要周全。

5. 急救保健箱的準備。

6. 茶水供應足夠、垃圾分類不亂丟。

7. 汽機車的停放位置。

----【自信小勇士～趕走退縮小烏龜報名回條】----

班別：　　　　　學生姓名：　　　　　家長簽名：

☐ 願意參加　　　　　　☐ 不克參加

XX托兒所 敬邀

認識你、我、他

一、活動名稱：認識你、我、他

二、活動目的：

    1.培養幼兒多元能力開發各項智慧

    2.促進幼生發揮創意、增進思考

    3.加強適性教育、激發兒童潛能

三、活動日期：○年○月○日（星期六）

四、活動時間：上午9:30～11:30

五、活動地點：本所一樓活動廣場

六、參加對象：全所家長及幼兒

七、活動流程如下：

時間	活動內容	負責老師	備註
09:00～09:30	集合	XXX老師	
09:30～09:40	所長致詞	XXX所長	
09:40～10:00	律動：扭扭我的身體	全體幼生	
10:00～10:10	休息一下準備闖關活動		
10:10～11:00	活動1：小紳士、小淑女 活動2：愛的小天使 活動3：勇敢說「不」	XX老師 XX老師 XX老師	
11:00～11:30	點心時刻、心靈交流	XXX老師	
11:30	大手牽小手～賦歸		

八、預估經費：本項計畫約新台幣7,510元

項目	預算	備註
茶點及茶水	3,000（元）	小蛋糕、餅乾、飲料等
印製費	300（元）	意見調查表
攝影	60（元）×1（卷）＋150（沖洗費） ＝210（元）	
宣傳海報	2,500（元）	
獎品	1,000（元）	闖關成功
雜支	500（元）	

九、工作分配

職稱	工作內容
主席（主持人）	綜合整理整個活動的流程
總務組	會場布置與茶點、午餐
文書組	海報設計、邀請卡
教保組	活動攝影、招待
活動組	闖關活動事項籌備 （闖關項目詳見附件12-6-1）

十、注意事項

1.當天請幼生9:00到園所，找各班老師集合。

2.設置主題闖關攤位，讓幼生參與闖關活動，經由多元評量，達到學習目的。

3.設計闖關卡，每位幼生通過三個關卡，蓋三個戳記，即可獲得生活護照蓋章及過關獎品。

十一、活動問卷、邀請函（附件12-6-2、附件12-6-3）

十二、活動評估

1.孩子到了發問期有不少與性問題有關如：「我是從哪裡來的？」、「媽媽怎樣生孩子？」而您的回答將會潛意識地存在孩子的腦海裡。

2.幼兒到了五歲，他們的問題多會從自己的身體開始，性知識和性教育是兩回事，單是學識的灌輸不能算是教育，教育的涵義是要把知識正確地運用在人的日常生活上。

附件12-6-1

認識你、我、他
活動內容

活動1：小紳士、小淑女（性別角色）
活動目標：能夠依自己的性別，穿上合適的服裝打扮。
活動方式：小朋友挑選出屬於自己性別的服裝，並整齊的穿好它，再
　　　　　選擇適當的鞋子，父母可協助穿著但不能參與挑選的工
　　　　　作，完成穿著打扮即過關。
道具準備：小紳士西裝一套、小淑女禮服一套、皮鞋一雙、高跟鞋一
　　　　　雙。

活動2：愛的小天使（模仿）
活動目標：藉由幫助他人，體會爸爸、媽媽對自己的關愛，也能夠適
　　　　　時地幫助他人。
活動方式：請父母親戴上眼罩、拿著拐杖，由孩子牽著父母親繞過障
　　　　　礙物，回到原點即可過關。
道具準備：眼罩、拐杖、障礙物三角錐。

活動3：勇敢的說「不」（保護自己）
活動目標：遇到陌生人不好的行為舉動（如：撫摸自己的生殖器），
　　　　　能夠勇敢的表達說出「不」，懂得如何保護自己。
活動方式：依據圖卡所呈現的狀況，說出其解決辦法，能夠正確表達
　　　　　出3張圖卡的解決之道即可過關。
道具準備：相關問題情境圖卡數張。

闖關卡

班級		姓名	
闖關活動	1.小紳士、小淑女	2.愛的小天使	3.勇敢的說「不」
成功章			

附件12-6-2

認識你、我、他
滿意度調查表

　　親愛的家長您好，十分感謝您在百忙中抽空前來參加這次本園所籌劃親職教育活動，不知道您對這次的活動有何看法及建議？藉由您的建議及回饋，可以讓我們作為檢討改進之用，以求下次辦理類似活動更能達到您的需求、更為周全完善，請您撥冗填寫下列問卷調查。謝謝合作！

請勾選以下您認為最適合的答案：非常滿意　滿意　尚可　待改進

1.對於這次活動時間的安排　　　　　□　　□　　□　　□

2.對於這次活動的宣傳及邀請　　　　□　　□　　□　　□

3.對於這次闖關活動的方式　　　　　□　　□　　□　　□

4.對於心靈交流進行的方式　　　　　□　　□　　□　　□

5.對於這次活動孩子表現能力　　　　□　　□　　□　　□

6.發給的各項資料內容　　　　　　　□　　□　　□　　□

7.對於整個活動流程　　　　　　　　□　　□　　□　　□

8.對於這次活動的茶敘餐點　　　　　□　　□　　□　　□

9.對於這次「認識你、我、他」的活動，我還想說的話及感想

　　_____

　　_____

　　_____

10.其他意見_____

謝謝您寶貴之意見！

XX托兒所啟

附件12-6-3

認識你、我、他 邀請函

親愛的家長您好：

　　由於社會急劇變遷，價值觀念趨於多元，現代教師與父母在教育與輔導幼兒時，較之往昔，面臨更多的挑戰。增加彼此教養上的問題，也藉由此活動讓孩子更瞭解自己。

活動名稱：認識你、我、他

活動目的：1.培養幼兒多元能力開發各項智慧
　　　　　2.促進幼生發揮創意、增進思考
　　　　　3.加強適性教育、激發兒童潛能

活動日期：○年○月○日（星期六）

活動時間：上午9:30～11:30

活動地點：本所一樓活動廣場

活動流程如下：

時　間	活動內容	負責老師	備註
09:00～09:30	集合	XXX老師	
09:30～09:40	所長致詞	XXX所長	
09:40～10:00	律動：扭扭我的身體	全體幼生	
10:00～10:10	休息一下、準備闖關活動		
10:10～11:00	活動1：小紳士、小淑女	XX老師	
	活動2：愛的小天使	XX老師	
	活動3：勇敢的說「不」	XX老師	
11:00～11:30	點心時刻、心靈交流	XXX老師	
11:30	大手牽小手～賦歸		

注意事項：

1.當天參加者請穿著運動服出席，盡量不要缺席喔！

2.當日闖關成功可獲得精美小禮物喔！

------------------【認識你、我、他～親子活動報名回條】------------------

學生姓名：　　　　　　　　家長簽名：

□ 願意參加　　　　　　　　□ 不克參加

　　　　　　　　　　　　　　　　　　　XX托兒所敬邀

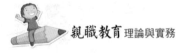
 本章小結

　　親職教育是指有系統、有理論基礎的方案,主要目的及用意是喚醒家長對於教育子女的關心與注意,從中協助獲得社會資源或幫助家長擔負為人父母的職責,配合學校、社會及家庭提供兒童最佳的成長環境,以幫助孩子的成長與發展。親職教育的功能包括:預防兒童虐待與疏忽、預防少年犯罪、預防家庭暴力問題的產生、預防子女學習受挫,最終達到良好的親子關係與和諧的家庭生活。

　　家長參與有關孩子發展與成長有其教育上、道德上及法律上的理由,既然孩子是父母親的主要責任,家長應參與教育方面的決定。任何的教育成功與否,家長參與是關鍵的主要因素,特別是設計給有特殊教育需求兒童的課程(Brofenbrenner, 1974),當家長與學校成為夥伴關係之後,和兒童一起合作可以超越教室這個空間,在校學習及在家學習可以變成相互支持。教師身為兒童發展專家,幫助父母提升有效溝通和管教技巧,充權家庭功能及父母效能,尤其對有特殊需求之家庭和有行為問題兒童之家庭,建立家庭支持網絡,以圍堵子女不良行為的惡化與再現。

 參考書目

一、中文部分

林家興(1997)。《親職教育原理與實務》。台北:心理。

郭靜晃(2001)。《中途輟學青少年之現況分析及輔導》。台北:洪葉文化。

郭靜晃(2005a)。《青少年政策白皮書》。台北:青少年輔導委員會。

郭靜晃(2005b)。《親職教育理論與實務》。台北:揚智文化。

二、英文部分

Bronfenbrenner, U. (1974). *A Report on Longitudinal Evaluation of Preschool Programs: Is Early Intervention Effective?* Washington DC: U.S. Department of Health, Education and Welfare.

Siperstein, G. N., & Bak, J. J. (1988). Improving social skills. *Exceptional Parent, 18*(2), 18-22.

Chapter

13 強制性親職教育輔導

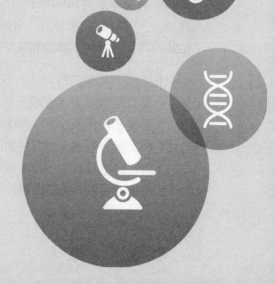

兒童及少年福利法第43規定：兒童及少年有第30條〔任何人對於兒童及少年不得有下列行為：(1)遺棄；(2)身心虐待；(3)利用兒童及少年從事有害健康等危害性活動或欺騙之行為；(4)利用身心障礙或特殊形體兒童及少年供人參觀；(5)利用兒童及少年行乞；(6)剝奪或妨礙兒童及少年接受國民教育之機會；(7)強迫兒童及少年行乞；(8)拐騙、綁架、買賣、質押兒童及少年，或以兒童及少年為擔保之行為；(9)強迫、引誘、容留或媒介兒童及少年為猥褻行為或性交；(10)供應兒童及少年刀械、槍砲、彈藥或其他危險物品；(11)利用兒童及少年拍攝或錄製暴力、猥褻、色情或其他有害兒童及少年身心發展之出版品、圖畫、錄影帶、錄音帶、影片、光碟、磁片、電子訊號、遊戲軟體、網際網路或其他物品；(12)違反媒體分級辦法，對兒童及少年提供或播送有害其身心發展之出版品、圖畫、錄影帶、影片、光碟、電子訊號、網際網路或其他物品；(13)帶領或誘使兒童及少年進入有礙其身心健康之場所；(14)其他對兒童及少年或利用兒童及少年犯罪或為不正當之行為。〕及第36條第1項各款情事（兒童或少年未受適當之養育或照顧），或屬目睹家庭暴力之兒童或少年，經直轄市、縣（市）主管機關列為保護個案者，該主管機關應提出兒童及少年家庭處遇計畫得包括：家庭功能評估、兒童少年安全與安置評估、親職教育、心理輔導、精神治療、戒癮治療或其他與維護兒童及少年或其他家庭正常功能有關之扶助及福利服務方案。而處遇計畫之實施，兒童及少年本人、父母、監護人、實際照顧兒童及少年之人或其他有關之人應予配合。

上述的法源是由「兒童福利法」1973立法之後，在運作三十年後，於1993年修訂，並與1989年的「少年福利年」在2003年合併為「兒童少年福利法」。同時也首次修訂「強制性親職教育的條款」，除了與違反規定的相關的條文進行條次修改和文字更動外，還包括：

1.增加一項裁罰行為——任何人不得對兒童少年「強迫、引誘、容留媒介兒童及少年自殺行為」（第30條第十四項）
2.將養父母併入父母、照顧的對象則增加少年，於是強制的對象改為「父母、監護人或其他實際照顧者」「兒童及少年」之人。
3.將「應」令改為「得」令，增加主管機構裁定上的彈性。
4.將接受親職教育的時數由四小時增加為八至五十小時。

5.由不需收取費用，改變為需向裁定者收取費用。

6.不接受或時數不足者罰鍰增加，從一千二百至六千元增加至三千至
　一萬五千元。修改後的法條（第65條）內容如下：

「父母、監護人或其他實際照顧兒童及少年之人有下列情事之一者，
直轄市、縣（市）主管機關得令其接受八小時以上五十小時以下之親職教
育輔導，並收取必要之費用；其收費規定，由直轄市、縣（市）主管機關
定之：

一、對於兒童及少年所為第26條第一項第二款行為，未依同條第二項
　　規定予以禁止。

二、違反第28條第二項、第29條第一項、第30條或第32條規定，情節
　　嚴重。

三、有第36條第一項各款情事之一者。

經直轄市、縣（市）主管機關令其接受前項親職教育輔導，有正當理
由無法如期參加者，得申請延期。

拒不接受第一項親職教育輔導或時數不足者，處新臺幣三千元以上一
萬五千元以下罰鍰；經再通知仍不接受者，得按次連續處罰，至其參加為
止。」（「兒童及少年福利法」第65條，2003年修）

許多兒童保護相關資料顯示，兒童和少年受虐比率呈現逐年增加之趨
勢。以2003年為例，兒童電話諮詢個案數為43,252人，少年為22,115人，兒
童保護個案為5,349人，少年為2,664人；但到了2005年兒童保護個案則上
升至7,095人，少年為2,802人（內政部，2007）。根據內政部兒童局2003
年的兒童保護業務統計資料顯示，施虐者當中，父母占81.06%、養父母占
6.92%、照顧者占3.67%、親戚占0.34%、同居人占4.33%、機構的人員占
3.68%。施虐者中以父母、養父母所占的比例最高，共計總數的87.98%（內
政部兒童局，2004）。由此可知施虐父母處遇實為一相當重要的議題。

鑑於兒童虐待問題日益嚴重，施虐者又以親生父母居多，兒童及少年
福利與權益保障法第102條明訂「父母、監護人或實際照顧兒童及少年之
人有下列情形者，主管機關應命其接受四小時以上五十小時以下之親職教
育輔導：

一、未禁止兒童及少年為第四十三條第一項第二款行為者。

二、違反第四十七條第二項規定者。

三、違反第四十八條第一項規定者。

四、違反第四十九條各款規定之一者。

五、違反第五十一條規定者。

六、使兒童及少年有第五十六條第一項各款情形之一者。

依前項規定接受親職教育輔導，如有正當理由無法如期參加，得申請延期。

不接受親職教育輔導或拒不完成其時數者，處新臺幣三千元以上三萬元以下罰鍰；經再通知仍不接受者，得按次處罰至其參加為止。

依限完成親職教育輔導者，免依第九十一條第一項、第九十五條第一項、第九十六條第一項、第九十七條及第九十九條處以罰鍰。」

綜上所述，推行施虐父母強制性親職教育與輔導已刻不容緩，強制性親職教育與輔導已成為兒童保護的重要業務之一。此業務推動重點為幫助施虐父母接受強制性親職教育，藉以提升父母們的親職能力，消除施虐行為，以保護兒童避免受傷害。

除了兒童及少年福利與權益保障法，有對父母、監護人及其他實際照顧兒童及少年之人有規定強制親職教育輔導外，少年事件處理法第84條亦規定：少年之法定代理人或監護人，因忽視教養，致少年有觸犯刑罰法律之行為，或有第3條第二款觸犯刑罰法律之虞之行為〔少年有下列情形之一，依其性格及環境，而有獨犯刑罰法律之虞者：(1)經常與有犯罪習性之人交往者；(2)經常出入少年不當進入之場所者；(3)經常逃學或逃家者；(4)參加不良組織者；(5)無正當理由經常攜帶刀械者；(6)吸食或施打煙毒或麻醉藥品以外之迷幻物品者；(7)有預備犯罪或犯罪未遂而為法所不罰之行為者。〕，而受保護處分或刑之宣告，少年法院得裁定命其接受八小時以上，五十小時以下之親職教育輔導。拒不接受前項親職教育輔導或時數不足者，處新台幣三千元以上一萬元以下罰鍰；經再通知仍不接受者，得按次連續處罰，至其接受為止。前項罰鍰，由少年法院裁定之。受處分人得提起抗告，並準用第63條及刑事訴訟法第406條至414條之規定。前項裁定，得為民事強制執行名義，由少年法院囑託各該地方法院民事執行處強制執行之，免徵執行費。少年之法定代理人或監護人有第一項前段情形，情況嚴重者，少年法院並得裁定公告其姓名。前項裁定不得抗告。

即使親職教育對於增加父母親職能力的有效性已經被證實，國外許多關於親職教育的實證研究發現，大部分的父母參與親職教育活動或課程後，其教養態度與育兒知識皆獲得改善；國內關於親職教育的相關研究也指出：親職教育使父母習得養育孩童的正確態度及能力，對促進孩童發展、改善親子關係與促進父母自身成長方面皆有助益（王行，2004；林惠娟，2002）。

被邀請擔任親職教育講座的演講者常可感受到門可羅雀之感，甚至有些家長還抱怨沒有時間，硬被老師要求而來，而且也感受到這些來聽親職演講的家長大多沒有親職之衝突或問題。據老師表示他們本來就是一群積極參與孩子事務的家長，反而是需要接受親職教育的家長卻都未來參與。

但是親職教育在推展的工作仍面臨了相當大的困難，這些困難可以分成兩部分來討論，第一部分是由親職的私密性來討論其父母親參與意願的影響；第二個部分則由現代親職教育中與傳統教養觀念中的不一致性來討論親職教育的有效性。

第一，親職的私密性使父母參與意願低落：即使親職教育的必要性已經逐漸被接受，但是Bloom認為，原始社會的親職工作是開放性的、對孩子的照顧是由整個社群團體來共同提供支持的，但人與人之間的感情表達隨著社群的分化而逐漸受到壓抑，同樣地，親職的工作慢慢的劃分成為家庭的私人事件，這樣的分化過程，使得父母在面對親職困難時，會因為考量私密性以及擔心社群中其他人的負面價值判斷，而使得父母不敢向外求助（引自闕漢中、鄭麗珍，1996：10）。

第二，文化的不一致性使得親職教育成效不彰：多年來，台灣有關親職教育的方案很多，但是研究結果發現，父母親的教養方式並沒有太大的改變。

親職教育為何沒有產生效果呢？因為大部分父母教養觀念仍深受傳統文化的影響，認為父母應該嚴教，而且這種教養觀並非強調技巧的父母訓練或認知轉換可以改變的。所以我們會發現，這種源自於文化不一致性的迷惘與不確定，很可能會使父母親在接受親職教育課程後，不敢採用新的教養方式而沿用既有的教養方式，也因此造成了親職教育無效果的現象，尤其在最近急遽增加比率的外籍配偶家庭中。

本章的主要目的即是提供需要被教育，而且缺乏主動參與親職教育課

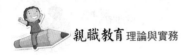
程的家長為主,換言之,也是高危險群或家庭瀕臨危機的家長,如何將需要接受親職教育的家長找來,提供何種課程,順利地提供有關的親職教育之主題。本章共分為五個部分:(1)相關法規對強制性親職教育輔導之規定;(2)誰應該參加強制性親職教育輔導;(3)親職教育參與之阻礙;(4)如何運用SWPIP在強制性親職教育;(5)台灣強制性親職教育輔導實施現況分析。

第一節　相關法規對強制性親職教育輔導之規定

　　目前有關強制性親職教育輔導之法令規定就以兒童及少年福利法第43條及少年事件處理法第84條,對父母及監護人做有關家庭功能評估及親職教育等之輔導措施。

一、相關法令規定

　　兒童福利法於1973年制定公布後,於1993年進行第一次修法,將原本30條條文增列到54條,其中增列的第48條條文就規定:父母、養父母、監護人或其他實際照顧兒童之人,違反第26條、第30條、第31條第一項、第33條第一項、第二項或第34條(包括:遺棄、身心虐待、綁架、買賣、供應兒童毒品、讓兒童獨處等不當對待),情節嚴重;或有第15條第一項(兒童未受適當養育、照顧、未就醫診治等)所列各種情事者,主管機關應令其接受四小時以上之親職教育輔導。依據兒童福利法主管兒童福利相關業務之兒童局,於1999年正式成立,也開始落實兒童福利工作中並將親職教育輔導列為重要之工作方向之一。此外,2007年的內政概要就提及現今兒童少年福利政策有關強制性親職教育發展之目標就有兩點:(1)在兒童少年保護之第4點:加強輔導地方政府辦理兒童及少年保護之諮詢、通報、緊急安置、輔導、轉介,並實施強制性親職教育及家庭輔導服務;(2)在兒童及少年福利機構之設置與輔導的第3點:輔導設置兒童少年福利服務中心54處,提供諮詢及諮商、轉介、親職教育及親子活動、文康休閒活動等服務(內政部,2007)。

　　然而為因應兒童與少年不斷出現之新議題，避免兒童及少年資源重疊，及行政體制之整合，並順應先進國家兒童福利法及1989年聯合國兒童權利公約所指兒童，皆以18歲以下為規範，民間團體與兒童局歷經無數次的合併修法工作，終於2003年5月28日公布兒童及少年福利法，其中規定除加重父母之責任，並擴大親職教育輔導之時數，於新法第65條規定：父母、監護人或其他實際照顧兒童及少年之人，有違反第26條第二款（應禁止兒童少年吸菸、喝酒、施用毒品、管制品、觀看閱覽收聽影響身心健康之物品及競駛、競技、蛇行等之行為），第20條第二項、第29條第一項、第30、32條（應禁止兒少進入不正當場所、從事不正當或危險工作、及遺棄、身心虐待、誘拐、綁架、買賣、獨處等行為）情節嚴重者，有違反第36條第一項（遭遇緊急危險或之虞者），主管機關得令其接受八小時以上五十小時以下之親職教育輔導（以下簡稱強制性親職教育輔導），如不接受親職教育輔導或時數不足者之罰鍰為新台幣三千元以上一萬五千元以下，經再通知仍不接受者，得按次連續處罰，至其參加為止。

　　2011年，為使兒童及少年福利法由消極保護轉向積極維護兒童及少年權益，更名為「兒童及少年福利與權益保障法」，並二次修改「強制性親職教育」有關內容。此次修改與前次（2003年）修法的內容相較，除了修改違反相關規定的內容條次外（未禁止第43條第一項第二款行為者；有第56條第一項各款情形，其情節嚴重者；違反第47條第二項、第48條第一項或第51條處罰，情節嚴重者），還包括：

1. 裁定接受親職教育者之情況增加；一種為裁定罰鍰但接受親職教育完成者可不罰者（第49條1-11、15-17款）（第97條），另一種為先處罰，之後再對情節嚴重者，命其接受親職教育（第47條第二項、第48條第一項、第51條）（第102條）。
2. 取消向裁定親職教育者收費的規定。

　　修法後與強制性親職教育有關法條（第64、91、97、102條）如下：

> 「兒童及少年有49條或第56條第一項各款情事，或屬目睹家庭暴力之兒童及少年，經直轄市、縣（市）主管機關列為保護個案者，該主管機關應於三個月內提出兒童及少年家庭處遇計畫；必要時，得委託兒童及少年福利機構或團體辦理。

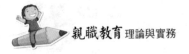

前項處遇計畫得包括家庭功能評估、兒童及少年安全與安置評估、親職教育、心理輔導、精神治療、戒癮治療或其他與維護兒童及少年或其他家庭正常功能有關之協助及福利服務方案。

處遇計畫之實施，兒童及少年本人、父母、監護人、其他實際照顧兒童及少年之人或其他有關之人應予配合。」（第64條）

「父母、監護人或其他實際照顧兒童及少年之人，違反第43條第二項規定，情節嚴重者，處新臺幣一萬元以上五萬元以下罰鍰；其未禁止兒童及少年為第43條第一項第二款行為者，並得命其接受八小時以上五十小時以下之親職教育輔導。」（第91條）

「違反第49條第一款至第十一款或第十五款至第十七款規定之一者，處新臺幣六萬元以上三十萬元以下罰鍰，並得公布其姓名或名稱。但行為人為父母、監護人或其他實際照顧兒童及少年之人，經命其接受親職教育輔導且已依限完成者，不適用之。」（第97條）

「父母、監護人或其他實際照顧兒童及少年之人經主管機關依95條第一項、第96條第1項或第99條處罰，其情節嚴重者，並得命其接受八小時以上五十小時以下之親職教育輔導。

父母、監護人或其他實際照顧兒童及少年之人依第91條第一項、前條或前項規定應接受親職教育輔導，如有正當理由無法如期參加，得申請延期。

不接受親職教育輔導或拒不完成其時數者，處新臺幣三千元以上一萬五千元以下罰鍰；經再通知仍不接受者，得按次處罰至其參加為止。」（第102條）

截至目前為止，由「兒童及少年福利與權益保障法」歷次修法過程（表13-1），可知強制性親職教育的法條從無到有的變化，包括：

1. 強制對象：從父母、養父母、監護人或其他實際照顧兒童之人，更改為父母、監護人或其他實際照顧兒童及少年之人。
2. 裁罰行為：未禁止第43條一項二款行為、違反第49條1-11、15-17款行為、出現第47條第二項、第48條第一項或第51條、第56條第一項各款情形，其情節嚴重者。
3. 裁罰類別：共有三種；一種為只要未禁止某一行為者皆罰（第43條

表13-1 兒童及少年福利與權益保障法有關「強制性親職教育」修法歷程和內容

法條名稱	兒童福利法	兒童福利法	兒童及少年福利	兒童及少年福利與權益保障法
修法時間	62/1/25	82/01/18	92/05/28	100/11/30
條文	無	第48條	第65條	第91、97、102條
強制對象	無	父母、養父母、監護人或其他實際照顧兒童的人	父母、監護人或其他實際照顧兒童及少年的人	父母、監護人或其他實際照顧兒童及少年的人
違反事項	無	違反第26條，30條，31條1項，33條第1，2項，第34條情節嚴重；或有第15條第1項所列各種情事者	有第26條1項2款行為，未依規定禁止第2項；違反第28條第2項，第29條第1項、第30條或第32條，情節嚴重者。有第36條第1項各款者	有56條第一項各款情形，其情節嚴重者；依47條第二項、48條第一項或51條處罰，情節嚴重者；或違反第49條各款
處罰時數	無	應令其接受4小時	得令其接受8-50小時	得令其接受8-50小時
費用	無	無	收取必要的費用	無
延期	無	如有正當理由，得申請之	如有正當理由，得申請之	如有正當理由，得申請之
未完成之做法	無	不接受或時數不足者處1,200-6,000元罰鍰，得按次處罰至其參加為止	不接受或時數不足者處3,000-15,000罰鍰；得按次連續處罰，至其參加為止	不接受或拒不完成時數者處3,000-15,000罰鍰；得按次處罰至其參加為止

第二項、第四項）（第91條）、一種為裁定罰鍰，但命其接受親職教育完成者可不罰（第49條各款）（第97條），最後一種為先處罰（罰鍰）後，再對情節嚴重者，命其接受親職教育（第47條第二項、第48條第一項、第49條各款、第51條、第56條第一項各款）（第102條）。

4.裁定強度：從「應」命其接受親職教育，到「得」命其接受親職教育。

5.處罰時數：從四小時，到八至五十小時。

6.費用收取：從不需收取費用到需收取費用，完成之後再取消費用。

7.罰鍰對象：從「不接受者或時數不足者」，到「不接受或拒不完成時數者」。

8.罰鍰金額：由一千二百至六千元，增加到三千至一萬五千元等。

　　由上述歷次修改的情況看來，強制性親職教育的法條內容，確實能貼近社會的脈動和實際狀況（如禁止之行為），且能依據執行的可行性做了調整（如取消費用的收取），也增加了強制性（罰鍰）；然而，裁罰的形式隨著修法愈趨複雜（如裁罰的四種類型），裁定強度雖由「應」到「得」，表面看似增加了裁定工作之彈性，但也增加了判斷上的複雜性（如何謂「適當之養育和照顧」？何謂「身心虐待」？）、增加了工作者壓力，且何謂「節情嚴重」？何謂「拒不接受者」？都讓強制性親職教育的裁罰工作難度增加。

　　其實我國有關強制性親職教育的法條，除了「兒童及少年福利與權益保障法」外，「少年事件處理法」亦有同樣的規定，只是由於法規性質、主管機關的位階、裁定者的權力，以及執行的強制力有別，對違犯父母產生的強制力即有差異（比較內容請見表13-2）。

　　「兒童及少年福利與權益保障法」是福利行政法，主管機關為直轄市、縣（市）政府社會局／處，而其違反、疏忽或未禁止特定行為之評估、行為裁定者和執行者，主要為社會局／處承辦該業務的社工或委外機構的社工負責；「少年事件處理法」屬刑事法，主管機關為少年法院（或地方法院的少年法庭），違犯行為的調查者為監護人（少年調查官）、裁定者為法官、執行者則為不同的觀護人（少年保護官）。兩法裁定的時數雖然相同（皆為8-50小時），且兒童及少年福利與權益保障法的罰鍰金額（3,000-15,000元）甚至高於少年事件處理法（3,000-10,000元），然少年事件處理法一經裁定後，執行無法延期，且可公告拒不接受或時數不足的父母（法定代理人或監護人）姓名。

　　此外，少年事件處理法第84條規定：少年之法定代理人或其監護人，因忽視教養，致少年有觸犯刑罰法律之行為或之虞之行為，而受保護處分或刑之宣告，少年法院得裁定命其接受八小時以上五十小時以下之親職教育輔導，拒不接受前項親職教育輔導或時數不足者，處三千元以上一萬元

表13-2 「強制性親職教育」之相關法條

法條名稱		兒童及少年福利與權益保障法	少年事件處理法
最新修訂時間		2014年1月22日	2005年5月18日
法規性質		福利行政法	刑事法
法條		第91、97、102條	第84條
主管機關		直轄市、縣（市）政府社會局／處	少年法院／少年法庭
評估者		社會局／處社工或委外機構社工	觀護人（少年調查官）
裁定單位／裁定者		社會局／處社工	法官
裁定執行		社會局／處或委外機構社工	觀護人（少年保護官）
裁定對象		未禁止特定行為、疏忽或施虐兒少之父母、監護人或其他實際照顧者	疏忽教養之法定代理人或監護人
執行規定	時數	8-50小時	8-50小時
	收取費用	無	無
	延期上課	得申請之	無
	處罰	不接受或拒不完成時數者處3,000-15,000罰鍰；得按次處罰至其參加為止	拒不接受或時數不足者，得處3,000-10,000罰鍰；得按次連續處罰，至其接受為止。連續處罰3次以上者得公告法定代理人或監護人之姓名
	處罰執行位	行政法院強制執行處	地方法院民事執行處

以下之罰鍰，經再通知仍不接受者，得按次連續處罰，至其接受為止。少年事件處理法對於強制性親職教育之規定，雖亦是保護少年法律之相關規定，新兒少法對親職教育輔導規定之執行時數亦與其相呼應，唯少事法規定親職教育輔導屬法院執行系統，目前由法院獨立執行，本文僅就兒少福利法中社會福利體系中親職教育輔導執行概況，加以說明。

二、親職教育輔導在兒童保護工作之重要性

強制性親職教育輔導為兒童保護之重要業務之一，而且其執行時數由原本四小時以上提高至八小時以上五十小時以下，是否意味著親職教育輔導之成效是有效的？劉邦富（1999）指出依據兒童福利法執行親職教育輔導的用意是希望建立施虐者正確之親職知識與技巧，以恢復家庭功能，使受虐兒童早日回歸原生家庭，並積極預防兒童保護案件之發生。彭懷真、翁慧圓（1995）認為親職教育輔導是希望施虐的父母及主要照顧者經由規劃好的親職教育輔導，能增進其對兒童福利法及相關法規之認識，培養正確之管教方式，學習良性溝通之知能與技巧，及運用相關社會資源，以減少或消除家庭中之暴力與疏忽，進而重建家庭功能，改善親子關係。而闕漢中、鄭麗珍（1996）更進一步說明，兒童福利法中親職教育輔導隱含維護完整家庭之處遇前提，試圖透過不同形式的教育方案，強制施虐父母參與一連串行為改變之過程。

而在王行（2004）之研究中亦認為「強制性親職教育」在兒童少年保護工作中有幾層重要意義，包括：

第一，在保護弱勢的立場上，當然以兒童利益優先，而希望兒童及少年的主要照顧者調整管教的方法與親職態度（林惠娟，2002）。

第二，在同情受害者的立場，當然不能只是與兒童、少年工作，而是希望透過公權力與國家機器的力量，以「強制」的方法對施暴之主要照顧者進行「教育」，而具有懲罰與警惕之效用（黃元亨，2001）。

第三，對於家庭之功能價值，認為家庭對於孩子有不可以取代的意義，希望透過專業之機制輸送必要的福利資源，以改善家庭功能及主要照顧者之親職方式（闕漢中、鄭麗珍，1996）。

第四，以整體問題為延伸考量，兒少保護業務中之返家計畫對於兒童少年及社會資源來說，都有其必要性，因此「親職教育輔導」在家庭重整方案中，扮演極重要角色。

因此，強制性親職教育輔導，不是為了要消極懲罰施虐者，而是更積極的協助父母，評估家庭個別整體需求及幫助「家庭重整」〔類似美國積極性家庭維繫服務中的家庭重建（home-build）〕，希望藉由增強父母的親職能力，父母之自我成長，認識兒童發展及特殊兒童之問題，提供相

關之親職教育課程，讓父母學習處理自身問題，學習適當教養子女的方法（王行、莫藜藜、李憶微，2003）。

由兒童及少年福利與權益保障法的架構看來，有關親職教育輔導的規定被置於「罰則」中，余漢儀（1999）認為這隱含著將兒童虐待成因歸諸於個人親職功能不佳的意涵，雖然兒童虐待之成因，尚包含各種外在因素之影響，但親職教育的確可能減少一些因親職能力不足導致兒童受虐事件之發生，茲分述如下：

(一)親職能力與兒童虐待之關係

親職能力不足是否是兒童受虐的原因之一？尹業珍（1994）除了從社會學習理論觀點出發，認為施虐父母是因為缺乏良好之親職能力，以及有效的資源來應付教養子女及解決生活壓力，他同時整理國外相關學者之實證研究證明：父母親缺乏親職技巧與知識是導致父母虐待子女的主要因素之一（尹業珍，1994：32-34），他認為親職能力不足導致親子關係不良，更增加父母的壓力及因應能力，因此主張增強父母的親職知識與技巧，增進父母因應壓力之能力，以使父母能有效發揮其親職功能。

此外，劉美淑（1995）針對施虐父母之壓力源進行探究後發現，父母的主要壓力源來自於孩子的管教問題，台中縣家扶中心則指出在兒童遭受虐待之諸多原因中，親職知識與技巧不足，占相當多數（台中縣家扶中心，1999）。而在內政部兒童局於1997年之「兒童生活狀況調查」亦指出父母遭遇兒童之管教問題，依次為父母意見不一致、不知如何管教小孩、父母與祖父母的意見不一致等（內政部，1997）。

因此，如果以親職能力不足是造成父母虐待孩子主要原因之一，那麼透過親職教育課程來協助父母增加親職知職與技巧，應可以協助解決因親職能力不足所造成兒童虐待之情形。

(二)親職教育是否可以有效處理兒童受虐相關問題

劉可屏（1993）指出，親職教育經常被運用來處理兒童受照顧者不當對待的問題，不僅可以幫助參加者在短期內有行為上的改變，多年後仍可見其所帶來的益處。林家興（1997）認為，親職教育的積極性功能在於可以幫助父母與子女預防親子問題的發生，或增進更好的親子關係，因此

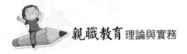
可以預防兒童虐待與疏忽。顏碧慧（1994）針對施虐父母親職團體所進行的評估研究結果指出，在經過團體處遇後父母親職壓力和挫折的程度有降低，並且意識到自己和孩子的相處方式需要修正，而有了改變的動機和意願。馮燕（1995）指出，團體諮商和親職教育課程對於身體虐待之施虐父母尤其有顯著成效，有較少的機會再施虐。

根據這些文獻皆指出，既然親職能力不足是造成父母虐待孩子主要原因之一，透過親職教育輔導來處理兒童虐待問題的確是相當有用的。

(三)公權力介入親職教育輔導之正當性

於兒童保護工作中，施虐者父母也是需要提供協助的，但是兒童及少年福利與權益保障法中，針對父母之處以親職教育輔導規定於「罰則」中，意味著對父母之親職教育輔導，以懲罰為主，如果來接受親職教育輔導等於承認自己虐待兒童之行為。而兒童保護問題一直存在著社會爭議，而此爭議主要來自於政府與家長對於兒童虐待看待的標準不一，父母經常以體罰為其合理的教養方式之一，而認為體罰非虐待，且認為管教子女為其家務事，甚至認為子女是父母財產，政府不應該干涉父母管教問題，凡此種種皆影響施虐父母參與強制性親職教育輔導之意願。

「強制性親職教育」的立法是期待父母能善盡保護和教養責任，促進兒童及少年的身心健全發展，然而法律能否落實、裁定能否執行，才是立法精神能否落實的關鍵所在。

依衛福部保護司（2014）提供的統計資料發現（**表13-3**），由2003年合併兒童及少年福利法後至2013年，十年來親職教育裁定的件數和時數雖略有起伏（2008年達到最高後下降），但整體來說呈現逐年增加的趨勢。

表13-3　違反兒童及少年福利與權益保障法而裁定親職教育的概況

裁定內容	親職教育課程		罰鍰	
	件數	時數（平均時數）	件數	強制執行
2013年	521	10,374（19.91小時）	19（3.7%）	8（42%）
2012年	393	8,095（20.60小時）	22（5.6%）	0
2008年	701	11,595（16.54小時）	19（2.7%）	4（21%）
2003年	204	2,790（13.68小時）	7（3.4%）	0

　　相較2012年來說，2013年的裁定件數增加1/3，裁定時數增加28%；2012年裁定件數約是2003年的一倍，增加了92%、裁定的時數則約為兩倍，增加了190%。此外，平均裁定親職教育時數除2003年的14小時外，其餘為17-21小時。再者，罰鍰件數並不多，約2-5%，強制執行的件數更少；然而從統計資料並無法得知，這結果究竟是這些被裁定的父母因為完成而無需罰鍰、不用強制執行？還是主管機關因為不易執行，而未對這些拒不接受或時數不足的父母罰鍰、也未強制執行罰鍰。

　　除了裁定之件數和時數外，裁定對象的瞭解亦有助於我們對「強制性親職教育」的執行現況的掌握，根據依衛福部保護司（2014）提供的統計資料亦發現（**表13-4**），裁定對象有集中趨勢，亦即不論是「兒童及少年福利法」（2003年、2008年）時期，還是「兒童及少年福利與權益保障法」時期（2012年、2013年），裁定的對象均集中在違反第56條第一項各款有關緊急保護安置之處理——如兒少未獲適當之養育或照顧、需立即診治而未就醫、遭遺棄、身心虐待、被強迫或引誘等，及第49條第1-11、15-17款，有關對兒童少年禁止特定行為者（如遺棄、身心虐待等），其中又以違反第56條者最多（兒童及少年福利法第30條、第36條，修法後條次更動為第56條、第59條）。

　　因此，兒童及少年福利與權益保障法中規定之親職教育輔導，在相關工作人員皆認為是協助輔導，減輕親職壓力，但對於施虐者來說則認為是處罰，而產生抗拒，拒絕參與將無法體認相關工作人員協助之美意，也將無法進入親職教育系統之協助，而兒童及少年福利與權益保障法之親職教育相關規定，正賦予相關工作人員介入親職教育輔導之正當性，也是依法行政之依據。

　　然而，針對這些被強制來接受親職教育輔導的施虐者，他們是被強迫來接受專業人員之教育、輔導，或心理諮商治療，這些族群在社會工作領域中被稱為「非志願性案主」（involuntary client），而在相關工作領域中，無論社工、諮商還是醫療背景之專業人員，都有很高的機會面對「非志願性案主」，而強制性親職教育更是直接要協助他們改變親職的態度與方法（王行等，2003）。根據Ronald Rooney（1992）對於非志願性案主之界定，認為當事人在被迫或法律約束下不得不接受之受助角色，這種專業關係之建立，對他們來說是一種不利，他們需要付出更高的代價來離開這

表13-4　違反兒童及少年福利與權益保障法之法條及件數

違反內容		親職教育課程		罰鍰	
		件數	時數	件數	強制執行
2013年	違反第43條	45	135	0	0
	違反第47條第2項	0	0	0	0
	違反第48條第1項	0	0	0	0
	違反第49條第1-11，15-17款	71	1,387	2	1
	違反第51條	26	524	1	0
	違反第56條第1項	379	8,328	16	7
2012年	違反第43條	8	88	0	0
	違反第47條第2項	0	0	0	0
	違反第48條第1項	0	0	0	0
	違反第49條第1-11，15-17款	109	2,216	1	0
	違反第51條	6	104	0	0
	違反第56條第1項	270	5,687	21	0
2008年	違反第26條	2	16	14	2
	違反第28條	8	11	0	0
	違反第29條	0	0	0	0
	違反第30條	356	5,496	3	1
	違反第32條	29	428	1	1
	違反第36條	306	5,644	1	0
2003年	違反第26條	40	469	0	0
	違反第28條	1	17	0	0
	違反第29條	1	8	0	0
	違反第30條	65	895	2	0
	違反第32條	18	323	4	0
	違反第36條	79	1,078	1	0

種關係。因此在以「非志願性案主」為對象之強制性親職教育輔導的處遇機制，除了靠於法有據之規章、學理通說之論述這些「師出有名」的正當性外，更重要的是有沒有以「非志願性案主」的觀點來理解處遇過程中的困境與變化，並能進一步將案主之「非志願性」提升改變為「意願性」的接受專業服務來改善親職品質與家庭關係（王行等，2003）。

　　有鑑於此，台北市社會局創全國先例推出「家務指導員」方案，到宅教導協助父母培養照顧孩子和處理家務的能力，從預防之角度，提升家庭親職功能，減少施虐、家暴事件的發生。

　　「家務輔導員」方案是委由家扶基金會台北家扶中心辦理，目前共培育完成35位具保母丙級技術士、保母訓練和照顧服務訓練證書，並經二十小時的職前訓練。家務輔導員服務包括：親子生活習慣指導及培養、教導做家事和準備餐點、關懷支持、協助就醫和運用其他社會資源等，其最終之目的是協助父母培養親職能力，最終恢復家庭的親職功能。

第二節　誰應該參加強制性親職教育輔導

　　上述因違反「兒童及少年福利與權益保障法」而裁定親職教育者的件數和時數雖有逐年持續升高之勢，然而如何裁定、如何評估、如何執行，以及如何罰鍰等落實立法精神的步驟，迄今未有適切且具體的評估機制，亦缺乏時數裁處原則、運作方式和評估指標，於是各縣市只得自行摸索，並依其資源多寡、地區特色分別運作。

　　2003年，由於兒童及少年福利法增修有關「保護措施」相關修文，內政部兒童局為協助縣市運作強制性親職教育，在2004年12月委託編印「兒童及少年保護工作指南」（1999年曾委託編印「兒童少年保護工作手冊」），然而此等保護工作指南的焦點在於兒童及少年保護工作的通報、調整和安置，有關強制性親職教育的內容非常少（僅3頁），並將其歸為兒童及少年保護個案「家庭處遇計畫」的部分內容，與家庭維繫計畫、緊急安置、家庭重整計畫、親屬照顧服務、停止親權和長期安置等工作並列。雖有「辦理強制性親職教育輔導流程」（**圖13-1**），然其最重要的部分，如調查評估、開立處分書的依據、親職教育輔導的內容、成效評估及罰鍰依據等，均未詳細說明；除了此流程外，「兒童少年保護工作手冊」中有關強制性親職教育部分的內容，雖參考臺北市提供的強制性親職教育輔導時數決策原則、屏東縣提供的強制性親職教育輔導個案時數評估表（由其委外單位「社團法人中華溝通分析協會」研發編制），以及指引編印者建議之罰鍰基準（對不接受或拒不完成時數者），雖可提供各縣市工

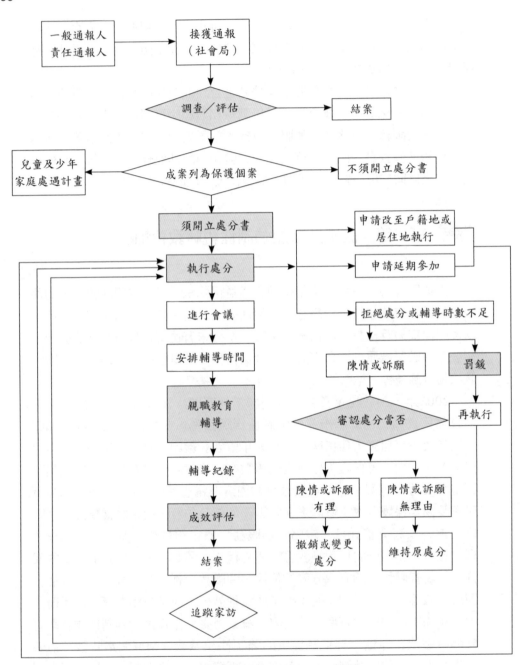

圖13-1　辦理強制性親職教育輔導流程

作者參考但都十分簡略。

此外，兒童局於2004年9月另委託編印有「強制性親職教育師資培育研習手冊」，其中列有20個強制性親職教育輔導的主題課程，不過此手冊主要針對執行強制性親職教育輔導之工作者（包括社工師、諮商心理師或親職教育講師等）所編寫，提供工作者參考、據以標準化課程內容，屬於服務較後端的內容，對服務前端（調查／評估、處分等）的執行助益不大；且目前強制性親職教育之執行以諮商心理為服務主軸（王行、莫藜藜、李憶薇、羅曉瑩，2005；沈瓊桃，2012），在此現況下實質價值有限。

本節就兒童及少年福利法所規定強制性親職教育之輔導對象，從理論之觀點及應進行輔導之內容來分別敘述，茲分述如下：

一、兒童少年福利服務對象

根據生態理論的觀點，兒童少年除個人因素之外，亦受到周遭所處環境的影響，尤其所賴以維生的家庭更是兒童少年重要的庇護場所，此外，提供國民教育的學校亦肩負兒童少年學習與認同的關鍵性任務，故福利服務之對象除兒童少年本身之外，亦應提供其所屬家庭必要的支持，一旦家庭失靈時，學校與社區資源網絡更要在第一時間啟動補救措施。此外，張紉（1998）亦指出：現代兒童少年由於追求高學歷，求學期間相對拉長，對家長的依賴程度也就越深（尤其是經濟），因此，福利服務應以家庭為主要對象，提供整體家庭支持性或補充性福利，由家庭來主導滿足兒童少年的需求。

以下將兒童少年福利服務對象區分為一般與特殊兒童少年兩大類，其中特殊兒童少年再區分為兩種，其一為個體本身並無問題，但卻因經濟、文化、種族、家庭結構等外在因素，讓兒童少年間接成為相對弱勢，比一般兒童少年面對家庭危機，需投注更多關懷之「高危機（high-risk）兒童少年」，此類兒童少年係指兒童少年因為其個人、學校、家庭、社區環境等因素，或是彼此之互動狀況致使其未來發展較容易產生負向結果者（宋家慧，2001），例如身心障礙家庭、低收入戶與外籍配偶家庭等。另一則為本身正面臨或已遭遇特殊境遇、緊急事件與傷害侵犯等危機狀況，需立即介入保護處置之「高挑戰（high-challenge）兒童少年」，如身心障礙、

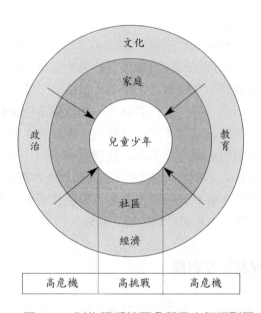

圖13-2　以生態系統區分兒童少年類別圖

資料來源：郭靜晃（2004）。《兒童少年福利與服務》（台北：揚智文化）。

虐待侵害與偏差犯罪等（**圖13-2**）。然後每類再擴及個人與家庭兩部分為服務對象。

二、兒童少年福利服務之內容範疇

對於處於青春期的兒童少年而言，家庭是賴以維生的避風港，卻也是踏入社會前重要的跳板，其對家庭的依附已不似兒童期般的全然依賴，而是從家庭、學校、社區的居間系統朝向獨立自主的個體發展。因此，本小節擬根據生態理論並引用Kadushin及Martin（1988）的概念，從家庭支持、學校服務與兒童少年充權使能的目的，將兒童少年福利服務的內容範疇區分為「支持性」、「補充性」及「替代性」三類，主要服務對象包含家庭與兒童少年本身，其中支持性服務屬於積極福利，補充性與替代性服務則較傾向消極救濟，且每一種服務對象的各種福利類型均含括上一層次的服務項目（見**表13-5**）（郭靜晃，2005）。

表13-5　兒童少年福利服務網絡

福利服務對象 ＼ 福利服務類型 ／ 福利服務內容	支持性	補充性	替代性
一般兒童少年 在學 就業	暨其家庭	一般親職教育 休閒育樂 教育宣導 諮詢輔導 行為防治 服務學習 國際交流 職業訓練 就業輔導		
高危機兒童少年	暨其家庭 特殊境遇婦女 身心障礙家庭 原住民 低收入戶 急難家庭 暴力家庭 單親家庭 外籍家庭	特殊親職輔導 無障礙環境 權利保障	生活扶助 醫療補助 教育補助 居家照顧 外展服務	
高挑戰兒童少年 身心障礙 重大傷病 誘拐失蹤 未婚懷孕 虐待侵害 中輟 從事性交易者 自傷 偏差犯罪	暨其家庭	特殊教育 兩性教育 失蹤協尋 未婚懷孕處遇 犯罪人教育輔導 諮商輔導 復學輔導 行為矯治 強制性親職教育輔導	輔具補助	保護安置 寄養家庭 收出養 中途之家

資料來源：郭靜晃（2004）。《兒童少年福利與服務》（台北：揚智文化）。

(一)「支持性」兒童少年福利服務

　　支持性兒童少年福利服務其目的在增進及強化家庭功能，使原生家庭成為兒童少年最佳動力來源，並營造友善環境，主動提供積極性福利，滿足兒童少年身心成長需求，提供技能學習與社區服務的機會，為公民養

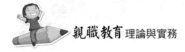

成作準備。服務內容包括針對一般兒童少年暨其家庭的休閒娛樂、服務學習、國際交流與親職教育等,另針對年滿15歲有就業意願兒童少年之職業訓練與就業輔導亦屬之;此外,針對高危機兒童少年暨其家庭額外提供的權利保障與無障礙環境等,以及針對高挑戰兒童少年的特殊教育、行為矯治、諮商輔導、未婚懷孕處遇與犯罪人教育輔導等積極性的支持福利。

(二)「補充性」兒童少年福利服務

補充性之兒童少年福利服務其目的在彌補弱勢家庭對兒童少年照顧之不足,提供家庭系統外之福利服務,協助高危機兒童少年邁向獨立自主之路。此類福利服務對象以家庭扶助為主,內容包括生活津貼、醫療補助、居家照顧與家庭外展服務等。

(三)「替代性」兒童少年福利服務

替代性之兒童少年福利服務其主要乃在針對高挑戰兒童少年生存與成長受到威脅時,以公權力介入,提供全部替代家庭照顧功能之保護性福利服務。服務內容包括各項少年保護與安置工作,以及對兒童及少年之父母施行強制性親職教育輔導。

三、誰是強制性親職教育對象

依法令規定凡對兒童少年有直接或間接侵害與傷害或疏於管教導致兒童少年有觸犯犯罪事實者,應接受八小時以上五十小時以下之親職教育輔導,而這些父母也就是所謂「高危險群」之父母(high-risk group or parents with high risks)。這些父母係指具有某些特徵,可能因其本身的問題或環境的不利因素,導致他們無法克盡為人父母的角色,以致於影響子女之健康和人格發展。因此,親職教育和兒童少年福利服務之主要工作即找出(辨識)這類高危險群父母,提供專業之福利服務或支持方案,以預防或減少各類問題的發生與惡化(林家興,1997)。

Kumpfer(1991)指出屬於高危險群的父母包括:未成年父母、流動勞工、上癮的父母、特殊兒童的父母、領養父母、寄養父母,以及孤兒院的保母等。由於他們的特殊身分和處境,通常不知道,而且也不願意參

加親職教育。Forward（1989）更以有毒的父母（toxic parents）來形容高
危險群的父母。所謂有毒的父母，是指父母在不知不覺中傷害自己的子女
（林家興，1997）。這些父母特徵包括有：

1.無法勝任教養子女的父母，經常只顧自己的問題，把子女當成小大
人，反而要求子女來照顧他們。

2.主宰慾強的父母，使用罪惡感來控制子女，甚至過度地照顧子女的
生活，讓子女沒有自己的生活。

3.酗酒的父母，把大部分時間精力用在否認自己的問題，置子女的生
活與成長於不顧。

4.精神虐待者，經常嘲笑、批評、挑剔、諷刺、數落、吼叫、謾罵、
或侮辱子女、打擊子女的自尊心。

5.身體虐待者，動不動就發脾氣、責罵子女、體罰子女，用體罰來控
制子女的行為。

6.性虐待者，對子女毛手毛腳，玩弄子女的性器官，和自己的子女亂
倫。

Rooney（1992）認為需要參加「強制性親職教育輔導」的對象常被
認定為「非自願性案主」。其特徵是「施虐或不當對待」子女，所以他們
需要被「強制」或「被強迫」來接受專業人員（通常是社會工作人員或轉
介其他相關專業人員，如諮商、心理或醫療背景）的教育、輔導甚至心理
諮商治療。而這些當事人在被迫或有法律約束不得不接受的受助角色，這
種專業關係的建立對他們來說是不利的，雖然有時他們仍可選擇離開這種
關係，但是通常需要付出更高的代價。依Rooney（1992）認為非自願性
案主這樣的名稱使用頻率最多的，在眾助人專業中是社會工作，這與社會
工作的專業特色有很大的關聯（引自王行、莫藜藜、李憶微，2003：3）
（有關社會工作之專業規範可參考本章第四節）。國內社工學者周月清
（1994）認為從人性的觀點出發，非自願性案主在被迫違反自由意願的
情況下所表現出來的抗拒行為，工作者應視為正常的反應；國外學者Carl
Hartman與Reynolds（1987）也認為，案主的抗拒行為是一種功能，以緩和
個人所遭遇的逆境和刺激。所以強制性親職教育輔導應強調案主自決，與
案主訂定契約，恢復案主自由及現有行為以強化（strengthen）及充權增能

為處遇之原則。

在台灣，依據中華兒童福利基金會（1994）之各地家庭扶助中心「兒童保護專線」的資料，我國虐待和嚴重疏忽兒童之高危險群父母有四類，包括：婚姻失調、酗酒或吸毒的父母、缺乏親職知識與技巧的父母，以及兒童有偏差行為的父母（林家興，1997）。但最近幾年來，由於經濟不景氣造成的夫妻與貧窮以及外籍配偶家庭之家庭失功能，另家庭暴力也常引起兒童遭受虐待與疏忽。

綜合上述，高危險群之父母常具備有下列幾個特徵：

1.父母身心發展不成熟：例如，未成年父母，在支持性不夠，加上自己親職知能不足，容易淪為虐待兒童的高危險群。
2.父母有明顯身心健康之問題：例如，父母酗酒、吸毒、患有心理疾病等而導致父母角色功能的障礙，以及影響家庭功能，此類族群是最容易造成家庭及子女成為問題之高危險群。
3.有特殊需求兒童之父母：例如，兒童身為身心障礙兒童（如自閉症、過動兒、智障、生理有缺陷、AIDS）使得父母必須長期面對壓力、挑戰他們的工作、教養等問題，而使得父母功能耗損，長時間下來若缺乏喘息或支持，很容易會成為虐待兒童或疏忽兒童的高危險群。
4.處境或身分特殊的父母：例如，貧窮所造成單親家庭、流動型家庭或外籍配偶家庭。父母常因文化或次文化的因素使得家庭面臨生存之困境，而造成父母角色缺位或面臨管教子女的困難，而造成虐待或疏忽兒童之高危險群父母。

第三節　親職教育參與之阻礙

社會工作專業對於保護弱勢的責任與決心是毋庸置疑的（王行等，2003），但是處理「強制性親職教育輔導」之個案仍是遭受一些困頓與瓶頸，因為這些個案常是因家庭中產生衝突或危機導致虐待和傷及兒童少年身心之不當管教或疏忽之行為，而且這些父母皆是「不願意」，但必須被「強迫」，甚至「強制執行」的非志願性案主，他們不像因生病需面

對醫療專業之醫生或有法律訴訟問題需面對法律專業之律師般成為志願性案主，所以社會工作專業面臨更多案主的反抗、面質。因此，王行等（2003）建議處理「強制性親職教育輔導」需要發展一些策略（例如，多元文化、多元價值、關係建立、制定契約等）是必須的，而在建立執行之輔導策略之前，要先瞭解這些案主為何形成非志願性之原因。本節主要討論受強制性親職教育輔導之父母與親職教育之阻礙為何，分為三部分：因人性、溝通及外在之因素來加以討論，茲分述如下：

一、因人性引起之阻礙

大多數的人都有強烈的欲望想保護自我形象，任何威脅到個人自我形象的觀點皆被視為一種障礙或阻礙，也都是個人所極力避免的威脅來源。在社工與案主之間的關係，若有人使用保護他自我觀念的行為，可能也會引發對方相同的防禦行為，而造成彼此之間的阻礙，可分為四部分加以探述：

(一)批評的恐懼

案主因害怕被別人指責、批評，因此避免任何可能接觸的來源，特別是對那些將孩子成功與正向功能的擔子放在自己身上的文化迷思和事實（例如望子成龍），大部分父母害怕的任何跡象顯示他們沒將工作做好，因此造成他們對任何改變之建議採取防禦之心理。基於這個原因，他們害怕對外尋找支持，即使在嚴重之情況之下，他們還是堅持自己解決問題。由於這些父母基於過度依戀，所以他們視自己的孩子為自己的延伸，所以如果對孩子有任何的負向批評也就是批評他們自己一般，所以這類父母很難願意接受別人的支持或輔導。

(二)隱藏在「專業」面具之下的恐懼

若社會工作者太強調以兒童少年為本位，而缺乏同理父母的角色，在未與案主建立關係時一直要強調專業形象及角色，此種行為可能會造成因對專業行為的誇大而威脅父母且拒父母於千里之外，而造成父母對參與親職教育的恐懼，這可能是社會工作專業者所不自知的。

案主（父母）自覺到主責社工在過度專業主義之下的自設距離，會在

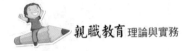
恐懼和怨恨之下對所有的支持及訊息撤退，而造成他們很難自主或自在的溝通。另一反應是案主會積極地去試著彌補裂隙，更進一步表明「堅持」的行為而使社會工作者轉變或害怕。

(三)失敗的恐懼

社工與案主合作是一種處遇進行的過程，但要建立關係必須要花時間和精力，而關係也僅僅是處遇的開端。社工期盼他們的努力有立即的效果，將會感到失望，而使他們興起放棄所有嘗試的念頭。例如，某位社工抱怨：「下次一定不再那麼麻煩去打電話，請家長來參與親職教育，在可以容納50位家長的場地中，只有5位家長出席，他們都是應該且必須出席的，而且還有法令規定的，真是大大地浪費了我的時間。」

(四)差異的恐懼

常常聽到家長們抱怨親職教育的演講太過深奧而且太過於形而上，這些溝通只要一些他們可以做得到而且可以馬上具有效用的策略。大多數的社工或親職教育生活在中等或以上階層，而對於中等階層以外之生活方式，價值體系和思考方向，他們經歷得很少。當社工或親職教育講演者碰到各種背景、經驗和觀點的家長時，可能將他們歸為同類，去假定他們的情況和行動。社工與案主即便彼此沒有很深的成見或偏見，根植於標準化（刻板化）的假定，會產生阻止了對個人人性和其真實人格、需求和希望的阻礙。對案主而言，他們可能會去避免與那些行為、溝通方式和期望與自己不同而造成他們不舒服的專業人士接觸。

二、因溝通過程引起的阻礙

社工與案主所傳達和接收的口語及非口語訊息，可能會經由感覺、態度和經驗的滲入而遭曲解，而造成彼此之間的間隙擴大，這些因素有對角色的反應、其他的情感反應，以及個人的因素所造成。

(一)對角色的反應

強烈的反應通常是因對方的角色所引起，例如，父母有自己以前過去

的童年歷史，有些是正向的，有些是負向的。當一些案主，特別來自社經階層較低者，有過無數次和個案輔導者、社會工作者和其他權威人士接觸過經驗，但是這些經驗皆是負向的，也因此造成其個人期待的形成而樹立了阻礙。

社會工作者必須要瞭解其對案主們不自覺的反應會如何，以及他和他自己父母關係的影響，所以社會工作者一定要摒除社會預期（social desirability）之期望。

(二)其他的情感反應

案主也許會害怕因為他們與社會工作者敵對時，孩子會對社會工作者找麻煩。有些研究發現，大約有五成一般家庭及六成特殊族種家庭中之家長，將不確定孩子放在托育中心時，孩子會被如何對待（Yankelovich, 1977）。因為帶著不確定感，難怪家長們會害怕說出來的話會可能導致負面的影響。

另一個是案主會擔心社會工作者或老師會取代父母對孩子的影響力，依戀是一種相互的過程，而和孩子的深情關係滿足了父母許多的情感需求。Galinsky（1986）卻提出縱然證據顯示是相反的，但許多父母仍擔心孩子與社會工作者或老師形成關係而使親子之間的依戀喪失或被限制。因此對社會工作者或老師產生嫉妒和競爭之感覺。

相對地，老師或社會工作者自己也無法免除爭奪與孩子情感的競爭，特別是如果他們自己的感情需求在教室（中心）外的生活中無法獲得滿足時，和每個孩子建立有溫暖、深情的連結是很重要的，但社工或老師發現自己認為「能比孩子的父母親做得更好」或是「想要帶孩子回家當作親生子女來教養」時，就是社工或老師陷入於兩難的危險境界。父母是孩子生命中最重要之人，而且也是需要被支持。

上述之情感阻礙將使得案主與社工之間無法清楚地溝通。

(三)個人的因素

有些老師或社會工作者解釋其缺乏溝通是因為自己的個性或是其在社交場合的不自在，或是對案主的行為不能同理，甚至鄙視案主的行為，所以社會工作者應要摒除社會預期。此外，案主也必須常常提醒自己，身為

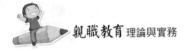

一強制性親職教育輔導之案主，和專業工作者合作是應做之事，所以彼此的自覺是有幫助的，而且要透過彼此之間的通力合作才能確保親職教育方案的順利進行。

三、因外在因素所引起的阻礙

(一)Swap（1984）之研究

就像內在情感和經驗一樣，專業人員與案主的外在情境本身可能也會成為阻礙，這些阻礙包括：時間、忙碌、父母參與的舊式觀念、管理政策及個人問題。

◆時間

案主與老師（社會工作者）雙方無疑地都在時間的約束之下，如果沒有強制性之執行工作業務，社會工作者是否在行政管理策略上有提供親職教育之必要呢？而父母從來沒有足夠時間（尤其是貧窮或單親家庭）去滿足其生活的需求，但雙方都覺得一起合作或參與親職教育是很重要的（價值因素），必然會找出時間配合。

◆忙碌

專業人員及案主可能總是很忙碌，所以在時間上可以自由運用，在態度上能夠充分表示支持是很重要的，不然忙碌會變成一種外在阻礙。

◆父母參與的舊式觀念

由於過去二十多年的家庭結構和生活形式的變遷，父母參與、活動和期望也必須在時間、內容和形式上隨之改變。如果專業人員或老師繼續提供只是傳統形式和時間的會面、會議等（也就是Swap所稱的制式儀式），對於關係的建立與改變很明顯地是沒有幫助的（Swap, 1984）。

◆管理政策

有些學校或機構的政策對於案主與主管以外的職員之接觸和討論是不鼓勵或是禁止的，也許是擔心可能會產生非專業的接觸。這裡的阻礙是案主與孩子之主責社工關係建立的機會被剝奪了，而案主有空的時間，管理者或主責社工不一定有空，如此的政策也常常阻礙了有意願的父母參與。

◆個人問題

從案主方面來看，來自於個人問題的壓力也是主責社工與案主關係的一個阻礙。案主除了照顧孩子之外，還有許多其他生活事務可能也需要父母去注意與關心。但這樣的父母被譴責不關心孩子。

(二)Kumpfer（1991）之研究

另外，Kumpfer的研究（1991）歸納出父母參與親職教育的阻礙包括：費用太高、交通困難、托兒問題、沒有時間、缺乏興趣，以及機構與家長之間的文化差異。Kumpfer進一步分析，高危險群父母參加親職教育的阻礙是害怕、無知和沒空參加。

高危險群父母最主要是沒有時間參與親職教育，故以這些父母為招生對象的親職教育課程，必須要先解決其民主問題，再談親職教育（林家興，1997）。因此，在排除父母參加強制性親職教育之阻礙包括：費用問題、交通問題、托兒問題、缺乏時間，以及缺乏興趣（林家興，1997），茲分述如下：

◆費用問題

強制性親職教育方案固然沒有收費之問題，當免費的方式仍無法吸引高危險群父母參與時，不妨考慮用獎勵的方式，例如，提供出席費、發給禮物、提供免費午餐等來鼓勵他們的參與。而當課程結業後也可用發放獎學金來鼓勵父母的出席與參與。

◆交通問題

如果交通是案主無法參與親職教育的原因，但機構可以考慮用家庭訪問或「到府服務」之方式來提供親職教育。另外，也可以利用高危險群父母所居住附近的學校、社區、醫院或衛生所等機構來舉辦親職教育，以便案主能就近參加。除此之外，由機構提供交通車接送或負責免費或由義工接送也是一種可提高父母出席率的方法。

◆托兒問題

高危險群之父母，有些是單親父母，有些是孩子還小，有些是生活孤獨，缺乏社會支持。因此，托兒是他們生活所需，也因托兒之必要，而使

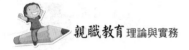
得他們無法參與社區或家庭以外之活動，更談不上參加親職教育。

有關解決托兒之問題，可以由機構安排義工代為托兒，或由家長輪流托兒，或由機構與社區兒童福利中心一起合作，一方面父母可上親職教育課程，而子女可參加其他如社交技巧訓練，生活常規訓練或才藝訓練。

◆缺乏時間

許多高危險群之父母，整天為了忙碌生活，幾乎沒有多餘時間可以參加親職教育，解決此問題，可以用下列幾種方式（林家興，1997）：

1. 將親職教育活動與父母例行活動放在一起，例如，上教堂、到醫院等。
2. 透過雇主或機關首長，將親職教育安排在父母上班的場所，例如，利用上班午休時間上課。
3. 利用各種排隊等候的時間提供親職教育，例如到政府機構洽公或等車、坐捷運等。
4. 提供空中教學之錄影帶，或透過電視台、電台實施空中教學。

◆缺乏興趣

父母對親職教育方案缺乏興趣，通常是因為他們對親職教育的好處缺乏瞭解。興趣是可以培養的，機構可利用下列方式來提增父母參與親職教育的興趣：

1. 請機構先做親職教育興趣調查以瞭解父母對子女行為困擾之種類。
2. 請曾參加親職教育課程之家長，現身說明親職教育的好處，以達到口碑相傳。
3. 透過相關專業人員，如社工人員、心理輔導人員、醫師等的轉介，請他們轉介有需要上課之個案，並由他們同時說明參與親職教育的好處。
4. 透過共同舉辦、共同參與，達到團體決策，以幫助親職教育之規劃、籌備和實施。

(三)王行、鄭玉英（2001）之研究

然而，強制性親職教育方案與一般親職教育不願與專業人員一起合

作是有區別的，後者要克服上列的一些阻礙，而前者除了靠於法有據的規定、命令、學理說通的論述這些公權力之「師出有名」及「正當性」之外，最重要還是親職教育方案之執行者（通常是主責社工）有沒有用「非自願性案主」的觀點來進行處遇，並且進一步將案主的「非自願性」提升為「自願性」來接受專業的服務（王行、鄭玉英，2001）。

王行、鄭玉英（2001）認為將非自願性案主提升為自願性案主之輔導策略有七項，分述如下：

1.強制性親職教育之處遇過程，工作關係的建立是首要關鍵。
2.當社會工作專業界定這類群族為「非自願性案主」，而非不合作的病人及犯人，即是用一種積極性及發展性的思考及人性觀點。
3.需運用特殊的策略，要能考慮到其中的「權力與控制」之因素。
4.需要發展特殊的會談技巧以配合策略之運用。
5.強調「多元文化」和「多元價值」之尊重與理解。
6.不僅在會談的「方法上」有策略之運用，更重要的要選擇更適合「非自願性案主」的觀念，用同理的精神進行輔導工作。
7.由於「非自願性案主」的工作涉及「專業權力」、「公權力」、「人權」、「親權」等「權力與控制」之議題，因此，專業工作者的「自己」的「後視反思」，比對「案主」的「分析診斷」更為重要。

除此之外，王行等（2003）也進一步整理出對「強制性親職教育輔導」的「理念模式」（ideal model）分述如下：

1.在處遇過程中能使「當事人」分辨出公權力之「個案管理者」與專業角色的「親職輔導者」之權能不同。
2.公權力介入後，當事人的情緒傷痛在「親職輔導」中能被處理。
3.當事人權益能有機會與「親職輔導者」合作，透過適切的管道與機制而共同爭取。
4.「當事人」在「親職教育輔導」的過程，被「親職輔導者」「引導」和被「個案管理者」增強，而瞭解到如何與「專業系統」合作以解決親職的困擾和不當親職所延伸的問題。
5.「當事人」在「親職教育輔導」的過程，被「親職輔導者」「引

導」思考該如何與子女相處，避免產生被「保護系統」質疑的管教與親權行為。

上列所述之「理念模式」是希望透過「強制性親職教育輔導」的處遇過程，以期一方面達到與「非自願性案主」建立「盟友」（alliance）的工作關係，另一方面則是促使「非自願性案主」產生符合社會規範之行為表現，以防制不當親職之行為再生。

根據兒童福利聯盟公布調查指出，2003年兒少保護案件高達8,013件，創下歷史新高，平均不到一小時就有一個兒少受虐，而且高達80%的施虐者是父母親。但是政府部門有關兒童保護專職人員編制卻少得可憐，只有250人，兒童人身安全亮起紅燈，令人憂心。在這些個案中，有88%的施虐者是孩子的父母或主要照顧者，施虐原因中，以「缺乏親職知識」占30.6%最高，其次為「婚姻失調」占20.7%、「酗酒或藥物濫用」占11.65%，「貧困」占10.9%，「失業」占9.8%。然而「強制性親職教育」在1993年已成形，但2003年只裁定204件，至2013年增加1.55倍達501件。

家扶基金會分析2003年度的受虐兒童資料發現，不少受虐兒童都是受到「多重」虐待，施虐者有47%是親生父親，35%是親生母親，有60%的受虐兒童是在本身沒有偏差行為的情況下遭虐，被虐時完全只是施虐者宣洩情緒犧牲品。分析2003年新增的635個受虐兒童個案，可知他們所受到虐待類型數達733件，顯示有部分兒童少年受到多重虐待之現象。在733件虐待類型中，以受到「嚴重疏忽」最多，高達41.61%；其次為「身體虐待」與「管教不當」，占19.51%。此外，「性虐待」與「精神虐待」各占9.69%、5.87%。受到精神虐待的兒童少年會造成其嚴重的身心創傷，兒童或少年受虐待的原因通常與環境因素、父母因素、施虐者因素，以及受虐兒童、少年個人特質有關，且原因常常不是單一的，而是合併一種以上的因素。在施虐者的個人特質中，以「缺乏親職知識」最多，占施虐者人數的58.25%以上；其次有41.61%的施虐者面臨「婚姻失調」。此外，「貧困」、「情緒不穩」、「缺乏支持系統」、「失業」、「酗酒」等亦是施虐者中常見的特質。在受虐兒童少年的特質方面，60%的受虐兒童、少年，本身並沒有任何問題，也就是完全沒有做任何錯事。而施虐者多為與受虐兒童少年共同居住之家人，其中有近半數的施虐者是受虐者之父親（47.16%）；施虐者為「母親」者則達35.23%；換句話說，施虐者身分為

受虐者之親生父母的比率超過80%（行政院青輔會，2004）。

　　強制性親職教育的運作卻持續面臨不少難題；由於強制性親職教育非緊急案件，且強制性不高，因此多數縣市都將此一業務委託民間機構執行，甚少涉入，即使有互動，也集中在招標、請款等行政業務上，專業討論不足（翁毓秀，2012；蔡素琴、廖鳳池，2005），而由於業務複雜、難度高，且委託經費有限，使得此項委託業務形成大型機構沒意願投入、小型機構却步的不穩定委託關係，因此縣市主管機關雖對被委託機構在強制性親職教育的執行滿意度不高，也只能盡力培植、不忍苛責（朱美冠，2006；翁毓秀，2012）；另由於此項強制性介入的處遇措施，讓父母、監護人或主要照顧者成為「非自願性」案主，使工作者與被裁定須接受親職教育者不易建立關係，出席率低、配合度低，一直是強制性親職教育存在的困境（朱美冠，2006；沈瓊桃，2012；彭淑華，2006；蔡素琴、廖鳳池，2005），由於擔心罰鍰會破壞與施虐父母的關係（翁毓秀，2012），多次社工為避免造成案主（父母、監護人或主要照顧者）更大的抗拒，多以勸導方式說服其接受，很少裁定處分書，若案主不理會或未依規定完成時數，也不會受到處分（朱美冠，2006）。此等現象可由罰鍰件數、時數增加，然而實際罰鍰的件數卻未及可知，資料顯示，實際罰鍰僅占所有罰鍰件數的2-5%、強制執行件數的比例更低（依衛福部2014年的統計資料顯示，2012年22件罰鍰中沒有一件強制執行，2013年19件罰鍰中僅8件，亦即只有42%強制執行）。此實務現況在在凸顯執行強制性親職教育的困境。

第四節　如何運用SWPIP在強制性親職教育

　　本節援引美國在進行社區社會工作之專業規範（social work protocol in practice）為例，並說明如何運用到兒童少年福利之支持性服務之親職教育實務。

一、社會工作實務規範

　　社會工作服務弱勢使命一直是社會工作專業之形象，而此種服務不僅

是靠愛心及耐心即可，最近也提及服務工作之績效。社會工作形成一門專業更要考量其「適當性」、「正當性」、「可靠性」以及「有效性」，以滿足案主需求（曾華源、胡慧嫈，2002）。

如果要維持有效之服務品質，就必須要求專業從業人員有職業道德，對專業服務品質要有責任感，不得濫用專業知識權威，並且不斷自我追求專業能力上的進步，以及恪遵專業倫理規範（郭靜晃，2004）。

社會工作實務之規範提供社會工作者進行實務工作時能採取適當行為與技巧的指引方針。規範是對社會工作者採取工作步驟之描述，並確信此工作可以解決問題，並不會造成對案主的傷害。最早利用此模式是在醫療社工領域，現在已普遍運用到兒童福利領域，以企圖提供案主一較穩定及可靠的社工處遇。社會工作實務之規範包含有一些步驟，每一步驟又有其規範準則。這些規範步驟及準則並不一定要迎合各個兒童福利機構之設立政策與原則，但至少確信是一個好的實務工作。有關社會工作實務之步驟及規範請參考**專欄13-1**。

二、兒童福利之社會工作專業內涵

社會工作專業制度之建立已是世界潮流所趨，盱衡歐美先進國家及亞洲日本、香港等均已建立社會工作專業制度。回顧我國邁向專業領域的歷程，早在1965年訂頒之「民主主義現階段社會政策」即揭示：運用專業社會工作人員，負責推動社會保險、國民就業、社會救助、福利服務、國民住宅、社會教育及社區發展等七大項福利措施，1971年內政部函請省市政府於施政計畫中編列社會工作員名額，1971年、1975年及1977年台灣省政府、台北市政府、高雄市政府分別實施設置社工員計畫。1991年、1993年北、高二市分別將社工員納入編制。1997年4月2日通過社會工作師法，對社會工作師的專業地位、保障服務品質有所提升。1999年以後隨著地方制度法施行，內政部陳請考試院將社會工作員納入編制，目前社會工作師職稱已經考試院2000年1月7日核定為薦任第六職等至第七職等，縣（市）政府於訂定各該政府組織條例及編制表時，得據以適用，並將社會工作師納入組織編制。雖然社會工作員（師）工作性質隸屬社會福利領域，但在其他諸如勞工、衛生、退除役官兵輔導、原住民事務、教育、司法、國防等

專欄13-1　社會工作實務之步驟與規範

一、社會工作實務規範之步驟

社會工作實務規範指出處遇之步驟，可分為準備層面（preparation phase）、關係建立層面（relationship building phase）、檢證層面（assessment phase）、規劃層面（planning phase）、執行層面（implementation phase）、評估及結案層面（evaluation and ending phase），以及追蹤層面（follow-up phase），此步驟之執行旨在確保增強兒童及家庭走向獨立自主及不再受社工專業依賴的家庭照顧為目標（**圖13-3**），而每一層面又有其參考準則。

(一)準備層面

此層面在其他社工處遇模式經常被忽略，一個社工員面臨案主之問題可能是多元的，他必須在身在的社區中確認其資源及問題癥結，才能確信

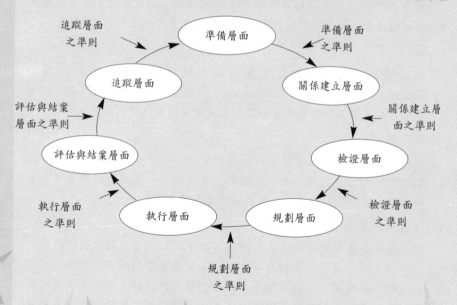

圖13-3　增強數線——社工實務規範層面與準則

資料來源：Mather & Lager (2000).*Child Welfare: A Unifying Model of Practice*(p.29). CA: Brooks/Cole/Thomson Learning.

如何與案主建立關係以及採用有效的服務。此階段對問題之處遇必須要應用人類行為及社會環境中之人在情境（PIE）或個人與環境交流（TIE）的診斷模式以瞭解個人、家庭在社區中之互動關係。

(二)關係建立層面

此層面在確保社會工作者與案主之家庭的接觸，必須要小心處理。例如，在兒童保護服務工作者，如果案主是採用強制隔離兒童待在原生家庭，雖然社會工作者有法令之強制執行命令，此時家庭中的父母與社會工作者之立場是對立的，那關係一定破裂。那麼社會工作者如何提供資源幫助案主之家庭自立呢？因此，社會工作者進入案主之家庭，必須與家庭中之父母建立信任、誠實及互助之關係。

(三)檢證層面

正確診斷問題之原因才能確保對的處遇過程及好的處遇結果，以增進兒童及其家的福利。檢證不僅對兒童所處之家庭的功能，也要對家庭外之功能加以評估，以及家庭與社會環境如何互動。除此之外，家庭外有哪些資源可以運用以及家庭可能如何透過資源提供來產生正向的改變。

(四)規劃層面

社工實務規範之規劃層面類似其他問題解決模式之訂定契約（contracting）及目標設定（goal-setting）之層面，但此模式之規劃是以家庭及其家庭成員成為一系統並整合其他系統來達成家庭問題解決為目標。

(五)執行層面

執行層面是整個社工實務規範模式的核心，也是整個規劃及計畫實際運作的過程，而且也須確保所有有關的成員要參與決策過程，再透過密集式及持續且一致性的目標與任務檢測以確定有效的處遇。

(六)評估與結案層面

評估層面是整個模式的最後階段——結案，以評量整個處遇之效果。換言之，也是決定是否需要採取不同模式，也衡量整個處遇之有效性。藉著評估過程，瞭解是否造成改變，而不是對處遇的終結；也就是說透過評估過程、瞭解家庭與兒童有否學會自己處理因應問題（壓力）的能力與技巧。

(七)追蹤層面

　　追蹤層面是在處遇結案之後所進行的成效檢測，此層面必須在下列兩原則下進行：(1)兒童福利之社工員必須在系統中對所有成員做追蹤；(2)所有追蹤工作不僅限於對個案及其家庭，同時也須對社區及社會政策加以追蹤。整個社工實務規範模式在各個層面之工作重點將列於**表13-6**。

表13-6　社工實務規範模式各層面之工作重點

準備層面	工作者將個人對個案能有效因應其所處之系統與環境作準備，採用之方法是運用社會資源網絡建立及充權增能個案與其家庭。
關係建立層面	運用溫暖、真誠、同理心、積極關注及充權增能等社工技巧，立即與兒童及其家庭建立關係。 （評估此過程與結果）
檢證層面	依據下列系統（兒童、核心家庭、延伸家庭、社會資源及方案與服務）完整診斷與檢證個案之情境。 （評估此過程與結果）
規劃層面	與所有系統作規劃及訂定契約的處遇。 a.個案問題檢閱與協調。 b.邀請家人協同規劃處遇過程。 c.與家人及支持服務系統訂定計畫執行的契約。
執行層面	執行計畫 a.繼續執行會談。 b.繼續與服務資源協調。 c.支持及充權增能兒童與家庭。 d.辨別問題的障礙與解決之道。 e.檢證服務及計畫。 （評估此過程與結果）
評估與結案	評估結果與結果。 評估結果。 結案。 （評估此過程與結果）
追蹤層面	從多重系統觀點做個案追蹤。 家庭。 社區。 方案與服務。 政策。 （評估此過程與結果）

資料來源：Mather & Lager (2000). *Child Welfare: A Unifying Model of Practice*(pp.26-27). CA: Brooks/Cole/Thomson Learning.

二、社會工作實務之規範

　　當規範只源於政策而產生的價值（ideologies）、經濟（economics）或政治（politics），而不是源自科學研究與實務，那難題自然產生。社會工作實務規範是依循兒童福利之社工處遇後的步驟及過程所建立之有效執行步驟與過程之指引。這些指引因兒童福利機構所創立的宗旨或政策而有所不同，但是這些指引都有助於兒童福利之社工專業的執行，共計有三十三條指引將列於**表13-7**。

表13-7　兒童福利之社會工作專業規範

準備層面	1.儘早將個人融入社區，為兒童與家庭倡言。 2.與社區之各種不同專業機構發展好的關係。 3.積極與政府、社會服務機構及其他助人專業網路建立關係。 4.與媒體建立良好關係以倡導社區中之兒童與家庭理念。 5.檢閱社區所有可能的資源。 6.成為社工協的會員，並參與社區與國家之政治議題。
關係建立層面	7.倡導（非由專責社工來與案主建立關係）的社工專業方案，尤其對那些非志願性的案主。 8.與案主發展正向關係，才能確保處遇的成功與順利。 9.與案主及其家庭建立關係時，利用同理心、真誠、人性尊嚴及溫暖之技巧。 10.與社區中之正式及非正式之服務組織建立正向關係。 11.幫助或加強兒童及其家庭建立自然的支援網路以維持其家庭功能。
檢證層面	12.對兒童執行危機評量，尤其是受虐兒童。 13.對案主服務時，利用增強觀點來評量個案。 14.危機評量表要具信、效度，還有社會工作者之評量能力及經驗也要加以考量。 15.採用無缺失之評量工具與方法。
規劃層面	16.與案主（兒童）及其家庭一起參與規劃方案會讓案主及其家庭在自然互動中獲取合作，而使方案執行會更順利。 17.規劃方案最重要是使用個案管理技巧並且要整合社區中之正式與非正式之資源，最好能建立資源網路。 18.規劃方案及訂定服務契約需要考量個案及家庭的文化背景與需求。 19.兒童福利社會工作者視為個案及其家庭的個案管理者，利用個案管理技巧輔助個案及其家庭與其身在的社區互動。

（續）表13-7　兒童福利之社會工作專業規範

執行層面	20.執行你所能同意的方案，對你不能同意的部分，切勿有任何行動。
	21.尊重家庭的需求，對行動方案可能損失兒童最佳利益，要修正方案。
	22.在兒童福利情境中，使用微視及鉅視觀執行方案。如果方案執行不能改變家庭的經濟不平等情況，那兒童的福利會持續惡化。
	23.教育家庭為他們的權利與社區中其他人互動及採行任何可能的行動。
	24.要能有創新的技術及服務來幫助個案、家庭及社區。
評估與結案層面	25.利用過程及結果的觀點來做個案評估。
	26.家庭是一重要的評估過程，目標是導引他們能獨立照顧自己。
	27.評估應不僅要考量現有，也要加以考量未來之個案、服務方案、政策及可使用的資源。
	28.集中各種個案的評估以促使制定能改變家庭的政策。
	29.終止處遇是個案管理的最終目標，但卻是家庭正向生活的始點。
	30.儘早因應家庭成員對結案的各種反應才能幫助家庭成員日後的獨立生活照顧。
	31.結案最重要的是讓兒童及其家人能關注他們的行動成就，並鼓勵他們持續應用社會支持資源。
追蹤層面	32.追蹤可使兒童及家庭檢視他們的成功及讓他們瞭解兒童福利社會工作者仍然關心他們的福利。
	33.追蹤可使兒童福利社會工作者制定更好的政策及機構服務方案。

資料來源：Mather & Lager (2000). *Child Welfare: A Unifying Model of Practice*(pp.24-26). CA: Brooks/Cole/Thomson Learning.

領域，亦有因業務需要而設置社會工作員（師）提供服務，以增進民眾福祉。目前各直轄市、縣（市）政府設置有社會工作（督導）員800人，另經社會工作員（師）考試及格者有1,751人（內政部，2004）。

　　台灣社會工作教育至少有五十年歷史，目前計有二十個相關科系、十一個研究所及三個博士班，每年畢業學生將近千人，加上一些專業人員訓練（例如，兒童福利專業人員之丁類、己類及社會工作學分班），人數更超過千人，預估有1,500人左右。此外，我國也於1997年通過社會工作師法，每年透過高等考試取得社工師之執業證照與資格者也不計其數，但透過考試獲得社工師或每年由學校訓練畢業的學生是否意謂有其社會工作專

業及其專業地位是否有責信（accountability），對我國社會工作專業發展或應用於兒童福利，是否有其服務品質？

在過去兒童福利社會工作之實務歷史，社會工作者必須發展服務方案來處理兒童及其家庭所面臨之社會難題，例如在美國的安置所、未婚媽媽之家、慈善組織社會，加上托育服務、健康照顧、社會化、充權增能家庭或社區網絡的建立等服務方案。這些方案採用多元系統之處遇（multisystemic perspective of intervention）。這些技術被視為兒童福利的社工專業。這些專業被要求要具有一對一之個案服務、團體工作、社區工作或政策規劃及服務方案設計與管理的能力。

社會工作者如其他人一樣，來自於不同文化背景，有著自己的一套想法、看法及作法。但身為一個助人專業，參與協助不同的家庭與個人、瞭解案主的背景，社會工作專業者本身的訓練及專業能力必須不斷充實及加強，除此之外，還要有自覺、自省、自我審問、慎思、明辨等能力，這些能力包括：自我透視（對自己的需求、態度、價值、感性、經驗、力量、優缺點、期望等）及專業反省（Pillari, 1998）。社會工作者經常要面臨是一些非自願性案主，這種反省能力及去除社會預期的觀點來對待，案主更為重要，尤其當案主違反一些社會規範之命令或法令時。

除了自我覺醒及專業反省能力之外，社會工作人員還須對人類行為及發展（檢證層面）有所瞭解，譬如：生命階段的發展、正常與異常行為以及正確的評估，如此一來，兒童福利之社會工作者才能規劃方案，以及正確援引社區之資源，以達成有效地協助個案及其家庭改變其生活，達到自助之獨立生活照顧。

現今的兒童福利之專業人員乃採取社會工作方法，應用多元系統之價值來協助個案及其家庭解決問題、克服生活之障礙，本節將敘述兒童福利之社工專業過程所需要之一些價值及能力，包括有社會工作專業能力、社會工作價值與倫理、社會工作角色、社會工作技巧等，分述如下：

(一)社會工作專業能力

早期社會工作服務本著慈善心懷、服務弱勢族群，一直深受社會肯定，而且社會工作者只要具有愛心、耐心，常做一些非具有專業性形象的工作，甚至更少提到服務工作績效。近年來，社會工作專業重視責信及

服務績效（曾華源、胡慧嫈，2002）。如何讓社會工作服務具有品質呢？簡單來說，就是要求專業從業人員有職業道德、對專業服務品質要有責任感、不得濫用專業知識權威，並且具有專業能力及不斷追求自我專業能力提升，才能對整個社會工作服務具有專業。

　　社會工作服務需要靠方案之規劃及執行的處遇，而這些處置更需要有專業知識及能力做評斷，一般在兒童福利之社會工作專業更需要瞭解社會環境如何影響兒童及家庭，以及如何援引資源及設計方案來改變兒童與其家庭在環境之適應能力，基本上，兒童福利之社會工作者需要有下列之知識背景：

◆人類行為與社會環境

　　人在情境（Person in Environment, PIE）或個人與環境交流（Transaction in Environment, TIE）一直是社會工作專業著重的觀點，瞭解個案及家庭必須深入瞭解其所身處的環境，社工處遇不僅對個案及其家庭做服務，也要針對個案在社區之正式（機構、政府）或非正式（親戚）的資源加以整合，此種模式很類似生態理論。所以整個處遇不僅要檢示個案之生理狀況、心理違常行為，還要瞭解其在社會（環境）所扮演的角色及其在身處的環境適應情形。此類專業教育除了瞭解人類行為與社會環境之外，還要對兒童及家庭瞭解兒童發展、家庭發展、適齡實務及環境（如家庭、機構、組織、社區及社會等）對個體之影響等知識。

◆增強觀點

　　兒童福利之社會工作人員不同於醫療人員對個案之處遇是用增強模式（strengths perspective）而不是醫療模式（medical perspective）。Saleebey（1992）以充權增能之參考架構，幫案主整合資源以助其增強個人能力去因應自我的問題。社會工作者透過增強模式幫助個案及其家庭發掘個體之個性、才能及資源，造成個體能力改變以適應環境要求。此種模式常在社會工作學士及社會工作碩士課程中有關社會工作實務、理論與技巧加以訓練，例如，個案工作、團體工作、社區工作及社會工作管理學科。

◆多元文化

　　理論上，當我們做兒童福利之社工處遇必須瞭解多元文化觀點，

但事實上，兒童福利之實務工作者卻很難做到此要求。多元文化主義（multiculturalism）要求人們視其他文化就如同對待自己文化一般，為達到此目標，多元文化教育成為社工專業之教育基礎。多元文化主義最能彰顯其觀點是反偏見，包括對性別、種族、能力、年齡和文化的偏見，進而對不同文化也能產生正面之價值觀和態度。應用到兒童福利之社會工作者，我們不僅要瞭解不同個案及其家庭之種族和文化特徵，也要瞭解他們如何看待兒童福利及其家庭，最後，還要去除社會預期，給予案主及其家庭更正面之價值與態度，尤其對案主利用優勢以幫助他們增加生活之復原力（resilience），達到充權增能目標，採用增強模式幫助個案因應困境，解決他們所遭遇的問題。有關此觀點需要瞭解政治及經濟學議題、多元文化、危機中的人群（population at risk）、社會及經濟正義。

◆社會工作政策、研究與評估

社會工作專業不僅要有執行方案之能力，也要具有對方案評估及具有科學研究的實力，尤其是過程評估之能力。除此之外，社會工作者更需瞭解政策制定過程以及可用之政策資源。

(二)社會工作價值與倫理

社會工作專業教育的目標，除了培育具備有效專業處置技巧的人才之外，也同時藉由社會工作價值傳遞的教育歷程，培育對社會工作價值有認同感，以及對特定助人情境所遭遇的價值衝突、倫理兩難可以準確作判斷、作抉擇的人才。正如前面在社會工作實務規範中所提示：社會工作實務過程應具有七個層面——準備、關係建立、檢證、規劃、執行、評估與結案及追蹤。社會工作專業在完成社會所要求之職責與功能之時，必須先行進行服務目標的選定，才能進一步依據服務目標的設定，選擇適切的實務理論進行相關的處遇。在這一系列的服務過程中，社工實務者自身所具備的知識技術，是決定服務績效的重要依據，但是要「選擇何種處遇方案」、「要不要幫助」、「該不該幫助」、「誰需要幫助」、「幫助的程序」等議題上，則須依賴明確的社會工作價值與倫理守則，才能讓社會工作在處遇時有依循的根據（Bartlett, 1958；Siporin, 1975；曾華源，1999；引自張秀玉，2002）。所以說來，社會工作專業需具有社會工作知識和技

巧與社會工作價值與倫理。

至於社會工作價值、社會工作倫理及社會工作倫理守則這三層面之關係為何？張秀玉（2002）更具體指出這三層面之關係並探討其與社群關係脈絡與實踐場域之關係（**圖**13-4）。

由**圖**13-4，我們可清楚瞭解社會工作倫理是社會工作價值實踐的指南，社會工作倫理守則則是社會工作倫理之實際表現。社會工作價值經由概念化的過程，形成社會工作者所遵循的社會工作倫理，社會工作倫理再經由概念具體化的過程，形成社會工作者倫理守則。1982年，美國國家社會工作學會（NASW）更指出社會工作價值是社會工作專業的核心要務，其引導所有社會工作領域實務的模式及原則，有關美國社會工作價值請參考**表**13-8。

「價值」是內在控制的機制，所以，社會工作價值體系是不能輕易改變的；社會工作倫理則是規定什麼是應該做？什麼是不應該做？其是具體的守則，會受到社會變遷、社會對社會工作專業要求的改變等因素影響而有所不同。社會工作倫理一旦改變，其倫理守則也必須跟著更改。此外，

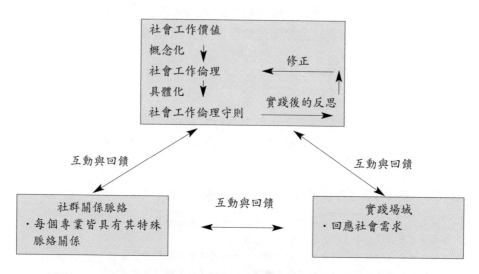

圖13-4　社會工作價值與倫理、社群關係脈絡與實踐場域之關係圖

資料來源：張秀玉（2002）。〈大學部「社會工作價值與倫理」課程定位與課程內容之探討〉。《社區發展季刊》，99，頁287-302。

表13-8　美國社會工作學會訂定之社會工作價值

> 1.承認對個案之最佳利益。
> 2.為案主保密。
> 3.因應社會變遷建立迎合社會所認可的需求。
> 4.在專業關係中分離個人之情緒與需求。
> 5.教導案主所需的技巧與知識。
> 6.尊重及鑑賞個人之差異。
> 7.扮演使能者之角色，幫助案主自助。
> 8.在挫折困境中，仍能持續提供服務。
> 9.倡導社會正義，滿足社會人民之經濟、生理及心理之幸福感。
> 10.採取高標準之個人與專業行為。

資料來源：NASW (1982). *NASW Standards for the Classification of Social Work Practice*. MD: Silverspring.

倫理守則在實踐的過程中，若發現與社會現實情境差異太大或執行有困難時，則必須回頭檢視社會工作價值概念化至社會工作倫理，若社會工作倫理操作化成倫理守則這兩個過程中產生偏頗，則要進行社會工作倫理之修正改變，才能符合當時社會情境之現實情況與需求（張秀玉，2002）。美國社會工作學會也制定社會專業之倫理原則（**表13-9**），以提供兒童福利實務人員在執行決策及方案的參考依據。

(三)社會工作角色

社會工作者需要扮演多元角色來執行兒童福利服務。在本節前段已提及社工實務規範就指出，社會工作者需扮演使能者、教育者、倡導者、社

表13-9　美國社會工作學會訂定之社會工作倫理原則

> 1.服務──社會工作者主要任務是幫助有需求之人及指出社會問題。
> 2.社會正義──社會工作者挑戰社會不正義。
> 3.個人尊嚴與價值──社會工作者尊重個人天生之尊嚴為權利及價值。
> 4.人群關係的重要性──社會工作者瞭解人群關係才是改變的要素。
> 5.誠實、正直與廉潔──社會工作者要整合倫理守則及社會工作價值。
> 6.能力──社會工作者要提升個人之專業技巧與知識，以充實助人之專業能力。

資料來源：NASW (1996). *NASW Code of Ethics*. Washington, DC: NASW.

會行動者、調停者、激發行動者、仲介者及充權增能者，每個角色皆有相等重要性，身為社會工作者，必須將這些角色融為一體成為個人之人格，並在兒童福利實務工作實踐這些角色。

1.使能者（enabler）：扮演一輔助者的角色幫助案主達成目標。這個角色必須具有溝通、支持、鼓勵及充權增能的功能，以促使案主及家庭成功完成任務或找到達成目標的解決方法。

2.教育者（educator）：要教育及幫助案主在其互動的家庭及系統中建立知識體系以鼓勵案主及其家庭作決策，並執行達成目標的步驟。這也是親職教育輔導的首要關鍵。

3.倡導者（advocate）：為案主及其家庭建立更有效的方案及服務，然後訓練他們為自身及他人擁護他們的權利。

4.社會行動者（activist）：要對社會變遷有敏感的心，為兒童及其家庭的最佳利益制定更適宜的政策、方案及服務。

5.調停者（mediator）：要能積極傾聽各方的聲音及瞭解各方的需求，衝突之情境中扮演一調節的角色，尤其是面對家庭中之各種衝突，如親子或夫妻之間的衝突。

6.激發行動者（initiator）：能辨別案主需求，並促使他人瞭解這些議題及激勵他人為這些議題尋找解決之道。

7.仲介者（broker）：其角色是連結家庭與社區之社會服務機構與方案，進行轉介及進入資源網絡以幫助案主及其家庭獲得最好的服務品質。

8.充權增能者（empowerer）：是增強案主及其家庭已具有的才能及資源，並幫助他們有效利用他們的優勢來造成改變。

曾華源（1986）認為通才的社會工作之工作任務與角色說明如下：

1.任務：由八個一般性任務組成包括：計畫、評估、互動、傾訴、觀察、再評估、記錄、集中調適。

2.角色：可分為直接服務角色、間接服務角色、合併服務角色三種，共有十三個主要的實務工作角色分述如下：

(1)直接服務角色：包含支持者（supporter）、忠告者（advisor）、

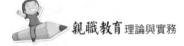

治療者（therapist）、照顧者（caretaker）。

(2)間接服務角色：包含行政者（administrator）、研究者（researcher）、諮詢者（consultant）。

(3)合併服務角色：包含能力增進者（enabler）、仲介者（broker）、調停者（mediator）、協調者（coordinator）、倡導者（advocate）、教育者（educator）。

(四)社會工作技巧

在社會工作實務規範中指出兒童福利實務工作者需要有兩種技巧：關係建立及個案管理技巧，茲分述如下：

◆關係建立技巧

在與案主初步訪視中，兒童福利社會工作專業需要至少有五種技巧：同理心、真誠、溫暖、積極關注及充權增能，以幫助方案的執行。

1. 同理心（empathy）：係指社會工作者有能力回應案主及其家庭，並能傳達社會工作者瞭解案主的感受，更是一種將心比心或感同身受的感受。這不是意謂社會工作者與案主有同樣的感受或同意案主的感受，只是社會工作者能傳輸這個感受是可以接受的，並沒有對錯的價值判斷。例如，在一受虐的家庭，母親因挫折或情緒不好，而對你解釋她為何常常會想要打小孩。身為一社會工作者，可以因為母親因缺乏經濟及情緒支持，而造成虐待小孩的情境，社會工作者可以同理，但不表示接受或允許這種行為。

2. 真誠（genuineness）：真誠是一種自然的人格流露，讓人覺得社會工作者是真心對待案主及其家庭。當社會工作者具有這種特質，他會容易被案主及其家庭接納及信任。真誠的本質就是誠實對待任何人及任何情境。例如一位少女因懷孕因素，不敢告訴父母而選擇逃家。身為一社會工作者，誠實告訴她有關你為她一個人在真實社會上生活感受恐懼與害怕。真誠是社會工作者能誠實與他分享你的恐懼和害怕的感覺。

3. 溫暖（warmth）：溫暖是社會工作者傳輸關心每個案主的技巧，對兒童福利實務者而言，對每一個案主都傳達關心之情實有困難，有

時兒童福利實務人員對受虐家庭的施虐者會有憤怒或厭惡之意，但如不能表達真誠與溫暖，又難以獲得他們的合作及意願去做必要的改變，換言之，為了表示真誠與溫暖，兒童福利實務者不管任何情境都要對案主及家人同理。溫暖可用語言及非語言方式來作表達。例如，說話之語調及用字遣詞要能表達溫暖之意，同時也要注意臉部表情及身體姿態。

4. 積極關注（positive regard）：積極關注不同於同理心，需要對情境更瞭解，此種技巧需要社會工作者有較正向之人群價值及趨使人們走向完善之心，也唯有透過此種價值信念，才能使一社會工作者面對兒童施以性虐待，願意付出關心及熱情促使施虐者作改變。然而，積極關注並不代表社會工作者同意案主對兒童的傷害。

5. 充權增能（empowerment）：充權增能的概念也是近二十年社工實務工作者所強調的概念，早先這個概念源自於生態理論。充權增能的角色是幫助案主達成自我尊重及因應個人不足的非真實感覺。透過社會專業的協助，案主、家庭、社區得以充權增能，以便能在其環境創造好的改變。

◆個案管理技巧

除了與案主及其家人建立良好關係技巧之外，兒童福利之專屬人員還必須運用個案管理技巧處遇兒童福利事務。個案管理技巧（case management skills）包括有組織、協調、調停、維持、評估及資源整合。

1. 組織（organize）：兒童福利之社會工作者必須具有組織的能力，並具有領導能力以領導他人完成服務方案。此種技巧並不是要社會工作者有專制行為，尤其協調不同專業（有其案件負荷、機構責任）一起合作達成方案，必須透過人際溝通及人際影響讓有關方案執行之人，獲得共識，達成合作。

2. 協調（coordinate）：社會工作實務者執行方案講求協調而不是駕馭別人，調停別人並允許他人自我決策是要融合在此種技術並成為社會工作者的人格特質，尤其兒童福利之社會工作者要協調案主家庭與其他系統一起合作。

3. 調停（mediate）：調停係指一種有能力應用策略解決衝突之情境，

尤其在兒童福利領域，母親對子女的施虐會引起其他家人的憤怒，如何讓家人面對此情境一起合作便需要社工人員居中協調，此外，家庭與其他機構不同意方案的執行，應設法使他們一起合作，有共識一起解決問題。

4.維持（sustain）：維持之技巧需要社工實務者對於參與兒童福利實務有信心、願意接受挑戰及能夠充權增能自己以維持方案的執行，尤其是案主及其家庭面臨困難情境之時。值得注意的是，兒童福利之實務工作者往往工作負荷很重，所以自我壓力調節與管理就很重要，如此一來，他才能持續給予案主及其家庭與其他機構給予支持與充權增能。

5.評估（evaluate）：兒童福利之社會工作者必須具有評估自己的方案效果，及此方案對案主及其家庭產生正／負向之影響的能力。缺乏此種對自己的實務執行、方案評估或政策評估，兒童福利之社會工作者便不能判斷服務績效或考慮案主及其家庭是否需要特殊的服務方案。

6.整合資源（integrate resources）：整合資源的技巧是需要兒童福利之社會工作者瞭解其可運用（知道）的服務資源，以及將這些資源加以整合成為一系統提供給案主及其家庭，例如處理一中輟個案，他又有吸食毒品及行為偏差的問題，兒童福利之社會工作者必須運用醫療資源、學校資源、法院資源以及機構資源，作為一個資源網絡對兒童及其家庭施予處遇方案。

 第五節　台灣強制性親職教育輔導實施現況分析

本節援引1993年兒童福利法第一次修訂所規定的強制性親職教育之後，各縣市分別執行此行政規定處遇之現況及實施內容，分述如下：

一、各縣市依法執行強制性親職教育模式

強制性親職教育除了部分由法官裁定外，在社政系統中多由地方政府

之社會局以行政權執行之，因此，從事強制性親職教育之專業人員也會因著當地的社會福利資源，輔導專業資源及醫療資源，而有地域性之差異模式，於台灣各縣市在「因地制宜」的權衡與調配之下，強制性親職教育輔導工作也由不同的專業人員，包括：社工師、心理諮商師、輔導老師、教授、醫生等，甚至是社政之個管社工員、業務承辦員執行辦理，而王行等（2003）認為強制性親職教育其「因地制宜」的權衡機制需要給予相當空間，因此兒少保護處遇中，更應發展透過「行動與體驗」的過程理解「在地性」之工作環境，以發展在地性之工作方式。茲將各縣市2002年度依法執行親職教育模式概況分述如**表13-10**。

各縣市由於社會資源、專業師資及地理環境之不同，而發展出各種不同「強制性親職教育輔導」模式，但在執行方式中仍以「心理諮商」模式為主流，師資也以諮商或社工背景為主，較少以「親職教育」領域之師資投入，於實務中發現以親職教育為主體之工作模式，似乎應被考慮到。而在各縣市對於兒童少年保護體系中，端視各縣市執行人力之多少而有不同之委託模式，分為全部方案委託包括：個案管理及強制性親職教育之課程執行及後續之追蹤，或僅委託課程之執行，個案之管理及追蹤仍由政府之社工員執行，或自行辦理與方案委託方式並行。而在執行公權力以凸顯強制性之處分涵意上，各縣市在施虐人數與開立處分書呈現很明顯之差距（如2002年各縣市強制性親職教育執行統計資料參考**表13-11**），顯現出個管社工因怕開立處分書，會破壞與案主之工作關係，而以個案工作模式柔性勸導施虐父母參與親職教育課程，或以開立通知書方式，通知施虐父母來上親職教育課程，其本身並不具強制力，執行率亦普遍較低，似乎違背了兒少福利法之「強制輔導」之本意，讓這些施虐者無法進入福利服務系統接受輔導與協助。

不過在2006年，依內政部兒童局（2007）的統計，各縣市從2002年一共開立220件處分書，到了2006年已提升至537件，總共實施強制親職教育6,797小時（平均每件處分書執行近12.66小時），而且擴及兒童及少年福利法第26、28、29、30、32及36條（**表13-12**）。

表13-10　各縣市2002年度執行親職教育現況分析

縣市別	委託或自行辦理	辦理方式
台北市	自行辦理與委託辦理 萬華兒童中心	家暴中心與社服中心以個別諮商模式。 萬華兒童中心以團體方式進行。
基隆市	未辦理	沒辦理。 市府沒有經費。
新竹市	委託辦理 新竹家扶	1.個別式親職教育。 2.團體式親職教育（二天一夜）。 3.家訪及後續追蹤。
台中市	委託辦理 台中家扶	1.個別式親職教育。 2.團體式親職教育。 3.親子活動。 4.家庭訪視、追蹤及家庭作業。
嘉義市	自行辦理	團體輔導
台南市	委託辦理 台南家扶	1.個別諮商。 2.團體方式（三次團體／每星期一次）。
宜蘭縣	委託辦理 宜蘭家扶	1.個別訪視及會談：針對施虐者、違反兒童福利法之家長、實際照顧者等，先行派員進行家庭訪視或通知來府（中心）會談。 2.通知：以處分書（針對明顯違反兒福法的個案）、公文通知（針對有疏忽、管教不當或其他較屬輕微之個案）或邀請函（少年保護個案）個別通知，但以處分書通知的個案出席率較高。 3.親職教育課程：包括兒童福利及相關法令介紹、兒童保護處遇之流程、親職溝通技巧、父母親職功能、影片欣賞及研討等課程。 4.追蹤輔導：上課後派員續與家庭或實際照顧者等進行家庭訪視等追蹤輔導工作。
台北縣	自行辦理	本縣業務由本府家庭暴力暨性侵害防治中心及本府社會局所屬各區域社會福利服務中心辦理親職教育輔導，其辦理情形為： 1.依法院保護令裁定內容須接受強制性親職教育者。 2.經本府家庭暴力暨性侵害防治中心因家庭暴力案件由社工員評估之後，以輔導方式要求加害人來中心親職教育。 3.家庭暴力其違反兒童福利法應受親職教育案件者，由本府社會局所屬各區域社會福利服務中心社工員評估後，辦理親職教育輔導。

（續）表13-10　各縣市2002年度執行親職教育現況分析

縣市別	委託或自行辦理	辦理方式
桃園縣	委託辦理 桃園張老師	強制性親職教育形式： 1.以諮商模式為主之個別會談。 2.一般性之親職教育課程。
新竹縣	委託辦理 新竹家扶	1.以個別諮商方式。 2.以團體方式（主題工作坊與專題講座，混合民眾）。
苗栗縣	委託辦理 苗栗家扶	強制性親職教育分為以團體方式之基礎課程（六小時）及個別會談之進階課程。活動基礎課程，每年度三個月辦理一次。進階課程講師部分則邀請學校輔導人員至家庭扶助中心或案主家進行面對面之諮商會談。
台中縣	委託辦理 長青協會	1.個別家訪、會談及個案追蹤訪視與評估。 2.個別式親職教育諮商輔導。 3.小團體輔導。
彰化縣	委託彰化家扶及自行辦理	以個別會談及諮商模式進行。
南投縣	未辦理 2003年起委託南投家扶	1.個別式親職教育。 2.團體式親職教育。
雲林縣	委託辦理 雲林家扶	1.親職講座。 2.團體輔導。
嘉義縣	委託辦理 嘉義家扶 修緣育幼院	1.以小團體輔導和個別諮商為主。 2.以假期工作坊方式提供親子成長團體課程。
台南縣	委託辦理 台南社工師公會 2003年自行辦理	個案追蹤訪視、提供協助、輔導、教育與關懷，對於疑似兒虐個案施虐者，亦鼓勵其參與強制性親職教育，加強親職能力，以維護兒童身心正常發展。對於無法配合團體上課的案主，將請家庭扶助中心進行個別諮商，必要時轉介專業人士心理輔導及治療。
高雄縣	委託辦理 中華溝通分析協會	依個案需求及指標評定時數、內容、團體輔導方式進行。 其模式： 1.個別輔導教育。 2.家庭諮商。 3.團體輔導。
高雄市	委託辦理 兒福聯盟	親職教育輔導課程內容： 1.個別諮商與家庭會談。 2.父母成長團體。
屏東縣	委託辦理 中華溝通分析協會	依個案需求及指標評定時數、內容、團體輔導方式進行。 其模式： 1.個別輔導教育。 2.家庭諮商。 3.團體輔導。

（續）表13-10　各縣市2002年度執行親職教育現況分析

縣市別	委託或自行辦理	辦理方式
台東縣	委託辦理 台東家扶	1.家訪個別或電話會談。 2.親職教育工作坊（混合其他成員）。
花蓮縣	委託辦理 花蓮家扶	個別諮商。
澎湖縣	自行辦理	個案量不大，因此難以在人數上做掌控，只能做一對一的個別輔導。
金門縣	自行辦理	婦幼專款，目前無個案，如果有個案將來希望委辦。
連江縣	自行辦理	無個案。

資料來源：整理自王行等（2003）。〈台灣各地區兒保工作中實施「強制性親職教育輔導」執行結果與樣態分析之研究〉。

吳倩華（2004）。《施虐母親參與強制性親職團體後親職經驗之追蹤研究：以財團法人台灣兒童暨家庭扶助基金會台中市分事務所為例》。暨南大學社會政策與社會工作研究所碩士論文。

二、兒童保護工作中親職教育輔導內容

兒童與少年福利法於2003年修正公布後，不僅將親職教育之時數延長，更將實施對象擴及非行偏差行為兒童青少年之父母，兒童少年為國家資產，因其身心未臻成熟，國家更應介入協助父母照顧子女。近年來兒童少年受虐事件頻傳，受虐孩子身心受到傷害，日後極有可能成為施虐者，甚而威脅我們的社會。因此兒童少年保護事件之處理，不僅受虐兒童少年需受到保護、安置或治療，而其最終仍希望回到原生家庭中成長，故其家庭需要重建，施虐的家長或施虐者需要受到協助與輔導，而「強制性親職教育輔導」是屬於兒童少年保護案件發生後對家庭之補救措施，對施虐之父母施予強制性之輔導或協助，而並非強制性之處罰，因此，強制性親職教育輔導亦被視為兒童少年保護工作重要的一環。

然而這些施虐家長，根據台北市萬華兒童福利服務中心2003年受託執行強制性親職教育輔導成效評估中發現來上課之施虐家長，約70%來自於低收入、單親及失業之家長，教育與社經地位普遍較弱勢，對於親職教育認知不足，甚至對法律賦予父母之責任與知識較缺乏，情緒控制能力薄弱，欠缺壓力紓解管道與社會資源之協助，因此，內政部兒童局近幾年來針對這些施虐家長，考慮其特殊之教養環境與人格特質，特別委託中華民

表13-11　2002年各縣市強制性親職教育執行統計資料

縣市別	施虐人數	開立處分書人數	實際執行人數	執行率%
台北市	180	20	18	90
基隆市	32	0	0	0
新竹市	32	3	3	100
台中市	212	10	10	100
嘉義市	34	0	0	0
台南市	64	8	7	87.5
宜蘭縣	156	7	3	42.86
台北縣	901	2	50	25
桃園縣	431	0	2	0
新竹縣	62	16	16	100
苗栗縣	40	31	13	41.94
台中縣	388	40	17	42.5
彰化縣	184	0	29	0
南投縣	143	0	0	0
雲林縣	134	0	0	0
嘉義縣	64	8	20	250
台南縣	115	6	6	100
高雄縣	103	0	10	0
高雄市	167	14	14	100
屏東縣	233	27	32	118.52
台東縣	85	6	6	100
花蓮縣	109	21	14	66.67
澎湖縣	14	1	1	100
金門縣	6	0	0	0
連江縣	0	0	0	0

資料來源：內政部兒童局（2003）。二○○二年各縣市強制性親職教育執行統計資料。

表13-12　95年違反兒童及少年福利法執行概況

年（月）	違反條例		總計	第26條	第28條	第29條	第30條	第32條	第36條
合計	親職教育	件數	537	5	33	2	221	84	192
		時數	6,797	60	176	16	3,288	564	2,693
1-6月	親職教育	件數	189	0	-	2	91	11	85
		時數	2,672	0	-	16	1,253	152	1,251
7-12月	親職教育	件數	348	5	33	-	130	73	107
		時數	4,125	60	176	-	2,035	1,442	

資料來源：內政部兒童局（2007）。95年違反兒童及少年福利法執行現況。

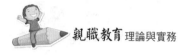

國幸福家庭促進協會針對「強制性親職教育」的課程內容，撰寫完整之教材，期待透過課程之規劃與安排，協助各縣政府依法實施強制性親職教育方案時，能增加授課者對於上課之家長特質、心理與行為狀況之瞭解，有效協助家長照顧及教養子女，以培育健康幸福之國家未來主人翁。茲將該「強制性親職教育輔導課程內容」，分成基本課程及進階之教育課程內容。

有關基本課程的部分包括：兒童及少年身心發展、親子溝通技巧、虐待對兒童身心發展影響、壓力紓解、瞭解自己的精神狀態、兒童及少年福利法、兒童少年權益以及社會資源之協助。

至於進階之教育課程包括：特殊障礙兒童發展、認識高風險的兒童少年行為、預防子女之偏差行為、親職角色與責任、教養子女之技巧、提升父母之效能、克服挫折感與憤怒的情緒、性自主保護法律案例、少年事件相關法律案例、家庭相關法律案例、家庭生活管理、增強家庭功能、加強父母社會適應能力、尋求與子女相關資源。

針對該輔導課程內容中，將每一課程欲達成目標，課程可以進行方式、時間安排、課程詳細內容，甚至對於特殊對象如高危機父母可適用之內容，皆有清楚之說明，讓授課之教師對於這些來上課的父母，有更深入之認識，授課方式將可依照對象之不同特質，提供符合其需要之不同授課方式，其執行將更具成效。

三、現行兒童保護工作中親職教育輔導之執行困難及其成效評估

(一)執行困難

縱觀台灣二十五縣市執行強制性親職教育實施狀況，大部分縣市皆透過完整規劃和角色分工，如有十九縣市將親職教育工作委外辦理，避免處分者與執行者之對立，而大部分縣市亦採用個別授課及個別諮商為主，輔以團體式課程實施，甚至個別家庭服務或定期辦理親職教育座談會，親子旅遊活動等，但以實施對象之特殊性，對於公權力介入家庭之抗拒，屬於非自願性之案主本來就較不容易介入輔導，及政府委託經費之不足，茲將目前強制性親職教育輔導實施之困難，如**表13-13**所述。

表13-13　強制性親職教育輔導實施之困難

問題歸類	結論
1.師資不足	師資不足，良莠不齊。
2.課程設計與教材不符合案主需要	1.課程設計與教材不符合案主需要。 2.課程與教材的設計無法配合學生程度。
3.案主意願低落	1.案主意願低落。 2.案主接受程度、配合程度不高。 3.找不到案主。 4.案主要不要來是最大的阻礙，最大的困難。
4.經費不足	經費不足，經費限制造成需將時數縮短。
5.實施方式不恰當	1.一對一成本高、一對多成效不彰。 2.目前以諮商為主，無法回歸親職教育本質。 3.外展服務的方式可能比較可行。
6.缺乏評估案主需求標準	缺乏客觀的評量標準來評估案主上什麼課、上多少小時。
7.缺乏配套措施	1.業主時間難配合、托兒問題、交通問題。 2.跨縣市、案主遷徙的問題、轉介的問題。 3.相關資源不足，只提供親職教育服務在執行上有困難。 4.跨單位的協調、警政單位、社政、衛政、多一點資源課程設計才能多樣化。 5.配套資源不足，缺乏經濟補助、戒毒、戒癮等資源。
8.缺乏成效評估指標	缺乏成效評估、無法知道資源是否發揮作用。

資料來源：整理自林惠娟（2002）。〈「我為什麼來上課？！」影響案主接受強制性親職教育因素之探討〉。《兒童福利》，3，49-72。

吳倩華（2004）。《施虐母親參與強制性親職團體後親職經驗之追蹤研究：以財團法人台灣兒童暨家庭扶助基金會台中市分事務所為例》。暨南大學社會政策與社會工作研究所碩士論文。

(二)執行成效評估部分

關於各縣市執行成效之狀況，應是兒童少年保護工作中最值得關切的議題，然而助人工作的成效本來就很難評定，因此要探討此問題，則須檢視強制性親職教育的依法執行背景，及兒童少年保護工作中對強制性親職教育之期待與欲達成目標。

若以親職教育依法執行之背景來看，在兒童少年福利第65條中規定「針對兒童不當照顧者處以八小時以上的強制親職輔導教育」，主要的目

的非在於「處罰」不當對待兒童之照顧者，而是希望透過政府之公權力介入，以強制執行的方式讓這些高危機弱勢族群面對親職教育問題。藉由強制性的執行「手段」，讓這些家長接受親職教育輔導課程。另外有一些實務的工作者認為強制性親職教育輔導的業務，是一種依法行事的公權力，而負擔著「教育」民眾之責任，透過強制性親職教育之執行過程，警惕民眾重視兒童與少年之人身安全與福利，並進一步促使施虐者對自己之不當教養行為有所認知察覺，進而改變其教養方法與態度為最後目的。因此，在依法執行公權力之成效部分，依2002年各縣市執行親職教育統計資料分析，施虐人數與開立處分書之人數不成比率，甚至有九縣市並未開出處分書，顯示公權力介入之有限性，兒保個管社工員為了與施虐家長建立工作關係，或以施虐家長大多數來自於弱勢家長，如不來上課而科以罰鍰，可能無法繳交，送交法院強制執行，將徒增行政困擾，因此，社工員儘量以柔性勸導方式，勸其接受親職教育之輔導，或以通知書方式，通知家長來上課，但如不來亦莫可奈何，忽視了法律賦予依法行政之本意，也使得這些非自願性案主，無法進入福利服務系統接受協助。

若以兒童少年保護工作中，對強制性親職教育之期待與目標來說，劉邦富（1999）認為強制性親職教育的用意在於建立正確親職教育技巧、恢復家庭功能、使受虐兒童少年回歸原生家庭，以及預防兒少保護案件發生。彭懷真、翁慧圓（1995）則強調除了正確教養方式之灌輸外，在親職教育中需要輔導主要照顧者增進兒少福利法與相關法律之認識，以及運用社會資源的知能，確認期待與目標後，才能有效評估其執行成效，然而在各縣市執行強制性親職教育之業務時，常因業務執行者的工作位置、專業背景經驗、在地資源及當事人所處狀況而受影響，因此在各縣市多元發展的樣態下，很難界定目標，而藉此衡量工作之成效（王行等，2003）。況且在助人專業中，所使用之專業方法是否有效？原本就較難界定，更不是以量化數字及開放性之問答，就可以看出成效。其必須透過長期性及多面向之協助輔導，觀察家長教養行為之改變，及施虐行為之危險因子之再發生，以作為評量標準。

四、兒童及少年福利與權益保障法實施後，親職教育輔導對公權力行使之挑戰

兒童及少年福利與權益保障法，對於違反第49條之規定對於兒童有虐待、遺棄、利用兒童少年行乞，供人參觀、剝奪受教育、強迫婚嫁、綁架、質押、誘拐等之行為，於97條中規定處罰新台幣六萬元以上三十萬元以下之罰鍰，並公告其姓名。明顯提高罰鍰之標準，而違反人如同為父母、監護人或其他實際照顧兒童及少年之人，依第102條之規定，直轄縣市主管機關得令其接受八小時以上五十小時以下之親職教育輔導，並收取必要費用，拒不接受親職教育輔導或時數不足時，處新台幣三千元以上一萬五千元以下罰鍰，經再通知仍不接受者，得按次連續處罰，至其參加為止。兒少法中對於父母等實施強制性親職教育之處罰之嚴重，可以看出親職教育對於兒童保護工作之重要性，但以兒童及少年福利與權益保障法之強制性親職教育之經驗，就產生公權力執行之困難，兒童及少年福利與權益保障法中嚴苛之處分，於實務執行中是否更窒礙難行？以台北市來說，曾經為了需先依據58條規定開立罰鍰之處分書，才可以開立強制性親職教育之處分書，而爭論多時，業務單位各有堅持，甚至對這些多數弱勢之施虐家長，開立罰鍰（三萬至十五萬元）處分書，將增加行政困擾或需勞動個管社工員結合資源代繳罰鍰之憂慮，而延宕親職教育之執行，似乎曲解了法令中執行兒童保護工作之原意，根本在於執行強制性親職教育後，提早重建家庭功能，讓兒童及少年能回歸原生家庭。因此新法實施後，執行兒童保護工作業務人員將面臨再一次公權力之嚴苛挑戰，必須要有更細密之規劃與堅持，配以相關配套措施與資源，才能更有效執行親職教育工作。

五、「強制性親職教育」缺乏SOP系統架構，缺乏裁罰標準，造成執行成效不彰

缺乏裁罰標準更是強制性親職教育執行以來的核心問題。同時成效評估不足，也難以掌握強制性親職教育的執行狀況、無法釐清執行問題。翁毓秀（2008）曾表示，台灣目前「強制性親職教育」的執行內容，大多依據社工的主觀判斷、全憑感覺和經驗來決定，時數或課程內容不僅缺乏依

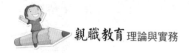

據，也無系統性的架構。朱美冠（2006）針對中部三縣市進行資料收集，且在訪談強制性親職教育相關工作者（含公部門業務承辦人和民間接受委託之機構社工共9位）後亦發現，缺乏開案及時數裁定之依據，是影響「強制性親職教育」實施成效的原因之一，目前裁定依據不清，多由社工自行認定，以致裁定管教不當和虐待的界限不清楚，使各案（兒童及少年的父母或監護人）不易接受裁定的結果。

蔡素琴、廖鳳池（2005）在瞭解施虐家長親職教育需求的調查研究中，以38位已完成親職教育者的檔案資料，及5位實務工作者（2位社工和3位諮商輔導人員）的訪談資料進行分析，亦發現由於實務工作者在評估施虐者輔導需求的過程中聯繫不足，彼此對同一施虐的需求評估常不一致，導致對施虐者的整體評估缺乏客觀性和全面性。沈瓊桃（2012）對全國20個縣市「強制性親職教育」方案進行成效評估，調查各縣市方案負責人有關方案執行之概況時，亦在歸納各項資料後發現，「縣市執行方式、裁罰基準不一」、「法規規範不清」是工作者執行強制性親職教育方案時極大的困境。

同時，沈瓊桃（2012）也指出，強制性親職教育的成效評估不足，是無法確切解釋處遇措施能否達成預防兒少再次受虐目標的主因，21.1%的縣市方案負責社工表示：無具體的成效評估指標，是方案成效難以評估的困境之一；雖然目前的各縣市政府、受委託的民間機構每年皆會提出執行成果報告，然這些內容多為描述執行情形的量化資料或執行過程中的資料彙編，並無法看見其中的效果和效益的（翁毓秀，2008）。

 本章小結

「強制性親職教育輔導」有別於一般「親職教育輔導者」，不僅在角色之功能，而且在權能上也有所區分。強制性親職教育是「依法有據」，學理上也「師出有名」及「正當性」，但是輔導者面對是一群非自願性之樣本，所以如何將這些高危險群之父母之「非自願性」提升至「自願性」以接受專業之服務則有其必要性及必然性。

本章提出身為一個兒童福利之工作者，也是一專業的社會工作者，

除了具備社會工作專業之知識與技巧之外，還要具有社工專業的價值與倫理。本章也介紹美國社會工作專業之規範、倫理原則、運用增強、充權增能之技巧協助案主因應困境，達成有效的問題解決。現今的社會工作實務著重預防與處遇模式，不像往昔是以殘補為唯一的處遇方式，因此，身為一兒童福利專業者更要瞭解社會工作角色、價值與規範以及應用社會工作專業技巧達成有效方案執行。

對於施虐父母施以強制性親職教育既是兒童保護之重要工作，也是兒童受傷害後之事後補救措施，家庭是社會最基本單位，也是個人成長過程中最重要之社會單位，當兒童少年受虐事件發生，為避免兒童少年生命身體受到緊急危險，需將兒童少年暫時安置，但最終孩子仍須回到原生家庭，因此對於施虐父母之強制性親職教育更需落實，除了課程內容與執行方式須做較清楚具體之規劃外，各縣市更應發展出強制性親職教育實施之標準化作業流程，及相關的成效評估指標，將有助於強制性親職教育之落實。

 參考書目

一、中文部分

中華兒童福利基金會（1994）。年報。台中：中華兒童福利基金會。

內政部（1997）。中華民國台灣地區兒童生活狀況調查。台中：內政部兒童局。

內政部（2003）。2002年兒童少年福利統計年報。台中：內政部兒童局。

內政部（2004）。中華民國2003年社政年報。台北：內政部。

內政部（2007）。內政概要。台北：內政部。http://www.moi.gov.tw。

內政部兒童局（2003）。2002年各縣市強制性親職教育執行統計資料。台中：內政部兒童局。

內政部兒童局（2004）。2003年兒童及少年福利統計年報。台中：內政部兒童局。

內政部兒童局（2007）。95年違反兒童及少年福利法執行概況。台中：內政部

兒童局。http://www.cbi.gov.tw。

尹業珍（1994）。《施虐父母與非施虐父母的童年經驗，社會支持、親職兒童虐待傾向之研究》。中國文化大學兒童福利研究所碩士論文。

王行（2004）。兒少保護中「強制性親職教育輔導」實施方式的行動研究：從「非自願性案主」觀點介入。行政院國家科學委員會專題研究。

王行、莫藜藜、李憶微（2003）。台灣各地區兒保工作中實施「強制性親職教育輔導」執行結果與樣態分析之研究。台中：內政部兒童局補助中華民國單親家庭互助協會研究。

王行、莫藜藜、李憶薇、羅曉瑩（2005）。〈執行兒少保護中「強制性親職教育輔導」理念任務之研究〉。《台大社工學刊》，10，113-168。

王行、鄭玉英（2001）。非自願性案主會談策略之行動研究——以兒保之「施虐者」為例。行政院國科會研究結果報告（NSC-2414-H013-009）。

朱美冠（2006）。《做個好父母？非自願性個案接受強制性親職教育輔導政策之實施與反省》。國立中正大學社會福利研究所碩士論文。

行政院青年輔導委員會（2004）。《青少年政策白皮書》。台北：行政院青年輔導委員會。

余漢儀（1999）。〈變調的兒童保護〉。《台大社工學刊》，1，149-179。

吳倩華（2004）。《施虐母親參與強制性親職團體後親職經驗之追蹤研究：以財團法人台灣兒童暨家庭扶助基金會台中市分事務所為例》。暨南大學社會政策與社會工作研究所碩士論文。

宋家慧（2001）。《危機邊緣少年自我效能團體工作方案之績效評估研究》。東海大學社會工作研究所碩士論文。

沈瓊桃（2012）。台灣強制性親職教育成效評估。國科會專題研究計畫。

周月清（1994）。〈從實務工作者的需要探討非自願性案主、非自願性實務工作者與非自願性案主服務策略〉。《福利社會》，42，17-23。

林家興（1997）。《親職教育原理與實務》。台北：心理出版社。

林惠娟（2002）。〈「我為什麼來上課？」影響案主接受強制性親職教育因素之探討〉。《兒童福利》，3，49-72。

翁毓秀（2008）。如何提升強制性親職教育的成效？國政分析（社會(析)097-002號），引自財團法人國家發展基金會 http://www.npf.org.tw/post/3/4147

翁毓秀（2012）。〈委託執行強制性親職教育輔導研究——以中部三縣市為例〉。《社區發展季刊》，139，152-165。

喬慧玲（2004年12月22日）。〈家庭指導員服務到家，協助父母培養親職能力，減少施虐、家暴發生〉。《中國時報》，第C1版。

張秀玉（2002）。〈大學部「社會工作價值與倫理」課程定位與課程內容之探討〉。《社區發展季刊》，99，287-302。

張紉（1998）。〈規劃青少年福利需求的另類思考〉。《實踐學報》，29，17-36。

郭靜晃（2004）。《兒童少年福利與服務》。台北：揚智文化。

郭靜晃（2005）。〈青少年福利服務〉。輯於青輔會（編），《青少年政策白皮書》。台北：青少年輔導委員會。

彭淑華（2006）。發展兒童及少年保護個案家庭處遇福務模式之研究。內政部委託研究案。

彭懷真（2001）。《親職教育輔導教材實用手冊：專為強制性親職教育而設計》。台中：中華民國幸福家庭促進協會。

彭懷真、翁慧圓（1995）。落實兒童福利法——兒童、少年成長性親職（輔導）教育研究方案。台灣省政府社會處委託研究。

曾華源（1986）。〈社會工作者為多重角色的通才實務工作者〉。《社區發展季刊》，34，97-106。

曾華源（1999）。〈社會工作專業倫理困境與信託責任之探討〉。《社區發展季刊》，86，54-79。

曾華源、胡慧嫈（2002）。〈強化社會工作專業教育品質——建構「價值與倫理課程」為學校核心課程〉。《社區發展季刊》，99，79-89。

馮燕（1995）。〈兒童與少年之保護〉。《社會建設》，92，54-58。

黃元亨（2001）。《不要破壞我的家——被認定為施虐父母之當事人對強制處遇介入經驗之探討》。東吳大學社會工作學系碩士論文。

劉可屏（1993）。兒童虐待傷害認定傷害標準研究報告。內政部委託研究。

劉邦富（1999）。〈迎接千禧年兒童福利之展望〉。《社區發展季刊》，88，97-103。

關漢中、鄭麗珍（1996）。強制性親職教育輔導模式之研究與評估。台北：內政部社會司委託研究報告。

蔡素琴、廖鳳池（2005）。〈實務工作者對於兒虐施虐者親職教育輔導課程需求評估之探討——以兒童福利聯盟高雄中心87-97年所承辦強制性親職教育為例〉。《諮商輔導學報——高雄輔導所刊》，12，1-34。

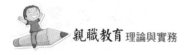
衛福部保護司（2014）。違反兒童及少年福利與權益保障法而裁定親職教育的
　　資料。衛福部保護服務司網站。

顏碧慧（1994）。《家庭系統取向訓練方案對單親母親親職效能影響之研
　　究》。中國文化大學兒童福利研究所碩士論文。

二、英文部分

Bartlett, H. M. (1958). Working definition of social work practice. *Social Work*, 3, 6.

Forward, S. (1989). *Toxic Parents*. New York: Bantam.

Galinsky, E. (1986). How do child care and maternal employment affect children? *Child Care in Formation Exchange, 48*, 19-23.

Hartman, C., & Reynolds, D. (1987). Resistant clients: Confrontation, interpretation and alliance. *Social Casework*, *68*(4), 205-213.

Kumpfer, K. L. (1991). How to get hard-to reach parents involved in parenting programs. In Office for Substance Abuse Prevention (ed.), *Parent Training in Prevention* (pp. 87-95). Washington DC: U. S. Government Printing Office.

Mather, J. H., & Lager, P. B. (2000). *Child Welfare: A Unifying Model of Practice*. CA: Brooks/Cole/Thomson Learning.

NASW (1982). *NASW Standards for the Classification of Social Work Practice*. MD: Silverspring.

NASW (1996). *NASW Code of Ethics*. Washington, DC: NASW.

Pillari, V. (1998). *Human Behavior in the Social Environment* (2nd ed.). New York: Wadsworth.

Rooney, R. H. (1992). *Strategies for Work with Involuntary Clients*. New york: Columbia University Press.

Saleebey, D. (1992). *The Strengths Perspective in Social Work Practice*. New York: Addison-Wesley.

Siporin, M. (1975). *Introduction to Social Work Practice*. NY: Macmillan Publishing Co., Inc.

Swap, S. M. (1984). *Enhancing Parent Involvement in Schools*. Boston: Center for Parenting Studies, Wheelock College.

Yankelovich, Skelly, White, Inc. (1977). *The General Mills American Family Report 1976-1977: Raising Children in A Changing Society*. Minneapolis, Minn: General Mills.

Chapter
14 幼兒園（所）運用親職
教育與社區連結

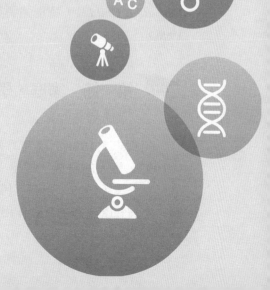

對每個孩子來說父母是兒童第一位，也是最重要的啟蒙老師，其言行舉止受到父母的影響很大。舉凡學前教育準備（preschool readiness）以及入學後的持續關懷與輔助（continued support and assistance），都會影響兒童學習與成長。

而隨著兒童年齡的增長，其生活世界也逐漸地從父母的懷抱及家庭成員，擴大到周邊及其他社會環境，並逐漸受到同儕朋友以及報章雜誌、電視、網路等大眾傳播媒體的影響。這些大環境中的影響力，在兒童上學之後繼續擴大，成為一股不可忽視的教育動力與資源。許多教育研究都指出，這些動力與資源，若不能與學校教育相配合，將造成許多不良後果（Honig, 1982; Hymes, 1975; Powell, 1989）。

隨著社會工商結構的變化，雙薪家庭增加，父母與孩子在一起活動的親子時間因此減少。另外，網路及其他傳播媒體的發達，也擴大兒童及青少年的視野與學習範圍，使孩子們受到各種不同環境的影響，間接地減少了學校的功能。尤其兒童在學校受到管教的時間，每天平均最多也不過三分之一，因此，要改進教育，提高學習成效，改變人民素質，除了學校方面，更需要家庭的合作、父母們的參與，以及全體社會的協助才能達成。在美國近一、二十年來的教改運動中，結合家庭、學校、社區的力量來改善教育即為施政重點之一。例如，在2000年教育目標中，即有一項呼籲每所學校需盡力倡導及建立與家庭的合作關係，促進家長對教育的積極參與（U. S. Department of Education, 1997；引自賴佳杏，2004）。此外，1996年美國柯林頓總統夫人希拉蕊所著《全村之力》（*It Takes a Village to Educate a Child*），特別強調家庭和社區參與教育工作的必要性（Clinton, 1996）。

第一節　家庭、學校及社區之間夥伴關係之建立

賴國忠（1998）綜合方崇雄（1998）、林振春（1997）、湯梅英（1997）等人的研究，提出「學校社區化，社區學校化」的夥伴關係理念；王秀雲（1999）強調可利用「參與式的設計」來涵蓋行政、教師、社區、家長和學生多項交互作用的夥伴關係，適時的加入校內教職員生與家

長方面夥伴關係的研究。

一、家長及社區參與的意義

(一)家長參與的意義

有些學者主張只要家長關心自己子女的教育所採取的行動就算是家長參與的一種；有的則認為須有特定的活動形式才稱得上是家長參與；更有研究指出家長參與學校做決定的行列才算是參與（Goldring & Sullivan, 1996）。參酌國內外文獻與我國家長參與之現況，「家長參與」係指任何足以讓家長加入教育過程的活動形式，這種參與包括在學校內發生的，也包括於校外與家中進行的活動（鄧運林，1998）。

(二)社區參與的意義

在社區與學校的關係中，社區若未能獲得學校教育的協助，社區的發展將會有所阻礙，社區需求的滿足與生活品質的提升，將無法有效達成。因此，社區與學校應相互配合，使教育系統與社區人文環境相結合，營造出活潑而有吸引力的學習環境，發揮教育的最大功能。所以，建立教育夥伴關係的基本策略應是發展自身成為學習型組織，使得社區能結合家長與學校，在平等、互助及互惠的原則下，建立支持、協助及互動的管道，彼此建立雙向性的合作，充分利用社區與學校的資源，促進學校教育與社區的健全發展。

二、學校的工作

為促進教育夥伴關係，學校應負主導責任，可做之具體工作如下：

(一)教導父母如何做好父母

可透過親職教育研討會，藉此提供父母一些親職知識與技能教導如何撫育各年齡及發展階段的兒童。

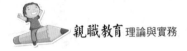
(二)與父母保持密切聯繫

1.可透過召開家長會、親師座談會，說明學校的教育理念、討論學校
事宜、談談孩子的狀況、做好雙向溝通，以及彼此如何合作等。
2.教師亦可利用電話或家庭訪問，瞭解學生狀況。
3.利用家庭聯絡簿來當作家長與父母之間的橋樑，要求學生帶回給父
母簽字，以便讓父母瞭解孩子在校的情形。

三、家庭與父母的工作

作為良好的教育夥伴，父母能協助的事情包括下列幾項：

1.幫助小孩做好上學的心理建設。
2.關心孩子課業，予以適當輔導。
3.對於學校舉辦的活動積極參與。
4.主動與教師聯繫溝通。
5.隨時向學校提供建議與看法。

四、社區機構的工作

社區機構，包括：政府、公／私立機關，有許多教育資源，若能積極
投入學校教學，對學生的學習有莫大助益，其具體工作包括：

1.能讓在職父母於上班時間請假參與學校活動。
2.警察單位與家庭及學校合作，維護學生守法及校外安全，並預防學
生的不良行為。
3.利用晚間及週末借用學校場所及設備來舉辦文教活動，服務家長及
學生。
4.提供托兒場所，舉辦親職教育講座及討論會來幫助員工教育子女。
5.提供資源支援學校辦理教育活動並營造學習機會。
6.提供獎金幫助貧窮學生。
7.提供課後輔導協助學生。

8.提供參觀或暑期實習的機會。

第二節　家庭、學校及社區夥伴關係對親職教育的重要性

家庭、學校及社區此三者夥伴關係對親職教育的重要性可從以下幾方面來探討：

一、時代潮流趨勢

在民主國家，各國皆重視社會、家庭對學校教育的支持和投入，期望在親師合作下，營造更好的教育願景，給孩子多元的學習環境，一起帶領孩子適性發展。

二、分擔教育責任

教育需要親師共同關懷、協助，學校教育需要社會、家庭、學校來分擔教育的責任，如此，孩子的學習、成長才能有全方位的發展。

三、共同參與成長

學校是社區的學習中心，而社區是學校教育場所的延伸，家長的參與及關懷學校教育，不但能得知教育現況，協助孩子成長，更可藉此拉近親師間及親子間的距離。現在是親師合作的時代，家長不但能藉此來自我成長，同時家長參與學校教育也是世界潮流的趨勢（邱花妹，1998）。

因此，家庭、學校及社區間應緊密相互配合，尤以家長與教師之間的合作，對孩子的影響很重要，以下簡要說明親子教師以及親師合作之重要性及方式。

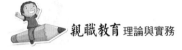
(一)活水的源頭──親子教師

家是孩子出生後所面對的第一個社會,而父母則是孩子第一個接觸的親人和老師。因此,父母的言行、家人之間的互動、家庭的氣氛,都深深影響孩子的一生。我們常說:「有好父母,才有好子女」,「好子女,常出自好家庭」。因此,學習做一個好父母,是一件很重要的事,也是一件刻不容緩的課題。現代父母在教育子女方面,必須先瞭解自己的職責,然後扮演好自己的角色,營造良好的親子關係,教育出身心健康的子女。

(二)蓄勢待發──親師合作

◆親師合作的重要性

若家中有寶貝要上學了,這是一件大事。父母和孩子都會感到非常興奮,因為孩子要離開家庭進入幼稚園和托兒所,和許多小朋友一起學習,父母和孩子都期望能很快地適應團體生活,喜歡上學、快樂的學習,跨出成功的第一步。的確,幼稚園和托兒所是孩子一生中第一所正式的學習場所,也是孩子進入團體生活中成長學習的第一站。幼兒的學校教育在童年生活中扮演著非常重要的角色。園所在實施各項教學活動時,非常需要家長的瞭解、支持與配合,如此才能達到維護孩子身心健康,養成良好生活習慣,培養孩子團體合作的教學目標。因此,父母與老師之間必須搭起一座溝通的橋樑,經常保持聯絡,共同為孩子的教育盡心與成長。

◆親師合作的方式

親師合作有許多方法,提供父母作為參考,以瞭解學校的各項教學活動、教育方針、學校特色和老師經營班級的方式等,孩子受益最大。

1. 口頭聯絡:是最快、最直接的聯絡方式。例如,電話交談、接送時交談、約談、家庭訪問等。可經常實施。
2. 面談:要事先與老師聯絡,約定面談時間,以免影響正常上課運作。
3. 文字聯絡:例如,聯絡簿、聯絡卡、通知單、刊物等。父母需每天親自簽聯絡簿,從聯絡簿上可以知道老師交代的事項,提醒孩子攜帶的物品,和老師對孩子的關注與鼓勵。如果家長對學校的措施有疑慮,也可以寫在聯絡簿上詢問,更可以藉聯絡簿的一角,溝通彼

此的教學理念。可經常實施。

4.家長參觀教學日：如參觀教學環境及設備、教保活動、教具展、才藝表演、親師座談會，提供教學、餐點、學習、在園情況、健康等資料。每學期至少一次。

5.參與校外教學活動：天真活潑的孩子在戶外教學時，需要更多的照顧。有了家長的支援，不但孩子安全無虞，父母更能實地觀察孩子的學習情形，以及孩子與其他小朋友互動的情形，作為教育孩子的參考。

6.家長參與：如協助蒐集教學資源、製作教具、設計製作餐點、教學、照顧幼兒、環境維護與布置、文書、圖書與視聽資料整理、觀察記錄幼兒行為等。於每學期開學時，舉辦「家長參與說明會」，並調查家長的專長與意願，再做整體規劃，於學期中實施。

7.公布欄：對於較獨來獨往的家長，公布欄是使其獲得有關幼兒與保育機構各種資訊的地方。

8.親子活動：例如，慶生會、郊遊或烤肉、運動會、園遊會、舞會、露營、旅遊、聚餐或茶會等。每學期至少舉辦兩種以上不同的親子活動。

9.參加親師懇談會或親職講座：親師相關活動不是經常舉行，因此希望家長放下忙碌的工作，務必參加。一方面為孩子的教育付出一點心力，另一方面讓孩子感受到父母親的關心。在懇親會上，老師和家長互相認識，瞭解教師的教學理念與輔導方法，老師與參與的許多家長互相激勵，並分享彼此的教養經驗，家長也可以提出自己對班級經營的期許，與老師建立教養共識和互動默契，亦可提供改良讓老師參考。

10.參觀教學成果展：父母到學校看一看孩子的學習情形，瞭解孩子與同學互動的情形，互相觀摩孩子們的活動成果及作品，作為輔導及教育的參考。

11.參加畢業小朋友回流的聯誼活動：從幼稚園和托兒所畢業的小朋友，會在聯誼會上報告他們的學習過程和學習心得，父母從孩子互相交換學習心得的活動中，瞭解孩子在不同階段，有不同的身心發展，因此學習方式不盡相同，為幼小銜接做好準備。

12. 父母再教育：例如，親職教育演講或座談會、父母親專線、媽媽教室、圖書借閱、父母親成長團體等。親職教育演講或座談會每學期至少一次；父母親專線、媽媽教室圖書借閱可經常實施；媽媽教室可視需要實施；父母親成長團體可每週一次，每學期可聚餐會八至十次。

13. 提供親職教育資訊：如提供親職教育文章、書刊、研究報告等。可經常實施。

◆ 家長如何參與學校活動

有些學校有家長會的組織，集合了許多熱心的家長，提供社會資源，增添學校設備，投入心力，使孩子有一個更理想的學習環境。學校非常歡迎家長一起加入導護工作、美化學校環境、文書處理、圖書資料整理、支援教學活動、游泳池管理等服務的行列，共同為孩子創造優質的學習環境，作為孩子發揮熱忱，服務社會的榜樣。

第三節　園所與社區連結可能面臨的阻力與因應之道

推行家庭、學校與社區合作的夥伴關係教育，可能面臨來自於教師及家長兩方面的阻力，該如何因應？有關於來自教師的阻力，其原因可能為教師缺乏訓練或在學校擔任的工作較繁重，無法或無暇與家長合作。其解決的方法為：針對此阻力，學校首先需認定推展家庭與社區夥伴關係，是必要的例行工作，是教師的工作之一。另外，可從師資培育的課程及訓練活動中，加入有關家庭與社區合作的策略、技巧與理念。再者可以學區以及學校之間可舉辦研習會或研習班，討論推展家庭合作的經驗與做法。

至於來自家長的阻力，其原因可能為家長可能因為工作忙、知識程度較低、不夠積極主動等原因而無法與學校合作。其解決的方法為：教師能主動與家長聯繫溝通。另外，學校提供必要的指導與輔助。再者，教師能留意家長的需求並予以適當關懷。

本章小結

　　在面對充滿變動與挑戰的二十一世紀，教育不但要因應社會變遷，掌握時代脈動，也負有帶動社會進步、迎向美好生活的責任。而教育不能只在學校進行，必須超越學校，將家庭、學校、社區三者結合，因此，「學校社區化，社區學校化」（賴國忠，1998），是推行社會教育的主流，也是當前教育改革的主要目標之一。所以，家庭、學校及社區，都肩負教育下一代的使命。雖然各自的功能與影響力有所不同，而且也會隨著兒童年齡的增長以及社會的變遷有所改變，但三者之間互動所造成的整體教育大環境，對兒童的發展與學習，具有決定性的影響力，唯有結合這三種力量，使其成為三合一的夥伴關係，才能真正有效地改進教育，因此，親師合作是一必然的趨勢，一方面可以支援學校教育的不足，另一方面可以支援父母成為優質父母，強化家庭互動關係，以培養優質的下一代。

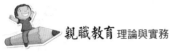

附件14-1

社區親子烤肉慶中秋

花好、月圓、人團圓，親子共遊烤肉去，日光精心為您設計一個特殊的中秋夜，歡迎您與我們一起共度這美麗的夜晚。

日期：○○年○○月○○日（星期四）

時間：晚上 7:00 ～ 10:00

地點：日光幼兒園操場

內容：晚上 7:10 ～ 7:30　　　升營火

　　　晚上 7:40 ～ 9:00　　　帶動唱表演（老師）

　　　晚上 9:05 ～ 9:15　　　舞蹈表演（小朋友）

　　　晚上 9:15 ～ 9:30　　　社區單位表演、摸彩

　　　晚上 9:30 ～ 10:00　　環境收拾、垃圾分類

注意事項：1. 請準備適量的烤肉食品。

　　　　　2. 為響應環保活動，請減少塑膠袋的使用。

- -

請 交 回 條

班級：_____　姓名：_____

□參加　　　　□不參加

原因：_____

附件14-2

日光幼兒園教學說明會暨溫馨茶會

時間：〇〇年〇〇月〇〇日（星期六）上午 9:00 ～ 10:30

地點：日光幼兒園

講師：許 XX

大綱：一、辦學宗旨　　　七、交通服務

　　　二、教學理念　　　八、餐點介紹

　　　三、教育方針　　　九、創意教學

　　　四、教職員工介紹　十、親職教育

　　　五、教學規劃　　　十一、親師交流道

　　　六、活動策劃　　　十二、我們的期許

下午茶：溫馨茶會及親師溝通

注意事項：1.請家長務必撥空參加，本學期的教學規劃將做詳盡的介紹與
　　　　　　說明。

　　　　　2.參加與否請務必跟老師確定。

- -

請 交 回 條

班級：＿＿＿＿＿＿＿＿　姓名：＿＿＿＿＿＿＿＿

□參加　　　　　□不參加

原因：＿＿＿＿＿＿＿＿＿＿＿＿＿＿＿＿＿＿＿＿＿

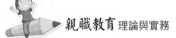

附件14-3

日光幼兒園
「孩子的大玩偶」親子運動會

時間：○○年○○月○○日（星期六）上午 9：00 ～ 11：00

地點：XX 國民小學運動場

活動內容：◎雷鼓：飛燕（大班）

　　　　　◎開幕式：小小運動員進場

一、1. 麵包超人（大會操）

　　2. 迎向明天（大會舞）

二、神采飛揚

　　1. 板凳小天使（大、中班表演）

　　2. 環式體能（小、幼班遊戲）

三、親子對對碰（趣味競賽）

　　1. 疊疊樂（大班）

　　2. 有求必應（中班）

　　3. 甜蜜負擔（小、幼班）

四、大玩偶團康

　　1. 誰來抱抱（家長遊戲）

　　2. 滾球大賽（家長遊戲）

五、溫馨時光（閉幕式）

　　1. 五彩氣球（全體帶動跳）

　　2. 再會歌：大魚 vs. 小魚

　　　（親子律動）

親子之間～愛的溝通

孩子的大玩偶，將是寶貝一生最美的 Memory！

邀請您來同樂，共享歡樂天地！

> 運動會當天報名登記，可享有贈送學用品 800 元優惠（含圍兜、書包、餐具），到場參加者可獲沙灘玩具組一套，歡迎踴躍參加。

附件14-4

XX縣○○年
幼兒趣味運動會

一、主辦單位：XX縣政府、XX縣立體育場、XX縣政府教育局

二、時間：○○年○○月○○日（星期六）上午9:00～12:00

三、地點：XX縣立巨蛋體育場

四、活動內容：

　　　1.啦啦隊表演　　　　　2.氣球傘表演

　　　3.足球示範表演賽　　　4.趣味足球PK賽

五、參加對象：本園大班參加，若有缺額，由中班志願者遞補，上述四個
　　活動全部參加（唯第三項足球賽僅挑十位球員）

六、獎勵辦法：

　　1.參加足球賽、氣球傘、啦啦隊等幼兒由大會贈送每位幼生運動獎章
　　　乙個。

　　2.參加PK定點射門，0～3分可獲手錶一支；4～7分可獲禮物一個；8
　　　分換禮物一個；9分可獲捷安特腳踏車一部。

七、注意事項：

　　1.服裝：本園冬季運動服、球鞋。

　　2.集合時間：○○月○○日（星期六）上午8:00日光集合，8:10校車
　　　出發（限家長未能參加者，限乘16個名額）。

　　3.自行前往：○○月○○日（星期六）上午8:40巨蛋體育場司令台左
　　　側集合。

　　4.因當天會場人數眾多，慎防幼兒走失及安全問題，園方將會縝密把
　　　關，也請義工爸媽協助。

　　5.參加者請以公車、計程車或摩托車為宜，以防交通阻塞。

　　6.當天憑11月份發票五張可兌換精美紀念品乙份。

八、備註：此次盛大的活動，極富趣味性，且獎品豐富，也提供孩子在畢
　　業前美好回憶，請把握機會，若因特殊原因未能參加請事先告知以便
　　補人員，請於○○月○○日（星期一）前跟老師確認，老師會再確認
　　接送情形，謝謝。

　　　　　　　　　　　　　　　　　　　　　　　　日光幼兒園

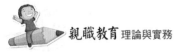

附件14-5

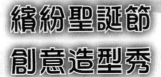

繽紛聖誕節
創意造型秀

聖誕節又來臨了，聖誕氣息彌漫，老公公的腳步近了，孩子的夢幻想像著，聖誕老公公揹著大袋禮物到日光來分贈幼兒，為了一圓孩子的聖誕夢，擬舉辦「創意造型秀」增添熱鬧氣息，並穿插相關活動慶祝。

活動地點：日光幼兒園運動場

活動一：即日起，備一隻漂亮乾淨的襪子或聖誕襪來園布置教室等候老公公能將禮物置於內。

活動二：請於家中準備另一隻襪子掛於床頭，盼聖誕夜隔日孩子能驚見老公公賜給禮物哦！（爸媽別忘了準備）

活動三：○○月○○日園內各班進行汽球聖誕老公公創意製作，作品當天發回。

活動四：○○月○○日當天上午9:00～10:30創意造型秀登場。請家長事先和小朋友討論，利用生活素材、布、包裝紙、呼拉圈、頭飾、衣夾、汽球等，來幫助幼兒做造型裝扮，當天上午來校園分享，看誰屬害！

活動五：○○月○○日上午，聖誕老公公蒞園，至各班同歡、表演節目並分贈小禮物。

大班：Jingle Bells

中班：聖誕組曲

小班：We Wish You a Merry Christmas

幼幼班：Ding Ding Dong

活動六：當天每位小朋友獲贈日光贈送之聖誕帽一頂。

日光幼兒園

～ Merry Christmas! ～

附件14-6

露天電影院

　　與您陪著孩子一起體驗我們兒時在廟口看電影或野台戲之情景，日光邀您一起欣賞露天電影。

時　　間：○○年○○月○○日（星期六）
　　　　　晚上 7：00 ～ 8：30
地　　點：XX 森林公園
主辦單位：XX 市文化局
協辦單位：日光幼兒園
片　　名：動物世界運動會

　　★歡迎踴躍參加（遇雨延期喔！）

◎新訊：新生試讀班 1 月 5 日開課囉！
　　　　歡迎報名試讀，免收註冊費

　　　　〔新學期開學日〕2 月 16 日

　　……假日開放・歡迎參觀……

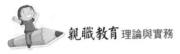

附件14-7

○○住戶親職教育講座

　　我們都是當了父母才學做父母，如何做一個一百分爸爸、一百分媽媽，皆是我們身為父母必修的課題，藉此座談會分享您我教養經驗。歡迎結合社區共同為我們下一代之學習成長而努力。

時　　間：○○年○○月○○日（星期六）上午10:00～11:00
地　　點：XX活動中心
主辦單位：○○住戶管理委員會
協辦單位：日光幼兒園
講　　題：做個溫暖的太陽媽媽
　　　　　賞識您的孩子
講　　師：葉XX
大　　綱：一、不成熟媽媽類型
　　　　　二、父母教養型態對孩子的影響
　　　　　三、太陽媽媽的建議
　　　　　四、快樂媽媽的建議
　　　　　五、賞識您的孩子
　　　　　六、教養交流道Q&A

備　　註：1.活動於上午10:00開場，11:00結束，前十位到場者，贈送海灘足球一個（以先後順序為準，以戶為單位）。
　　　　　2.當天與會之家長，會後可獲精美親子撲克牌一盒。
　　　　　3.開放親子教養答問篇，現場前三位提問者，可獲得《賞識您的孩子》乙書壹冊。
　　　　　4.為維護講座品質，建議避免帶幼小年齡幼兒出席，不便之處，敬請見諒。
　　　　　5.感謝社區管委會用心推動社區會務。

～歡迎踴躍蒞臨～

附件14-8

日光幼兒園
親職講座心得迴響

親愛的家長您好：

　　歡迎您來參加今天的親職講座，為使活動有更佳品質及提供好的服務，耽誤您幾分鐘時間，請您針對參與此次活動的感想，將您的寶貴意見提供給我們，謝謝。

時間：○○年○月○○日（星期六）上午10:00～11:00

講題：做個溫暖的太陽媽媽　講師：葉XX

※今天的講座課程您個人覺得：

　請在合適的空格內打「√」

	很滿意	滿意	尚可	不滿意	為什麼
時間安排					
場地安排					
講師部分					
課程內容					
工作人員態度					

※ 整體而言，您會為這次的講座打幾分？

　□100分　□90分　□80分　□70分　□60分　□50分以下

※ 請列舉您推薦的親職講座課程：

_____

※ 未來日光幼兒園在舉辦相關之活動，您的建議：

_____

※ 感謝您的參與協助，並撥空填寫此問卷

日光幼兒園　敬啟

附件14-9

請家長回答——
「認識孩子」的問題

孩子的成長需要父母的參與，每個問題之思考皆有助您瞭解您的孩子。

· 請列出五項孩子在家中最喜愛的活動？

· 請列出您的孩子最要好的五位玩伴（含親戚）？

· 您和家人晚上、週末和假日都做些什麼活動？

· 您的孩子有哪些優點及哪些方面有待成長與發展？

· 您的孩子在家中分擔哪些家務？

· 您和您的孩子的共同嗜好是什麼？

· 您和您的孩子最近曾到哪裡去旅行？

· 您的孩子看哪些電視節目？是獨自看呢，還是和您一起看？

· 您每天和孩子心靈獨處的時間有多少？

寫下您所想到的……

（這不是測驗，也不是問題，僅是讓您思考您與孩子之間的互動。）

附件14-10

日光幼兒園
「小叮噹科學園區」春季旅行親子遊

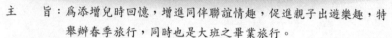

主　　旨：為添增兒時回憶，增進同伴聯誼情趣，促進親子出遊樂趣，特
　　　　　舉辦春季旅行，同時也是大班之畢業旅行。

時　　間：○○年○月○日（星期五）上午9:30出發，下午3:30返園。

地　　點：新竹小叮噹科學園區。

活動內容：全國唯一的戶外自然科學遊樂區，以益智科學為主題，一系列
　　　　　自然科學及電子科技原理的遊導設施，內容極富教育性及趣
　　　　　味性。該園區連續十一年榮獲交通部觀光局評定特優等遊覽區
　　　　　（詳見小叮噹科學園區簡章）。

費　　用：550元（含門票300元，遊覽車資、午餐、保險費；成人票
　　　　　360元）

備　　註：1. 歡迎親子報名參加，成人、幼兒收費相同。
　　　　　2. 如果您是很忙碌的家庭，平時無暇陪孩子踏青，務必讓寶貝
　　　　　　 參加。
　　　　　3. 因考量避開假日遊客多，故安排在週五，不便之處，敬請見
　　　　　　 諒。未參加幼兒停課一天，若孩子實乏人托顧，請事先登
　　　　　　 記，由值班老師照顧。
　　　　　4. 如遇雨天，順延一週。

　　郊遊遠足一直都是每個人的美夢，與同學坐遊覽車出遊更是快樂
無比；結合教學主題更具意義，自然科學知性之旅，豐富孩子眼界。

～歡迎親子踴躍報名～

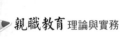

（續）
附件14-10

小叮噹科學園區報名表

幼生姓名：＿＿＿＿＿＿＿＿

□參加 □1人

　　　□家人＿＿＿人

　　　姓名：＿＿＿＿＿＿＿＿＿＿＿＿＿＿＿

　　　身分證字號：＿＿＿＿＿＿＿＿＿＿＿＿＿

　　　出生年月日：＿＿＿＿＿＿＿＿＿＿＿＿＿

□不參加　　□需臨托

□不需臨托

〔請於○月○日（星期三）以前報名，以便統計人數洽租遊覽車，費用請隨信封袋交回〕

附件14-11

有一項職務，它是終生職
無論刮風下雨，它都不能請假
無論陰晴圓缺，它都不能缺席更不能曠職

這一份偉大的工作，它的職稱就是——媽媽

主　　旨：在這令人感恩的五月，特別感念母親的偉大，感謝日
光幼兒園所有媽媽們，謝謝您們的支持，在此代表全
體幼兒們向媽媽們致上最高的敬意及謝意，您辛苦
了！並提醒媽媽在為全家辛苦之餘，別忘了讓自己
「漂亮一下」，故特別設計媽咪美髮活動。

活動主題：愛您媽咪感恩回饋美髮活動

期　　間：○○年○月○日～○月○○日止

活動辦法：1.請於上述期間至下列指定之美容院免費洗髮乙次。
2.請剪下美髮洗頭招待券，填上資料至指定地點即
可。
3.感謝四家店熱情支持，並配合推出剪髮九折、燙髮
八折，優待日光幼兒園之家長。

指定地點：請就近任選之
1.日式○○髮藝集團：XX路677號
355XXXX
2.○○日式精哲：XX路394號
316XXXX
3.○○○○髮型名店：XX街34號
302XXXX
4.○○○藝術髮廊：XX路550號
331XXXX

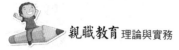

（續）
附件14-11

日光幼兒園慶祝母親節
「愛您媽咪」
漂亮一下美髮活動

美髮洗頭招待券

□日式○○髮藝集團
□○○日式精哲
□○○○藝術髮廊
□○○○○髮型名店

幼兒班級：＿＿＿＿＿＿＿　幼兒姓名：＿＿＿＿＿＿＿

使用者姓名：＿＿＿＿＿＿　店長簽章：＿＿＿＿＿＿

※ 本券○月○日～○月○日期間有效，請媽咪持本券前往

附件 14-12

日光幼兒園
「感恩媽咪」親子闖關園遊會

時間：○○年○月○日（星期六）上午 9:00～11:00
地點：XX 國民中學操場
電話：326XXXX

恭請闔第光臨
日光幼兒園全體師生　敬邀

活動程序

LOVE：
開幕式：雷鼓（火太鼓）
1.Happy Mother's Day
2.尚水的話（台語）
3.甜蜜寶貝
4.Great Mommy
5.愛的羅曼：心聲愛意傳千里
6.美語律動：Bubbles

※愛的廣播站：
1.向辛苦的媽媽說句好話
2.媽媽優點轟炸
3.小小演說家英文演講
4.三分鐘故事開講

FUN：
1.親子DIY：愛心珠寶盒
2.趣味足球PK
3.童玩：戳戳樂
4.平衡大考驗：心驚膽跳
5.美語歌曲大進擊
6.靜思語接句
7.釣水球
8.感恩媽咪樂透
9.爆米花
10.檸檬愛玉

新生免費參加園遊會
現場領取闖關護照
每關都有獎品哦！另有新生遊園紀念品！
現場報名，另享有學用品（圍兜、書包、餐具）贈送哦！

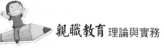

（續）附件14-12

溫馨五月情，親子園遊會

在這溫馨的五月裡，處處洋溢著「愛」的氣息，而每個人的心中都存有著一份「感恩的心」，子女們感謝媽媽的任勞任怨，先生感謝妻子的犧牲奉獻，而本園更感念父母親為子女們付出的一切，為慶祝這偉大的節日，特訂於五月 XX 日舉辦社區與本園親子園遊會活動。竭誠歡迎您們帶心愛的孩子踴躍參與。

◎日　　　期：○月○○日（星期六）

◎時　　　間：上午 10：00 時至下午 3：00 時

◎地　　　點：日光幼兒園

◎活動內容：飲食攤位（五攤）：飲料、點心、各式小吃營養衛生又可口。

　　　　　　遊戲攤位（五攤）：益智、趣味又富創意的遊戲。

　　　　　　民俗攤位：捏麵人、糖葫蘆、畫糖、棉花糖、汽球造型。

　　　　　　跳蚤市場：各式各樣物美價廉的用品。

　　　　　　免費健康檢查：婦女子宮頸抹片、乳癌、骨質疏鬆檢查。

◎園遊券每張面額一百元，敬請自由訂購園遊券。

※為響應環保政策，當日請準備小提袋，以便盛裝各遊戲攤位的小獎品。

日光幼兒園　敬邀

附件14-13

認識注意力不足過動兒

親愛的家長：

　　您是否常頭痛於您家寶貝的精力旺盛，注意力不足的現象呢？本所為解除您的疑惑您家寶貝的行為，找到更好的教養技巧，特請XX心理治療師，安排講座：

主題：認識注意力不足過動兒

時間：○月○日下午1:00～4:00

地點：本所大禮堂

■屆時歡迎社區之家長踴躍參加！

日光幼兒園啟

附件14-14

通知

　　本所定於○月○日上午於本所大禮堂舉行親職教育活動，歡迎社區之家長踴躍參加。

■時間：上午9:00～11:50

■主講人：吳○○主任「○○醫院心智科」

■講題：如何做一個成功的二十一世紀父母

　　　　　　　　　　　　　　　　　　　日光幼兒園啟

附件14-15

厝邊頭尾逗陣來喲
親子卡拉ＯＫ大賽

　　本所為和社區朋友共度一個快樂的中秋夜晚，將於○月
○日舉辦「親子卡拉 OK 大賽」，希望有興趣者能儘快來報
名。

時間：○月○日晚上 7:00 開始

地點：本所庭院

報名：請向總務處報名

※當天還有電影欣賞《鐵巨人》

日光幼兒園啟

附件14-16

「星光燦爛」發表會

在燦爛的星空下，一群閃耀的童星在舞台上快樂揮灑燦爛的童年，活潑熱情的表演，盡情歡唱自信地展現，才華洋溢地盛裝演出；期待您的掌聲、恭候您的來臨、等待您的腳步。

時　間：○○年○月○日（星期六）晚上 6:30～8:30

地　點：日光幼兒園

開幕式：雷鼓《狩獵》

　　　　園長致歡迎詞

掌聲是無聲的語言

1.小星星	唱遊＋手搖鈴＋魔笛	葡萄班
2.How old are you?	美語律動	櫻桃班
3.十個印第安小孩	唱遊＋鈴鼓＋魔笛	芒果班
4.森林之舞	直笛吹奏	蘋果班
5.Three Little Monkeys Two Little Black Birds	美語童韻	橘子班
6.男生女生唱	口風琴吹奏	檸檬班
7.Food I Can Hop	美語組曲	芒果班
8.小糊塗	口風琴吹奏	橘子班
9.國王的新衣	美語話劇	草莓班
10.我的一天	唱遊	櫻桃班
11.I Love My Family Toys	美語組曲	葡萄班
12.打大麥	音樂大合奏	中班
13.真善美之歌	口風琴＋合奏	草莓班

附件14-17

日光幼兒園「童年歡顏」
畢業典禮暨遊藝會

時間：○○年○月○日（星期六）晚上 7:00～8:30
地點：日光幼兒園操場

～熱鬧、歡樂、感動、盡在陽光～

程序表	節目單
1.日光電視台小主播：新聞快報	1.酷炫足球舞……
2.畢業生進場	2.陽光照耀著河邊……
3.園長致詞	3.Fun kids寶寶選拔賽……
4.來賓祝福	4.嬉遊曲……
5.家長致詞	5.小小世界……
6.頒發畢業證書，頒獎	6.再試一下……
7.畢業的心情	7.寵物男孩……
8.畢業生致英文答詞者	
9.在校生致歡送詞	
10.畢業歌	
11.頒發傑出父母禮物	
12.禮成	

請帶著一顆歡喜與祝福的心，
參加孩子人生第一次的畢業典禮，
讓我們共同期待這一天到來！

附件14-18

日光幼兒園「親子共讀」

親愛的日光家長：

　　本園深知閱讀對孩子的重要並希望推動閱讀風氣，自本學期起，每月一次舉辦親子共讀活動，邀請專家學者與家長及幼兒一起分享親子共讀妙方、國內外繪本、製作小書等（時間及內容如附件），提供大家參與學習的機會，期望帶動「閱讀～從家庭開始，希望～從書本展開」的全民閱讀風氣。

　　我們深信陪孩子多讀一本書，就能為孩子帶來一線智慧啟發的希望；多一分鐘家庭閱讀時光，親子間就能擁有一絲學習成長的機會。

　　日光親子共讀活動，期待您全家人的參與，讓我們一同陪孩子發現閱讀的樂趣，開拓視野，增進人生智慧。

　　一個新網站將免費提供全球一百種不同文化的一萬本童書，免費供全球三歲至十三歲的小讀者下載。

　　網址 http://www.icdlbooks.org

○○學年下學期親子共讀（每月第三週星期六上午10:00～11:30）			
時間	講者及內容	其他花絮	攜帶物品
3/13	汪XX •國外繪本分享	•家長分享家中有趣的圖書	•閱讀護照 •家中有趣的圖書
4/17	金XX •如何帶領孩子閱讀	•請家長分享說故事的方式及技巧	•閱讀護照 •家中有趣的圖書
5/17	王XX •親子手工書DIY •此活動需要較多時間提前於上午9:30開始，請準時	•製作各式不同風格的手工書	•厚紙板（可用廢棄盒、瓦楞紙）
6/19	卜XX •多元智能繪本分享	•成果展茶會	•閱讀護照 •各家自製手工書

 參考書目

一、中文部分

方崇雄（1998）。〈科技教育師資培育的夥伴關係〉。《中華工藝教育》，31（5），8-12。

王秀雲（1999）。〈社區時代來臨的校園文化再造〉。《教育資料與研究雙月刊》，30，1-6。

林振春（1997）。〈從社區與學校互動談如何落實學校社區化〉。《教師天地》，86，11-15。

邱花妹（1998）。〈親師攜手，共繪孩子的未來〉。《天下雜誌特刊》，23，150-153。

湯梅英（1997）。〈學校社區化──舊觀念？新口號？〉。《教育資料與研究》，19，2-8。

葛婷（1991）。〈家園同心──實驗教室親職計畫之介紹〉。《幼教天地》，7，187-206。

鄧運林（1998）。《開放教育新論》。高雄：復文。

賴佳杏（2004）。〈家庭、學校、社區三合一的夥伴關係教育〉。《網路社會學通訊期刊》，38。

賴國忠（1998）。〈營造學校與社區雙贏的夥伴關係〉，《北縣教育雙月刊》，24，58-60。

二、英文部分

Clinton, H. (1996)。〈同村協力教育兒童〉。《天下雜誌》，11，66-73。

Goldring, E. B., & Sullivan, A. V. (1996). Beyond the boundaries: Principals, parents, and communities shaping the school environment. In K. Leithwood et al. (Eds.), *International Handbook of Educational Leadship and Administration*, 195-222. Netherlands: Kluwer Academic Publishers.

Honig, A. S. (1982). Parent involvement in early childhood education, In Spodek, B. (ed.), *Handbook of Research in Early Childhood Education*. New York: Free Press.

Hymes, J. L. (1975). *Effective Home School Relations* (Rev, Ed.). Carmel, CA: Hacienda Press.

Powell, D. R. (1989). *Families and Early Childhood Programs*. Washington, DC: NYEYC.

U. S. Department of Education (1997). *Achieving the Goals: Goal 8 Parental Involvement and Participation*. Washington, DC: U. S. Department of Education.

Chapter 15 親職教育與父母資源

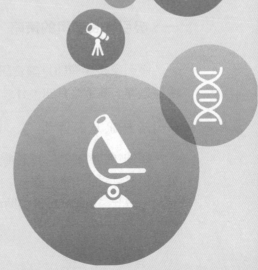

　　幼兒園是存在於社區之中，當父母未能善盡父母照顧角色時，擔任起補充父母角色職責的重要場所，而身為教育者（托育者）本身除了專業職志的涵養之外，也須提供現代父母如何建立正確地教養方式，給予其適當的引導，使得父母基於瞭解孩子的發展特性能有所支持，這也是親職教育的宗旨。

　　而社區的概念，也正是表徵出了傳統社區類似大家庭般的彼此支援、關照、互助，甚至更形成社會的資源及系統的功能。作為社區的一分子，除了可維護兒童福利服務的功能之外，更可進而利用社區彼此相互資源連結，這正是值得我們積極努力的方向！本章共分四節，第一節介紹親職教育執行策略與方式；第二節介紹親職教育之正式資源——兒童少年福利行政體系之組織及其運作；第三節民間資源參與兒童少年福利服務之探討；以及第四節社區資源調查。

第一節　親職教育執行策略與方式

　　一般幼兒園所進行之親職教育活動，除了進行規劃、執行策略及事後檢討（可參考第八章及第九章），不同園所基於園所之行政政策及家長需求之不同，各有不同執行親職教育的策略與方式，然而大多數園所可以下列三種方式：吸引家長參與的策略、具體執行方式，以及與社區連結（可參考第十四章），茲分述如下：

一、吸引家長參與的策略

　　吸引家長參與即是讓資訊透明化，活動吸引化及執行能獲得家長的共鳴與迴響，其策略有四，分述如下：

(一)活動訊息的傳播

　　學期初即會發給家長活動計畫行事曆，方便家長預先安排參與日期。此外，另在每週的「童心園」、所內公布欄加以宣導活動訊息。並適時開放邀請父母設計、規劃或提供協助活動內容流程，提高參與的程度及動力。

(二)配合家長需求

開學時發給家長參與需求調查表,以瞭解並針對家長的需要安排活動內容,同時在活動進行中提供寄託幼兒的場所,讓家長得以安心參與活動。

(三)辦理活動前

發給家長宣傳文宣、參與意願調查表或由幼兒自製邀請函邀請家長參加,當中並說明需要家長協助配合之事項,通知單的內容擬以感性、活潑的方式呈現,提高家長參與的興趣欲望。

(四)活動結束後

將活動照片集錦、花絮或具體之作品陳列介紹,除了為親子留下回憶外,也讓未參加者瞭解活動內容,吸引其下次的參加。針對實地參與之家長,發出親職活動滿意度調查表作為往後設計安排活動之參考,另外,對於熱心參與的家長(特別是爸爸們)予以表揚,以資鼓舞。

二、具體執行方式

親職教育之執行可分為靜態與動態(可參考第六章),一般而言,動態式比靜態式受家長青睞,其執行方式分述如下:

(一)招生前的招生座談會

在招生前將會舉行招生座談會,邀請社區中與家中有適齡兒童的家長來參加,說明並宣傳園所的理念與教學方式,以期家長對於園所有更深一層的認識,促進良好親職教育的第一步。

(二)在開學時發給孩子父母一本父母手札

即為給家長的家長手冊,因為在這多元又多變的社會中,為人父母者除了要自我實現外,更要為培育下一代而忙碌,因此為了紓解父母壓力,並且彌補並非每位家長都有時間參與園所所辦之親職活動接觸資訊的不

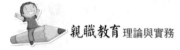
足，特地製作了一本父母手札提供給父母，其中內容包括：園所簡介（包括教育理念、教學方式）、家長須知（規定幼生接送事宜、繳費事宜、衣著、請假事宜）、行事曆（單元主題、活動安排、休假日）、單元活動設計（使家長大致瞭解孩子在園內作些什麼單元活動）、成長的軌跡（孩子的各種發展特質）、孩子的行為問題（行為診斷與處理策略）、溝通小品、教養資訊、兒童福利資源簡介與索引。

(三)教室內的布告欄

每班教室外頭都設有布告欄作為教師與家長的溝通管道，教師可將本週的課程計畫、當天的上課內容、希望家長配合瞭解之事務等公布於公布欄上。

(四)面對面溝通

老師可利用家長接送幼兒之時，利用機會和家長做一些面對面的溝通。

(五)定期的訪問

開學前的家庭訪問（對於新生在開學前都希望能做家庭訪問，對其家庭有基本上的瞭解）、不定期的訪問。

(六)電話聯繫

每天於固定之時間以電話方式聯繫（例如，中午12:00～12:30或下午4:00～5:00），如果家長想和老師討論幼生問題可打電話來。

(七)每週一次的親師聯絡單（童心園、親子橋）

由各班教師製作的每週一份童心園（或親子橋），內容包括：本週課程活動設計計畫表、老師的叮嚀（例如，教養資訊、活動公告、兒歌、手指謠）、老師對孩子一週的觀察所得（例如，童言童語）、家長心語等。

(八)各類型親子活動

例如，運動會、園遊會、座談會、各種配合課程單元延伸設計的大型活動（例如，跳蚤市場拍賣、親子造型大賽等）、開學、畢業典禮、配合時令節慶的各項活動（例如，社區遊行、萬聖節遊行、聖誕節遊行）。

(九)到校擔任義工

仿效美國啟蒙方案提供家長依個人時間、興趣專長來協助課程進行的機會，一方面讓家長瞭解孩子在所內學習的情形，同時增加所內人力資源。例如，協助戶外教學、學習區（角落）分組活動、說故事給孩子聽、帶領小型遊戲或製作點心等。

(十)家長教學參觀日

在每學期設計一星期開放給各班家長到園做家長教學參觀日，藉以瞭解孩子的學習環境及學習狀況。

三、與社區連結

與附近學區合作（例如，國中、國小、社區公園、銀行、超商、警察局、醫院等）——可開放學校間的相互參觀，教學資源的運用，提供中學生從事志願服務的機會。善用附近社區資源——配合各班單元活動與社區人力、物力、自然、組織等資源作結合，籌劃舉辦課程延伸活動。例如，可與花市聯辦花卉展、參觀附近的菜市場、各種診所、借用與參觀圖書館資源。另一方面聯絡募集社區內的機關、公司將其剩餘或捨棄不用的物品作為教學布置、角落工作的材料。此外，透過加強與社區內各園所之聯繫，共同合作辦理園遊會、健行遠足等活動，讓園所間的資源、器材得以交流。而相關與社區連結（**圖15-1**）又可分為：(1)推廣社區兒童福利相關的活動；(2)設置社區資源網；(3)定期舉辦社區的親職活動；(4)徵求人力資源（**專欄15-1**）。

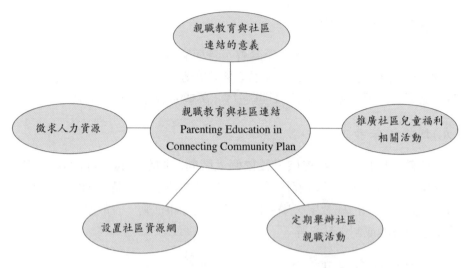

圖15-1　親職教育與社區連結之概念圖
資料來源：作者整理。

專欄15-1　社會（區）資源調查

　　某園所位於以XX東路、XX路為主軸的商圈內，交通四通八達，方便對外聯絡；其間工商企業大樓、商家、住家林立，當地（居民）及外來（上班族）人口眾多，對招生是一項利多；鄰近市場、超市，採買方便；XX公園、XX公園、XX公園近在咫尺，是幼兒舒展筋骨、體能訓練的好地方；XX國小、XX國小、XX國小就在附近，可就近利用其場地辦理戶外大型活動，也是幼、小銜接課程活動的最佳觀摩場所，尤其是XX國小的溫水游泳池，不論寒暑都是小朋友的最愛；XX醫院距離此園僅幾分鐘路程，可與之訂約，為幼兒做定期健康檢查，以確保幼兒身心健康；袖珍博物館、衛視電視台也在不遠處，是幼兒戶外教學的好去處之一，可善加應用。

　　任何企業的重要資源不外財力、人力、物力，而托兒所的財力來自學生人數；人力除了所內老師外，各行各業的家長更是可運用的資源；物力就此園所內設備外亦可尋求社會資源。以上豐富的社會（區）資源，是值得此園所在此投資的，茲就上述資源細列如下：

1.工商企業資源：各大銀行、證券公司、XX大樓、飯店、餐館、麥當

勞、旅行社、商業集團等，集結在此，龐大的上班族群的小孩是此園重要的學生來源。（財力、人力）

2. 公共設施資源：XX等三個公園內的植物提供了不少學習資源，如認識植物生態、美勞課程的樹葉拓印等。園內的遊樂設施，滑梯、單槓、平衡木、翹翹板等，可帶給孩子們歡笑並鍛鍊他們的體魄，實可以補該園所內設施之不足。（物力）

3. 教學資源：XX等三所國小就在此園周圍，他們的大操場可借用辦理大型活動，或情商做觀摩教學，以消弭小朋友幼、小銜接的心理障礙；袖珍博物館、衛視電視台也是不錯的戶外教學點。（物力）

4. 醫院：XX醫院與附近診所可提供緊急醫療或定期健檢服務。（人力、物力）

5. 鄰近社區市場：XX街市集、XX超市就在附近，提供各式各樣的餐點所需，節省了不少採買的時間與人力。（物力）

6. 鄰近社區大樓：密集的住戶人口的小孩，也是本所主要的學生來源。稠密的居民和多數的上班人口，同是此園招生的福音。（財力、人力）

一、推廣社區兒童福利相關的活動

1. 在公布欄張貼最新的兒童福利法則的事宜。
2. 兒童相關的活動公布（例如，台北元宵節、賞花燈）。
3. 宣導疾病的防治教育（例如，腸病毒流行時，教導如何洗手以杜絕病毒等）。
4. 公告低收入戶兒童的收托標準。
5. 設兒童諮詢專線：
   (1) 可協助家長解決任何教養上的問題。
   (2) 可提供特殊兒童、父母所需的機構。
6. 介紹學校或區內的活動項目、時間、地點。

二、設置社區資源網

1. 設園所的網站：
   (1) 介紹園所的簡介、行政組織、教學理念、教育、收托年齡、收費標準、活動行事曆等相關資料。藉由這樣的網站，可讓尚在選擇幼兒園的父母，作為選擇及參考！

(2)建立親師交流園地，內容有家長留言板、教養小撇步、童言童語
　　　　等。可藉此促進家長教養概念的提升與落實！
　2.可作為社區活動的場所之一：
　　(1)在選舉時，可提供作為居民的投開票所。
　　(2)可作為社區的才藝活動的場所（可外租酌收清潔費）。
　3.開放部分的教學資源：
　　其中可設置「親子圖書館」陳列有關親職的書刊及雜誌，作為父母或
　　社區人士充實教養概念的場所。
　4.提供親職專欄給予社區刊物的製作。
　5.成為社區的「愛心急救站」之一，共同維護婦女、兒童的安全。
　6.認養公園內的玩具，並定期維修。
　7.成為社區中人力資源的一部分。

三、定期舉辦社區的親職活動

　1.各種類型的親職活動，皆可巧妙的與社區資源作為結合，這可使得區
　　內的園所、家長、孩子，以及其他人士獲得最好的回應！
　2.親職活動項目分類：
　　(1)依節令的活動：
　　　A.舞龍舞獅賀新年。
　　　B.元宵猜燈謎。
　　　C.母親節──溫馨園遊會。
　　　D.端午粽香情。
　　　E.父親節──爸爸真偉大。
　　　F.歡送畢業生。
　　　G.聖誕節瘋狂舞會。
　　(2)演講類的活動：提供社區父母多元的學習，可邀請專家、學者談
　　　　教養問題、親子關係、溝通技巧、心靈成長，以及兩性家庭等主
　　　　題。
　　(3)藝術欣賞類的活動：
　　　A.孩子的音樂發表會。
　　　B.劇團、兒童劇的演出。
　　　C.兒童藝術欣賞。
　　　D.捏陶活動。
　　(4)父母成長團體。

(5)跳蚤市場。

四、徵求人力資源

1.社區義工媽媽。
2.所內家長資源。
3.鄰長、里長。
4.警察局、消防局。
5.醫院、社區內商店。
6.商場。
7.社區內水電、冷氣、商店。
8.其他幼兒園的園所長。

資料來源：作者整理。

第二節　親職教育之正式資源——兒童少年福利行政體系之組織及其運作

　　資源是有限的，包括人力、物力與財力。執行親職教育之正式資源主要是透過政策與立法，建立行政體系，以幫助政府推動其行政業務，在社政體系主要是以兒童及少年福利與權益保障法所規定之行政組織所建立之體系和組織。

一、兒童少年福利行政體系組織

　　行政組織乃是針對推行公共事務所建立的行政機關，屬於行政組織或科層體制組織的一種（沈俊賢，1992）。而張潤書（1986）也引述了Weber的觀點，認為此類行政組織應具備下列五種條件：第一，機關內的各個部分有固定的權力範圍，通常其備有法律的明文規定。第二，上下單位間有層級統屬的關係，上級單位對下級單位有指揮、監督及命令之權，而下級對上級則有絕對服從之義務。第三，辦公人員一般都須經過專門的

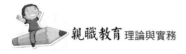
知識訓練；唯有具備規定資格的人才可被錄用。第四，辦公人員領取固定的薪水，可依照一定的步驟升遷，並可以把自己的工作當作終身的生涯。第五，處理行政事務必須遵循一定的規則和程序。

兒童少年福利工作的推展，首藉福利立法的基礎。各個國家因其開發程度（工業化、經濟化及社會進步程度），對其立法內容會有所不同。然而各國立法就福利提供者的部門分工而言，大都採取福利多元觀點（welfare pluralism perspective）。而提供兒童福利，可分成四個部門：家庭（私人部門）、民間團體（志願部門）、企業部門（商業部門）以及政府部門（法定部門）（馮燕等，1992）。就法定部門的福利服務，即是本節所探討的兒童少年福利行政機關。兒童少年福利行政機關可以依其職權分成：行政官署、輔助機關、諮詢機關以及執行機關等四大類。各國的兒童福利立法，例如，德國、日本、以色列、韓國以及我國等國家，在體例上大致偏重在專門行政機關以及諮詢機關的職掌，有特別的規定。我國的兒童福利法在2003年與少年福利法合併修訂成為兒童及少年福利法，後於2011年修改為兒童及少年福利與權益保障法，共分為總則、身分權益、福利措施、保護措施、福利機構、罰則及附則7章，共118條。其中對於有關福利服務組織、控制及監督方面，在法規中皆有明文規定。

我國現階段兒童福利行政體系的建構，係按1973年公布施行的兒童福利法第5條（2013年修訂後的第6條）規定：「兒童福利之主管機關：在中央為衛生福利部；在直轄市為直轄市政府；在縣（市）為縣（市）政府。」又主管機關的職掌則明列於兒童福利法的第6、7、8條（修訂後之7、8、9條）。

此外，兒童及少年福利與權益保障法第82條也規定：「私人或團體辦理兒童及少年福利機構，以向當地主管機關申請設立許可者為限；其有對外勸募行為或享受租稅減免者，應於設立許可之日起六個月內辦理財團法人登記。未於前項期間辦理財團法人登記，而有正當理由者，得申請核准延長一次，期間不得超過三個月；屆期不辦理者，原許可失其效力。第一項申請設立許可之要件、程序、審核期限、撤銷與廢止許可、督導管理、停業、歇業、復業及其他應遵行事項之辦法，由中央主管機關定之。」第84條規定：「兒童及少年福利機構不得利用其事業為任何不當之宣傳；其接受捐贈者，應公開徵信，並不得利用捐贈為設立目的以外之行為。主管

機關應辦理輔導、監督、檢查、獎勵及定期評鑑兒童及少年福利機構並公布評鑑報告及結果。前項評鑑對象、項目、方式及獎勵方式等辦法，由主管機關定之。」因此，無論公立或私立福利機構，還有依法辦理的兒童及少年福利財團法人，都不能忽略其應受主管行政機關監督與管理。

我國兒童福利各級主管機關可分為中央、直轄市、縣市及鄉鎮市區等三個層級，其兼辦兒童福利業務之情形，茲分別說明如下：

(一)中央兒童少年福利行政組織

目前中央主管兒童福利的行政機關為衛生福利部社會及家庭署，其人員之編制，依衛生福利部社會及家庭署組織法及處務規程，設置署長1人、副署長2人，主任秘書1人，分設婦女福利及企劃組、兒少福利組、身心障礙福利組、老人福利組、家庭支持組等五組任事，並設立秘書室、人事室、政風室及主計室（**圖15-2**）。

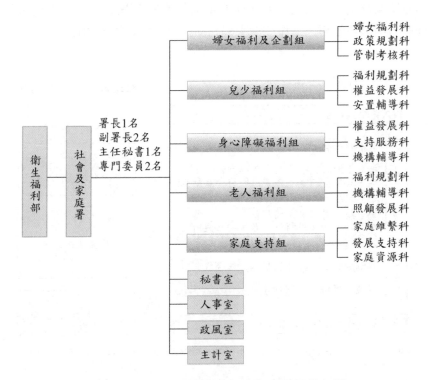

圖15-2 衛生福利部社會及家庭署組織架構

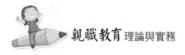

　　社會及家庭署將以「全人照顧」為施政主軸，以「家庭」為中心進行政策規劃，結合兒童及少年福利、婦女福利、老人福利及身心障礙者福利服務的專業知能，為人民打造一個「個人生活有照顧、家庭功能恆健全、社區網絡更綿密」的社會。

　　社會及家庭署整合了原屬內政部社會司主責業務的老人福利、身心障礙者福利、婦女福利、老人及身心障礙福利機構輔導等業務，與原屬兒童局主責業務的兒童福利服務、托育服務等業務，分別成立婦女福利及企劃組、兒少福利組、身心障礙福利組、老人福利組、家庭支持組等五組；原屬兒童局的保護重建與防制輔導業務，未來將移至衛生福利部保護服務司，而原屬於社會司的社會救助、社工專業、志願服務、社區發展、公益勸募業務則移至衛生福利部社會救助及社工司，另原屬社會司的社會團體、職業團體、合作事業輔導、合作行政管理及農民保險業務仍維持由內政部持續辦理（業務調整詳如**圖15-3**）；未來社會及家庭署將主動與地方政府說明業務對口單位之調整，使原單位各項業務得以無縫接軌，持續推動原有各項為民服務之工作（衛生福利部社會及家庭署，2013）。

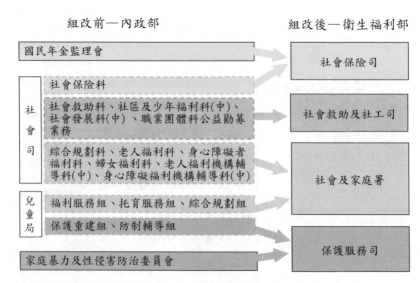

備註：社會司尚有4科社會團體科、職業團體科、合作事業輔導科、合作行政管理科，以及農民保險業務續留內政部。

圖15-3　社會及家庭署整合前後之比較

(二)直轄市兒童少年福利行政組織

台北市於1967年升格為直轄市，設社會局；高雄市於1978年7月改制，亦設社會局。此為省市兒童福利行政的主管機關，其行政職掌分述如下：

◆台北市政府社會局

隸屬於台北市政府，置局長1人、副局長2人、主任秘書1人及專門委員2人，下設8科5室1中心，預算員額696人，組織架構如**圖15-4**。

局長室包含局長、副局長（2人）、主任秘書、專門委員（2人）、秘書（2人）、社會工作員、聘用研究員（2人）、社會工作督導（5人）共計16人。

各單位職掌（預算員額數）如下（台北市政府社會局，2015）：

1. 人民團體科（預算員額數：25人）：社會團體、工商業及自由職業團體、合作社、社區發展協會及社會福利相關基金會等會務輔導事項。

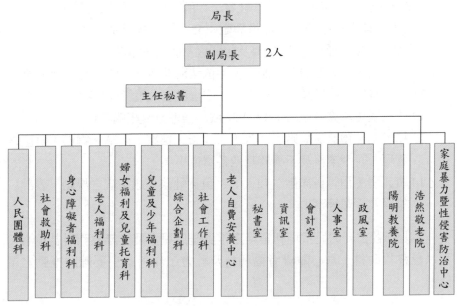

圖15-4　臺北市政府社會局組織架構圖

2. 社會救助科（預算員額數：76人）：弱勢市民生活扶助、醫療補助、急難救助、災害救助、國民年金保險補助、以工代賑、平價住宅管理及居民輔導等事項。

3. 身心障礙福利科（預算員額數：88人）：身心障礙者有關之權益維護、福利服務與相關機構之監督及輔導等事項。

4. 老人福利科（預算員額數：62人）：老人有關之權益維護、福利服務與相關機構之監督及輔導等事項。

5. 婦女福利及兒童托育科（預算員額數：82人）：婦女有關之權益維護、福利服務、性別平權倡導與相關機構之監督及輔導；育兒津貼、兒童托育業務與相關人員、機構之監督及輔導等事項。

6. 兒童及少年福利科（預算員額數：28人）：兒童及少年有關之權益維護、福利服務及相關機構之監督與輔導等事項。

7. 綜合企劃科（預算員額數：20人）：社會福利政策、制度、施政計畫之規劃整合與研究發展、社會福利用地需求評估與開發規劃及社會福利有關基金之管理等事項。

8. 社會工作科（預算員額數：142人）：社會工作直接服務、遊民輔導庇護、社會工作專業發展、社會工作師管理及志願服務等事項。

9. 老人自費安養中心（預算員額數：55人）：提供進住中心老人生活照顧、文康活動、健康指導及相關專業服務等事項。

10. 會計室（預算員額數：20人）：依法辦理歲計、會計及統計事項。

11. 人事室（預算員額數：12人）：依法辦理人事管理事項。

12. 政風室（預算員額數：8人）：依法辦理政風相關業務。

13. 秘書室（預算員額數：50人）：文書、檔案、出納、總務、財產之管理，研考業務及不屬於其他各單位事項。

14. 資訊室（預算員額數：12人）：負責社政資訊系統之規劃、設計、維護及管理等事項。

台北市社會局的兒童福利業務之推動是以兒童及少年福利科為重心，而以社會救助科、身心障礙者福利科及社會工作科為主要輔助推動之單位。

◆高雄市政府社會局

　　高雄市社會局目前組織編制設有7科4室5區綜合社福中心及1婦幼青少年活動中心，附屬機關有仁愛之家、兒童福利服務中心、無障礙之家、長青綜合服務中心、家庭暴力及性侵害防治中心；本局現有編制員額211人，另待納編社會工作員93人；附屬機關員額編制159人。組織架構如圖15-5。

　　99年12月25日高雄縣市合併，原高雄市政府社會局及高雄縣政府社會處合併為高雄市政府社會局，合併後各單位職掌如下（高雄市政府社會

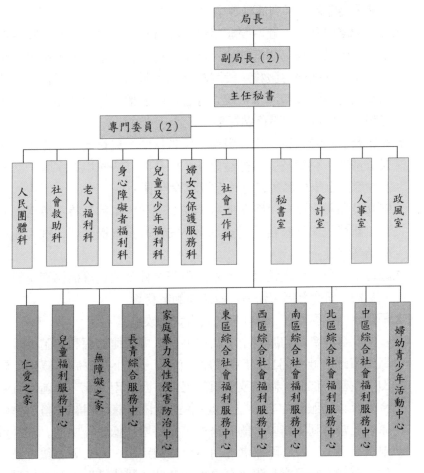

圖15-5　高雄市政府社會局組織架構圖

局，2015）：

1. 人民團體科：人民團體組訓、合作行政、社區發展等事項。
2. 社會救助科：低收入戶生活及就學扶助、中低收入戶生活及教育扶助、低收入戶「脫貧自立計畫」、醫療補助、急難及災害救助、保險補助、安置照顧、街友收容安置、以工代賑、建置社政資訊系統，以及成立「社會救助金專戶」、辦理平價住宅服務等事項。
3. 老人福利科：安置頤養、醫療保健、經濟扶助、社區照顧、餐食服務、文康休閒服務、敬老優待，以及每年發放老人重陽敬老禮金、辦理重陽節敬老系列活動等事項。
4. 身心障礙福利科：社區照顧服務、經濟補助、保險補助、收容養護服務、輔具服務、個案管理、就業服務、就學服務、租賃房屋及購屋補助、交通優惠服務、設置綜合福利服務中心、辦理各項福利活動及扶持身障團體運作、成立身心障礙者權益保障推動小組、成立各類身心障礙福利服務點等事項。
5. 兒童及少年福利科：托育服務、保護扶助、兒童及少年經濟扶助、醫療補助、兒童及少年權益促進，以及開立特殊境遇家庭子女就讀高中職以上學校雜費減免核定證明等事項。
6. 婦女及保護服務科：婦女權益、婦女福利、單親及特殊境遇家庭服務、新移民家庭服務、兒童及少年安置教養機構管理、推展性騷擾防治業務等。
7. 社會工作科：保護性服務、志願服務、社會福利機構協調聯繫、資源結盟、研究發展、辦理社會工作師業務等。
8. 幕僚單位：秘書室、會計室、人事室、政風室。
9. 各區綜合社會福利服務中：為提供民眾更便捷的福利申請及服務，高雄市政府社會局102年完成組織修編，以小社會局的概念，於旗山、左營、仁武、岡山及前鎮設置東、西、南、北、中區等五處綜合社會福利服務中心，並各置1名主任督導綜理相關業務，除延續原有社會福利服務中心的服務外，並將增加低收（中低）入戶資格申請（復）、身心障礙者專用停車位識別證、身心障礙鑑定需求評估、弱勢家庭兒童及少年緊急生活扶助（醫療補助）等直接受理民

眾申請之福利項目，將民眾經常性申辦的福利服務窗口，延伸設置到各綜合社會福利服務中心，落實福利社區化，並且連結區域性的民間資源，推動具地方特色的福利服務，將民眾經常性申辦的福利服務窗口，延伸設置到各綜合社會福利服務中心，落實福利社區化。

10.附屬機構單位：仁愛之家、兒童福利服務中心、無障礙之家、長青綜合服務中心、家庭暴力及性侵害防治中心。

(三)縣市及鄉鎮市區兒童少年福利行政組織體系

目前台灣省各縣市中，兒童福利行政主管機關乃依「台灣省各縣市政府組織規程準則」規定，人口150萬以上者，設社會局；人口50萬以上未滿150萬者，設社會科；人口未滿50萬者設社會課。此即為我國地方政府的兒童福利行政主管機關。

目前我國兒童福利行政體系是依附於社政單位之中（**圖15-6**），依現行政府行政組織規定，衛生福利部下設社會及家庭署；直轄市社會局下設兒童及少年福利科；縣（市）社會科（局）下設社會福利股，負責兒童福利事務。鄉鎮市公所則由民政科主管。

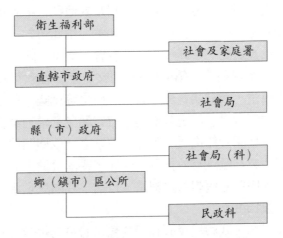

圖15-6　我國兒童福利行政體系組織架構

二、兒童少年福利行政組織的運作

我國行政組織的運作主要是靠法定的行政監督權來對下屬機關進行行政監督，以達到層層管制之目的。而行政監督乃是上級機關管制、考核下級行政機關行政績效的手段。至於福利服務之提供除了法定之政府行政部門之外，在福利服務多元化之下，還有民間機構及團體的來源，所以，要確保福利服務輸送體系得以運作及產生其應有的績效，實有賴於政府與民間共同參與，並建立服務輸送的網絡，以確保兒童福利服務得以有效的運作。

福利服務輸送體系係指組織體系或組織群體從環境中獲取資源，再將此資源轉化為福利方案或服務提供給案主。其中涉及服務組織所形成的網絡結構以及輸入、投入、轉換、儲存、產出、輸出及回饋等過程。目前，我國兒童福利輸送體系的運作主要是依賴法定的兒童福利體系，兒童福利服務機構和學術研究及壓力團體，其中的福利服務輸送之網絡如圖15-7。

就圖15-7的兒童福利輸送體系來看，其執行也有限制，因為兒童福利在立法上的內容涉及衛生、教育、司法及社政，而且台灣地區社會福利資源手冊中對兒童福利服務機構的分類來看，其中包括：直接服務機構、特殊教育及兒童福利協（學）會、基金會等，但相關的福利行政單位與學術單位則分別自成一類，未區分出兒童福利及其他社會福利單位（台灣省政府社會處，1991；郭靜晃、曾華源，2000）。由此可知，一般對兒童福利的分類是採取較為廣泛的定義——涉及教育、衛生、司法及社政之單位。而且修訂後的兒童福利法在第6條也有明文規定，社政行政機關是承辦兒童福利之專責單位，而有關司法、教育、衛生等相關單位涉及有關兒童福利業務，應全力配合之。但是各部門承辦有關兒童福利業務時，常秉持著本位主義觀點將相關責任推諉，此外，主管之社政機關位階又低，常造成兒童福利政策及業務難以有效推行。因此，要落實健全兒童福利服務，應先建立兒童福利服務輸送體系之網絡。目前，我國兒童福利服務輸送體系的組織架構如圖15-8所示。

由圖15-8可知，我國兒童福利服務輸送體系的組織中有福利、教育、衛生及司法四個領域的公、私立機構、設施所組成。其中包括有各級行政機關所附屬之公立兒童福利設施，以及全國性及地方性的私立兒童福利設

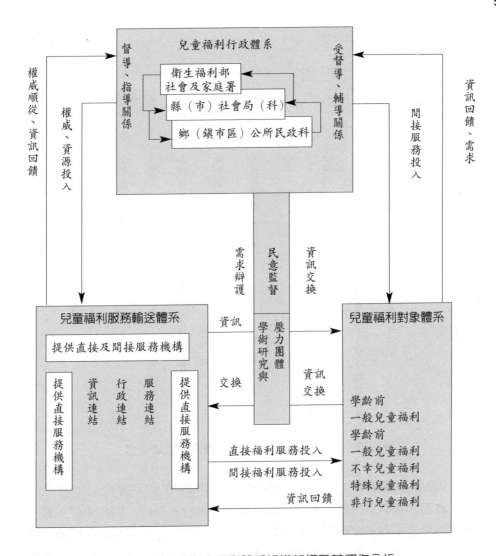

圖15-7　我國兒童福利體系組織架構及其運作分析

資料來源：郭靜晃、曾華源（2000）。〈建構社會福利資源網絡策略之探討——以兒少福利輸送服務為例〉。《社區發展季刊》，89，107-118。

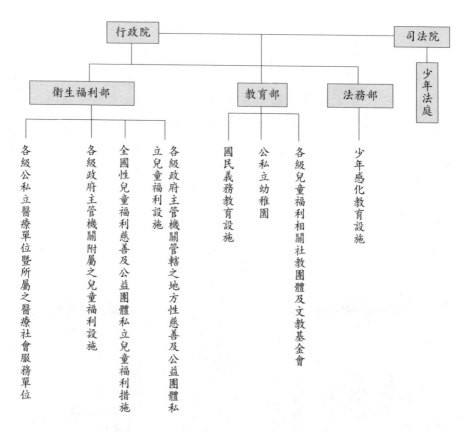

圖15-8　我國兒童福利服務輸送體系的組織架構

施及人民或社會團體，共同為兒童提供直接或間接的福利服務。

　　然而，我國現行的兒童福利輸送體系，由於各領域之間的本位主義，專責的兒童福利主管機關位階又低，此外，公私立兒童福利服務機構的類型又十分複雜，性質亦多有不同，諸此種種，皆造成推行全面性的兒童福利事務卻是窒礙難行，因此，我們需要有完善的政策來整合兒童福利服務輸送體系以有效推行兒童福利事務。若以機構本身的行政觀點，更需要內部組織的重組和外在任務環境上的調適，則不免有所謂「牽一髮而動全身」的問題和困難（施教裕，1996）。所以說來，任何相關福利服務之輸送機構為達有效之服務輸送，必須面對獲得董事會之決策支持、組織任務之調整、員額擴編、預算爭取、服務品質之確認與督導，以及外在環境之資源開發、個案轉介和相關機構間之分工及確保服務輸送網絡之建立。

第三節 民間資源參與兒童少年福利服務之探討

社會福利事業是一種服務性質的工作，其目的在滿足人類基本生活的需要、解決社會問題與促進社會發展。而要達成上述目標，除了需健全政府社會福利制度外，尚需顧及民間資源的參與。社會學家鮑格達即言：「社會資源的運用於服務、公益、福利與合作等觀念是增進社會和諧發展的必要因素。」因此，興辦社會福利事業應該是政府與民間的共同職責，這種「社會福利，人人有責」的觀念，正是實踐民生主義社會福利政策的主要依據，也是對「社會連帶」（social bonds）責任的體認（許榮宗，1987：5）。

社會資源不外乎是人力、物力與財力，人力指的是志願服務工作人員或志願服務性社團人員，物力則是民間機構所能提供的設備（包括：屋舍、交通工具和物品等），至於財力則屬民間善心人士及熱心團體、志願性團體或社會福利慈善事業基金會、宗教寺廟、公益性團體、社區理事會等所捐獻之款項，其他是技術的支援與提供、意見的參與皆是用之不盡的民間資源。然而隨著社會的進步、經濟的繁榮、國民所得的提高，人民的生活水準顯著提升，社會資源可以說愈來愈充沛，尤其是蘊藏在民間的資源更是充裕，過去經由各種資源的提供、意見的溝通表達，都促使政府與民間的合作甚為密切，這種合作的基礎，促進了結合民力的積極推動，也獲得社會大眾的普遍迴響（吳老德，1988）。

一、民間參與兒童少年福利服務的重要性

1940年代以後，「福利國家」（The Welfare State）成為世界各民主先進國家普遍追求的目標，因為它具有理想的性格，所以一直吸引各國的注意力，尤其英美等國將其奉為進步與民主的象徵，而建立福利國家社會福利體系已達數十年之久，至今成為後資本主義社會的基本精神之一（吳老德，1988）。

讓人民生活不虞匱乏，免於恐懼，是政府責無旁貸的職責，亦是保障人民福祉的基本條件，唯單憑政府有限的人力、物力與財力，仍是相當有

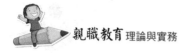
限的。另外，由於我國國情特殊，國防預算比例較重，欲於短期內提升社會福利支出實有其困難，所以必須動員民間力量，結合社會熱心人士與團體，共同參與社會福利建設，亦唯有政府、企業界，以及全體民眾的共同支持與配合，福利國家的理想才能邁向最適社會的坦途，實現民生主義安和樂利的均富社會。

在社會福利發展過程中，1940年以後，因強調福利理念的國家責任，全民性社會福利體系的建立，民間團體已從社會福利服務的主要供應者之角色，退居於輔助性地位。直至1990年後，由於福利國家發展的轉折，民間團體的重要性又開始受到福利學者及政界人士之注意。兒童福利需求的範圍與項目，隨著社會、家庭結構的轉變而日益廣泛、複雜，然而除了兒童之外，政府還得兼顧到其他族群的需要，單靠體制內的有限資源，勢必不足以滿足兒童的各項需求。兒童階段發展健全與否將持續影響其將來的成人生活，因此，民間資源投入兒童福利服務的行列，對兒童福利整體而言，重要性有三：

第一，民間團體的福利服務，以地區性和特殊性見長，既能針對地區的個別需求提供服務，並可提供特殊性的服務，以滿足具有特殊需求的個人。兒童在不同的發展階段，有不同的發展需求，此外，一般正常健全的兒童與特殊兒童，兩者所需的福利服務需求殊異，民間資源的投入，可以矯正國家福利服務工作偏重「全民性」、由政府福利機構提供標準化和制度化的福利服務及忽略了個人福利需求的個別性及特殊性的缺失，使兒童得到更具彈性而且周全的服務內涵。

第二，民間團體辦理的福利服務，能激發個人積極參與福利服務活動，透過民間志願、互助的力量，充分動員制度之外一切可資運用的資源，更經由民間自發性的相互影響，使兒童福利服務網絡得以建立。

第三，國家在緊縮福利支出之際，更有待民間團體福利服務的積極介入，尤其兒童為一弱勢群體，在資源配置、利益分享的過程中，極易受到忽視，民間私人的投入，可以填補政府福利服務機構退出所留下的一些福利服務。

有的學者指出，福利國家政府介入社會福利服務，是為了保障人民生活不因生、老、病、死等不可抗拒的原因之威脅，用以維持一定的生活品質。而過度強調其福利的功能與期待時，已導致福利國家財政危機和科層

體制上的危機。目前大多數福利國家採取的修正路線大部分是採「與民間合作」的模式，或「鼓勵民間自行籌辦」的方式。此外，民間團體參與社會福利服務，可以彌補政府科層體制上的限制，在福利設計上比較有彈性和創新，更可從事實驗性的方法尋求有效的服務提供（萬育維，1992）。為補充政府功能之不足，台灣地區民間兒童福利機構提供多元化之福利服務，包括：

1. 支持性兒童福利服務：兒童保護、未婚媽媽的服務、兒童及家庭諮詢服務、衛生保健諮詢服務、心理衛生工作、諮商與輔導。
2. 補充性兒童福利服務：托育服務、醫療補助、醫療服務、經濟扶助、家務員服務。
3. 替代性兒童福利服務：寄養服務、兒童收養、兒童安置與收容等服務。
4. 其他兒童福利服務工作：例如，保母訓練、保育人員訓練。

我國近年來正積極建構整體社會福利，為防患各福利國社會福利制度既已發生的缺失，又要珍惜得之不易的政府福利預算，鼓勵民間團體參與社會福利服務便成為當前重要的課題。現有之相關民間兒童福利機構與團體依兒童福利服務研究之主題，包括：托育與福利、保護與安置、經濟安全、健康與醫療及教育與休閒等。

二、民間團體參與提供社會（兒童少年）福利之優點

其實民間團體具有現代社會的功能，其參與社會（兒童）福利服務，與政府機構辦理社會福利服務，有其不同之處，其相異處，正是它的優點，茲分別列述如下（Seader, 1986；王國聯，1991）：

1. 政府福利機構的組織，其設立、組織、職掌有一定的法定程序，其無法隨著社會急速變遷的需要，適時修正政府機（構）關的組織法規，而民間團體在這方面彈性大，無此限制與缺點。
2. 政府機構用人政策受法規、預算等之限制。但民間團體之用人限制較少，且為提高服務品質，民間團體用人已逐漸朝向專才、專用之

要求，如此一來，可減少市政費用的支出。

3. 政府機構較具全面性，須注意均衡發展，面面俱到。民間團體則可對特殊之對象及需要，在某一時段，對某些服務集中力量全力以赴，不必受普遍性之牽制。更可專注於其專長之服務，匯集所有可運用之力量予以支助，易獲效益。

4. 政府機構推展工作，需先有完整之計畫，故對突發事件之服務，常措手不及，不易應對，民間團體對於突發事件的應變能力因較具彈性，比政府機構更具應變力，藉由私人部門的效率，減輕納稅人的支付成本，並透過風險轉移或分擔的方式以降低政府所承擔的風險。

5. 政府機構常在某一時段性工作完成後，對應階段性需要增加之員額，不易解決裁員問題；但民間團體可採「借調」、「聘僱」、「委託」等方式用人，於工作完成即行解除聘僱契約，沒有所謂裁員的問題。

6. 政府機構的科層體制，易形成官僚，作風保守，與民眾之間較易有隔閡，服務態度較差。民間團體的投入，可在不增加稅賦及服務費用支出的情況下，維持或提高服務的水準。

三、民間團體參與兒童福利服務的方式

所謂「民間團體」，泛指依人民團體法籌組之職業團體、社會團體和政治團體，以及依法成立之各類財團法人。這些民間團體，都是由志趣相同的一群人，或捐集一定的基金，基於共同理想、目標，或共同利益，為達一定目標而籌組設立。團體雖各有其特殊性，但均具有中介性、社會性及地緣性功能。所謂中介性功能是指成員可透過團體向政府提出建言，增強服務內容的完整性；向下可配合政府的施政，奉獻力量，出錢出力，提升生活品質。所謂社會性功能，是因為團體都是公益性之社會組織或財團，對社會建設，促進社會福祉、和諧，都承擔了一些責任。至於地緣性功能，重在職業團體之農漁會及社會團體之婦女會、獅子會、青商會、各種福利性協會，均設有基層組織，其上級團體和其他人民團體之組織區域，及財團之設立亦大都與行政區域相配合，足見其具有地緣性功能之意

義（王國聯，1994）。

民間團體參與、介入兒童福利服務之方式，一般而言有三種（王國聯，1994）：第一種為民間團體自辦福利機構提供福利服務；第二種為由政府提供福利設備或經費委由民間團體提供福利服務；第三種為由民間團體提供財源委由政府設立之福利機構辦理福利服務。也就是由民間團體提供人力、物力和財力，參與社會福利服務工作。而為了保障一定水準之福利服務品質，政府對民間團體辦理之社會福利服務，均訂有一定之標準，以保障服務使用者（即消費者）的權益。

民間團體參與兒童福利服務，並不代表政府完全放手不管，事實上政府仍舊必須負起監督及提供民眾所需服務的責任（Alan, 1986），只不過藉由市場化自由運作的原則：競爭及有效率的經營，試圖減低政府在社會福利方面的預算，同時又希望能不降低服務的品質；民間團體參與兒童福利服務是政府在面對日趨減少的福利資源，卻又不希望減少福利服務提供的多樣性所衍生出來的策略，於是，在減小公共福利部門的範圍和效率的要求下，這是不可避免的趨勢（謝美娥，1991）。

因此，民間團體參與兒童福利服務提供的方式，可有下列幾項（許榮宗，1987；吳老德，1988；孫健忠，1988）：

1.推展志願服務。
2.重視基層參與，建立社會支持系統。
3.商業市場的提供。
4.民間慈善與公益團體。

四、民間提供兒童福利服務在我國的適用性

由於政府單位擁有的資源極為有限，因此，將來使用民間團體參與兒童福利服務的策略以提供福利服務的多樣性，應該是可以採行的辦法。在考慮民間團體參與兒童福利服務時，應準備下列的工作（謝美娥，1991）：

1.評估福利需求的優先順序。
2.對現有福利資源與措施的調查。

3.私立機構的財務管理與資訊系統是否完備。

4.私立機構是否要在組織功能上調整。

5.決定民間團體參與兒童福利服務的形式。

6.價格的決定。

7.設立限制（regulations）。

8.訓練政府行政部門的工作人員。

檢證歷年來內政部辦理獎助情形，發現內政部在嘗試拓廣政府與民間協調合作辦理兒童福利的方式上，包含以下幾種方式：

1.委託方式：兒童家庭寄養、辦理社會工作員研習（討）會等都是採行委託方式。

2.補助方式：補助成立兒童館、親子館及青少年福利服務中心、兒童課後收托、親子活動等皆屬之；透過經費補助方式，提高社會資源參與的興趣及服務品質。

3.獎助方式：給予全額經費或大部分經費，進行專案式的協助，並進行創新業務的試驗，於年度執行完竣後，私託專人組成評鑑小組實地考評及檢討。

4.公設民營方式：由政府全額補助房舍建築及內部所需設備器材，交由民間負責管理經營。

5.決策分享（相對補助）方式：內政部當前推動全國性基金會聯合會報工作方式屬之。全國性基金會聯合會執以基金孳息來推動福利工作，內政部則提供與該孳息同額之相對補助，在充裕經費中並肩，在決策分享中擴大服務層面。縣市政府為強化社會福利服務功能，拓廣服務範圍而須增聘社會工作員員額，便可在此方式下使政府與民眾兩相獲利。民眾能因社會工作員的增加得到質量兼顧的專業服務，而地方政府則在增聘二名社會工作員而由中央補助乙名人事費的配額，減輕了地方財政上的負擔。

內政部為了策動各級地方政府辦理各項社會福利服務，於1989年間訂頒「內政部加強推展社會福利獎勵作業要點」，透過獎助，結合民間團體貫徹社會福利政策與措施，其獎助對象除各級地方政府及公立社福機構外，還包括：財團法人社會福利機構、財團法人宗教組織或社會福利慈善

基金會附設社會福利設施者；以及社團（法人）或社區組織其會務健全，著有成效者，社團若未辦理法人登記者，僅獎助其經常部門之工作項目。這些民間團體，若專設有部門或訂有專項計畫，辦理兒童、少年、婦女、老人、殘障福利服務，以及辦理社會救助、志願服務、社區發展等業務，均可透過各級地方政府向內政部提出申請，其獎助額度，依其工作項目及地區（離島及偏遠地區可提高獎助額度20%），按一般原則（獎助70%）或特殊原則（最高可全額補助）決定，其最高者有獲二億元左右之獎助經費者。此要點訂頒以來，引進很多民間團體參與並擴大社會福利服務工作，該要點每年針對地方實際需要，配合中央之福利政策予以修正實行。

托兒所是兒童福利之補充性服務，最重要在支持父母親照顧子女功能不足之時，提供一種暫時照顧的場所，目的在於支持或補充父母之角色。而親職教育更是園所連結父母與社會支援接觸最佳方式，更是兒童福利之支持性服務最佳資源。

本節內容係針對我國兒童福利體系的行政組織和運作以及民間資源參與兒童福利服務作一探討，以提供園所辦理親職教育提供父母作資源之參考。

就現階段有關兒童及少年福利的規劃，應以長遠的目標為原則，對於兒童及少年之相關權益及各項議題都必須關心及重視，以奠定未來發展之基礎。因此，相關立法之單位，在政策制定之後，應將各主管機關之職責明確訂定，並加以落實，這著實須有一套完善的運作體系，才能加速政策的推行。以國內目前兒童少年行政體系的發展狀況，從立法精神、服務內容、到執行的輸送體制上，可能還有未盡完善之處。因此，如何在現有的資源上做規劃及分配，都要以兒童及少年的福祉為目標，才能滿足其真正的需求，加以回應並得到解決。

第四節　社區資源調查

園所經營有其地緣性，而且與其經營策略之方便性（available）、可近性（accessible）、可負擔性（affordable），以及責信（accountable）有關，因此，園所經營必須要瞭解其社區有哪些資源可以幫助園所達到經營

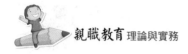

之目標，其首要之務即是展開社區資源之調查。

　　社區資源指的是以協助社區解決其問題、滿足其需求、促進其成長的所有動力因素。社區資源可分為人力資源、物力資源、財力資源、組織資源、文獻古蹟資源，以及自然環境資源，分別說明如下：

一、人力資源

　　人力資源指的是有助於營造者用來協助社區解決其問題或滿足其需求的個人，例如社區內的人士，包括：親戚朋友、學校師生、社團幹部、社區領袖人物、藝文人士或工廠和企業內的負責人和從業人員等，皆是社區營造的重要人力資源。

二、物力資源

　　物力資源指的是有助於營造者用來協助社區解決其問題或滿足其需求的物質，例如，活動時所需的工具、器材和物料，或是營造者推動工作所需的設備、房舍、物件等。

三、財力資源

　　財力資源指的是有助於營造者用來協助社區解決其問題或滿足其需求的金錢，例如活動時所需的經費，以及營造者工作需要的花費等，一般皆是以金錢作為財力資源的代表。活動經費可以來自政府的補助，也可以是活動的收費或是熱心人士和團體的捐獻。

四、組織資源

　　組織資源指的是有助於營造者用來協助社區解決其問題或滿足其需求的機構和組織，例如，各社區內的社團、工商企業團體、藝文團體、基金會等，皆是社區營造最常使用的組織資源，除此之外，一些學校的輔導室或社會上的非營利機構異常協助社區活動舉辦，這些皆是從事社區營造時

不能忽視的組織資源。

五、文獻古蹟資源

　　文獻古蹟資源指的是有助於營造者用來協助社區解決其問題或滿足其需求的文獻古蹟資料，例如，有助於社區居民瞭解自己祖先遺產或生活變遷的古物、典籍、舊照片、手稿、建築物等，皆是從事社區營造時不能忽視的古蹟資源。

六、自然環境資源

　　自然環境資源指的是有助於營造者用來協助社區解決其問題或滿足其需求的自然景觀和環境，例如，有助於社區居民認同的特殊景觀，及社區居民共同遊憩特殊場所，更有助於居民共同保護海灘地形等，皆是從事社區營造時不能忽視的自然環境資源。

 **本章小結**

　　辦理親職教育之宗旨是幫助父母成為有效能之父母，園所乃是此活動的組織者及資源整合者。資源主要包括：人力、物力、財力，以及社區既有的地理資源，又可分為正式資源及非正式資源，前者主要可針對社政之兒童少年福利體系之行政組織及運作和教育單位之行政組織和運作；後者可從民間資源參與兒童福利及親職教育服務之組織及家長資源。最好的資源應從園所家長及家庭，擴大至社區與地域之觀點，園所之專業工作者即要扮演資源整合之角色，並將資源作有效之規範與分配，並以達成兒童及少年福祉，幫助兒童、少年及其家庭，謀求最佳利益，並滿足其需求，促

使其需求加以回應並得到解決。

 參考書目

一、中文部分

內政部（1981）。內政部兒童福利、老人福利、殘障福利促進委員會組織章程。台北：內政部。

內政部兒童局（2000）。兒童福利工作之現況與展望。台中：內政部兒童局。

內政部兒童局（2003）。內政部兒童局組織架構。台中：內政兒童局部。

王國聯（1991）。《我國工商業國體制度之研究》。台北：東華書局。

王國聯（1994）。〈漫談──民間團體參與社會福利服務〉。《社會福利》，111，26-31。

台北市志願服務協會（1999）。《台北市社會福利資源手冊》。台北：台北市志願服務協會。

台北市政府社會局（2003）。《台北市政府社會局業務簡介》。台北：台北市政府社會局。

台灣省政府社會處（1991）。《台灣地區社會福利資源手冊》。台灣省政府社會處出版。

台灣省政府社會處（1995）。《台灣地區社會資源手冊》。台灣省政府社會處出版。

高雄市政府社會局（2003）。《高雄市政府社會局業務簡介》。高雄：高雄市政府社會局。

吳老德（1988）。〈社會福利與民間資源結合之探討〉。《社區發展季刊》，42，22-29。

沈俊賢（1992）。《兒童福利體系組織績效分析模型之研究──以我國為例探討》。中國文化大學兒童福利研究所碩士論文。

施教裕（1996）。〈國內兒童及少年福利機構角色與功能轉型之探索──兼談多元化、專精化和社區化之展望〉。《社區發展季刊》，75，57-67。

孫健忠（1988）。〈民間參與社會福利的理念與方式〉。《社區發展》，42，10-11。

張潤書（1986）。《行政學》。台北：三民書局。

許榮宗（1987）。〈結合民間力量興辦社會福利事業〉。《社會福利》，48，5-9。

郭靜晃、曾華源（2000）。〈建構社會福利資源網絡策略之探討——以兒少福利輸送服務為例〉。《社區發展季刊》，89，107-118。

馮燕、郭靜晃、秦文力（1992）。兒童福利法執行成效之評估。行政院研考會委託研究。

萬育維（1992）。從老人福利需求來看政府、民間與家庭的分工模式。1992年國家建設研究會社會福利研究分組研究報告。

謝美娥（1991）。〈美國社會福利私有化爭議〉。《國立政治大學學報》，62，137-153。

二、英文部分

Alan, K. (1986). Privatization and America's Cities. *Public Management, 68*(12), 3-5.

Seader, D. (1986). Privatization and America's Cities. *Public Management, 68*(12), 6-9.

三、網站部分

台北市社會局（2003）。《台北市少年福利計畫服務體系》。取自 http://163.29.37.151/ Upload/TaipeiBosa_TaipeiWeb/1958/home.gif

國家圖書館出版品預行編目資料

親職教育：理論與實務 / 郭靜晃著. -- 三
版. -- 新北市：揚智文化, 2015.09
面；　公分. -- (幼教叢書 ; 20)

ISBN 978-986-298-191-7(平裝)

1.親職教育　2.學校與家庭

528.2　　　　　　　　　　　　104014556

幼教叢書 20

親職教育——理論與實務

作　　者／郭靜晃
出 版 者／揚智文化事業股份有限公司
發 行 人／葉忠賢
總 編 輯／閻富萍
特約執編／鄭美珠
地　　址／新北市深坑區北深路三段 260 號 8 樓
電　　話／(02)8662-6826
傳　　真／(02)2664-7633
網　　址／http://www.ycrc.com.tw
 E-mail ／service@ycrc.com.tw
印　　刷／鼎易彩色印刷股份有限公司
 I S B N ／978-986-298-191-7
初版一刷／2005 年 5 月
二版一刷／2009 年 6 月
三版一刷／2015 年 9 月
定　　價／新台幣 700 元